《说赢就赢——虚假诉讼案例指导》
《扫黑除恶——司法观点与辩护要点》

修订版

·下册·

民间借贷

新型疑难复杂案例精选

王朝勇 孙铭 施永宝 王冠舜 陆云英 王宝林 黄重取 王丽燕◎主编

中国经济出版社
CHINA ECONOMIC PUBLISHING HOUSE
·北京·

图书在版编目（CIP）数据

民间借贷：新型疑难复杂案例精选. 下册 / 王朝勇等主编. —修订本. —北京：中国经济出版社，2022. 8

ISBN 978-7-5136-6865-1

Ⅰ. ①民… Ⅱ. ①王… Ⅲ. ①民间借贷-经济纠纷-案例-中国 Ⅳ. ①D925. 105

中国版本图书馆 CIP 数据核字（2022）第 053708 号

策划编辑　杨　莹
责任编辑　赵嘉敏
责任印制　马小宾
封面设计　任燕飞

出版发行　中国经济出版社
印 刷 者　北京富泰印刷有限责任公司
经 销 者　各地新华书店
开　　本　787mm×1092mm　1/16
印　　张　29. 75
字　　数　560 千字
版　　次　2022 年 8 月第 1 版
印　　次　2022 年 8 月第 1 次
定　　价　98. 00 元
广告经营许可证　京西工商广字第 8179 号

中国经济出版社 **网址** www. economyph. com **社址** 北京市东城区安定门外大街 58 号 **邮编** 100011

本版图书如存在印装质量问题，请与本社销售中心联系调换（联系电话：010-57512564）

编委会

主编

副主编

执行主编

编委会成员

序　言

2020年8月18日，最高人民法院审判委员会通过了《最高人民法院关于修改〈关于审理民间借贷案件适用法律若干问题的规定〉的决定》，进行第一次修正。《关于审理民间借贷案件适用法律若干问题的规定》（以下简称“规定”）第一次修正的主要内容包括：①将原来规定的24%和36%的利率上限调整为一年期贷款市场报价利率（LPR）的四倍；②将原来24%～36%的利率规定删除；③取消无约定情形下年利率6%的标准；④增加、完善职业放贷、高利转贷规定等。

2020年12月23日，为了与《民法典》配套施行，最高人民法院审判委员会通过了《最高人民法院关于修改〈最高人民法院关于在民事审判工作中适用《中华人民共和国工会法》若干问题的解释〉等二十七件民事类司法解释的决定》，对规定进行了第二次修正，并于2021年1月1日起施行。规定第二次修正的主要内容包括：①按照《民法典》的规定，对原有条文表述进行了相应修改；②针对修正前后的利息保护问题进行了细化规定。

2020年11月9日，最高人民法院还在征求金融相关部门意见的基础上，通过了《最高人民法院关于新民间借贷司法解释适用范围问题的批复》，明确将由地方金融监管部门监管的小额贷款公司等七类地方金融组织从规定适用对象范围中排除。

近年来，随着人民群众法律意识和法治观念的不断增强，公民、法人和其他组织之间发生民事纠纷后，选择向人民法院提起民事诉讼，通过法律途径保护权利、定分止争，已经成为解决民事纠纷、维护自身权益的重要途径。与此同时，部分个人和单位出于种种目的，故意捏造事实向人民法院提起虚假民事诉讼，意图骗取人民法院生效裁判文书，牟取不正当利益。此类行为不仅严重侵害他人合法权益，也扰乱了正常的诉讼秩序，损害了司法权威。在极少数民商事案件中，司法工作人员和当事人恶意串通，共同实施虚假诉讼行为，以达到帮助他人逃避合法债务、非法确认驰名商标、规避商品房或机动车限购政策等不正当目的，造成了恶劣影响。

实践中，以民间借贷为幌子，通过“虚增债务”“制造银行流水痕迹”“肆意认定违法”“胁迫逼债”“虚假诉讼”等各种方式非法占有公私财物的“套路贷”犯罪日益猖獗，方式复杂多样，具有很强的迷惑性和隐蔽性，人民群众很容易上当受骗，而司法机关也面临着甄别难、处理难的问题。2018 年 9 月 26 日，最高人民法院、最高人民检察院联合公布《关于办理虚假诉讼刑事案件适用法律若干问题的解释》；最高人民法院发布《关于依法妥善审理民间借贷案件的通知》（法〔2018〕215 号）；最高人民法院亦下发通知，要求在审理民间借贷纠纷中要加强对民间借贷行为与“套路贷”诈骗等犯罪行为的甄别；2019 年 4 月 9 日，全国扫黑办首次举办新闻发布会，公开发布最高人民法院、最高人民检察院、公安部和司法部联合印发的《关于办理恶势力刑事案件若干问题的意见》《关于办理“套路贷”刑事案件若干问题的意见》等四个意见；最高人民法院、最高人民检察院、公安部、司法部联合印发《关于办理非法放贷刑事案件若干问题的意见》，并于 2019 年 10 月 21 日起施行；最高人民法院、最高人民检察院、公安部、司法部于 2020 年 4 月 23 日发布《关于依法严惩利用未成年人实施黑恶势力犯罪的意见》；2021 年 3 月 4 日，最高人民法院、最高人民检察院、公安部、司法部印发《关于进一步加强虚假诉讼犯罪惩治工作的意见》，提出了加大对虚假诉讼、恶意诉讼、无理缠诉行为的惩治力度，自 2021 年 3 月 10 日起施行；2021 年 11 月 9 日，最高人民法院正式发布《关于深入开展虚假诉讼整治工作的意见》，自 2021 年 11 月 10 日起施行。为便于读者理解和把握，我们从以下几个方面进行介绍：

一、虚假诉讼的定义

虚假诉讼是指单方或者与他人恶意串通，采取伪造证据、虚假陈述等手段，捏造民事法律关系，虚构民事纠纷，向人民法院提起民事诉讼的，或者以捏造的事实提起民事诉讼，致使人民法院基于捏造的事实作出裁判文书的，或者在未作出裁判文书的情况下，行为人具有虚假诉讼违法犯罪前科，或者多次以捏造的事实提起民事诉讼，或者具有致使人民法院采取保全措施、致使人民法院开庭审理、干扰正常司法活动等情形的，或者向人民法院申请执行以捏造的事实做出的仲裁裁决、公证债权文书，或者以捏造的事实对执行标的提出异议、申请参与执行财产分配的，均属于《刑法》规定的虚假诉讼犯罪行为。

二、“套路贷”的定义

“套路贷”是犯罪嫌疑人、被告人以非法占有为目的，假借民间借贷之名，虚构事实、隐瞒真相，与被害人签订“虚假、阴阳借款合同”等明显对其不利的各类合同，通过“制造资金走账流水”“肆意认定违约”“转单平账”等方式“强立债权”“虚增债务”，进而向被害人索要“虚高借款”的行为。犯罪嫌疑人、被告人在向被害人索“债”过程中，还往往采用暴力、胁迫、软暴力、虚假诉讼等非法手段。

“套路贷”表象是民间借贷，本质上是以此为幌子，诱骗或者迫使被害人陷入借贷圈套，通过各种方式非法占有被害人财物的犯罪行为。“套路贷”与以获取高额利息为目的的高利贷行为存在根本区别。

三、“套路贷”犯罪的表现形式

（1）制造民间借贷假象。犯罪嫌疑人、被告人往往以小额贷款公司、投资公司、咨询公司等名义对外宣传，吸引被害人借款，继而以违约金、保证金、中介费、行业规矩等各种名目诱骗被害人签订虚高借款合同、阴阳合同、空白合同，以及房屋抵押合同、房屋买卖委托书等明显不利于被害人的各类合同，制造民间借贷假象。有的犯罪嫌疑人、被告人还要求对前述合同办理公证手续，为之后的虚假诉讼准备证据。

（2）制造资金走账流水。为制造将全部借款交给被害人的假象，犯罪嫌疑人、被告人将虚高借款金额转入被害人的银行账户，制造与借款合同一致的银行流水。实际上，被害人并未取得或者并未完全取得转入银行账户内的前述钱款。

（3）单方造成违约。犯罪嫌疑人、被告人往往以设置各种违约条款、制造违约陷阱、刻意躲避还款等方式，使被害人不能依照合同还款，造成被害人违约。

（4）恶意垒高借款金额。在被害人无力偿还虚高借款时，由犯罪嫌疑人、被告人本人、本公司或者其指定的关联公司、关联人员为被害人偿还虚高借款，继而与被害人签订更高额的虚高借款合同，犯罪嫌疑人、被告人通过转单平账、以贷还贷的方式不断垒高借款金额。

（5）软硬兼施，恶意讨债。在被害人无力偿还虚高借款的情况下，犯罪嫌疑人、被告人通过暴力、胁迫、软暴力、虚假诉讼等手段索取债务。

“套路贷”犯罪的主要表现形式包括但不限于上述形式，凡是符合以民间借贷为幌子，非法占有他人财物本质特征的房贷、车贷、手机贷、校园贷、裸贷等，都应当认定为“套路贷”犯罪，应依法予以打击。

四、“套路贷”的社会影响

“套路贷”的蔓延，不仅直接侵害被害人的合法财产权益，而且其中掺杂的暴力、威胁、虚假诉讼等索款手段容易诱发其他犯罪，甚至造成被害人辍学、自杀、卖房抵债等严重后果，由此带来一系列社会问题。因此，如果民众有相关资金需求，一定要选择手续完备、证照齐全的正规公司借贷。在签订相关合同前，要注意多方核查公司经营资质等营业状况及涉诉情况。签订合同时，借贷人要对容易引起纠纷的还款时间、支付方式、利息等进行清晰、明确的约定。借贷人如果发现存在显失公正的格式化不平等条款，应拒绝签字，并提出交涉、要求修改；还款时尽量选择有迹可循的转账方式，并注意留言标明资金用途，如果采用现金方式还款，要注意让对方及时出具收条，切忌“空口无凭”。如果不幸陷入“套路贷”骗局，要注意及时拿起法律武器维护自身合法权益，不要出于好面子等心理或在不法分子恐吓下一味地忍气吞声，甚至在巨大的心理压力下走上“不归路”；如果遭遇不法分子的电话恐吓、深夜拍门等暴力催收，要尽快报警，并且要注意保留双方往来聊天记录、转账记录等关键证据，同时，积极出庭应诉，避免法官不能准确界定真实的借贷金额，进而影响被害人自身合法权益的有效保护。被害人要保护好自己，待自己脱身后及时向公安机关报警，并将相关的材料交给警方。同时，被害人要注意保存相关的证据，如借款时的通话录音、借款合同、银行转账、催款电话录音、短信或者聊天记录等。

在民间借贷纠纷案件中，以“套路贷”、虚假诉讼为主要表现特征的非法活动严重扰乱了经济金融秩序和社会秩序。如何甄别违法犯罪活动，防范化解各类风险，充分发挥民商事案件审判工作的评价、教育、指引功能，妥善且高效审理民间借贷纠纷案件，给司法工作人员带来了新的挑战。本书旨在通过精选的典型案例，以案说法，为当事人维权，公、检、法工作人员及律师办案，法考考生备考主观题，高校教学提供参考，并向中国人民大学虚假诉讼治理研究中心成立五周年献礼！

中国人民大学虚假诉讼治理研究中心执行主任　王朝勇

2022 年 8 月 5 日于京师律师大厦

法律咨询电话：13911652166、13720063789

法律咨询邮箱：cnlaw365@163.com

总 目 录

上 册

第一部分 民间借贷相关司法解释

最高人民法院关于审理民间借贷案件适用法律若干问题的规定（2020年第二次修正）（法释〔2020〕17号） …… 3

最高人民法院关于新民间借贷司法解释适用范围问题的批复（2020年12月29日） …… 9

最高人民法院关于修改《最高人民法院关于在民事审判工作中适用〈中华人民共和国工会法〉若干问题的解释》等二十七件民事类司法解释的决定（节录） …… 11

《中华人民共和国民法典》（节录） …… 14

最高人民法院关于适用《中华人民共和国民法典》物权编的解释（一）（节录）（法释〔2020〕24号） …… 19

最高人民法院关于适用《中华人民共和国民法典》有关担保制度的解释（节录）（法释〔2020〕28号） …… 21

最高法民一庭负责人答记者问，谈《关于审理民间借贷案件适用法律若干问题的规定》的修订 …… 26

最高法发布新修订的《关于审理民间借贷案件适用法律若干问题的规定》（附全文） …… 29

最高人民法院关于修改《关于审理民间借贷案件适用法律若干问题的规定》的决定 …… 34

最高人民法院关于审理民间借贷案件适用法律若干问题的规定 …… 40

最高人民法院关于审理民间借贷案件适用法律若干问题的规定（2015年修订） …… 46

规范民间借贷，统一裁判标准——杜万华就《最高人民法院关于审理民间借贷案件适用法律若干问题的规定》答记者问 …………………………………… 52
最高人民法院　最高人民检察院　公安部　司法部关于办理“套路贷”刑事案件若干问题的意见 …………………………………………………… 63
最高人民法院关于依法妥善审理民间借贷案件的通知（法〔2018〕215 号） … 67
天津市高级人民法院关于印发《天津法院民间借贷案件审理指南（试行）》的通知（津高法〔2020〕22 号） …………………………………………… 69
浙江省高级人民法院　浙江省人民检察院　浙江省公安厅印发《关于办理“套路贷”相关刑事案件若干问题的纪要》的通知（浙高法〔2019〕117 号） … 76
浙江省高级人民法院《关于依法严厉打击与民间借贷相关的刑事犯罪强化民间借贷协同治理的会议纪要》 ……………………………………………… 80
民间借贷金额达 300 万元需备案！否则罚款！8 月 1 日施行！ ……………… 86
江苏省高级人民法院印发《关于健全完善防范与打击“套路贷”及虚假诉讼长效机制的指导意见》的通知（苏高法〔2020〕181 号，2020 年 8 月 31 日）…… 96
江苏省高级人民法院、江苏省人民检察院和江苏省公安厅《关于建立健全严厉打击“套路贷”违法犯罪沟通协调机制的意见》 ……………………… 104
江苏省高级人民法院印发《关于加强金融审判维护金融安全的指导意见》的通知（苏高法〔2019〕351 号） ……………………………………………… 109
全省法院专项治理“套路贷”虚假诉讼 ………………………………………… 115
黑恶分子“套路贷”获利、非法采矿破坏环境！徐州检察机关出手了 ………… 117
四川省高级人民法院关于审理民间借贷纠纷案件若干问题的指导意见 ………… 119
天津二中院发布民间借贷纠纷案件审理情况………………………………………… 131
北京一中院：民间借贷案件 8 年增幅超 10 倍 …………………………………… 133
一中院召开“规范民间融资行为　助力优化营商环境”新闻发布会，发布《民间借贷案件审判白皮书（2011—2018）》 …………………………… 135
民间借贷案件审判白皮书（2011—2018）…………………………………………… 146
深圳市中级人民法院民间借贷纠纷案件审理要点和裁判标准 ………………… 159
最高人民法院印发“四类案件”监督管理指导意见　完善司法责任体系　确保改革整体效能 ………………………………………………………………… 184
关于进一步完善“四类案件”监督管理工作机制的指导意见 ………………… 185

《关于进一步完善“四类案件”监督管理工作机制的指导意见》的理解与适用 …… 189
【访谈】最高检六厅：民事检察精准监督不是选择性监督 …… 196
思想上入党一生一世！最高检第六厅党员为啥这样说？ …… 202
【笔谈】如何精准开展民事诉讼监督 …… 204
【法学汇】努力实现民法典学习贯彻与民事检察创新发展“同频共振” …… 210
民法典：深耕厚植民事检察的“百宝囊”——民法典与检察工作 …… 214

第二部分　民间借贷——虚假诉讼案例

虚构债权提诉讼，构成虚假诉讼罪 …… 221
虚构债权假诉讼，妨害司法秩序受处罚 …… 230
虚构借贷合同抽逃出资，虚假诉讼受处罚 …… 241
虚假诉讼重灾区，民间借贷属排头 …… 251
夫妻离婚欲占财产，虚假诉讼捏造债务 …… 261
虚构夫妻共同债务，虚假诉讼受处罚 …… 268
循环做账假证据，虚假陈述涉犯罪 …… 277

第三部分　民间借贷——刑民交叉案例

民间借贷涉犯罪，刑民交叉疑难复杂 …… 287
民间借贷成本高，调控资金渡难关 …… 295
民间借贷需谨慎，资金断链有风险 …… 312
民间借贷夫妻一方举债，是否为夫妻共同债务 …… 325
民间借贷纠纷多，大律支招破难题 …… 333
职业放贷构犯罪，虚假诉讼需惩罚 …… 346

第四部分　民间借贷——“套路贷”案例

穷凶极恶“套路贷”，家破人亡何时休 …… 355
暴力胁迫“套路贷”，虚假流水显端倪 …… 360

附录　中华人民共和国反有组织犯罪法 …… 370

下　册

第一部分　民间借贷——虚假诉讼相关司法解释

最高人民法院发布《关于深入开展虚假诉讼整治工作的意见》 …………………………… 3
人民法院整治虚假诉讼典型案例 ……………………………………………………………… 12
最高人民法院相关负责人就《意见》回答记者提问 ………………………………………… 28
最高法：民间借贷是虚假诉讼高发易发领域，2020 年共查处虚假民间借贷
　纠纷案 1772 件 …………………………………………………………………………… 31
最高法：认定为虚假诉讼的案件，不准原告撤诉，依法追究有关人员刑事责任 …… 33
最高人民法院、最高人民检察院、公安部、司法部印发《关于进一步加强虚假
　诉讼犯罪惩治工作的意见》（附全文） ………………………………………………… 35
《关于进一步加强虚假诉讼犯罪惩治工作的意见》的理解与适用 ……………………… 44
最高人民法院　最高人民检察院关于办理虚假诉讼刑事案件适用法律若干
　问题的解释 ………………………………………………………………………………… 54
《关于办理虚假诉讼刑事案件适用法律若干问题的解释》重点难点解读 ……………… 57
“两高”发布的虚假诉讼司法解释明确了这些内容 ……………………………………… 62
维护司法公信力，依法惩治虚假诉讼——最高人民法院刑四庭负责人就虚假
　诉讼刑事案件司法解释答记者问 ………………………………………………………… 64
最高人民法院关于防范和制裁虚假诉讼的指导意见
　（法发〔2016〕13 号） …………………………………………………………………… 70
最高人民法院关于房地产调控政策下人民法院严格审查各类虚假诉讼的紧急通知
　（法明传〔2013〕359 号） ………………………………………………………………… 73
人民检察院民事诉讼监督规则 ……………………………………………………………… 75
8 月 1 日起施行！修订后的《人民检察院民事诉讼监督规则》有哪些变化？ ……… 97
新民事诉讼监督规则若干重点条文解读 …………………………………………………… 101
《人民检察院民事诉讼监督规则》的理解与适用 ………………………………………… 112
浙江省高级人民法院、浙江省人民检察院、浙江省公安厅印发《关于办理虚假诉讼
　刑事案件有关问题的解答》的通知（浙高法〔2020〕3 号） ………………………… 123

浙江省高级人民法院印发《关于进一步防范和打击虚假诉讼有关问题的解答》的通知（浙高法〔2019〕198号） …… 127
浙江省高级人民法院印发《关于防范和打击虚假诉讼的若干意见》的通知（浙检发民字〔2017〕5号） …… 134
浙江省高级人民法院印发《关于进一步完善防范和打击虚假诉讼工作机制的若干意见》的通知（浙高法〔2018〕203号） …… 138
浙江高院召开防范和打击虚假诉讼工作新闻发布会 …… 142
浙江高院发布防范和打击虚假诉讼第一批典型案例 …… 145
【新闻发布会】安徽：发布惩防虚假诉讼工作规范性文件 …… 158
湖南省高级人民法院关于防范虚假民间借贷诉讼的实施细则（试行）（湖南省高级人民法院2021年9月12日审判委员会会议通过） …… 159
湖南省高级人民法院关于在民事诉讼中防范和制裁虚假诉讼的通知 …… 163
湖南省高级人民法院关于依法妥善审理民间借贷案件的意见 …… 167

第二部分　扫黑除恶最新指导意见

彻底摧毁黑恶犯罪的经济基础，防止死灰复燃！ …… 175
为依法严惩黑恶犯罪提供更加坚实法治保障——“两高两部”负责人就办理扫黑除恶案件的四个意见有关问题答记者问 …… 176
最高人民法院　最高人民检察院　公安部　司法部关于办理黑恶势力刑事案件中财产处置若干问题的意见 …… 183
最高人民法院　最高人民检察院　公安部　司法部关于办理恶势力刑事案件若干问题的意见 …… 188
最高人民法院发布《关于办理恶势力刑事案件若干问题的意见》的理解与适用 … 193
最高人民法院　最高人民检察院　公安部　司法部印发《关于办理非法放贷刑事案件若干问题的意见》的通知 …… 205
国家监察委员会　最高人民法院　最高人民检察院　公安部　司法部关于在扫黑除恶专项斗争中分工负责、互相配合、互相制约　严惩公职人员涉黑涉恶违法犯罪问题的通知 …… 208
最高人民法院　最高人民检察院　公安部　司法部印发《关于办理利用信息网络实施黑恶势力犯罪刑事案件若干问题的意见》的通知 …… 212
最高人民法院　最高人民检察院　公安部　司法部关于跨省异地执行刑罚的

黑恶势力罪犯坦白检举构成自首立功若干问题的意见 …… 216
全国扫黑办再发布4个法律政策文件！（全文） …… 219
“两高两部”《关于依法严惩利用未成年人实施黑恶势力犯罪的意见》 …… 223
依法严惩利用未成年人实施黑恶势力犯罪典型案例 …… 227
“两高两部”：从重处罚利用未成年人实施黑恶势力犯罪五类人员 …… 232
全国扫黑办开启第二波扫黑除恶法律政策“网交流”“云沟通” …… 236
全国扫黑除恶第三次视频培训班收官！释放了哪些信号？ …… 238
山东省高级人民法院关于黑恶势力刑事案件审理的工作规范（鲁高法〔2019〕27号） …… 240
北京高院出台意见完善涉黑涉恶案件办理机制 …… 243
黑恶势力刑事案件财产处置10问——中央扫黑除恶督导在北京 …… 244

第三部分　广东高院发布“套路贷”典型案例及相关新闻报道

关于办理“套路贷”刑事案件的指导意见 …… 253
健全犯罪线索办理机制　广东打击“套路贷”犯罪 …… 256
广东高院发布“套路贷”涉黑恶典型案例（广东省高级人民法院2019年5月12日） …… 257
“杀猪盘”窝点藏边境被端！广东警方前8月破刑事案件近15万起 …… 261
广东“套路贷”案件主要集中在广深莞等地 …… 264

第四部分　最高人民检察院发布指导性案例

最高检印发第二批民事检察跟进监督典型案例（节录） …… 267
最高检印发4件民事检察跟进监督典型案例（节录） …… 275
加强民事检察跟进监督　实现公权监督与私权救济有效结合——最高人民检察院第六检察厅厅长冯小光就民事检察跟进监督典型案例答记者问 …… 279
揭穿亿元调解书中的猫腻 …… 282
民事检察类案监督典型案例（节录） …… 287
最高检发布第二十三批指导性案例，聚焦检察机关依法履职促进社会治理（节录） …… 290
从“检例第87号”指导性案例看刑民检察协同互动　遏制“套路贷”虚假诉讼 …… 295

最高人民检察院举行以“打击虚假诉讼　共筑司法诚信”为主题的新闻发布会 … 302
关于印发最高人民检察院第十四批指导性案例的通知 …… 305
最高检举行检察机关加强虚假诉讼监督新闻发布会 …… 319
民事虚假诉讼指导性案例首发布：打击虚假诉讼挽回一亿余元国有资产损失 …… 330
虚假诉讼也有“保护伞”和“智囊团”！速览最高检发布会干货 …… 332
最高检：有法官受贿赂充当“虚假诉讼”保护伞，民间借贷纠纷成“重灾区” … 334
【厅局长访谈】冯小光：诉讼打假如何做到火眼金睛 …… 336
【检答网集萃—65】民事检察监督的虚假诉讼具体包括哪些情形 …… 339
向虚假诉讼说不！敢于监督、善于监督、精准监督——走近人民检察系列视频 … 341
虚假诉讼罪具体适用中的两个问题 …… 343
假官司行将败露，当事人想“一撤了之” …… 347
让“假官司”无处遁形！一纸检察建议催生虚假诉讼共治新格局 …… 352
最高检解密：虚假诉讼那些“隐秘的角落” …… 357
最高检：加强多部门沟通　加大对虚假诉讼惩治力度 …… 364
盯准“七寸”，让更多虚假诉讼现出原形！——民事监督盯准虚假诉讼“七寸” …… 366
严惩虚假诉讼　维护司法权威 …… 373
业内人士建议完善虚假诉讼检察监督调查核实机制 …… 377
虚假诉讼犯罪及律师涉案情况大数据研究报告 …… 381
【新闻发布会】河北：通报民事虚假诉讼监督专项活动情况 …… 394
河北：通报民事虚假诉讼专项监督成效 …… 396
法官提示：虚假诉讼，是在给自己挖坑埋雷！ …… 397
京师律师学院举行“套路贷——虚假诉讼等相关司法解释”学习研讨会 …… 401
“假官司”数量逐年攀升，民间借贷领域高发 …… 406
检察院在打击虚假诉讼、虚假仲裁工作中可以大有作为！ …… 413
民法典视角下民间借贷虚假诉讼的甄别与防范 …… 416
企业合规视角下的虚假诉讼 …… 423
新民事诉讼检察监督规则虚假诉讼条文解读 …… 439
虚假诉讼案件刑事控告涉及法条司法解释规定汇编（节选） …… 444
虚假诉讼检察监督（节选） …… 447

目 录

第一部分 民间借贷——虚假诉讼相关司法解释

最高人民法院发布《关于深入开展虚假诉讼整治工作的意见》 …………………… 3
人民法院整治虚假诉讼典型案例 …………………………………………………………… 12
最高人民法院相关负责人就《意见》回答记者提问 ………………………………………… 28
最高法：民间借贷是虚假诉讼高发易发领域，2020 年共查处虚假民间借贷
纠纷案 1772 件 ………………………………………………………………………… 31
最高法：认定为虚假诉讼的案件，不准原告撤诉，依法追究有关人员刑事责任 …… 33
最高人民法院、最高人民检察院、公安部、司法部印发《关于进一步加强虚假
诉讼犯罪惩治工作的意见》（附全文） ……………………………………………… 35
《关于进一步加强虚假诉讼犯罪惩治工作的意见》的理解与适用 ………………… 44
最高人民法院 最高人民检察院关于办理虚假诉讼刑事案件适用法律若干
问题的解释 ………………………………………………………………………………… 54
《关于办理虚假诉讼刑事案件适用法律若干问题的解释》重点难点解读 ………… 57
“两高”发布的虚假诉讼司法解释明确了这些内容 ………………………………… 62
维护司法公信力，依法惩治虚假诉讼——最高人民法院刑四庭负责人就虚假
诉讼刑事案件司法解释答记者问 ……………………………………………………… 64
最高人民法院关于防范和制裁虚假诉讼的指导意见（法发〔2016〕13 号） ……… 70
最高人民法院关于房地产调控政策下人民法院严格审查各类虚假诉讼的紧急通知
（法明传〔2013〕359 号） ………………………………………………………… 73
人民检察院民事诉讼监督规则 …………………………………………………………… 75
8 月 1 日起施行！修订后的《人民检察院民事诉讼监督规则》有哪些变化？ ……… 97
新民事诉讼监督规则若干重点条文解读 ………………………………………………… 101
《人民检察院民事诉讼监督规则》的理解与适用 ……………………………………… 112
浙江省高级人民法院、浙江省人民检察院、浙江省公安厅印发《关于办理虚假诉讼

刑事案件有关问题的解答》的通知（浙高法〔2020〕3号） …………………… 123
浙江省高级人民法院印发《关于进一步防范和打击虚假诉讼有关问题的解答》
的通知（浙高法〔2019〕198号） …………………………………………… 127
浙江省高级人民法院印发《关于防范和打击虚假诉讼的若干意见》的通知
（浙检发民字〔2017〕5号） ………………………………………………… 134
浙江省高级人民法院印发《关于进一步完善防范和打击虚假诉讼工作机制的
若干意见》的通知（浙高法〔2018〕203号） ………………………………… 138
浙江高院召开防范和打击虚假诉讼工作新闻发布会 ……………………………… 142
浙江高院发布防范和打击虚假诉讼第一批典型案例 ……………………………… 145
【新闻发布会】安徽：发布惩防虚假诉讼工作规范性文件 ………………………… 158
湖南省高级人民法院关于防范虚假民间借贷诉讼的实施细则（试行）
（湖南省高级人民法院2021年9月12日审判委员会会议通过） ………………… 159
湖南省高级人民法院关于在民事诉讼中防范和制裁虚假诉讼的通知 ……………… 163
湖南省高级人民法院关于依法妥善审理民间借贷案件的意见 ……………………… 167

第二部分　扫黑除恶最新指导意见

彻底摧毁黑恶犯罪的经济基础，防止死灰复燃！ ………………………………… 175
为依法严惩黑恶犯罪提供更加坚实法治保障——“两高两部”
负责人就办理扫黑除恶案件的四个意见有关问题答记者问 ………………………… 176
最高人民法院　最高人民检察院　公安部　司法部关于办理黑恶势力刑事案件中
财产处置若干问题的意见 ……………………………………………………… 183
最高人民法院　最高人民检察院　公安部　司法部关于办理恶势力刑事
案件若干问题的意见 …………………………………………………………… 188
最高人民法院发布《关于办理恶势力刑事案件若干问题的意见》的理解与适用 … 193
最高人民法院　最高人民检察院　公安部　司法部印发《关于办理非法
放贷刑事案件若干问题的意见》的通知 ………………………………………… 205
国家监察委员会　最高人民法院　最高人民检察院　公安部　司法部关于在
扫黑除恶专项斗争中分工负责、互相配合、互相制约　严惩公职人员涉黑涉
恶违法犯罪问题的通知 ………………………………………………………… 208
最高人民法院　最高人民检察院　公安部　司法部印发《关于办理利用
信息网络实施黑恶势力犯罪刑事案件若干问题的意见》的通知 ………………… 212
最高人民法院　最高人民检察院　公安部　司法部关于跨省异地执行刑罚的

黑恶势力罪犯坦白检举构成自首立功若干问题的意见 …… 216
全国扫黑办再发布 4 个法律政策文件！（全文） …… 219
“两高两部”《关于依法严惩利用未成年人实施黑恶势力犯罪的意见》 …… 223
依法严惩利用未成年人实施黑恶势力犯罪典型案例 …… 227
“两高两部”：从重处罚利用未成年人实施黑恶势力犯罪五类人员 …… 232
全国扫黑办开启第二波扫黑除恶法律政策“网交流”“云沟通” …… 236
全国扫黑除恶第三次视频培训班收官！释放了哪些信号？ …… 238
山东省高级人民法院关于黑恶势力刑事案件审理的工作规范（鲁高法〔2019〕27 号） …… 240
北京高院出台意见完善涉黑涉恶案件办理机制 …… 243
黑恶势力刑事案件财产处置 10 问——中央扫黑除恶督导在北京 …… 244

第三部分　广东高院发布“套路贷”典型案例及相关新闻报道

关于办理“套路贷”刑事案件的指导意见 …… 253
健全犯罪线索办理机制　广东打击“套路贷”犯罪 …… 256
广东高院发布“套路贷”涉黑恶典型案例（广东省高级人民法院 2019 年 5 月 12 日） …… 257
“杀猪盘”窝点藏边境被端！广东警方前 8 月破刑事案件近 15 万起 …… 261
广东“套路贷”案件主要集中在广深莞等地 …… 264

第四部分　最高人民检察院发布指导性案例

最高检印发第二批民事检察跟进监督典型案例（节录） …… 267
最高检印发 4 件民事检察跟进监督典型案例（节录） …… 275
加强民事检察跟进监督　实现公权监督与私权救济有效结合——最高人民检察院第六检察厅厅长冯小光就民事检察跟进监督典型案例答记者问 …… 279
揭穿亿元调解书中的猫腻 …… 282
民事检察类案监督典型案例（节录） …… 287
最高检发布第二十三批指导性案例，聚焦检察机关依法履职促进社会治理（节录） …… 290
从“检例第 87 号”指导性案例看刑民检察协同互动　遏制“套路贷”虚假诉讼 …… 295
最高人民检察院举行以“打击虚假诉讼　共筑司法诚信”为主题的新闻发布会 … 302

关于印发最高人民检察院第十四批指导性案例的通知 …… 305
最高检举行检察机关加强虚假诉讼监督新闻发布会 …… 319
民事虚假诉讼指导性案例首发布：打击虚假诉讼挽回一亿余元国有资产损失 …… 330
虚假诉讼也有“保护伞”和“智囊团”！速览最高检发布会干货 …… 332
最高检：有法官受贿赂充当“虚假诉讼”保护伞，民间借贷纠纷成“重灾区” …… 334
【厅局长访谈】冯小光：诉讼打假如何做到火眼金睛 …… 336
【检答网集萃—65】民事检察监督的虚假诉讼具体包括哪些情形 …… 339
向虚假诉讼说不！敢于监督、善于监督、精准监督——走近人民检察系列视频 …… 341
虚假诉讼罪具体适用中的两个问题 …… 343
假官司行将败露，当事人想“一撤了之” …… 347
让“假官司”无处遁形！一纸检察建议催生虚假诉讼共治新格局 …… 352
最高检解密：虚假诉讼那些“隐秘的角落” …… 357
最高检：加强多部门沟通　加大对虚假诉讼惩治力度 …… 364
盯准“七寸”，让更多虚假诉讼现出原形！——民事监督盯准虚假诉讼“七寸” …… 366
严惩虚假诉讼　维护司法权威 …… 373
业内人士建议完善虚假诉讼检察监督调查核实机制 …… 377
虚假诉讼犯罪及律师涉案情况大数据研究报告 …… 381
【新闻发布会】河北：通报民事虚假诉讼监督专项活动情况 …… 394
河北：通报民事虚假诉讼专项监督成效 …… 396
法官提示：虚假诉讼，是在给自己挖坑埋雷！ …… 397
京师律师学院举行“套路贷——虚假诉讼等相关司法解释”学习研讨会 …… 401
“假官司”数量逐年攀升，民间借贷领域高发 …… 406
检察院在打击虚假诉讼、虚假仲裁工作中可以大有作为！ …… 413
民法典视角下民间借贷虚假诉讼的甄别与防范 …… 416
企业合规视角下的虚假诉讼 …… 423
新民事诉讼检察监督规则虚假诉讼条文解读 …… 439
虚假诉讼案件刑事控告涉及法条司法解释规定汇编（节选） …… 444
虚假诉讼检察监督（节选） …… 447

第一部分

民间借贷——虚假诉讼相关司法解释

最高人民法院发布《关于深入开展虚假诉讼整治工作的意见》

11月9日，最高人民法院举行新闻发布会，发布《最高人民法院关于深入开展虚假诉讼整治工作的意见》暨人民法院整治虚假诉讼典型案例。最高人民法院副院长贺小荣、最高人民法院民一庭庭长郑学林、最高人民法院刑四庭副庭长叶邵生出席新闻发布会。发布会由最高人民法院新闻发言人李广宇主持。

11月9日，最高人民法院正式对外发布《关于深入开展虚假诉讼整治工作的意见》（以下简称《意见》）。

一、《意见》的起草背景

虚假诉讼败坏社会风气、妨碍公平竞争、损害司法权威、阻碍法治建设，社会影响十分恶劣。党的十八大以来，最高人民法院坚持以习近平新时代中国特色社会主义思想为指导，深入学习贯彻习近平法治思想，坚决贯彻落实党的十八届四中全会关于加大对虚假诉讼、恶意诉讼、无理缠诉行为的惩治力度的要求，多措并举，重拳整治虚假诉讼，主要开展了以下三个方面工作：

一是建立健全了整治虚假诉讼的制度机制。针对不同时期虚假诉讼的特点，最高人民法院先后下发房地产调控政策下严格审查各类虚假诉讼的紧急通知，制定防范和制裁虚假诉讼的指导意见、进一步加强虚假诉讼犯罪惩治工作的意见，发布民事诉讼法司法解释、民间借贷司法解释、办理虚假诉讼刑事案件司法解释等规范性文件，指导全国法院积极有序开展虚假诉讼整治工作。

二是查处审理了一大批虚假诉讼案件。2017—2020年，全国法院共查处虚假诉讼案件1.23万件，在黑龙江鸿基米兰房地产开发有限公司执行异议之诉63件系列虚假诉讼案件中，全部顶格处罚，合计罚款6300万元；共审结涉虚假诉讼刑事案件2079件，案件数量逐年大幅上升，包括林某某勾结公证员诈骗老年人房产“套路贷”涉黑案、虞某某特大“网络套路贷”专案等一系列重大案件，有力保护了人民群众合法权益。

三是探索积累了整治虚假诉讼的有益经验。最高人民法院在全国法院推广立案辅助系统；浙江省人民法院针对虚假诉讼当事人建立失信“黑名单”和“黄名单”，给予3～5年信用惩戒；江苏省高级人民法院研发虚假诉讼智能预警系统，充分利用智慧法院建设成果提升整治质效；北京等地人民法院通过发布典型案例、邀请人大代表点评等方式，通过小案件讲述大道理，弘扬诉讼诚信。

随着经济社会发展和人民法院整治力度加强，虚假诉讼也呈现出新特点、表现出新花样，为进一步深入整治虚假诉讼，最高人民法院在充分调研、广泛总结实践经验的基础上，根据《民法典》《刑法》《民事诉讼法》等规定，制定了《意见》。

二、《意见》的主要内容

《意见》共24条，主要规定了以下六个方面内容：

一是工作总体要求。《意见》第一条强调，整治虚假诉讼是人民法院肩负的政治责任、法律责任和社会责任，要坚持以习近平新时代中国特色社会主义思想为指导，深入学习贯彻习近平法治思想，不断加大虚假诉讼整治力度，大力弘扬诚实守信的社会主义核心价值观。

二是加强甄别查处。虚假诉讼隐蔽性极强，如何甄别至关重要。《意见》第二条至第四条规定了哪些情形属于虚假诉讼，为认定虚假诉讼提供了“标尺”；总结了虚假诉讼八大特征表现，为甄别虚假诉讼提供了指南；列举了十类常见虚假诉讼，为整治虚假诉讼划出了重点。《意见》第六条至第十条构建了贯穿立案、审判、执行全流程的虚假诉讼整治机制。要加强立案预警，发现涉嫌虚假诉讼的，既要对行为人进行警示提醒，又要对办案人员进行标记提醒，严把案件入口关；加强事实调查，通过依职权调查取证、严查调解协议等方式，严把案件事实关；加强执行审查，重点查处执行异议、复议、参与分配等程序中虚假诉讼，把好案件出口关。力争不让一个虚假诉讼进来，力保不让一个虚假诉讼出去。

三是整治重点领域虚假诉讼。《意见》第十一条至第十五条规定了执行异议之诉、民间借贷、房屋买卖合同等虚假诉讼易发领域整治工作要求。2017—2020年，查处执行异议之诉虚假诉讼年均增速高达61.11%。《意见》要求严格审查执行异议之诉全案证据，审慎对待当事人自认，严防当事人恶意串通逃避执行。民间借贷历来是虚假诉讼高发易发领域。2020年共查处虚假民间借贷纠纷案件1772件，占查处的民事虚假诉讼案件的53.09%。《意见》要求严格审查通过循环转账、“断头息”等方式虚构借贷、虚增本金的违法行为，严守民间借贷利率司法保护上限。近年来，通过虚假诉讼逃避房屋限购、限售政策的现象有所抬头。《意见》规定，为规避调控政策等非法目的，虚构房屋买卖合同关系提起诉讼的，应认定合同无效；虚构购房资格参与司法拍卖房产的，应认定拍卖行为无效。

四是严格刑事追责。《意见》对惩治涉虚假诉讼刑事犯罪提出总体从严、打击重点、刑民协同三方面要求，从严追究虚假诉讼行为人的刑事责任；对群众反映强烈的“套路贷”虚假诉讼违法犯罪保持高压严打态势；在信息沟通、线索移送、查假纠错等方面做好刑民协同，既要打击虚假诉讼，更要依法保障受害人权利。

五是加强队伍建设。打铁还需自身硬。整治虚假诉讼，关键在于造就一支忠诚、干净、有担当的法院队伍。《意见》要求，及时组织学习各项经济社会政策，通过案例分析、业务交流、法官培训等形式提高法官甄别查处虚假诉讼的司法能力；严格落实司法责任制，坚持刀刃向内，对参与虚假诉讼的法院工作人员依规依纪严肃处理，对利用职权与他人共同实施虚假诉讼犯罪的法院工作人员，依法从重处罚。

六是开展系统整治。虚假诉讼是社会不诚信现象的集中体现，需要系统治理。《意见》要求各级人民法院加强与各政法单位沟通配合，形成整治合力；充分利用智慧法院建设成果，争取与征信机构的信息数据库对接，探索构建虚假诉讼“黑名单”制度，助力社会信用体系建设；通过以案释法、风险提示等方式加强法治宣传，培育诚实守信的社会风尚。

下一步，最高人民法院为深入整治虚假诉讼还将制定一系列司法解释和司法政策，进一步扎紧制度的笼子，压缩虚假诉讼存在的空间，实现对虚假诉讼标本兼治，为诚信社会、法治国家建设作出应有贡献。

最高人民法院关于深入开展虚假诉讼整治工作的意见

（法〔2021〕281号）

为进一步加强虚假诉讼整治工作，维护司法秩序、实现司法公正、树立司法权威，保护当事人合法权益，营造公平竞争市场环境，促进社会诚信建设，根据《中华人民共和国民法典》《中华人民共和国刑法》《中华人民共和国民事诉讼法》等规定，结合工作实际，制定本意见。

一、提高思想认识，强化责任担当。整治虚假诉讼工作，是党的十八届四中全会部署的重大任务，是人民法院肩负的政治责任、法律责任和社会责任，对于建设诚信社会、保护群众权利、保障经济发展、维护司法权威、建设法治国家具有重要意义。各级人民法院要坚持以习近平新时代中国特色社会主义思想为指导，深入学习贯彻习近平法治思想，依法贯彻民事诉讼诚实信用原则，坚持制度的刚性，扎紧制度的笼子，压缩虚假诉讼存在的空间，铲除虚假诉讼滋生的土壤，积极引导人民群众依法诚信诉讼，让法安天下、德润人心，大力弘扬诚实守信的社会主义核心价值观。

二、精准甄别查处，依法保护诉权。单独或者与他人恶意串通，采取伪造证据、虚假陈述等手段，捏造民事案件基本事实，虚构民事纠纷，向人民法院提起民事诉讼，损害国家利益、社会公共利益或者他人合法权益，妨害司法秩序的，构成虚假诉讼。向人民法院申请执行基于捏造的事实作出的仲裁裁决、调解书及公证债权文书，在民事执行过程中以捏造的事实对执行标的提出异议、申请参与执行财产分配的，也属于虚假诉讼。诉讼代理人、证人、鉴定人、公证人等与他人串通，共同实施虚假诉讼的，属于虚假诉讼行为人。在整治虚假诉讼的同时，应当依法保护当事人诉权。既要防止以保护当事人诉权为由，放松对虚假诉讼的甄别、查处，又要防止以整治虚假诉讼为由，当立案不立案，损害当事人诉权。

三、把准特征表现，做好靶向整治。各级人民法院要积极总结司法实践经验，准确把握虚假诉讼的特征表现，做到精准施治、靶向整治。对存在下列情形的案件，要高度警惕、严格审查，有效防范虚假诉讼：原告起诉依据的事实、理由不符合常理；诉讼标的额与原告经济状况严重不符；当事人之间存在亲属关系、关联关系等利害关系，诉讼结果可能涉及案外人利益；当事人之间不存在实质性民事权益争议，在诉讼中没有实质性对抗辩论；当事人的自认不符合常理；当事人身陷沉重债务负担却以明显不合理的低价转让财产、以明显不合理的高价受让财产或者放弃财产权利；认定案件事实的证据不足，当事人却主动迅速达成调解协议，请求人民法院制作调解书；当事人亲历案件事实却不能完整准确陈述案件事实或者陈述前后矛盾等。

四、聚焦重点领域，加大整治力度。民间借贷纠纷，执行异议之诉，劳动争议，离婚析产纠纷，诉离婚案件一方当事人的财产纠纷，企业破产纠纷，公司分立（合并）纠纷，涉驰名商标的商标纠纷，涉拆迁的离婚、分家析产、继承、房屋买卖合同纠纷，涉房屋限购和机动车配置指标调控等宏观调控政策的买卖合同、以物抵债纠纷等各类纠纷，是虚假诉讼易发领域。对上述案件，各级人民法院应当重点关注、严格审查，加大整治虚假诉讼工作力度。

五、坚持分类施策，提高整治实效。人民法院认定为虚假诉讼的案件，原告申请撤诉的，不予准许，应当根据《民事诉讼法》第一百一十二条规定，驳回其诉讼请求。虚假诉讼行为情节恶劣、后果严重或者多次参与虚假诉讼、制造系列虚假诉讼案件的，要加大处罚力度。虚假诉讼侵害他人民事权益的，行为人应当承担赔偿责任。人民法院在办理案件过程中发现虚假诉讼涉嫌犯罪的，应当依法及时将相关材料移送刑事侦查机关；公职人员或者国有企事业单位人员制造、参与虚假诉讼的，应当通报所在单位或者监察机关；律师、基层法律服务工作者、鉴定人、公证人等制造、参与虚假诉讼的，可以向有关行政主管部门、行业协会发出司法建议，督促及时予以行政处罚或者行业惩戒。司法工作人员利用职权参与虚假诉讼的，应当依法从严惩处，构成犯罪的，应当依法从严追究刑事责任。

六、加强立案甄别，做好警示提醒。立案阶段，可以通过立案辅助系统、中国裁判文书网等信息系统检索案件当事人是否有关联案件，核查当事人身份信息。当事人存在多件未结案件、关联案件或者发现其他可能存在虚假诉讼情形的，应当对当事人信息进行重点核实。发现存在虚假诉讼嫌疑的，应当对行为人进行警示提醒，并在办案系统中进行标记，提示审判和执行部门重点关注案件可能存在虚假诉讼风险。

七、坚持多措并举，查明案件事实。审理涉嫌虚假诉讼的案件，在询问当事人之前或者证人作证之前，应当要求当事人、证人签署保证书。保证书应当载明据实陈述、如有虚假陈述愿意接受处罚等内容。负有举证责任的当事人拒绝到庭、拒绝接受询问或者拒绝签署保证书，待证事实又欠缺其他证据证明的，对其主张的事实不予认定。证人拒绝签署保证书的，不得作证，自行承担相关费用。涉嫌通过虚假诉讼损害国家利益、社会公共利益或者他人合法权益的案件，人民法院应当调查收集相关证据，查明案件基本事实。

八、审查调解协议，确保真实合法。当事人对诉讼标的无实质性争议，主动达成调解协议并申请人民法院出具调解书的，应当审查协议内容是否符合案件基本事实、是否违反法律规定、是否涉及案外人利益、是否规避国家政策。调解协议涉及确权内容的，应当在查明权利归属的基础上决定是否出具调解书。不能仅以当事人可自愿处分民事权益为由，降低对调解协议所涉法律关系真实性、合法性的审查标准，尤其要注重审查调解协议是否损害国家利益、社会公共利益或者他人合法权益。当事人诉前达成调解协议，申请司法确认的，应当着重审查调解协议是否存在违反法律或行政法规强制性规定、违背公序良俗或者侵害国家利益、社会公共利益、他人合法权益等情形；诉前调解协议内容涉及物权、知识产权确权的，应当裁定不予受理，已经受理的，应当裁定驳回申请。

九、严格依法执行，严防虚假诉讼。在执行异议、复议、参与分配等程序中应当加大对虚假诉讼的查处力度。对可能发生虚假诉讼的情形应当重点审查。从诉讼主体、证据与案件事实的关联程度、各证据之间的联系等方面，全面审查案件事实及法律关系的真实性，综合判断是否存在以捏造事实对执行标的提出异议、申请参与分配或者其他导致人民法院错误执行的行为。对涉嫌虚假诉讼的案件，应当传唤当事人、证人到庭，就相关案件事实当庭询问。主动向当事人释明参与虚假诉讼的法律后果，引导当事人诚信诉讼。认定为虚假诉讼的案件，应当裁定不予受理或者驳回申请；已经受理的，应当裁定驳回其请求。

十、加强执行审查，严查虚假非诉法律文书。重点防范依据虚假仲裁裁决、仲裁调解书、公证债权文书等非诉法律文书申请执行行为。在非诉法律文书执行中，当事人存在通过恶意串通、捏造事实等方式取得生效法律文书申请执行嫌疑的，应当依法进行严格实质审查。加大依职权调取证据力度，结合当事人关系、案件事实、仲裁和公证过程等多方面情况审查判断相关法律文书是否存在虚假情形，是否损害国家利益、社会公共利益或者他人合法权益。存在上述情形的，应当依法裁定不予执行，必要时可以向仲裁机构或者公证机关发出司法建议。

十一、加强证据审查，查处虚假执行异议之诉。执行异议之诉是当前虚假诉讼增长较快的领域，要高度重视执行异议之诉中防范和惩治虚假诉讼的重要性、紧迫性。正确分配举证责任，无论是案外人执行异议之诉还是申请执行人执行异议之诉，均应当由案外人就其对执行标的享有足以排除强制执行的民事权益承担举证责任。严格审查全案证据的真实性、合法性、关联性，对涉嫌虚假诉讼的案件，可以通过传唤案外人到庭陈述、通知当事人提交原始证据、依职权调查核实等方式，严格审查案外人权益的真实性、合法性。

十二、厘清法律关系，防止恶意串通逃避执行。执行异议之诉涉及三方当事人之间多个法律关系，利益冲突主要发生在案外人与申请执行人之间，对于被执行人就涉案外人权益相关事实的自认，应当审慎认定。被执行人与案外人具有亲属关系、关联关系等利害关系，诉讼中相互支持，缺乏充分证据证明案外人享有足以排除强制执行的民事权益的，不应支持案外人主张。案外人依据执行标的被查封、扣押、冻结后作出的另案生效确权法律文书，提起执行异议之诉主张排除强制执行的，应当注意审查是否存在当事人恶意串通等事实。

十三、加强甄别查处，防范虚假民间借贷诉讼。民间借贷是虚假诉讼较为活跃的领域，要审慎审查民间借贷案件，依照《最高人民法院关于审理民间借贷案件适用法律若干问题的规定》的有关规定，准确甄别、严格防范、严厉惩治虚假民间借贷诉讼。对涉嫌虚假诉讼的民间借贷案件，当事人主张以现金方式支付大额借款的，应当对出借人现金来源、取款凭证、交付情况等细节事实进行审查，结合出借人经济能力、当地交易习惯、交易过程是否符合常理等事实对借贷关系作出认定。当事人主张通过转账方式支付大额借款的，应当对是否存在“闭环”转账、循环转账、明走账贷款暗现金还款等事实进行审查。负有举证责任的原告无正当理由拒不到庭，经审查现有证据无法确认借贷行为、借贷金额、支付方式等案件基本事实的，对原告主张的事实不予认定。

十四、严查借贷本息，依法整治违法民间借贷。对涉嫌虚假诉讼的民间借贷案件，应当重点审查借贷关系真实性、本金借贷数额和利息保护范围等问题。虚构民间借贷关系，逃避执行、逃废债务的，对原告主张不应支持。通过“断头息”、伪造证据等手段，虚增借贷本金的，应当依据出借人实际出借金额认定借款本金数额。以“罚息”“违约金”“服务费”“中介费”“保证金”“延期费”等名义从事高利贷的，对于超过法定利率保护上限的利息，不予保护。

十五、严审合同效力，整治虚假房屋买卖诉讼。为逃废债务、逃避执行、获得非法拆迁利益、规避宏观调控政策等非法目的，虚构房屋买卖合同关系提起诉讼的，应当认定合同无效。买受人虚构购房资格参与司法拍卖房产活动且竞拍成功，当事人、利害关系人以违背公序良俗为由主张该拍卖行为无效的，应予支持。买受人虚构购房资格导致拍卖行为无效的，应当依法承担赔偿责任。

十六、坚持查假纠错，依法救济受害人的权利。对涉嫌虚假诉讼的案件，可以通知与案件裁判结果可能存在利害关系的人作为第三人参加诉讼。对查处的虚假诉讼案件，应当依法对虚假诉讼案件生效裁判进行纠错。对造成他人损失的虚假诉讼案件，受害人请求虚假诉讼行为人承担赔偿责任的，应予支持。虚假诉讼行为人赔偿责任大小可以根据其过错大小、情节轻重、受害人损失大小等因素作出认定。

十七、依法认定犯罪，从严追究虚假诉讼刑事责任。虚假诉讼行为符合刑法和司法解释规定的定罪标准的，要依法认定为虚假诉讼罪等罪名，从严追究行为人的刑事责任。实施虚假诉讼犯罪，非法占有他人财产或者逃避合法债务，又构成诈骗罪、职务侵占罪、拒不执行判决、裁定罪、贪污罪等犯罪的，依照处罚较重的罪名定罪并从重处罚。对于多人结伙实施的虚假诉讼共同犯罪中罪责最突出的主犯、有虚假诉讼违法犯罪前科再次实施虚假诉讼犯罪的被告人，要充分体现从严，控制缓刑、免予刑事处罚的适用范围。

十八、保持高压态势，严惩“套路贷”虚假诉讼犯罪。及时甄别、依法严厉打击“套路贷”中的虚假诉讼违法犯罪行为，符合黑恶势力认定标准的，应当依法认定。对于被告人实施“套路贷”违法所得的一切财物，应当予以追缴或者责令退赔，依法保护被害人的财产权利。保持对“套路贷”虚假诉讼违法犯罪的高压严打态势，将依法严厉打击“套路贷”虚假诉讼违法犯罪作为常态化开展扫黑除恶斗争的重要内容，切实维护司法秩序和人民群众合法权益，满足人民群众对公平正义的心理期待。

十九、做好程序衔接，保持刑民协同。经审理认为民事诉讼当事人的行为构成虚假诉讼犯罪的，作出生效刑事裁判的人民法院应当及时函告审理或者执行该民事案件的人民法院。生效刑事裁判认定构成虚假诉讼犯罪的，有关人民法院应当及时依法启动审判监督程序对相关民事判决、裁定、调解书予以纠正。当事人、案外人以生效刑事裁判认定构成虚假诉讼犯罪为由对生效民事判决、裁定、调解书申请再审的，应当依法及时进行审查。

二十、加强队伍建设，提升整治能力。各级人民法院要及时组织法院干警学习掌握中央和地方各项经济社会政策；将甄别和查处虚假诉讼纳入法官培训范围；通过典型案例分析、审判业务交流、庭审观摩等多种形式，提高法官甄别和查处虚假诉讼的司法能力；严格落实司法责任制，对参与虚假诉讼的法院工作人员依规依纪严肃处理，建设忠诚、干净、有担当的人民法院队伍。法院工作人员利用职权与他人共同实施虚假诉讼行为，构成虚假诉讼罪的，依法从重处罚，同时构成其他犯罪的，依照处罚较重的规定定罪并从重处罚。法院工作人员不正确履行职责，玩忽职守，致使虚假诉讼案件进入诉讼程序，导致公共财产、国家和人民利益遭受重大损失，符合刑法规定的犯罪构成要件的，依照玩忽职守罪、执行判决、裁定失职罪等罪名定罪处罚。

二十一、强化配合协调，形成整治合力。各级人民法院要积极探索与人民检察院、公安机关、司法行政机关等职能部门建立完善虚假诉讼案件信息共享机制、虚假诉讼违法犯罪线索移送机制、虚假诉讼刑民交叉案件协调惩治机制、整治虚假诉讼联席会议机制等工作机制；与各政法单位既分工负责，又沟通配合，推动建立信息互联共享、程序有序衔接、整治协调配合、制度共商共建的虚假诉讼整治工作格局。

二十二、探索信用惩戒，助力诚信建设。各级人民法院要积极探索建立虚假诉讼“黑名单”制度。建立虚假诉讼失信人名单信息库，在“立、审、执”环节自动识别虚假诉讼人员信息，对办案人员进行自动提示、自动预警，提醒办案人员对相关案件进行重点审查。积极探索虚假诉讼人员名单向社会公开和信用惩戒机制，争取与征信机构的信息数据库对接，推动社会信用体系建设。通过信用惩戒增加虚假诉讼人员违法成本，积极在全社会营造不敢、不能、不愿虚假诉讼的法治环境，助力诚信社会建设，保障市场经济平稳、有序、高效发展。

二十三、开展普法宣传，弘扬诉讼诚信。各级人民法院要贯彻落实“谁执法谁普法”的普法责任制要求，充分发挥人民法院处于办案一线的优势，深入剖析虚假诉讼典型案例，及时向全社会公布，加大宣传力度，弘扬诚实信用民事诉讼原则，彰显人民法院严厉打击虚假诉讼的决心，增强全社会对虚假诉讼违法行为的防范意识，对虚假诉讼行为形成强大震慑。通过诉讼服务大厅、诉讼服务网、12368热线、移动微法院等平台和“人民法院民事诉讼风险提示书”等途径，告知诚信诉讼义务，释明虚假诉讼法律责任，引导当事人依法诚信诉讼，让公正司法、全民守法、诚实守信的理念深深植根于人民群众心中。

二十四、本意见自2021年11月10日起施行。

最高人民法院

2021年11月4日

来源：最高人民法院

编辑：陈政

人民法院整治虚假诉讼典型案例

为进一步加大对虚假诉讼的整治力度，净化诉讼环境，提升司法公信力，促进社会诚信体系建设，2021 年 11 月 9 日，最高人民法院举行新闻发布会，向社会公开发布 10 件整治虚假诉讼典型案例，包括 5 件民事和 5 件刑事虚假诉讼典型案例。

5 件民事虚假诉讼典型案例的情况

虚假诉讼是诚信缺失在诉讼领域最集中的表现形式，不仅严重侵害当事人及案外人的合法权益，而且违背民事诉讼诚实信用原则，扰乱正常的诉讼秩序，损害司法权威和司法公信力，助推了社会失信与道德滑坡，社会危害性极大。最高人民法院坚决贯彻落实党中央决策部署，高度重视对虚假诉讼的依法整治工作，通过发布司法文件、指导案例、典型案例等方式，逐步健全了虚假诉讼案件的甄别、防范和治理机制。

这 5 件典型案例涉及执行异议之诉、民间借贷、伪造离婚协议逃避执行、虚构劳动债权骗取拆迁补偿款等实践中常见的虚假民事诉讼形式和手段。其中，案例 1 是被执行人甲公司为逃避执行，捏造事实，冒用艾某某等 63 人名义提出执行异议而引发系列虚假诉讼，影响极为恶劣，人民法院在查明案件事实的基础上判决继续执行，并依法对甲公司从重处罚。案例 2 中，职业放贷人周某隐瞒民间借贷债务已经全部清偿的事实提起民事诉讼，要求他人履行已经消灭的债务，对其行为应以“以捏造的事实提起民事诉讼”论处，认定为虚假诉讼。案例 3 是被执行人的原配偶高某某依据虚假离婚协议向人民法院提出执行异议，意图转移财产逃避执行。高某某在民事执行程序中采取伪造证据、虚假陈述等手段提出执行异议的行为，妨害了正常民事诉讼秩序，也属于虚假诉讼行为，应予处罚。案例 4 是甲公司与员工恶意串通，意图通过虚构劳动债权骗取拆迁补偿款而制造的虚假诉讼，属于典型的恶意串通型虚假诉讼。因该虚假诉讼实际由甲公司及其法定代表人张某主导，人民法院对该公司及张某予以处罚。案例 5 中，虚假诉讼行为人被追究刑事责任后，又因其虚假诉讼行为侵害他人合法权益而被判令承担相应民事侵权责任，因为虚假诉讼致人损害符合侵权行为一般特征和构成要件，属于侵权行为。根据《民法典》第一百八十七条规定，行为人因虚假诉讼行为承担刑事责任，不影响其承担侵权责任。这一点在侵权责任法中也曾有明确规定。

防范和打击虚假诉讼是一项长期性、系统性工程。希望各级人民法院通过这 5 件典型案例，统一对于民事诉讼中虚假诉讼行为构成要件、法律责任、处罚原则的认识，在民事审判工作中进一步加强对虚假诉讼的甄别、查处力度。诉讼不是儿戏。当事人也应当引以为戒，依法诚信行使诉讼权利，不要铤而走险，切莫打了“假官司”，惹上“真麻烦”。

5 件刑事虚假诉讼典型案例的情况

虚假诉讼行为的社会危害性十分严重，有必要通过刑罚手段予以规制。人民法院高度重视虚假诉讼犯罪惩治工作，始终坚持依法从严惩处，依法判处了一大批虚假诉讼犯罪分子。自 2015 年 11 月《刑法修正案（九）》在刑法中增设虚假诉讼罪以来，人民法院每年审结的虚假诉讼案件数量、定罪人数以及判处有期徒刑五年以上重刑人数逐年递增，取得了良好效果。与此同时，最高人民法院先后研究出台多个司法解释和规范性文件，统一虚假诉讼犯罪案件裁判标准。其中，2018 年 9 月与最高人民检察院联合公布《关于办理虚假诉讼刑事案件适用法律若干问题的解释》，明确了虚假诉讼罪的具体法律适用标准；2021 年 3 月与最高人民检察院、公安部、司法部联合公布《关于进一步加强虚假诉讼犯罪惩治工作的意见》，对虚假诉讼犯罪的甄别和发现、线索移送和案件查处、程序衔接、责任追究和协作机制等方面问题作出了进一步规定。《意见》提出，人民法院、人民检察院、公安机关、司法行政机关落实“谁执法谁普法”的普法责任制要求，通过定期开展法治宣传、向社会公开发布虚假诉讼典型案例、开展警示教育等形式，增强全社会对虚假诉讼违法犯罪的防范意识，震慑虚假诉讼违法犯罪。此次公开发布虚假诉讼典型案例，是最高人民法院落实普法责任制要求的重要举措。

此次公开发布的虚假诉讼刑事典型案例共有 5 个，针对司法实践中存在争议的问题，进一步明确了虚假诉讼罪的行为特征、定罪标准、共同犯罪认定、总体处罚原则等法律适用和刑事政策把握问题。其中，案例 6 和案例 7 分别是通过捏造债权债务关系和以物抵债协议并提起民事诉讼、通过捏造事实骗取民事调解书并据此申请参与执行财产分配等手段实施的虚假诉讼犯罪，对刑法和司法解释规定的虚假诉讼罪的行为方式和定罪标准作了进一步明确；案例 8 是“套路贷”虚假诉讼犯罪，进一步表明了人民法院依法严厉打击“套路贷”虚假诉讼违法犯罪的总体原则；案例 9 和案例 10 分别是法院工作人员、律师与他人串通共同实施的虚假诉讼犯罪，明确法院工作人员利用职权与他人共同实施虚假诉讼犯罪的，应当依法从重处罚，律师与民事诉讼当事人通谋、共同以捏造的事实提起民事诉讼的，构成虚假诉讼共同犯罪。上述典型案例可以为司法机关依法审理虚假诉讼犯罪案件提供指引，同时充分表明了人民法院依法严厉打击虚假诉讼违法犯罪、维护司法公正和司法权威、保护人民群众合法权益的鲜明态度和坚定决心，警醒社会公众要诚信诉讼、依法行使诉权，否则可能被追究刑事责任，具有很强的警示教育意义。

人民法院整治虚假诉讼典型案例目录

案例1 被执行人捏造事实，冒用他人名义制造系列虚假诉讼案件的，应当从重处罚

案例2 隐瞒民间借贷债务已经全部清偿的事实提起民事诉讼，要求他人履行已经消灭的债务的，构成虚假诉讼

案例3 为逃避执行，依据虚假离婚协议向人民法院提出执行异议的，构成虚假诉讼

案例4 公司与员工恶意串通虚构劳动债权，意图骗取拆迁补偿款的，构成虚假诉讼

案例5 当事人因虚假诉讼行为被追究刑事责任后，仍应当为其侵权行为承担民事赔偿责任

案例6 故意捏造债权债务关系和以物抵债协议，向人民法院提起民事诉讼，致使人民法院开庭审理，干扰正常司法活动的，构成虚假诉讼罪

案例7 捏造事实骗取民事调解书，据此申请参与执行财产分配的，构成虚假诉讼罪

案例8 依法严厉打击“套路贷”虚假诉讼违法犯罪

案例9 法院工作人员利用职权与他人共同实施虚假诉讼犯罪的，从重处罚

案例10 律师多次为当事人出谋划策，共同伪造证据进行虚假诉讼并在民事诉讼中担任代理人的，构成虚假诉讼共同犯罪

案例1 被执行人捏造事实，冒用他人名义制造系列虚假诉讼案件的，应当从重处罚

【基本案情】

2019年，被执行人甲公司为阻却人民法院对其名下房产的强制执行，冒用自然人艾某某等63人身份，以案外购房人名义，向某高级人民法院提出执行异议，致使该院作出部分错误执行异议裁定和执行异议之诉判决。后在关联的执行异议之诉案件审理中，该虚假诉讼行为被人民法院查实。

处理结果

人民法院依法裁定准许对甲公司名下相应房屋继续执行；两级法院对甲公司处以每案100万元、共计6300万元罚款，相关犯罪线索和有关材料移送侦查机关。

案例分析

甲公司为阻却人民法院强制执行其名下房产，向人民法院提供虚假证据材料，虚构购房事实，冒用艾某某等63人名义提出执行异议，案涉房屋相关执行异议均为虚假。《最高人民法院关于人民法院办理执行异议和复议案件若干问题的规定》第二十八条、第二十九条规定的排除执行的条件在本案中并不具备，人民法院在查明案件事实的基础上，应当判决继续执行，并依法对虚假诉讼行为人进行处罚。

典型意义

在执行异议之诉中，被执行人冒用他人名义提出虚假的执行异议申请，进而引发申请执行人执行异议之诉。因案外人名义系虚假冒用，并无真实执行异议人，故不存在被执行人与执行异议人恶意串通的可能。被执行人单方冒用他人名义提出虚假执行异议申请的行为，属于虚假诉讼行为。在一审法院依据被冒名案外人提出的虚假执行异议申请，先后作出支持其虚假执行异议的错误裁判后，二审法院在查明案件确属被执行人提起的虚假诉讼的情况下，可以进行实质性处理，直接判决支持申请执行人继续执行的诉讼请求。

当事人参加民事诉讼应当严格遵守《中华人民共和国民事诉讼法》第十三条第一款规定的诚实信用原则，向人民法院提交真实的证据，并如实陈述案件事实。但是，甲公司向人民法院提供虚假授权委托书、虚假房屋买卖合同、虚假付款付费单据，并虚构案件事实，冒用案外人名义提起虚假的执行异议，进行虚假诉讼，试图侵害他人合法权益，破坏了社会诚信，扰乱了正常司法秩序，应当依法予以制裁。当事人制造系列虚假诉讼案件逃避执行的，社会影响更为恶劣，应当依法从重处罚。

案例2　隐瞒民间借贷债务已经全部清偿的事实提起民事诉讼，要求他人履行已经消灭的债务的，构成虚假诉讼

【基本案情】

2011年10月至2012年1月，原告周某与甲公司先后签订三份借款合同，合同载明周某共向该公司出借1600万元，实际仅向甲公司支付500万元借款本金。甲公司已经偿还借款合同项下的全部本金，并支付了超出法定利率上限的利息。周某仍以甲公司负责人出具的对账单、催款回执等为依据向某区人民法院提起民事诉讼，主张甲公司归还前述借款合同项下的全部本金及利息。针对甲公司关于借款本息已实际清偿完毕的抗辩及相关举证，周某称该公司归还的是其他借款。周某在法庭上的虚假陈述和其提交的对账单、催款回执等证据，导致人民法院作出错误判决。经再审法院查明，周某系职业放贷人，曾使用暴力、胁迫方式向甲公司催收高利贷非法债务，并非法拘禁甲公司负责人。甲公司负责人在被拘禁期间被迫在前述对账单、催款回执上签字。

处理结果

人民法院依法判决驳回周某的诉讼请求，对周某处以罚款，并将相关犯罪线索移交侦查机关。

案例分析

本案中，周某在民事诉讼过程中多次作虚假陈述，虚构基本案件事实，属于伪造证据、妨碍人民法院审理案件的行为，故人民法院依据《中华人民共和国民事诉讼法》第一百一十一条之规定对其处以罚款。同时，周某还刻意隐瞒案涉借款系高息放贷产生的非法债务，且甲公司实际已清偿借款本金及合法利息的事实，向人民法院提起诉讼，要求甲公司履行已经消灭的债务，对其行为应以“以捏造的事实提起民事诉讼”论处，认定为虚假诉讼。

典型意义

民间借贷关系中，出借人为牟取暴利，往往利用借款人急于用款的心理迫使其接受远高于法定民间借贷利率保护上限的高额利息约定，在借款人已经实际清偿完借款本金及依法应予保护的利息后，仍通过诉讼方式向借款人主张偿还借款本息。针对借款人已经清偿完借款本息的抗辩及举证，出借人往往伪称借款人主张的还款系归还其他借款，导致案件审理难度进一步加大。因此，在民间借贷案件中，人民法院要高度重视对职业放贷人的审查和甄别，同时要重点审查借贷关系真实性、本金借贷数额和利息保护范围等问题。对于出借人隐瞒债务已经全部清偿的事实又向人民法院提起民事诉讼的行为，应依法予以处罚，涉嫌犯罪的应及时将线索依法移送侦查机关，务必防范职业放贷人等通过虚假诉讼获取非法高额收益。

案例3　为逃避执行，依据虚假离婚协议向人民法院提出执行异议的，构成虚假诉讼

【基本案情】

某区人民法院在执行申请执行人李某某与被执行人冯某某等民间借贷纠纷一案中，异议人高某某提出书面异议，请求排除对冯某某名下房屋的强制执行，并提供了虚假的离婚协议书。该离婚协议书关于财产分割的约定与双方在某区民政局婚姻登记处存档的离婚协议书约定不一致。

处理结果

人民法院依法裁定驳回案外人高某某提出的执行异议，对高某某处以罚款。

案例分析

本案中，高某某与被执行人冯某某原系夫妻关系，在冯某某与李某某民间借贷纠纷一案审理期间协议离婚。民间借贷纠纷案判决生效并进入执行程序后，为转移财产逃避执行，高某某又提出执行异议，在异议审查过程中向人民法院提供虚假的离婚协议书，请求排除对冯某某名下房屋的强制执行。高某某采取伪造证据、虚假陈述等手段，在民事执行程序中对执行标的提出异议，妨害正常民事诉讼秩序，属于虚假诉讼行为，故人民法院依法对高某某进行处罚。

典型意义

执行异议和执行异议之诉是当前虚假诉讼增长较快的领域，在被执行人与案外人具有亲属关系、关联关系等利害关系时，人民法院更要高度警觉是否存在虚假诉讼的可能性，依法加大依职权调取证据力度，结合当事人关系、案件事实、执行依据取得过程等多方面情况审查判断是否存在虚假诉讼情形。本案中，高某某故意提供虚假的离婚协议书，虚构案件事实，意图排除对其原配偶冯某某名下房屋的强制执行，侵害他人合法权益。执行法院在审查高某某提出的执行异议时，并未轻信当事人提交的证据，而是向有关国家机关调取其保存的资料，最终认定高某某存在提供虚假证据、滥用执行异议权利的行为，对其进行司法处罚，维护了申请执行人的合法权益，同时对不讲诚信、铤而走险进行虚假诉讼的当事人起到了有力的震慑作用，达到了办理一案教育一片的良好效果。

案例4　公司与员工恶意串通虚构劳动债权，意图骗取拆迁补偿款的，构成虚假诉讼

【基本案情】

原告陈某、黄某系夫妻关系。二人诉称于2013年1月起在被告甲公司工作，陈某负责基建和材料等工作，月薪4.5万元；黄某负责清洁、做饭等工作，月薪1.5万元。二人共工作52个月，工资累计312万元。陈某、黄某与甲公司于2018年8月形成工资结算协议，确认甲公司尚欠陈某、黄某工资286万元。甲公司认可陈某、黄某的主张，双方在庭前已自行达成和解协议。人民法院经审理查明，陈某、黄某系甲公司法定代表人张某的亲属，因甲公司面临拆迁，为虚构甲公司营业损失，以便尽可能多获得拆迁补偿款，张某与陈某、黄某商定由陈某、黄某对甲公司提起虚假诉讼。诉讼事宜均由张某操作，工资结算协议也系张某起草。

处理结果

人民法院依法裁定驳回陈某、黄某的起诉，对甲公司及其法定代表人张某罚款共计100万元，涉嫌犯罪线索和相关材料移送侦查机关。

案例分析

《中华人民共和国民事诉讼法》第一百一十二条规定："当事人之间恶意串通，企图通过诉讼、调解等方式侵害他人合法权益的，人民法院应当驳回其请求，并根据情节轻重予以罚款、拘留；构成犯罪的，依法追究刑事责任。"《最高人民法院关于适用〈中华人民共和国民事诉讼法〉的解释》第一百九十一条规定："单位有民事诉讼法第一百一十二条或者第一百一十三条规定行为的，人民法院应当对该单位进行罚款，并可以对其主要负责人或者直接责任人员予以罚款、拘留；构成犯罪的，依法追究刑事责任。"本案中，陈某、黄某与甲公司之间并无工资债权纠纷，既无提起诉讼的基本事实依据，更无进行诉讼的必要，仍捏造甲公司拖欠其巨额工资的虚假事实提起民事诉讼。在人民法院正式开庭审理前，双方当事人又自行达成和解协议，共同要求人民法院对协议予以确认，意图骗取生效裁判文书谋求不法利益。本案原告、被告以捏造事实提起民事诉讼的行为构成虚假诉讼。该虚假诉讼实际由甲公司及其法定代表人张某主导，根据前述规定，人民法院应当对该单位进行罚款，并可以对其主要负责人或者直接责任人员予以罚款。

典型意义

《国有土地上房屋征收与补偿条例》第二十三条规定，应根据房屋被征收前的效益、停产停业期限等因素确定对因征收房屋造成停产停业损失进行补偿。甲公司在面临拆迁补偿之际，并未依法主张权利，而是为了骗取更多补偿，由法定代表人张某一手炮制了本案诉讼，其行为不仅严重扰乱了正常诉讼秩序、浪费了司法资源，更损害了司法的权威性和公共利益，司法机关要及时甄别、惩处此类虚假诉讼行为。诉讼不能儿戏。当事人在民事诉讼中应当遵循诚信原则，捏造事实提起虚假民事诉讼的，将受到道德和法律的双重否定。

案例 5　当事人因虚假诉讼行为被追究刑事责任后，仍应当为其侵权行为承担民事赔偿责任

【基本案情】

2015 年 2 月，为转移甲公司财产逃避债务，该公司实际控制人傅某与同学邵某共谋，虚构该公司向邵某借款 200 万元的事实并伪造了相应的银行转账凭证，又将公司机器设备等主要资产虚假抵押给邵某。人民法院在对该公司强制执行后，傅某以邵某对公司机器设备享有抵押权为由，以邵某名义提出执行异议，企图阻却强制执行。其间，傅某还操作该公司将部分抵押物低价转让。2018 年 10 月，傅某、邵某因犯虚假诉讼罪被追究刑事责任。同年 12 月，该公司被宣告破产。2019 年 7 月，公司债权人毛某代表全体债权人向人民法院提起诉讼，要求判令邵某在造成公司流失的价值 370 万余元抵押物范围内对公司所有破产债权未受偿部分承担赔偿责任。

处理结果

人民法院认定，邵某因与傅某构成共同侵权，应承担连带赔偿责任，判决邵某向甲公司债权人赔偿 222 万余元，赔偿款项归入甲公司财产。

案例分析

邵某协助傅某伪造银行流水、签订虚假合同、提起虚假诉讼，委托傅某处置财产，提起执行异议等一系列行为的根本目的和客观后果均是对抗甲公司债权人实现债权，阻挠对甲公司财产的执行。邵某对其协助傅某实施上述行为的目的和法律后果均应当具有明确的预见，仍对傅某予以协助和配合，唯有二人采取共同的行动才足以导致本

案损害结果的最终发生，依据《中华人民共和国侵权责任法》第八条规定，二人构成共同侵权，邵某应当对损害结果承担连带赔偿责任。综合考虑二人虚构借款本金数额、抵押物实际可变现价值等因素，人民法院依法作出上述判决。

典型意义

虚假诉讼致人损害符合侵权行为一般特征和构成要件，属于侵权行为，故行为人因虚假诉讼致人损害的，受害人有权依据《中华人民共和国侵权责任法》相关规定要求虚假诉讼行为人承担侵权责任。同时，根据《中华人民共和国侵权责任法》第四条规定，侵权人因同一行为应当承担行政责任或者刑事责任的，不影响依法承担侵权责任。《最高人民法院关于防范和制裁虚假诉讼的指导意见》第12条规定："虚假诉讼侵害他人民事权益的，虚假诉讼参与人应当承担赔偿责任。"《中华人民共和国侵权责任法》的前述相关规定，在2021年1月1日起施行的《中华人民共和国民法典》中也有相应体现。因此，虚假诉讼行为人被判处刑罚并不免除其民事责任。让虚假诉讼行为人在承担败诉风险之外，既受到刑事处罚，又承担民事赔偿责任，对于有效威慑不法行为人、保护受害人合法权益都具有积极意义。

案例6　故意捏造债权债务关系和以物抵债协议，向人民法院提起民事诉讼，致使人民法院开庭审理，干扰正常司法活动的，构成虚假诉讼罪

【基本案情】

2019年5—9月，被告人彭某某与他人恶意串通，故意捏造债权债务关系和以物抵债协议。后彭某某又与被告人赵某通谋，委托赵某担任诉讼代理人，向某区人民法院提起民事诉讼，致使人民法院开庭审理，干扰正常司法活动。彭某某、赵某于2020年6月19日被公安机关抓获。

处理结果

人民法院依法以虚假诉讼罪判处彭某某有期徒刑七个月，并处罚金人民币7000元；判处赵某有期徒刑六个月，并处罚金人民币6000元。

案例分析

虚假诉讼罪，是指自然人或者单位以捏造的事实提起民事诉讼，妨害司法秩序或者严重侵害他人合法权益的行为，核心行为要件是"捏造事实"和"提起民事诉讼"。

“捏造事实”包括行为人自己捏造事实和利用他人捏造的事实；“提起民事诉讼”包括利用自己捏造的事实和利用他人捏造的事实向人民法院提起民事诉讼。《中华人民共和国刑法》第三百零七条之一第一款规定：“以捏造的事实提起民事诉讼，妨害司法秩序或者严重侵害他人合法权益的，处三年以下有期徒刑、拘役或者管制，并处或者单处罚金；情节严重的，处三年以上七年以下有期徒刑，并处罚金。”根据《最高人民法院最高人民检察院关于办理虚假诉讼刑事案件适用法律若干问题的解释》第一条的规定，采取伪造证据、虚假陈述等手段，捏造民事法律关系，虚构民事纠纷，向人民法院提起民事诉讼的，应当认定为《刑法》第三百零七条之一第一款规定的“以捏造的事实提起民事诉讼”。上述司法解释第二条第二款规定，以捏造的事实提起民事诉讼，致使人民法院开庭审理，干扰正常司法活动的，应当认定为《刑法》第三百零七条之一第一款规定的“妨害司法秩序或者严重侵害他人合法权益”。

本案中，彭某某与他人恶意串通，捏造债权债务关系和以物抵债协议，后又与赵某通谋，委托赵某担任诉讼代理人，向人民法院提起民事诉讼，致使人民法院开庭审理，干扰正常司法活动，符合《中华人民共和国刑法》和司法解释规定的虚假诉讼罪的行为特征和定罪条件。故人民法院依法以虚假诉讼罪分别判处彭某某、赵某有期徒刑，并处罚金。

典型意义

实践中，故意捏造债权债务关系和以物抵债协议的行为多发生在离婚等类型民事诉讼和民事执行过程中，行为人往往意图通过上述行为，达到多分配夫妻共同财产或者非法转移被执行财产的目的。此类行为不仅会受到道德的谴责，更会受到法律的严惩。司法机关要及时甄别、发现、惩处此类虚假诉讼违法犯罪行为，依法追究行为人的刑事责任，保护人民群众合法权益。

案例7　捏造事实骗取民事调解书，据此申请参与执行财产分配的，构成虚假诉讼罪

【基本案情】

2019年5月至2020年1月，易某分多次陆续向被告人张某某借款共计200余万元，后相继归还其中的100余万元，尚欠90余万元未还。易某另外还向郭某某等人大额借款未能归还，郭某某将易某起诉至某市人民法院。2020年3月26日，该市人民法院判决易某偿还郭某某借款132.6万元，后该案进入执行程序，该市人民法院准备强制执行易某名下房产。张某某为达到在强制执行过程中多分执行款的目的，与易某进

行了预谋。同年4月2日，张某某和易某恶意串通，张某某隐瞒易某已经偿还借款100余万元的事实，以易某拖欠其借款共计182.5万元不还为由，向该市人民法院提起民事诉讼。该市人民法院经开庭审理后，在法庭主持下，易某与张某某达成调解协议，由易某支付张某某欠款182.5万元，该市人民法院据此作出民事调解书。张某某以该民事调解书为执行依据，申请参与分配被执行人易某的财产。债权人郭某某报案后，公安机关将张某某抓获。

处理结果

人民法院依法以虚假诉讼罪判处张某某有期徒刑一年，并处罚金人民币一万元。

案例分析

根据《最高人民法院　最高人民检察院关于办理虚假诉讼刑事案件适用法律若干问题的解释》第一条的规定，采取伪造证据、虚假陈述等手段，捏造民事法律关系，虚构民事纠纷，向人民法院提起民事诉讼的，应当认定为《刑法》第三百零七条之一第一款规定的“以捏造的事实提起民事诉讼”；向人民法院申请执行基于捏造的事实作出的仲裁裁决、公证债权文书，或者在民事执行过程中以捏造的事实对执行标的提出异议、申请参与执行财产分配的，属于“以捏造的事实提起民事诉讼”。实施上述行为，达到《中华人民共和国刑法》和司法解释规定的定罪标准的，应当以虚假诉讼罪定罪处罚。上述司法解释第二条第三款规定，以捏造的事实提起民事诉讼，致使人民法院基于捏造的事实作出裁判文书、制作财产分配方案，或者立案执行基于捏造的事实作出的仲裁裁决、公证债权文书的，应当认定为《刑法》第三百零七条之一第一款规定的“妨害司法秩序或者严重侵害他人合法权益”。

本案中，张某某先后多次向易某出借款项，共计200余万元。二人之间实际上形成了数个债权债务关系。后易某向张某某偿还借款100余万元，二人之间的一部分债权债务关系已经消灭。在易某名下财产面临人民法院强制执行的情况下，张某某与易某恶意串通，隐瞒一部分债权债务关系已因债务人易某的清偿行为而消灭的事实，以该部分债权债务关系仍然存在为由提起民事诉讼，致使人民法院基于捏造的事实作出民事调解书，并以骗取的民事调解书为执行依据，申请参与分配易某的财产，符合《中华人民共和国刑法》和司法解释规定的虚假诉讼罪的行为特征和定罪条件。故人民法院依法以虚假诉讼罪判处张某某有期徒刑，并处罚金。

典型意义

通过虚假诉讼方式干扰人民法院正常执行活动、为自己或者帮助他人逃避人民法院生效裁判文书确定的执行义务的行为严重妨害司法秩序，侵害其他债权人的合法权益，社会危害严重。此类行为往往以债权人和债务人恶意串通的形式出现，且多数在民事诉讼过程中自行达成调解协议，隐蔽性强，甄别难度大。司法机关要加大审查力度，提高甄别能力，重视对被害人报案和控告、群众举报等线索来源的调查审查工作，及时发现虚假诉讼犯罪，依法从严惩处。

案例8　依法严厉打击“套路贷”虚假诉讼违法犯罪

【基本案情】

2013年9月至2018年9月，被告人林某某通过其实际控制的两个公司，以吸收股东、招收业务人员等方式发展组织成员并大肆实施“套路贷”违法犯罪活动，逐步形成了以林某某为核心的层级明确、人数众多的黑社会性质组织。林某某主导确定实施“套路贷”的具体模式，策划、指挥全部违法犯罪活动，其他成员负责参与“套路贷”的不同环节，实施具体违法犯罪活动，负责以暴力和“软暴力”手段非法占有被害人财物，并长期雇佣某律师为该组织规避法律风险提供帮助。该黑社会性质组织及成员实施“套路贷”违法犯罪过程中，以办理房屋抵押贷款为名，诱使、欺骗多名被害人办理赋予借款合同强制执行效力、售房委托、抵押解押的委托公证，并恶意制造违约事实，利用公证书将被害人名下房产过户到该黑社会性质组织或组织成员名下，之后再纠集、指使暴力清房团伙，采用暴力、威胁及其他“软暴力”手段任意占用被害人房产，通过向第三人抵押、出售或者与长期雇佣的律师串通、合谋虚假诉讼等方式，将被害人房产处置变现以谋取非法利益，并将违法所得用于该黑社会性质组织的发展壮大、组织成员分红和提成。该黑社会性质组织通过上述方式，有组织地实施诈骗、寻衅滋事、敲诈勒索、虚假诉讼等一系列违法犯罪活动，攫取巨额非法经济利益，并利用获得的非法收入为该组织及成员提供经济支持。该黑社会性质组织在长达5年的时间内长期实施上述“套路贷”违法犯罪活动，涉及多个市辖区、70余名被害人及家庭，造成被害人经济损失高达上亿元，且犯罪对象为老年群体，致使部分老年被害人流离失所、无家可归，严重影响社会稳定。其中，2017年4月至2018年6月，林某某为将诈骗所得的房产处置变现，与他人恶意串通，故意捏造抵押借款合同和债务人违约事实，以虚假的债权债务关系向人民法院提起民事诉讼，欺骗人民法院开庭审理并作出民事裁判文书。

处理结果

人民法院依法对林某某以组织、领导黑社会性质组织罪判处有期徒刑十年，剥夺政治权利二年，并处没收个人全部财产；以诈骗罪判处无期徒刑，剥夺政治权利终身，并处没收个人全部财产；以敲诈勒索罪判处有期徒刑 11 年，并处罚金人民币 22 万元；以寻衅滋事罪判处有期徒刑九年，剥夺政治权利一年，并处罚金人民币 18 万元；以虚假诉讼罪判处有期徒刑六年，并处罚金人民币 12 万元。决定执行无期徒刑，剥夺政治权利终身，并处没收个人全部财产。

案例分析

根据《最高人民法院　最高人民检察院　公安部　司法部关于办理“套路贷”刑事案件若干问题的意见》的规定，“套路贷”是对以非法占有为目的，假借民间借贷之名，诱使或迫使被害人签订“借贷”或变相“借贷”“抵押”“担保”等相关协议，通过虚增借贷金额、恶意制造违约、肆意认定违约、毁匿还款证据等方式形成虚假债权债务，并借助诉讼、仲裁、公证或者采用暴力、威胁以及其他手段非法占有被害人财物的相关违法犯罪活动的概括性称谓；对于在实施“套路贷”过程中多种手段并用，构成诈骗、敲诈勒索、非法拘禁、虚假诉讼、寻衅滋事、强迫交易、抢劫、绑架等多种犯罪的，应当根据具体案件事实，区分不同情况，依照刑法及有关司法解释的规定数罪并罚或者择一重处；三人以上为实施“套路贷”而组成的较为固定的犯罪组织，应当认定为犯罪集团，对首要分子应按照集团所犯全部罪行处罚；符合黑恶势力认定标准的，应当按照黑社会性质组织、恶势力或者恶势力犯罪集团侦查、起诉、审判。

本案中，林某某纠集、指挥多人实施“套路贷”违法犯罪，行为符合《中华人民共和国刑法》规定的组织、领导黑社会性质组织罪的构成要件；在实施“套路贷”过程中诈骗、敲诈勒索、寻衅滋事、虚假诉讼等多种手段并用，行为还构成诈骗罪、敲诈勒索罪、寻衅滋事罪、虚假诉讼罪等多种犯罪，故人民法院对林某某依法予以数罪并罚。

典型意义

“套路贷”违法犯罪严重侵害人民群众合法权益，影响社会大局稳定，且往往与黑恶势力犯罪交织在一起，社会危害极大。司法机关必须始终保持对“套路贷”的高压严打态势，及时甄别、依法严厉打击“套路贷”中的虚假诉讼、诈骗、敲诈勒索、寻衅滋事等违法犯罪行为，依法严惩犯罪人，切实保护被害人合法权益，满足人民群众对公平正义的心理期待。

案例 9　法院工作人员利用职权与他人共同实施虚假诉讼犯罪的，从重处罚

【基本案情】

2010 年 4 月，基层法律服务工作者杨某某在协助房屋中介办理某市经济适用房买卖过户过程中，为规避经济适用房 5 年内不准上市交易的政策规定，找到时任某县人民法院副院长的被告人魏某，二人预谋以虚构民间借贷纠纷诉讼的方式规避政策规定，商定由买卖双方签订虚假民间借贷合同，并在合同中约定纠纷由该县人民法院管辖，在起诉状中编造当事人住址在该县的虚假内容，以该县人民法院名义出具以房抵债民事调解书，然后由杨某某带领房屋买卖双方持民事调解书办理经济适用房交易过户手续。2010 年 4 月至 2013 年 3 月，魏某利用职务之便，伙同杨某某共同实施虚假诉讼行为，先后出具多份虚假的以房抵债民事调解书，导致多套经济适用房被违规低价过户，造成重大损失。魏某还利用职务上的便利非法收受他人财物，案发后已退缴全部赃款赃物。

处理结果

人民法院依法对魏某以滥用职权罪判处有期徒刑六年；以受贿罪判处有期徒刑 11 年，并处没收个人财产人民币五万元，决定执行有期徒刑 15 年，并处没收个人财产人民币五万元。

案例分析

《中华人民共和国刑法》第三百零七条之一第四款规定，司法工作人员利用职权，与他人共同实施前三款行为（即虚假诉讼犯罪行为）的，从重处罚；同时构成其他犯罪的，依照处罚较重的规定定罪从重处罚。根据《最高人民法院　最高人民检察院关于办理虚假诉讼刑事案件适用法律若干问题的解释》第五条的规定，司法工作人员利用职权，与他人共同实施虚假诉讼犯罪行为的，从重处罚；同时构成滥用职权罪，民事枉法裁判罪，执行判决、裁定滥用职权罪等犯罪的，依照处罚较重的规定定罪从重处罚。

本案中，魏某实施虚假诉讼行为时，《中华人民共和国刑法修正案（九）》尚未在《中华人民共和国刑法》中增设虚假诉讼罪，但人民法院对法院工作人员利用职权与他人共同实施虚假诉讼犯罪行为依法予以严惩的态度和决心一以贯之。故人民法院依法以滥用职权罪从重判处魏某有期徒刑六年，与所犯受贿罪数罪并罚，决定执行有

期徒刑15年，并处没收个人部分财产。

典型意义

法律是维护社会秩序、保护人民群众合法权益的公器，不是可用于谋取违法利益的工具。法院工作人员应当带头遵守法律，捍卫法律尊严。法院工作人员利用职权，与他人共同实施虚假诉讼犯罪行为，严重影响司法公正和司法权威，与其他虚假诉讼犯罪行为相比，影响更恶劣，危害更严重，必须从严追究刑事责任。人民法院始终坚持刀刃向内，坚决清除害群之马，对法院工作人员利用职权参与虚假诉讼违法犯罪的行为予以严厉打击，依法从严从重追究法律责任，该判处重刑的坚决判处重刑，切实维护司法公正和司法权威，有效遏制了此类违法犯罪行为，维护了社会公平正义。

案例10　律师多次为当事人出谋划策，共同伪造证据进行虚假诉讼并在民事诉讼中担任代理人的，构成虚假诉讼共同犯罪

【基本案情】

被告人杜某系某律师事务所律师。2017—2019年，杜某与多人通谋，先后4次共同采取伪造证据、虚假陈述等手段，捏造民事法律关系，虚构民事纠纷，并担任诉讼代理人向人民法院提起民事诉讼，致使人民法院基于捏造的事实先后作出4份民事调解书并进行强制执行。杜某通过实施上述行为，意图帮助他人规避住房限售、限购政策，实现违规办理房产过户手续等非法目的，自己谋取非法经济利益。2020年5月13日，公安机关在杜某执业的律师事务所内将其抓获。案件审理过程中，杜某自愿退缴违法所得12.5万元。

处理结果

人民法院依法以虚假诉讼罪判处杜某有期徒刑一年三个月，并处罚金人民币三万元。

案例分析

根据《最高人民法院　最高人民检察院关于办理虚假诉讼刑事案件适用法律若干问题的解释》第二条第三款的规定，以捏造的事实提起民事诉讼，致使人民法院基于捏造的事实作出裁判文书、制作财产分配方案，或者立案执行基于捏造的事实作出的仲裁裁决、公证债权文书的，应当认定为《刑法》第三百零七条之一第一款规定的

“妨害司法秩序或者严重侵害他人合法权益”。上述司法解释第六条规定，诉讼代理人、证人、鉴定人等诉讼参与人与他人通谋，代理提起虚假民事诉讼、故意作虚假证言或者出具虚假鉴定意见，共同实施《刑法》第三百零七条之一前三款行为（即虚假诉讼犯罪行为）的，依照共同犯罪的规定定罪处罚。

本案中，杜某系执业律师，与他人通谋，捏造民事法律关系，虚构民事纠纷，并担任诉讼代理人向人民法院提起民事诉讼，欺骗人民法院作出裁判文书以获取非法利益。杜某实施虚假诉讼行为，致使人民法院基于捏造的事实作出民事调解书，已经达到《中华人民共和国刑法》和司法解释规定的虚假诉讼罪的定罪条件。故人民法院依法以虚假诉讼罪判处杜某有期徒刑，并处罚金。

典型意义

《中华人民共和国律师法》规定，律师应当维护当事人合法权益，维护法律正确实施，维护社会公平和正义；律师执业必须遵守宪法和法律，恪守律师职业道德和执业纪律；律师执业必须以事实为根据，以法律为准绳。律师作为从事法律服务工作的专业人员，具有娴熟的法律专业知识，熟悉相关法律规定和民事诉讼程序，应当严格遵守法律。律师利用自己的法律专业知识故意制造和参与虚假诉讼，将导致虚假诉讼违法犯罪更加难以甄别，造成更加严重的社会危害。本案的判决结果，有力震慑了虚假诉讼违法犯罪，警醒律师、基层法律服务工作者等法律从业人员要依法执业，严格依照法律规定开展法律咨询、诉讼代理等业务活动，不能知法犯法、玩弄司法。

来源：最高人民法院

最高人民法院相关负责人就《意见》回答记者提问

2021年11月9日，最高人民法院举行新闻发布会，发布《最高人民法院关于深入开展虚假诉讼整治工作的意见》（以下简称《意见》）暨人民法院整治虚假诉讼典型案例。会上，最高人民法院相关负责人就《意见》回答记者提问。

一、问：虚假诉讼具有很强的隐蔽性，尤其是当事人互相串通、虚构事实、伪造证据等情况时有发生。针对上述问题，《意见》提供了哪些甄别方法？

答：感谢您的提问。确实，这些情况使案件表面上达到事实清楚、证据充分的证明标准，人民法院很难审查出民事法律关系的不真实性。《意见》在广泛总结司法实践经验基础上，从四个方面对如何甄别虚假诉讼作了规定：一是对什么是虚假诉讼、哪些情形属于虚假诉讼、哪些人属于虚假诉讼行为人作了明确规定，为人民法院认定虚假诉讼提供了准绳；二是总结了原告起诉依据的事实和理由不符合常理、诉讼标的额与原告经济状况严重不符、当事人缺乏实质性对抗辩论、自认不符合常理等八类特征表现，指导法官开展靶向整治；三是归纳了民间借贷纠纷、执行异议之诉、劳动争议、离婚析产纠纷等十类易出现虚假诉讼的案件类型，有助于聚焦重点领域，提高整治质效；四是构建了立、审、执无缝衔接的甄别、提醒机制，充分利用立案辅助系统等信息系统开展甄别预警，发现涉嫌虚假诉讼的，要对审判和执行部门进行标记提醒，对于标记的案件，审判和执行部门要重点审查，严加防范，实现各环节分工协作、有效配合。

二、问：虚假诉讼社会影响十分恶劣，《意见》是如何加大对虚假诉讼的惩治力度的？

答：《意见》坚持从严惩治虚假诉讼的基本原则，主要规定了六方面措施：第一，依法限制撤诉权利。人民法院认定为虚假诉讼的案件，不应准许原告撤诉，应当依法驳回其诉讼请求。第二，明确从重处罚情节。虚假诉讼行为情节恶劣、后果严重或者多次参与虚假诉讼、制造系列虚假诉讼案件的，要加大处罚力度。第三，规定损害赔偿责任。虚假诉讼侵害他人民事权益的，应当承担赔偿责任。刚发布的案例就涉及这一问题。第四，确立整体从严刑事追责原则。从严追究虚假诉讼犯罪人的刑事责任，对虚假诉讼共同犯罪中罪责最突出的主犯、有虚假诉讼违法犯罪前科再次实施虚假诉讼犯罪的被告人，要充分体现从严。第五，加强对公职人员和专业人员的惩治。公职人员制造、参与虚假诉讼的，应当通报所在单位或者监察机关；律师等专业人员制造、参与虚假诉讼的，可通过司法建议督促予以行政处罚或行业惩戒；司法工作人员利用职权参与虚假诉讼构成犯罪的，从严追究刑事责任。第六，加强信用惩戒。2019 年以来，浙江宁波法院已发布虚假诉讼“黑名单”252 人、13 家企业，“黄名单”410 人、11 家企业，给予 3～5 年信用惩戒，效果良好。《意见》吸纳这一经验，要求积极探索建立虚假诉讼“黑名单”制度，在全社会营造不敢、不能、不愿虚假诉讼的法治环境。

三、问：请问如何发挥刑事审判的职能作用，加大对虚假诉讼行为的惩治力度？

答：虚假诉讼行为妨害司法秩序，侵害他人合法权益，社会危害十分严重，必须充分发挥刑罚的惩罚和预防犯罪功能，依法追究有关人员刑事责任。《意见》依据刑法和有关司法解释、规范性文件的规定，设置多个专门条文，对虚假诉讼刑事追责的总体原则、打击重点等问题作出了具体性规定。《意见》明确，虚假诉讼行为符合虚假诉讼罪等罪名定罪标准的，要从严追究行为人的刑事责任；法院工作人员利用职权与他人共同实施虚假诉讼，构成虚假诉讼罪的，要依法从重处罚，同时构成其他犯罪的，依照处罚较重的规定定罪并从重处罚。针对实践中虚假诉讼犯罪案件缓刑、免予刑事处罚适用偏多的问题，《意见》强调，对于多人结伙实施的虚假诉讼共同犯罪中罪责最突出的主犯，以及有虚假诉讼违法犯罪前科再次实施虚假诉讼犯罪的被告人，要控制缓刑、免予刑事处罚的适用范围。针对人民群众反映强烈的“套路贷”虚假诉讼问题，《意见》提出，要及时甄别、依法严厉打击“套路贷”中的虚假诉讼违法犯罪行为，符合黑恶势力认定标准的，应当依法认定，保持对“套路贷”虚假诉讼违法犯罪的高压严打态势，切实维护司法秩序和人民群众合法权益，满足人民群众对公平正义的心理期待。

为确保虚假诉讼的法律后果落实到位，《意见》还对如何做好刑事和民事诉讼程序衔接作出了专门规定。虚假诉讼犯罪发生在民事诉讼过程中，对于虚假诉讼犯罪案件处理过程中刑事诉讼与民事诉讼程序的衔接问题，实践中存在争议。2021 年 3 月，最高人民法院、最高人民检察院、公安部、司法部联合公布的《关于进一步加强虚假诉讼犯罪惩治工作的意见》设专章对这个问题作出了详细规定。《意见》进一步明确了虚假诉讼刑事案件审理法院与相关民事案件审理法院之间的信息沟通机制，以及有关人民法院及时依法启动审判监督程序纠错的工作要求，要求作出生效虚假诉讼犯罪刑事裁判的人民法院应当及时函告审理或者执行相关民事案件的人民法院；有关人民法院应当及时依法启动审判监督程序，对被生效刑事裁判认定构成虚假诉讼犯罪的相关民事判决、裁定、调解书予以纠正，对于当事人、案外人的再审申请应当依法及时进行审查，做好程序衔接，保持刑民协同。《意见》还规定，人民法院在办理案件过程中发现虚假诉讼涉嫌犯罪的，应当依法及时将相关材料移送刑事侦查机关，确保虚假诉讼犯罪得到及时惩治。

来源：人民法院新闻传媒总社

记者：孙航

编辑：陈政

最高法：民间借贷是虚假诉讼高发易发领域，2020年共查处虚假民间借贷纠纷案1772件

2021年11月9日，最高人民法院召开新闻发布会，发布《最高人民法院关于深入开展虚假诉讼整治工作的意见》（以下简称《意见》）暨人民法院整治虚假诉讼典型案例。最高法副院长贺小荣提到，民间借贷历来是虚假诉讼高发易发领域。2020年共查处虚假民间借贷纠纷案件1772件，占查处的民事虚假诉讼案件的53.09%。

贺小荣说，最高法坚决贯彻落实党的十八届四中全会关于加大对虚假诉讼、恶意诉讼、无理缠诉行为的惩治力度的要求，多措并举，重拳整治虚假诉讼。

据介绍，2017—2020年，全国法院共查处虚假诉讼案件1.23万件，在黑龙江鸿基米兰房地产开发有限公司执行异议之诉63件系列虚假诉讼案件中，全部顶格处罚，合计罚款6300万元；共审结涉虚假诉讼刑事案件2079件，案件数量逐年大幅上升，包括林某某勾结公证员诈骗老年人房产"套路贷"涉黑案、虞某某特大"网络套路贷"专案等一系列重大案件。

"随着经济社会发展和人民法院整治力度加强，虚假诉讼也呈现出新特点、表现出新花样，为进一步深入整治虚假诉讼，最高人民法院在充分调研、广泛总结实践经验的基础上，根据民法典、刑法、民事诉讼法等规定，制定了《意见》。"

贺小荣说，虚假诉讼隐蔽性极强，如何甄别至关重要。《意见》规定了哪些情形属于虚假诉讼，为认定虚假诉讼提供了"标尺"；总结了虚假诉讼八大特征表现，为甄别虚假诉讼提供了指南；列举了十类常见虚假诉讼，为整治虚假诉讼划出了重点。

贺小荣提到，《意见》构建了贯穿立案、审判、执行全流程的虚假诉讼整治机制。要加强立案预警，发现涉嫌虚假诉讼的，既要对行为人进行警示提醒，又要对办案人员进行标记提醒，严把案件入口关；加强执行审查，重点查处执行异议、复议、参与分配等程序中虚假诉讼，把好案件出口关。力争不让一个虚假诉讼进来，力保不让一个虚假诉讼出去。

"《意见》规定了执行异议之诉、民间借贷、房屋买卖合同等虚假诉讼易发领域整治工作要求。"贺小荣解释，《意见》要求严格审查执行异议之诉全案证据，审慎对待当事人自认，严防当事人恶意串通逃避执行；要求严格审查通过循环转账、"断头息"

等方式虚构借贷、虚增本金的违法行为，严守民间借贷利率司法保护上限。

贺小荣提到，近年来通过虚假诉讼逃避房屋限购、限售政策的现象有所抬头。《意见》规定，为规避调控政策等非法目的，虚构房屋买卖合同关系提起诉讼的，应当认定合同无效；虚构购房资格参与司法拍卖房产的，应当认定拍卖行为无效。

据悉，《意见》要求从严追究虚假诉讼行为人的刑事责任；对群众反映强烈的“套路贷”虚假诉讼违法犯罪保持高压严打态势；在信息沟通、线索移送、查假纠错等方面做好刑民协同，既要打击虚假诉讼，更要依法保障受害人权利。

《意见》还提到，对参与虚假诉讼的法院工作人员依规依纪严肃处理，对利用职权与他人共同实施虚假诉讼犯罪的法院工作人员，依法从重处罚。

贺小荣表示，下一步，最高法为深入整治虚假诉讼还将制定一系列司法解释和司法政策，进一步扎紧制度的笼子，压缩虚假诉讼存在的空间，实现对虚假诉讼的标本兼治，为诚信社会、法治国家建设作出应有贡献。

来源：红星新闻

记者：高鑫

编辑：谭王雨

最高法：认定为虚假诉讼的案件，不准原告撤诉，依法追究有关人员刑事责任

2021年11月9日，最高人民法院召开新闻发布会，发布《最高人民法院关于深入开展虚假诉讼整治工作的意见》（以下简称《意见》）暨人民法院整治虚假诉讼典型案例。最高法相关负责人答记者问时提到，人民法院认定为虚假诉讼的案件，不应准许原告撤诉，应当依法驳回其诉讼请求。虚假诉讼行为妨害司法秩序，侵害他人合法权益，社会危害十分严重，要依法追究有关人员刑事责任。

最高法民一庭庭长郑学林答记者问时说，《意见》坚持从严惩治虚假诉讼的基本原则，明确从重处罚情节。虚假诉讼行为情节恶劣、后果严重或者多次参与虚假诉讼、制造系列虚假诉讼案件的，要加大处罚力度。《意见》规定损害赔偿责任。虚假诉讼侵害他人民事权益的，应当承担赔偿责任。

郑学林提到，《意见》确立整体从严刑事追责原则。从严追究虚假诉讼犯罪人的刑事责任，对虚假诉讼共同犯罪中罪责最突出的主犯、有虚假诉讼违法犯罪前科再次实施虚假诉讼犯罪的被告人，要充分体现从严。公职人员制造、参与虚假诉讼的，应当通报所在单位或者监察机关；律师等专业人员制造、参与虚假诉讼的，可通过司法建议督促予以行政处罚或行业惩戒；司法工作人员利用职权参与虚假诉讼构成犯罪的，从严追究刑事责任。

郑学林介绍，2019年以来，浙江宁波法院已发布虚假诉讼“黑名单”252人、13家企业，“黄名单”410人、11家企业，给予3～5年信用惩戒，效果良好。《意见》吸纳这一经验，要求积极探索建立虚假诉讼“黑名单”制度，在全社会营造不敢、不能、不愿虚假诉讼的法治环境。

最高法刑四庭副庭长叶邵生答记者问时提到，《意见》明确，虚假诉讼行为符合虚假诉讼罪等罪名定罪标准的，要从严追究行为人的刑事责任；法院工作人员利用职权与他人共同实施虚假诉讼，构成虚假诉讼罪的，要依法从重处罚，同时构成其他犯罪的，依照处罚较重的规定定罪并从重处罚。

“针对实践中虚假诉讼犯罪案件缓刑、免予刑事处罚适用偏多的问题，《意见》强调，对于多人结伙实施的虚假诉讼共同犯罪中罪责最突出的主犯，以及有虚假诉讼违

法犯罪前科再次实施虚假诉讼犯罪的被告人，要控制缓刑、免予刑事处罚的适用范围。”叶邵生说。

叶邵生介绍，针对人民群众反映强烈的“套路贷”虚假诉讼问题，《意见》提出，要及时甄别、依法严厉打击“套路贷”中的虚假诉讼违法犯罪行为，符合黑恶势力认定标准的，应当依法认定，保持对“套路贷”虚假诉讼违法犯罪的高压严打态势。

叶邵生提到，《意见》还规定，人民法院在办理案件过程中发现虚假诉讼涉嫌犯罪的，应当依法及时将相关材料移送刑事侦查机关，确保虚假诉讼犯罪得到及时惩治。

来源：红星新闻

记者：高鑫

编辑：谭王雨

最高人民法院、最高人民检察院、公安部、司法部印发《关于进一步加强虚假诉讼犯罪惩治工作的意见》（附全文）

近日，最高人民法院、最高人民检察院、公安部、司法部联合印发《关于进一步加强虚假诉讼犯罪惩治工作的意见》（以下简称《意见》），自 2021 年 3 月 10 日起施行。

党的十八届四中全会通过的《中共中央关于全面推进依法治国若干重大问题的决定》提出，加大对虚假诉讼、恶意诉讼、无理缠诉行为的惩治力度。最高人民法院坚决贯彻落实党中央决策部署，高度重视对虚假诉讼违法犯罪的依法惩治工作，先后制定出台了多个司法解释和规范性文件，其中，2018 年 9 月与最高人民检察院联合出台《关于办理虚假诉讼刑事案件适用法律若干问题的解释》，对刑法规定的虚假诉讼罪的行为特征、定罪量刑标准等作了明确规定。但是，实践中仍然存在虚假诉讼犯罪甄别发现不及时、司法机关查办虚假诉讼刑事案件沟通协作机制不健全、相关民事诉讼与刑事诉讼程序衔接不畅等问题，影响对虚假诉讼犯罪的惩治力度。为进一步贯彻落实党中央决策部署，最高人民法院与最高人民检察院、公安部、司法部共同开展调研，广泛征求各方面意见，形成了《意见》，对建立健全虚假诉讼犯罪惩治配合协作和程序衔接机制、进一步加强虚假诉讼犯罪惩治工作作了具体规定。

《意见》包括总则、虚假诉讼犯罪的甄别和发现、线索移送和案件查处、程序衔接、责任追究、协作机制、附则等七章，共二十九条。《意见》坚持以习近平法治思想为指导，依法从严打击通过虚假诉讼妨害司法秩序或者严重侵害他人合法权益的行为，保护自然人、法人和非法人组织的合法权益，保障人民群众依法行使诉权，同时坚持问题导向，着眼于解决实践中存在的突出问题，为司法实践提供有效指导。

《意见》强调，人民法院、人民检察院、公安机关、司法行政机关应当按照法定职责分工负责、配合协作，加强沟通协调，在履行职责过程中发现可能存在虚假诉讼犯罪的，应当及时相互通报情况，共同防范和惩治虚假诉讼犯罪；探索建立民事裁判文书信息共享机制和信息互通数据平台，综合运用信息化手段发掘虚假诉讼违法犯罪线索，逐步实现虚假诉讼违法犯罪案件信息、数据共享；落实“谁执法谁普法”的普法责任制要求，增强全社会对虚假诉讼违法犯罪的防范意识，震慑虚假诉讼违法犯罪。

《意见》对虚假诉讼犯罪线索移送和案件查处的具体问题作了规定。《意见》明确了人民法院、人民检察院履行职责过程中发现虚假诉讼犯罪线索依法向公安机关进行移送所需书面材料，以及接受案件的公安机关审查后的具体处理方式和相关时限要求。《意见》同时明确，人民检察院依法对公安机关的刑事立案实行监督；人民法院对公安机关的不予立案决定有异议的，可以建议人民检察院进行立案监督。

作为一项重点内容，《意见》对虚假诉讼犯罪相关民事诉讼和刑事诉讼程序的衔接作了有针对性的规定。一是明确人民法院向公安机关移送涉嫌虚假诉讼犯罪案件，民事案件必须以相关刑事案件的审理结果为依据的，应当依法裁定中止诉讼，但刑事案件的审理结果不影响民事诉讼程序正常进行的，民事案件应当继续审理；二是确立了人民法院之间以及侦办虚假诉讼刑事案件的公安机关与办理相关民事案件的人民法院和同级人民检察院之间的信息沟通机制；三是进一步明确了人民检察院针对存在虚假诉讼违法犯罪的已生效民事判决、裁定、调解书提出再审检察建议或者抗诉的条件以及人民法院的相应处理方式；四是为便于公安机关依法行使虚假诉讼犯罪侦查权、人民检察院依法履行民事检察职责，根据已有规范性文件的规定精神，明确公安机关、人民检察院可以依规定拷贝电子卷或者查阅、复制、摘录人民法院的民事诉讼卷宗，人民法院予以配合。

针对极少数司法工作人员、律师等参与虚假诉讼问题，《意见》规定了对上述人员进行责任追究的总体原则。《意见》强调，对于司法工作人员利用职权参与虚假诉讼的，必须坚持刀刃向内，依照法律法规从严处理，构成犯罪的，依法从严追究刑事责任；律师、基层法律服务工作者、司法鉴定人、公证员、鉴定员利用职务之便参与虚假诉讼的，依照有关规定从严追究法律责任。《意见》还明确，人民法院向公安机关移送涉嫌虚假诉讼犯罪案件有关材料前，可以先行采取罚款、拘留等针对妨害民事诉讼的强制措施，引导相关人民法院进一步明确思想认识，及时对实施虚假诉讼的民事诉讼当事人、其他诉讼参与人采取强制措施。

此外，《意见》还就《刑法》第三百零七条之一第一款中“提起民事诉讼”的外延、民事案件审理过程中虚假诉讼犯罪的甄别和发现等内容作了规定。

附：

最高人民法院 最高人民检察院 公安部 司法部 关于进一步加强虚假诉讼犯罪惩治工作的意见

（法发〔2021〕10号）

第一章　总则

第一条　为了进一步加强虚假诉讼犯罪惩治工作，维护司法公正和司法权威，保护自然人、法人和非法人组织的合法权益，促进社会诚信建设，根据《中华人民共和国刑法》《中华人民共和国刑事诉讼法》《中华人民共和国民事诉讼法》和《最高人民法院、最高人民检察院关于办理虚假诉讼刑事案件适用法律若干问题的解释》等规定，结合工作实际，制定本意见。

第二条　本意见所称虚假诉讼犯罪，是指行为人单独或者与他人恶意串通，采取伪造证据、虚假陈述等手段，捏造民事案件基本事实，虚构民事纠纷，向人民法院提起民事诉讼，妨害司法秩序或者严重侵害他人合法权益，依照法律应当受刑罚处罚的行为。

第三条　人民法院、人民检察院、公安机关、司法行政机关应当按照法定职责分工负责、配合协作，加强沟通协调，在履行职责过程中发现可能存在虚假诉讼犯罪的，应当及时相互通报情况，共同防范和惩治虚假诉讼犯罪。

第二章　虚假诉讼犯罪的甄别和发现

第四条　实施《最高人民法院、最高人民检察院关于办理虚假诉讼刑事案件适用法律若干问题的解释》第一条第一款、第二款规定的捏造事实行为，并有下列情形之一的，应当认定为刑法第三百零七条之一第一款规定的“以捏造的事实提起民事诉讼”：

（一）提出民事起诉的；

（二）向人民法院申请宣告失踪、宣告死亡，申请认定公民无民事行为能力、限制民事行为能力，申请认定财产无主，申请确认调解协议，申请实现担保物权，申请支付令，申请公示催告的；

（三）在民事诉讼过程中增加独立的诉讼请求、提出反诉，有独立请求权的第三人提出与本案有关的诉讼请求的；

（四）在破产案件审理过程中申报债权的；

（五）案外人申请民事再审的；

（六）向人民法院申请执行仲裁裁决、公证债权文书的；

（七）案外人在民事执行过程中对执行标的提出异议，债权人在民事执行过程中申请参与执行财产分配的；

（八）以其他手段捏造民事案件基本事实，虚构民事纠纷，提起民事诉讼的。

第五条 对于下列虚假诉讼犯罪易发的民事案件类型，人民法院、人民检察院在履行职责过程中应当予以重点关注：

（一）民间借贷纠纷案件；

（二）涉及房屋限购、机动车配置指标调控的以物抵债案件；

（三）以离婚诉讼一方当事人为被告的财产纠纷案件；

（四）以已经资不抵债或者已经被作为被执行人的自然人、法人和非法人组织为被告的财产纠纷案件；

（五）以拆迁区划范围内的自然人为当事人的离婚、分家析产、继承、房屋买卖合同纠纷案件；

（六）公司分立、合并和企业破产纠纷案件；

（七）劳动争议案件；

（八）涉及驰名商标认定的案件；

（九）其他需要重点关注的民事案件。

第六条 民事诉讼当事人有下列情形之一的，人民法院、人民检察院在履行职责过程中应当依法严格审查，及时甄别和发现虚假诉讼犯罪：

（一）原告起诉依据的事实、理由不符合常理，存在伪造证据、虚假陈述可能的；

（二）原告诉请司法保护的诉讼标的额与其自身经济状况严重不符的；

（三）在可能影响案外人利益的案件中，当事人之间存在近亲属关系或者关联企业等共同利益关系的；

（四）当事人之间不存在实质性民事权益争议和实质性诉辩对抗的；

（五）一方当事人对于另一方当事人提出的对其不利的事实明确表示承认，且不符合常理的；

（六）认定案件事实的证据不足，但双方当事人主动迅速达成调解协议，请求人民法院制作调解书的；

（七）当事人自愿以价格明显不对等的财产抵付债务的；

（八）民事诉讼过程中存在其他异常情况的。

第七条　民事诉讼代理人、证人、鉴定人等诉讼参与人有下列情形之一的，人民法院、人民检察院在履行职责过程中应当依法严格审查，及时甄别和发现虚假诉讼犯罪：

（一）诉讼代理人违规接受对方当事人或者案外人给付的财物或者其他利益，与对方当事人或者案外人恶意串通，侵害委托人合法权益的；

（二）故意提供虚假证据，指使、引诱他人伪造、变造证据、提供虚假证据或者隐匿、毁灭证据的；

（三）采取其他不正当手段干扰民事诉讼活动正常进行的。

第三章　线索移送和案件查处

第八条　人民法院、人民检察院、公安机关发现虚假诉讼犯罪的线索来源包括：

（一）民事诉讼当事人、诉讼代理人和其他诉讼参与人、利害关系人、其他自然人、法人和非法人组织的报案、控告、举报和法律监督申请；

（二）被害人有证据证明对被告人通过实施虚假诉讼行为侵犯自己合法权益的行为应当依法追究刑事责任，且有证据证明曾经提出控告，而公安机关或者人民检察院不予追究被告人刑事责任，向人民法院提出的刑事自诉；

（三）人民法院、人民检察院、公安机关、司法行政机关履行职责过程中主动发现；

（四）有关国家机关移送的案件线索；

（五）其他线索来源。

第九条　虚假诉讼刑事案件由相关虚假民事诉讼案件的受理法院所在地或者执行法院所在地人民法院管辖。有刑法第三百零七条之一第四款情形的，上级人民法院可以指定下级人民法院将案件移送其他人民法院审判。

前款所称相关虚假民事诉讼案件的受理法院，包括该民事案件的一审、二审和再审法院。

虚假诉讼刑事案件的级别管辖，根据刑事诉讼法的规定确定。

第十条 人民法院、人民检察院向公安机关移送涉嫌虚假诉讼犯罪案件，应当附下列材料：

（一）案件移送函，载明移送案件的人民法院或者人民检察院名称、民事案件当事人名称和案由、所处民事诉讼阶段、民事案件办理人及联系电话等。案件移送函应当附移送材料清单和回执，经人民法院或者人民检察院负责人批准后，加盖人民法院或者人民检察院公章。

（二）移送线索的情况说明，载明案件来源、当事人信息、涉嫌虚假诉讼犯罪的事实、法律依据等，并附相关证据材料。

（三）与民事案件有关的诉讼材料，包括起诉书、答辩状、庭审笔录、调查笔录、谈话笔录等。

人民法院、人民检察院应当指定专门职能部门负责涉嫌虚假诉讼犯罪案件的移送。

人民法院将涉嫌虚假诉讼犯罪案件移送公安机关的，同时将有关情况通报同级人民检察院。

第十一条 人民法院、人民检察院认定民事诉讼当事人和其他诉讼参与人的行为涉嫌虚假诉讼犯罪，除民事诉讼当事人、其他诉讼参与人或者案外人的陈述、证言外，一般还应有物证、书证或者其他证人证言等证据相印证。

第十二条 人民法院、人民检察院将涉嫌虚假诉讼犯罪案件有关材料移送公安机关的，接受案件的公安机关应当出具接受案件的回执或者在案件移送函所附回执上签收。

公安机关收到有关材料后，分别作出以下处理：

（一）认为移送的案件材料不全的，应当在收到有关材料之日起三日内通知移送的人民法院或者人民检察院在三日内补正。不得以材料不全为由不接受移送案件。

（二）认为有犯罪事实，需要追究刑事责任的，应当在收到有关材料之日起三十日内决定是否立案，并通知移送的人民法院或者人民检察院。

（三）认为有犯罪事实，但是不属于自己管辖的，应当立即报经县级以上公安机关负责人批准，在二十四小时内移送有管辖权的机关处理，并告知移送的人民法院或者人民检察院。对于必须采取紧急措施的，应当先采取紧急措施，然后办理手续，移送主管机关。

（四）认为没有犯罪事实，或者犯罪情节显著轻微不需要追究刑事责任的，或者具有其他依法不追究刑事责任情形的，经县级以上公安机关负责人批准，不予立案，并应当说明理由，制作不予立案通知书在三日内送达移送的人民法院或者人民检察院，退回有关材料。

第十三条　人民检察院依法对公安机关的刑事立案实行监督。

人民法院对公安机关的不予立案决定有异议的，可以建议人民检察院进行立案监督。

第四章　程序衔接

第十四条　人民法院向公安机关移送涉嫌虚假诉讼犯罪案件，民事案件必须以相关刑事案件的审理结果为依据的，应当依照民事诉讼法第一百五十条第一款第五项的规定裁定中止诉讼。刑事案件的审理结果不影响民事诉讼程序正常进行的，民事案件应当继续审理。

第十五条　刑事案件裁判认定民事诉讼当事人的行为构成虚假诉讼犯罪，相关民事案件尚在审理或者执行过程中的，作出刑事裁判的人民法院应当及时函告审理或者执行该民事案件的人民法院。

人民法院对于与虚假诉讼刑事案件的裁判存在冲突的已经发生法律效力的民事判决、裁定、调解书，应当及时依法启动审判监督程序予以纠正。

第十六条　公安机关依法自行立案侦办虚假诉讼刑事案件的，应当在立案后三日内将立案决定书等法律文书和相关材料复印件抄送对相关民事案件正在审理、执行或者作出生效裁判文书的人民法院并说明立案理由，同时通报办理民事案件人民法院的同级人民检察院。对相关民事案件正在审理、执行或者作出生效裁判文书的人民法院应当依法审查，依照相关规定做出处理，并在收到材料之日起三十日内将处理意见书面通报公安机关。

公安机关在办理刑事案件过程中，发现犯罪嫌疑人还涉嫌实施虚假诉讼犯罪的，可以一并处理。需要逮捕犯罪嫌疑人的，由侦查该案件的公安机关提请同级人民检察院审查批准；需要提起公诉的，由侦查该案件的公安机关移送同级人民检察院审查决定。

第十七条　有管辖权的公安机关接受民事诉讼当事人、诉讼代理人和其他诉讼参与人、利害关系人、其他自然人、法人和非法人组织的报案、控告、举报或者在履行职责过程中发现存在虚假诉讼犯罪嫌疑的，可以开展调查核实工作。经县级以上公安机关负责人批准，公安机关可以依照有关规定拷贝电子卷或者查阅、复制、摘录人民法院的民事诉讼卷宗，人民法院予以配合。

公安机关在办理刑事案件过程中，发现犯罪嫌疑人还涉嫌实施虚假诉讼犯罪的，适用前款规定。

第十八条　人民检察院发现已经发生法律效力的判决、裁定、调解书系民事诉讼当事人通过虚假诉讼获得的，应当依照民事诉讼法第二百零八条第一款、第二款等法律和相关司法解释的规定，向人民法院提出再审检察建议或者抗诉。

第十九条　人民法院对人民检察院依照本意见第十八条的规定提出再审检察建议或者抗诉的民事案件，应当依照民事诉讼法等法律和相关司法解释的规定处理。按照审判监督程序决定再审、需要中止执行的，裁定中止原判决、裁定、调解书的执行。

第二十条　人民检察院办理民事诉讼监督案件过程中，发现存在虚假诉讼犯罪嫌疑的，可以向民事诉讼当事人或者案外人调查核实有关情况。有关单位和个人无正当理由拒不配合调查核实、妨害民事诉讼的，人民检察院可以建议有关人民法院依照民事诉讼法第一百一十一条第一款第五项等规定处理。

人民检察院针对存在虚假诉讼犯罪嫌疑的民事诉讼监督案件依照有关规定调阅人民法院的民事诉讼卷宗的，人民法院予以配合。通过拷贝电子卷、查阅、复制、摘录等方式能够满足办案需要的，可以不调阅诉讼卷宗。

人民检察院发现民事诉讼监督案件存在虚假诉讼犯罪嫌疑的，可以听取人民法院原承办人的意见。

第二十一条　对于存在虚假诉讼犯罪嫌疑的民事案件，人民法院可以依职权调查收集证据。

当事人自认的事实与人民法院、人民检察院依职权调查并经审理查明的事实不符的，人民法院不予确认。

第五章　责任追究

第二十二条　对于故意制造、参与虚假诉讼犯罪活动的民事诉讼当事人和其他诉讼参与人，人民法院应当加大罚款、拘留等对妨害民事诉讼的强制措施的适用力度。

民事诉讼当事人、其他诉讼参与人实施虚假诉讼，人民法院向公安机关移送案件有关材料前，可以依照民事诉讼法的规定先行予以罚款、拘留。

对虚假诉讼刑事案件被告人判处罚金、有期徒刑或者拘役的，人民法院已经依照民事诉讼法的规定给予的罚款、拘留，应当依法折抵相应罚金或者刑期。

第二十三条　人民检察院可以建议人民法院依照民事诉讼法的规定，对故意制造、参与虚假诉讼的民事诉讼当事人和其他诉讼参与人采取罚款、拘留等强制措施。

第二十四条　司法工作人员利用职权参与虚假诉讼的，应当依照法律法规从严处理；构成犯罪的，依法从严追究刑事责任。

第二十五条　司法行政机关、相关行业协会应当加强对律师、基层法律服务工作者、司法鉴定人、公证员、仲裁员的教育和管理，发现上述人员利用职务之便参与虚假诉讼的，应当依照规定进行行政处罚或者行业惩戒；构成犯罪的，依法移送司法机关处理。律师、基层法律服务工作者、司法鉴定人、公证员、仲裁员利用职务之便参与虚假诉讼的，依照有关规定从严追究法律责任。

人民法院、人民检察院、公安机关在办理案件过程中，发现律师、基层法律服务工作者、司法鉴定人、公证员、仲裁员利用职务之便参与虚假诉讼，尚未构成犯罪的，可以向司法行政机关、相关行业协会或者上述人员所在单位发出书面建议。司法行政机关、相关行业协会或者上述人员所在单位应当在收到书面建议之日起三个月内作出处理决定，并书面回复作出书面建议的人民法院、人民检察院或者公安机关。

第六章　协作机制

第二十六条　人民法院、人民检察院、公安机关、司法行政机关探索建立民事判决、裁定、调解书等裁判文书信息共享机制和信息互通数据平台，综合运用信息化手段发掘虚假诉讼违法犯罪线索，逐步实现虚假诉讼违法犯罪案件信息、数据共享。

第二十七条　人民法院、人民检察院、公安机关、司法行政机关落实“谁执法谁普法”的普法责任制要求，通过定期开展法治宣传、向社会公开发布虚假诉讼典型案例、开展警示教育等形式，增强全社会对虚假诉讼违法犯罪的防范意识，震慑虚假诉讼违法犯罪。

第七章　附则

第二十八条　各省、自治区、直辖市高级人民法院、人民检察院、公安机关、司法行政机关可以根据本地区实际情况，制定实施细则。

第二十九条　本意见自2021年3月10日起施行。

最高人民法院　最高人民检察院　公安部　司法部

2021年3月4日

来源：最高人民法院

编辑：李璇

《关于进一步加强虚假诉讼犯罪惩治工作的意见》的理解与适用

目次

一、《意见》的制定背景和指导思想
二、虚假诉讼犯罪的具体认定
三、虚假诉讼犯罪线索的发现和移送
四、虚假诉讼案件中的程序衔接
五、对虚假诉讼行为人的责任追究

为进一步加强虚假诉讼犯罪惩治工作，保护自然人、法人和非法人组织的合法权益，促进社会诚信建设，维护司法公正和司法权威，最高人民法院、最高人民检察院、公安部、司法部于2021年3月4日联合印发《关于进一步加强虚假诉讼犯罪惩治工作的意见》（以下简称《意见》），自3月10日起施行。《意见》分为总则、虚假诉讼犯罪的甄别和发现、线索移送和案件查处、程序衔接、责任追究、协作机制、附则七章，共29条，对实体和程序多个方面的内容作出了规定。为便于实践中正确理解和适用，现就《意见》涉及的有关问题作简要说明。

一、《意见》的制定背景和指导思想

虚假诉讼行为侵害民事主体合法权益，严重扰乱诉讼秩序，损害司法权威，人民群众反映强烈，迫切需要采取措施予以解决。党的十八届四中全会通过的《中共中央关于全面推进依法治国若干重大问题的决定》提出，加大对虚假诉讼、恶意诉讼、无理缠诉行为的惩治力度。2015年11月施行的刑法修正案（九）增设虚假诉讼罪，将以捏造的事实提起民事诉讼、妨害司法秩序或者严重侵害他人合法权益的行为纳入刑事处罚范围，为采用刑事手段打击虚假诉讼提供了法律依据。

最高人民法院坚决贯彻落实党中央决策部署，高度重视对虚假诉讼违法犯罪的惩治工作，先后制定出台了多个刑事和民事司法解释及规范性文件。其中，2018年9月与最高人民检察院联合发布《关于办理虚假诉讼刑事案件适用法律若干问题的解释》

（以下简称《虚假诉讼犯罪司法解释》），对刑法规定的虚假诉讼罪的行为特征、定罪量刑标准、刑事政策把握等作了规定。但是，实践中仍然存在对虚假诉讼犯罪甄别发现不及时、司法机关查办虚假诉讼刑事案件沟通协作机制不健全、相关刑事诉讼和民事诉讼程序衔接不畅等问题，影响对虚假诉讼犯罪的惩治效果。为进一步贯彻落实党中央决策部署，最高人民法院与最高人民检察院、公安部、司法部共同开展调研，广泛征求各方面意见，形成了《意见》，对进一步加强虚假诉讼犯罪惩治工作、建立健全配合协作和程序衔接机制作了具体规定。

《意见》制定过程中，主要坚持以下指导思想和总体原则：

坚持以习近平法治思想为指导。《意见》始终贯彻落实习近平法治思想中坚持以人民为中心、公正司法等重要内容，深刻领会习近平总书记关于推进全面依法治国的根本目的是依法保障人民权益的重要论述，着力解决人民群众反映强烈的突出问题，回应人民群众的新要求新期待，依法保障人民安居乐业；严格贯彻落实《中共中央关于全面推进依法治国若干重大问题的决定》要求，依法从严打击通过虚假诉讼违法犯罪妨害司法秩序和严重侵害他人合法权益的行为，畅通司法机关依法惩治虚假诉讼犯罪的配合协作和程序衔接机制，保护自然人、法人和非法人组织的合法权益。同时，依法保障人民群众通过提起民事诉讼保护自身合法权益的正当权利，确保《意见》的相关规定内容有利于人民群众依法行使诉权。

坚持依法制定。《意见》属于对司法机关依法行使公权力行为的具体性规定，总体上应当坚持“法无规定不可为”的原则，相关规定内容应有相对明确的法律和规范依据，不与其他法律、司法解释相冲突和不协调。在实体方面，《意见》主要以刑法和《虚假诉讼犯罪司法解释》的有关规定为基础，坚持罪刑法定原则，对虚假诉讼犯罪的行为方式、刑事责任追究原则等作了进一步明确规定；在程序方面，《意见》以民事诉讼法以及相关司法解释、《公安机关办理刑事案件程序规定》《人民检察院刑事诉讼规则》等规定为依据，结合实际情况作出细化、可操作性规定，以适应实践需要。

坚持问题导向。虚假诉讼现象与社会诚信建设密切相关，有效解决需要各方面共同努力，综合施策。实践中，影响虚假诉讼违法犯罪惩治效果的主要因素，是司法机关内部对虚假诉讼犯罪的成立条件认识不一，导致此类案件立案难、打击效果不佳；虚假诉讼刑事案件与民事案件的程序衔接不畅，致使已被认定存在虚假诉讼犯罪的民事案件再审纠正存在困难。《意见》不求面面俱到，着眼于解决实践中存在的突出问题，对虚假诉讼犯罪线索移送和案件查处、相关刑事诉讼与民事诉讼的程序衔接等问题作了重点规定，为司法实践提供有效指导。另外，针对人民群众反映强烈的司法工作人员、诉讼参与人利用职权或者职务之便参与虚假诉讼的问题，《意见》还规定，对于参与虚假诉讼的司法工作人员以及律师、基层法律服务工作者、司法鉴定人、公证员、仲裁员，应当依法从严追究法律责任，表明司法机关坚持刀刃向内、从严惩处上述人员实施虚假诉讼的决心。

二、虚假诉讼犯罪的具体认定

刑事法律和民事法律中均有虚假诉讼概念，但二者存在明显区别。刑事法律中关于虚假诉讼罪的规定，原则上限于无中生有型捏造事实行为，且仅将具有严重社会危害性的行为纳入刑罚打击范围，其外延小于民事法律上的虚假诉讼。为突出打击重点，《意见》将规制对象限定为虚假诉讼犯罪，具体包括行为构成虚假诉讼罪，以及行为符合虚假诉讼罪的构成要件，但基于数罪竞合处罚原则最终被以其他罪名定罪处罚等两种情形。《意见》第二条采用下定义的方式，对虚假诉讼犯罪的内涵作了界定，规定主要内容与《虚假诉讼犯罪司法解释》第一条基本相同。对于实践中存在争议、《虚假诉讼犯罪司法解释》未作明确规定的虚假诉讼罪中民事诉讼的范围，《意见》第四条进一步作了列举式规定。实践中应当注意以下几点：

第一，关于认定虚假诉讼罪中民事诉讼的总体标准。根据刑法规定的虚假诉讼罪的行为方式，虚假诉讼罪的惩治对象原则上是不具有合法诉权的行为人采用欺骗手段提起民事诉讼，致使虚假民事案件进入人民法院诉讼程序的行为，同时，还应考虑部分民事主体通过在民事诉讼过程中提出新的诉讼请求、通过人民法院的民事执行行为实现其实体权利等情形。据此，虚假诉讼罪中的民事诉讼大体可分为以下几种情形：①案件首次进入民事诉讼程序的起诉行为，包括第一审普通民事程序和简易程序的起诉行为，以及民事诉讼法规定的特别程序和督促程序、公示催告程序的申请行为。②当事人在民事诉讼过程中提出新的独立的诉讼请求，包括原告增加独立的诉讼请求、被告提出反诉和有独立请求权的第三人提出与本案有关的诉讼请求。上述三种情形实质上属于诉的合并，与民事原告提出民事起诉并无实质性区别。③特殊程序中申请人民法院保护其实体权利的行为，包括在破产案件审理过程中申报债权，民事判决、裁定、调解书生效后案外人申请再审等。④民事执行过程中申请人民法院实现其超出原诉范围的实体权利的行为，主要包括申请执行仲裁裁决和公证债权文书，以及案外人对执行标的提出异议、债权人申请参与执行财产分配等情形。

第二，民事二审程序不属于虚假诉讼罪中的民事诉讼范围。根据最高人民法院《关于适用民事诉讼法的解释》第三百二十三条的规定，我国的民事二审程序采用续审制原则，除特殊情况外，二审审理范围原则上不超出一审之诉和当事人上诉请求的范围。据此，民事诉讼当事人在一审宣判后以捏造的事实提出上诉的，因其上诉请求不超出一审之诉的范围，不符合无中生有捏造事实的行为特征。因此，民事诉讼当事人在一审宣判后提出上诉、启动民事二审程序的，不宜认定为虚假诉讼罪中的“提起民事诉讼”。

第三，刑事附带民事诉讼是否属于虚假诉讼罪中的民事诉讼，应当区分不同情况分别认定。首先，在刑事公诉案件中，行为人提起附带民事诉讼的案由与检察机关提起公诉的犯罪行为属于同一法律事实，附带民事诉讼是基于刑事诉讼衍生出的民事诉讼活动，刑事诉讼的真实性决定了附带民事诉讼的真实性。根据刑事诉讼法的规定，人民检察院向人民法院提起公诉的条件，是犯罪事实已经查清，证据确实、充分，依法应当追究刑事责任。在此情况下，被害人及其法定代理人、近亲属以公诉机关提起公诉的事实为案由提起附带民事诉讼，具有一定的事实依据，不能认定为无中生有捏造事实，不符合虚假诉讼罪的构成要件。即使公诉机关起诉指控的事实经人民法院裁判认定不能成立、被告人的行为不构成犯罪，但基于被害人一方对公安、检察机关的信赖心理，亦不能认定其行为属于无中生有捏造事实。因此，在刑事公诉案件中提起附带民事诉讼的，不能认定为虚假诉讼罪中的“提起民事诉讼”。其次，刑事自诉案件不以公安机关侦查和检察机关审查起诉为前置程序，自诉人自行承担证明被告人有罪的举证责任，存在自诉人无中生有捏造事实的可能性，故刑事自诉人的行为可能构成虚假诉讼罪。刑事自诉人以捏造的事实提起附带民事诉讼的，可以认定为《意见》第四条第八款规定的“以其他手段捏造民事案件基本事实，虚构民事纠纷，提起民事诉讼的”情形。

三、虚假诉讼犯罪线索的发现和移送

为解决现阶段实践中存在的虚假诉讼犯罪线索移送渠道不够顺畅的问题，《意见》第三章对人民法院、人民检察院向公安机关移送犯罪线索应当提供的材料、公安机关收到移送的线索材料后审查立案的具体处理方式等作了具体规定。同时，为充分发挥检察机关对公安机关立案活动的法律监督功能，确保虚假诉讼犯罪得到依法惩治，《意见》还规定：人民检察院依法对公安机关的刑事立案实行监督；人民法院对公安机关的不予立案决定有异议的，可以建议人民检察院进行立案监督。实践中具体适用需要注意以下两点：

第一，关于人民法院、人民检察院移送虚假诉讼犯罪线索的条件。人民法院、人民检察院在履行职责过程中，符合什么样的条件可以认定存在虚假诉讼犯罪嫌疑，进而需要将犯罪线索移送公安机关，值得认真研究。我们经研究认为，刑法的“二次规范”性质决定了认定虚假诉讼犯罪需以行为同时违反民事法律为前提，也就是说，刑法上的虚假诉讼犯罪行为首先应当是民事法律上的违法行为。根据《中华人民共和国刑法》和《虚假诉讼犯罪司法解释》的规定，虚假诉讼犯罪大体可以分为“单方欺诈型”和“双方串通型”两种，其中的“单方欺诈型”虚假诉讼属于民事法律上的欺诈行为，而“双方串通型”虚假诉讼属于民事法律上的恶意串通行为。因此，人民法院、人民检察院在依法认定民事诉讼当事人存在欺诈或者恶意串通行为的前提下，才可以认定其存在虚假诉讼犯罪嫌疑，进而需要将犯罪线索移送公安机关。根据最高人民法院《关于适用民事诉讼法的解释》第一百零九条的规定，人民法院确信当事人欺诈、恶意串通事实存在的可能性能够排除合理怀疑的，才能认定该事实存在。该证明标准明显高于一般民事诉讼案件采用的高度盖然性标准。根据上述证明标准，人民法院、检察机关要认定存在虚假诉讼犯罪嫌疑，不能仅凭民事诉讼当事人、其他诉讼参与人或者案外人陈述、证言等单方言词证据，一般情况下还应有其他证据相互印证，才可以认定为达到了排除合理怀疑的证明标准。《意见》第十一条明确，人民法院、人民检察院认定民事诉讼当事人和其他诉讼参与人的行为涉嫌虚假诉讼犯罪，除民事诉讼当事人、其他诉讼参与人或者案外人的陈述、证言外，一般还应有物证、书证或者其他证人证言等证据相印证。作出上述规定，可以防止极少数民事诉讼参与人通过恶意进行刑事控告、举报干扰民事诉讼程序，意图逃避承担民事败诉结果，有利于保障民事诉讼程序的正常进行。

第二，虚假诉讼犯罪是否可以提起刑事自诉。《意见》第八条规定，司法机关发现虚假诉讼犯罪线索的四种具体来源，并设置了兜底条款，其中第二款规定，被害人在一定条件下可以针对他人实施的虚假诉讼行为向人民法院提出刑事自诉。研究过程中，有意见提出，在《意见》中明确规定对虚假诉讼犯罪可以提起刑事自诉，可能导致刑事自诉程序被人恶意利用，干扰民事诉讼程序的正常进行，建议不作规定。我们经研究认为，首先，根据《刑事诉讼法》第二百一十条的规定，自诉案件包括下列案件：①告诉才处理的案件；②被害人有证据证明的轻微刑事案件；③被害人有证据证明对被告人侵犯自己人身、财产权利的行为应当依法追究刑事责任，而公安机关或者人民检察院不予追究被告人刑事责任的案件。理论上一般将上述三类自诉案件分别概括为告诉才处理的案件、有证据证明的轻微刑事案件和公诉转自诉案件。最高人民法院《关于适用刑事诉讼法的解释》第一条进一步明确，公诉转自诉案件是指被害人有证据证明对被告人侵犯自己人身、财产权利的行为应当依法追究刑事责任，且有证据证明曾经提出控告，而公安机关或者人民检察院不予追究被告人刑事责任的案件。根据刑法规定，虚假诉讼罪侵犯的客体是司法秩序和他人合法权益。在被害人因为他人实施的虚假诉讼行为导致自己人身、财产权利受到侵害而提出控告，而公安机关或者人民检察院不予追究对方刑事责任的情况下，允许被害人向人民法院提出刑事自诉，符合刑事诉讼法规定的公诉转自诉案件的条件。其次，刑事诉权是诉权的重要组成部分，民事诉讼原被告双方的诉权均应得到平等保护，不能仅以保障民事诉讼程序顺利进行、确保原告的民事诉权得以实现为由，剥夺被告享有的依法提起刑事自诉、通过刑事诉讼手段维护自身合法权益的权利。在《意见》中明确规定虚假诉讼犯罪被害人在提出控告后、公安机关或者人民检察院不予追究被告人刑事责任的情况下享有提起刑事自诉的权利，具有法律依据和现实意义。

四、虚假诉讼案件中的程序衔接

虚假诉讼案件处理过程中刑事诉讼与民事诉讼程序的衔接，涉及刑民交叉问题，实践中存在较多争议，也是《意见》力图解决的重点问题。《意见》第二章对与虚假诉讼有关的程序衔接问题作了原则性规定，包括以下几个方面内容：

第一，虚假诉讼案件处理过程中的信息沟通。实践中，虚假诉讼刑事案件和相关联的民事案件可能由不同地区的司法机关办理，建立信息沟通工作机制，确保有关人民法院及时得到关联案件的处理信息，是实现刑事诉讼和民事诉讼程序有效衔接的前提。《意见》主要从两个方面对信息沟通作了规定。首先，对虚假诉讼犯罪作出刑事裁判的人民法院应当及时函告审理或者执行相关民事案件的人民法院，以便该审理或者执行法院及时确定民事诉讼当事人是否存在虚假诉讼行为，进而作出正确的民事裁判。其次，公安机关根据自然人、法人和非法人组织的报案、控告、举报或者在办理其他刑事案件过程中，发现有虚假诉讼犯罪事实或者犯罪嫌疑人，依法自行立案侦办的，应当在立案后三日内将立案决定书等法律文书和相关材料复印件抄送对相关民事案件正在审理、执行或者已经作出生效裁判文书的人民法院，同时通报办理民事案件人民法院的同级人民检察院。该人民法院应当依法审查，并在30日内将处理意见书面通报公安机关。同级人民检察院应当及时开展法律监督，根据审查情况依法提出再审检察建议或者提出抗诉。

第二，涉虚假诉讼犯罪民事案件的处理方式。虚假诉讼犯罪人意图通过民事诉讼途径实现其非法目的，本质上不具有诉权，因此，对于行为构成虚假诉讼犯罪的民事诉讼原告，应当依法驳回其请求，对于已经发生法律效力的民事判决、裁定、调解书，应当通过审判监督程序予以纠正。具体来讲：①对于人民法院正在审理、尚未作出生效裁判的民事案件，审理该民事案件的人民法院经审理发现涉嫌虚假诉讼犯罪的，应当将犯罪线索移送公安机关，并依法驳回其请求。②人民法院在审理过程中尚未发现虚假诉讼犯罪线索，公安机关将证明存在虚假诉讼犯罪嫌疑的法律文书和相关材料复印件抄送给审理该民事案件的人民法院的，人民法院应当依法进行审查，经审理认为民事诉讼原告确实实施了虚假诉讼行为的，应当依法驳回其请求；认为尚未达到认定虚假诉讼的证明标准、该民事案件必须以相关刑事案件的审理结果为依据的，应当依照《民事诉讼法》第一百五十条第一款第五项的规定裁定中止诉讼，根据相关刑事案件的审理结果再决定对该民事案件应当如何处理。③对于已经作出生效裁判文书的民事案件，人民法院发现该民事案件的裁判结果与相关刑事案件的裁判存在冲突的，应当及时依法启动审判监督程序予以纠正。人民检察院发现民事案件的裁判文书系民事诉讼当事人通过虚假诉讼手段获得的，应当依法提出再审检察建议或者提出抗诉，相关人民法院应当依法审查处理，符合法定再审条件的，应当按照审判监督程序决定再审。

第三，公安机关、人民检察院查阅、调阅人民法院民事诉讼卷宗问题。虚假诉讼犯罪是发生在民事诉讼过程中的犯罪行为，行为人提交的虚假证据材料、开庭审理过程中所做虚假陈述的书面记录等，均保存在人民法院的民事诉讼卷宗中。公安机关依法侦办虚假诉讼犯罪案件，检察机关针对存在虚假诉讼犯罪嫌疑的民事案件开展法律监督和调查核实，人民法院的民事诉讼卷宗都是最重要的证据材料。根据刑事诉讼法的规定，可以用于证明案件事实的材料，都是证据。公安机关侦查虚假诉讼犯罪案件，可以依法查阅、复制、摘录人民法院的民事诉讼卷宗，收集、调取证实行为人实施虚假诉讼犯罪或者无罪、罪轻或者罪重的证据材料。对于检察机关是否有权调阅人民法院的民事诉讼卷宗，实践中存在一定争议，最高人民法院办公厅、最高人民检察院办公厅 2010 年联合公布的《关于调阅诉讼卷宗有关问题的通知》（以下简称《调阅诉讼卷宗通知》）明确，人民检察院在办理法官涉嫌犯罪案件、抗诉案件、申诉案件过程中，可以调阅人民法院的诉讼卷宗。在此之后，部分省、区、市人民法院和检察机关相继联合出台地方性规范文件，对检察机关调阅人民法院诉讼卷宗的范围、程序等作出进一步细化规定。为确保公安机关依法行使侦查权、检察机关依法履行法律监督职责，《意见》根据刑事诉讼法的规定和《调阅诉讼卷宗通知》的规定精神，明确在虚假诉讼犯罪案件办理过程中，公安机关、检察机关有权查阅、复制、摘录人民法院的民事诉讼卷宗。《意见》第十七条和第二十条分别规定，公安机关在侦办虚假诉讼犯罪案件过程中，可以依照有关规定拷贝电子卷宗或者查阅、复制、摘录人民法院的民事诉讼卷宗；人民检察院针对存在虚假诉讼犯罪嫌疑的民事诉讼监督案件，可以依照有关规定调阅人民法院的民事诉讼卷宗，通过拷贝电子卷、查阅、复制、摘录等方式能够满足办案需要的，可以不调阅诉讼卷宗。对于公安机关、人民检察院开展的上述工作，人民法院予以配合。

五、对虚假诉讼行为人的责任追究

虚假诉讼犯罪行为同时违反刑事法律和民事法律，需要综合采用刑罚、司法强制措施等多种手段进行惩治才能取得良好效果。另外，实践中有极少数司法工作人员及律师、基层法律服务工作者、司法鉴定人、公证员、仲裁员利用职权或者职务之便参与虚假诉讼，人民群众反映强烈，要求从严处理。《意见》针对上述问题设专章作了规定，内容主要包括两个方面：①正确适用司法强制措施。《意见》对人民法院针对实施虚假诉讼的民事诉讼当事人、其他诉讼参与人如何及时、正确采取罚款、拘留等司法强制措施作出规定，引导相关人民法院进一步提高认识，明确方法与措施，在相关诉讼过程中及时有效惩治虚假诉讼违法犯罪行为。②规定了对参与虚假诉讼的司法工作人员和律师、基层法律服务工作者、司法鉴定人、公证员、仲裁员追究法律责任的总体原则。《意见》明确，对于司法工作人员利用职权参与虚假诉讼的，依照法律法规从严处理，构成犯罪的，依法从严追究刑事责任；对于律师、基层法律服务工作者、司法鉴定人、公证员、鉴定员利用职务之便参与虚假诉讼的，依照有关规定从严追究刑事、行政等法律责任。实践中，应当根据《意见》的规定精神，依照刑法、民事诉讼法等法律和相关司法解释的有关规定，依法正确认定虚假诉讼行为人的法律责任。具体适用过程中，需要注意以下三个方面：

第一，人民法院在移送犯罪线索前是否可以先行采取司法强制措施。对于将发现的虚假诉讼犯罪线索移送公安机关之前，人民法院是否可以根据民事诉讼法的规定对实施虚假诉讼行为的民事诉讼当事人、其他诉讼参与人先行采取罚款、拘留等司法强制措施，实践中存在一定争议。我们经研究认为，虚假诉讼犯罪的成立以行为违反民事法律为前提，人民法院对于在审理民事案件过程中发现的涉嫌虚假诉讼犯罪行为采取罚款、拘留等司法强制措施，符合民事诉讼法的规定。具体案件处理过程中，人民法院经审理发现民事诉讼当事人、其他诉讼参与人实施虚假诉讼、涉嫌构成犯罪的，在将相关犯罪线索移送公安机关之前，应当及时采取罚款、拘留等强制措施，确保及时落实虚假诉讼行为人的法律责任，充分体现民事诉讼法规定的司法强制措施对其他潜在虚假诉讼行为人的一般预防作用。《意见》第二十二条第一款、第二款规定，对于故意制造、参与虚假诉讼犯罪活动的民事诉讼当事人和其他诉讼参与人，人民法院应当加大罚款、拘留等对妨害民事诉讼的强制措施的适用力度；民事诉讼当事人、其他诉讼参与人实施虚假诉讼，人民法院向公安机关移送案件有关材料前，可以依照民事诉讼法的规定先行予以罚款、拘留。

第二，关于罚款、拘留等司法强制措施是否可以折抵刑罚。刑法和民事诉讼法对虚假诉讼行为分别规定了刑事处罚措施和司法强制措施，某一行为被认定构成虚假诉讼犯罪后，人民法院先行采取的罚款、拘留等司法强制措施是否可以折抵刑罚，实践中存在不同认识。我们经研究认为，此处涉及刑法规定的刑事责任和民事诉讼法规定的司法责任的竞合问题。根据通行理论，对于同一不法行为在不同法律领域间的责任竞合，应当区分不同情况，考虑禁止重复评价等法律原则进行处理，正确解决不同部门法规定的法律责任的竞合问题，要点在于区分不法者承担的公法上的责任和私法上的责任。公法上的责任属于国家权力机关对不法者的否定评价和施加的不利后果，主要体现惩罚功能，而私法上的责任属于平等民事主体之间基于法律规定产生的法律关系，除特定情形外，主要实现补偿功能。由于功能上存在明显差异，对于同一不法行为所负公法上的责任和私法上的责任，一般情况下应当坚持并科原则。因此，在行为人因实施虚假诉讼行为造成他人经济损失的情况下，人民法院依据民事实体法的规定判决行为人承担民事赔偿责任的，并不影响依据民事诉讼法的规定对其采取司法强制措施，或者依据刑法的规定对其判处刑罚。但是，根据禁止重复评价和禁止双重危险的法律原则，一般情况下不应对同一不法行为处以两种或者两种以上公法上的责任。当不法者已经承担一种公法上的责任时，如果其仍需承担另一种公法上的责任，则应按照一定标准予以折抵。具体到虚假诉讼犯罪案件中，人民法院依据民事诉讼法的规定对虚假诉讼行为人适用的罚款、拘留等司法强制措施，体现了司法机关对不法者的否定评价和惩罚功能，属于公法上的责任。在行为人已经因实施虚假诉讼行为被给予罚款、拘留等司法强制措施的情况下，如果其行为又被认定为犯罪，人民法院在对其判处刑罚时，司法强制措施应当依法折抵相应刑罚。《意见》第二十二条第三款规定，对虚假诉讼刑事案件被告人判处罚金、有期徒刑或者拘役的，人民法院已经依照民事诉讼法的规定给予的罚款、拘留，应当依法折抵相应刑罚，其中罚款应当折抵相应罚金，拘留应当折抵有期徒刑或者拘役的相应刑期。

第三，司法工作人员、律师等特殊身份人员参与虚假诉讼的处罚原则。《刑法》第三百零七条之一第四款规定，司法工作人员利用职权，与他人共同实施虚假诉讼行为的，从重处罚；同时构成其他犯罪的，依照处罚较重的规定定罪，并从重处罚。《虚假诉讼犯罪司法解释》第五条进一步明确规定，体现了对司法工作人员利用职权参与虚假诉讼依法从严追究刑事责任的总体原则。另外，律师、基层法律服务工作者、证人、鉴定人等诉讼参与人利用职务、身份的便利参与虚假诉讼的，比民事诉讼当事人单独实施虚假诉讼的隐蔽性更强，社会危害性更大，亦应从严追究刑事责任，量刑时应当从重处罚。律师、基层法律服务工作者、证人、鉴定人等实施的虚假诉讼行为同时构成其他犯罪的，属于刑法理论上的牵连犯，应当按照择一重罪处罚或者择一重罪从重处罚的原则处断，一般不实行数罪并罚。《虚假诉讼犯罪司法解释》第六条规定，诉讼代理人、证人、鉴定人等诉讼参与人与他人通谋，代理提起虚假民事诉讼、故意作虚假证言或者出具虚假鉴定意见，共同实施虚假诉讼行为，同时构成妨害作证罪，帮助毁灭、伪造证据罪等犯罪的，依照处罚较重的规定定罪从重处罚。《意见》第二十五条进一步规定，律师、基层法律服务工作者、司法鉴定人、公证员、仲裁员利用职务之便参与虚假诉讼的，依照有关规定从严追究法律责任。上述规定充分表明了司法机关依法从严惩治具有特定职务和身份人员参与虚假诉讼的鲜明态度，有利于实现预防虚假诉讼违法犯罪的积极效果。

来源：《人民司法》2021 年第 22 期

作者：滕伟　叶邵生　丁成飞　李加玺

作者单位：最高人民法院

最高人民法院　最高人民检察院关于办理虚假诉讼刑事案件适用法律若干问题的解释

（2018年1月25日最高人民法院审判委员会第1732次会议、
2018年6月13日最高人民检察院第十三届检察委员会
第二次会议通过，自2018年10月1日起施行）

（法释〔2018〕17号）

为依法惩治虚假诉讼犯罪活动，维护司法秩序，保护公民、法人和其他组织合法权益，根据《中华人民共和国刑法》《中华人民共和国刑事诉讼法》《中华人民共和国民事诉讼法》等法律规定，现就办理此类刑事案件适用法律的若干问题解释如下：

第一条　采取伪造证据、虚假陈述等手段，实施下列行为之一，捏造民事法律关系，虚构民事纠纷，向人民法院提起民事诉讼的，应当认定为刑法第三百零七条之一第一款规定的“以捏造的事实提起民事诉讼”：

（一）与夫妻一方恶意串通，捏造夫妻共同债务的；

（二）与他人恶意串通，捏造债权债务关系和以物抵债协议的；

（三）与公司、企业的法定代表人、董事、监事、经理或者其他管理人员恶意串通，捏造公司、企业债务或者担保义务的；

（四）捏造知识产权侵权关系或者不正当竞争关系的；

（五）在破产案件审理过程中申报捏造的债权的；

（六）与被执行人恶意串通，捏造债权或者对查封、扣押、冻结财产的优先权、担保物权的；

（七）单方或者与他人恶意串通，捏造身份、合同、侵权、继承等民事法律关系的其他行为。

隐瞒债务已经全部清偿的事实，向人民法院提起民事诉讼，要求他人履行债务的，以“以捏造的事实提起民事诉讼”论。

向人民法院申请执行基于捏造的事实作出的仲裁裁决、公证债权文书，或者在民事执行过程中以捏造的事实对执行标的提出异议、申请参与执行财产分配的，属于刑法第三百零七条之一第一款规定的“以捏造的事实提起民事诉讼”。

第二条　以捏造的事实提起民事诉讼，有下列情形之一的，应当认定为刑法第三百零七条之一第一款规定的“妨害司法秩序或者严重侵害他人合法权益”：

（一）致使人民法院基于捏造的事实采取财产保全或者行为保全措施的；

（二）致使人民法院开庭审理，干扰正常司法活动的；

（三）致使人民法院基于捏造的事实作出裁判文书、制作财产分配方案，或者立案执行基于捏造的事实作出的仲裁裁决、公证债权文书的；

（四）多次以捏造的事实提起民事诉讼的；

（五）曾因以捏造的事实提起民事诉讼被采取民事诉讼强制措施或者受过刑事追究的；

（六）其他妨害司法秩序或者严重侵害他人合法权益的情形。

第三条　以捏造的事实提起民事诉讼，有下列情形之一的，应当认定为刑法第三百零七条之一第一款规定的“情节严重”：

（一）有本解释第二条第一项情形，造成他人经济损失一百万元以上的；

（二）有本解释第二条第二项至第四项情形之一，严重干扰正常司法活动或者严重损害司法公信力的；

（三）致使义务人自动履行生效裁判文书确定的财产给付义务或者人民法院强制执行财产权益，数额达到一百万元以上的；

（四）致使他人债权无法实现，数额达到一百万元以上的；

（五）非法占有他人财产，数额达到十万元以上的；

（六）致使他人因为不执行人民法院基于捏造的事实作出的判决、裁定，被采取刑事拘留、逮捕措施或者受到刑事追究的；

（七）其他情节严重的情形。

第四条　实施刑法第三百零七条之一第一款行为，非法占有他人财产或者逃避合法债务，又构成诈骗罪，职务侵占罪，拒不执行判决、裁定罪，贪污罪等犯罪的，依照处罚较重的规定定罪从重处罚。

第五条　司法工作人员利用职权，与他人共同实施刑法第三百零七条之一前三款行为的，从重处罚；同时构成滥用职权罪，民事枉法裁判罪，执行判决、裁定滥用职权罪等犯罪的，依照处罚较重的规定定罪从重处罚。

第六条　诉讼代理人、证人、鉴定人等诉讼参与人与他人通谋，代理提起虚假民事诉讼、故意作虚假证言或者出具虚假鉴定意见，共同实施刑法第三百零七条之一前三款行为的，依照共同犯罪的规定定罪处罚；同时构成妨害作证罪，帮助毁灭、伪造证据罪等犯罪的，依照处罚较重的规定定罪从重处罚。

第七条 采取伪造证据等手段篡改案件事实，骗取人民法院裁判文书，构成犯罪的，依照刑法第二百八十条、第三百零七条等规定追究刑事责任。

第八条 单位实施刑法第三百零七条之一第一款行为的，依照本解释规定的定罪量刑标准，对其直接负责的主管人员和其他直接责任人员定罪处罚，并对单位判处罚金。

第九条 实施刑法第三百零七条之一第一款行为，未达到情节严重的标准，行为人系初犯，在民事诉讼过程中自愿具结悔过，接受人民法院处理决定，积极退赃、退赔的，可以认定为犯罪情节轻微，不起诉或者免予刑事处罚；确有必要判处刑罚的，可以从宽处罚。

司法工作人员利用职权，与他人共同实施刑法第三百零七条之一第一款行为的，对司法工作人员不适用本条第一款规定。

第十条 虚假诉讼刑事案件由虚假民事诉讼案件的受理法院所在地或者执行法院所在地人民法院管辖。有刑法第三百零七条之一第四款情形的，上级人民法院可以指定下级人民法院将案件移送其他人民法院审判。

第十一条 本解释所称裁判文书，是指人民法院依照民事诉讼法、企业破产法等民事法律作出的判决、裁定、调解书、支付令等文书。

第十二条 本解释自 2018 年 10 月 1 日起施行。

《关于办理虚假诉讼刑事案件适用法律若干问题的解释》重点难点解读

2018年9月26日，最高人民法院、最高人民检察院联合公布《关于办理虚假诉讼刑事案件适用法律若干问题的解释》（以下简称《解释》），自2018年10月1日起施行。《解释》的内容涉及刑法、民法、刑事诉讼法、民事诉讼法等多个部门法，涉及的相关法律适用问题也比较复杂。为便于深入理解和掌握《解释》的主要内容，现就《解释》的重点难点问题解读如下：

关于虚假诉讼罪的行为方式及其认定问题

准确理解和把握《刑法》第三百零七条之一虚假诉讼罪中“以捏造的事实提起民事诉讼”的罪状表述，是《解释》的重点问题之一。根据《解释》第一条的规定，实践中需要注意从以下几个方面加以理解和把握：

一是虚假诉讼罪限于“无中生有型”虚假诉讼行为。《解释》明确，刑法规定的“以捏造的事实提起民事诉讼”是指捏造民事法律关系，虚构民事纠纷，向人民法院提起民事诉讼的行为。其中，“捏造”是指无中生有、凭空捏造和虚构；“事实”是指行为人据以提起民事诉讼、人民法院据以立案受理、构成民事案由的事实。“捏造事实”行为的本质是捏造民事法律关系、虚构民事纠纷，两者应同时具备、缺一不可。对于“部分篡改型”虚假诉讼行为，即民事法律关系和民事纠纷客观存在，行为人只是对具体的诉讼标的额、履行方式等部分事实作夸大或者隐瞒的行为，不属于刑法规定的虚假诉讼罪的范畴。

二是“以捏造的事实提起民事诉讼”包括特定“隐瞒真相”的行为。《解释》明确，隐瞒债务已经全部清偿的事实，向人民法院提起民事诉讼，要求他人履行债务的，以“以捏造的事实提起民事诉讼”论。主要考虑是：第一，司法实践中存在的隐瞒债务已获全部清偿，仍然起诉要求原债务人履行债务的情况，属于消极的捏造事实行为，其社会危害性与积极的捏造事实行为并无实质不同，有必要通过刑罚手段予以惩治。第二，从刑法规定看，虚假诉讼罪与诈骗罪存在竞合关系，而诈骗罪包括虚构事实和隐瞒真相两种行为方式，因此在虚假诉讼罪中将特定“隐瞒真相”的行为，以“以捏造的事实提起民事诉讼”论是合理的。

三是虚假诉讼罪包括“单方欺诈”和“双方串通”两种类型。前者是指一方当事人提起虚假诉讼，侵害另一方当事人合法权益，双方当事人之间存在实质的利益对抗关系。后者是指双方当事人恶意串通进行虚假诉讼，侵害案外第三人合法权益，损害国家、公共利益，或者逃避履行法定义务，规避相关管理义务，双方当事人之间不存在实质对抗关系。《解释》明确，虚假诉讼包括单方或者与他人恶意串通，捏造身份、合同、侵权、继承等民事法律关系的行为。需要注意的是，《民事诉讼法》第一百一十二条、第一百一十三条规制的是“双方串通”虚假诉讼行为，而刑法规制的是“单方欺诈”和“双方串通”两种虚假诉讼行为，范围上广于民事诉讼法的规制范围。

四是虚假诉讼罪适用于民事执行程序。《解释》明确，向人民法院申请执行基于捏造的事实作出的仲裁裁决、公证债权文书，或者在民事执行过程中以捏造的事实对执行标的提出异议、申请参与执行财产分配的，属于“以捏造的事实提起民事诉讼”。主要考虑是：民事诉讼法规定的民事诉讼程序包括审判程序和执行程序。在民事执行程序中，人民法院需要对当事人申请执行的仲裁裁决、公证债权文书以及提出的执行异议、参与执行财产分配申请等进行审查，不应将执行程序排除在民事诉讼之外，且将此类行为明确为虚假诉讼行为，有利于规范民事执行程序，也有助于解决实践中存在的执行难问题。

关于虚假诉讼罪的定罪量刑标准

根据刑法规定，虚假诉讼罪以“妨害司法秩序或者严重侵害他人合法权益”作为入罪标准，以“情节严重”作为法定刑升档标准。《解释》第二条、第三条在明确上述定罪量刑标准时主要把握了三个方面的原则：

一是注意惩治犯罪与保护诉权并重。有观点认为虚假诉讼罪属于行为犯，行为人只要向人民法院提起虚假诉讼并被受理立案，就破坏了司法秩序，也就构成了犯罪。我们认为，2015年人民法院改革案件受理制度、实行立案登记制以来，简化了立案流程，便利了群众诉讼，如果一概不加区分地以人民法院受理立案作为入罪标准，则可能不当扩大刑事打击面，给人民群众提起民事诉讼造成思想顾虑，不利于依法保护诉权。因此，《解释》把握人民法院立案后采取保全措施、开庭审理或者作出裁判文书等重要程序节点作为入罪标准。

二是注意刑事处罚与司法处罚合理衔接。根据《民事诉讼法》第一百一十二条的规定，对于虚假诉讼行为，人民法院应当驳回其请求，并根据情节轻重予以罚款、拘留；构成犯罪的，依法追究刑事责任。因此，《解释》在明确入罪标准时避免以行为入罪架空民事诉讼法的规定，为司法处罚留有空间，形成刑事处罚与司法处罚合理衔接的层次关系。

三是注意“妨害司法秩序”与“严重侵害他人合法权益”的内在统一。在虚假诉讼罪中，“妨害司法秩序”与“严重侵害他人合法权益”两种构罪要件既表现为并列关系，也是内在统一的，两者在司法实践中存在交叉重合关系，很难完全割裂或截然分开。因此，《解释》在入罪标准中对上述两种构罪要件一并作出规定，同时注意体现入罪标准和法定刑升档标准之间的对应层次关系。

基于上述原则，《解释》第二条规定了六项入罪标准，包括：致使人民法院采取保全措施；或者开庭审理、干扰正常司法活动；或者作出裁判文书、制作财产分配方案、立案执行仲裁裁决和公证债权文书；行为人具有虚假诉讼违法犯罪前科；或者多次实施虚假诉讼行为等情形。《解释》第三条规定了七项法定刑升档标准，包括妨害司法秩序情节严重和严重侵害他人合法权益情节严重的七种情形。

关于虚假诉讼罪与其他犯罪竞合的处理原则

根据《刑法》第三百零七条之一第三款的规定，《解释》第四条明确了实施以骗取财物为目的的虚假诉讼犯罪又构成其他犯罪的处理原则，即实施以骗取财物为目的的虚假诉讼犯罪，又构成诈骗罪，职务侵占罪，拒不执行判决、裁定罪，贪污罪等犯罪的，依照处罚较重的规定定罪从重处罚。需要注意的是，《刑法》第三百零七条之一第三款规定的处理原则，主要针对以骗取财物为目的的虚假诉讼犯罪与侵财类犯罪成立想象竞合犯的情况，不宜扩大到与其他手段行为犯罪成立牵连犯的情况。

根据《刑法》第三百零七条之一第四款的规定，《解释》第五条明确了司法工作人员利用职权实施虚假诉讼犯罪的处理原则，即司法工作人员利用职权，与他人共同实施虚假诉讼行为的，从重处罚；同时构成滥用职权罪，民事枉法裁判罪，执行判决、裁定滥用职权罪等犯罪的，依照处罚较重的规定定罪从重处罚。

《解释》第六条明确了诉讼参与人实施虚假诉讼共同犯罪的处理原则，即诉讼参与人与他人通谋，共同实施虚假诉讼行为的，依照共同犯罪的规定定罪处罚；同时构成妨害作证罪，帮助毁灭、伪造证据罪等犯罪的，依照处罚较重的规定定罪从重处罚。

“部分篡改型”虚假诉讼行为的定性处理问题

对“部分篡改型”虚假诉讼行为如何定性处理，是《解释》的难点问题之一。经反复研究，《解释》第七条明确，采取伪造证据等手段篡改案件事实，骗取人民法院裁判文书，构成犯罪的，依照《刑法》第二百八十条、第三百零七条等规定追究刑事责任。主要包括四方面问题：

一是如前文所述，“部分篡改型”虚假诉讼，不属于刑法规定的虚假诉讼罪的范畴，不应以虚假诉讼罪定罪处罚。

二是对“部分篡改型”虚假诉讼行为一般不宜以诈骗罪、职务侵占罪等侵财类犯罪定性处理。主要考虑：第一，民事诉讼中一般采取高度盖然性的证明标准以及“谁主张谁举证”的证明责任分配方式，原告在民事诉讼过程中实施虚构诉讼标的额、篡改履行方式、履行期限等行为的具体情况比较复杂，有的是对法律规定内容理解不当，有的是出于诉讼策略的考虑，不能一概认定其主观上具有非法占有他人财产的目的。第二，诚实信用原则是民事诉讼法的基本原则，要求当事人依法行使诉讼权利，履行诉讼义务，遵守诉讼秩序，自觉履行生效法律裁判。但实践中，在民事诉讼过程中违反诚实信用原则的原因也比较复杂，对“部分篡改型”虚假诉讼行为一般可以通过承担败诉后果、给予司法处罚使其受到制裁。因此，从坚持主客观相一致原则、坚持刑法谦抑性、合理控制刑事打击面等多角度考虑，对“部分篡改型”虚假诉讼行为一般不宜以侵财类犯罪定性处理。

三是“部分篡改型”虚假诉讼行为中的手段行为构成犯罪的，依照刑法相关规定定性处理。行为人在实施“部分篡改型”虚假诉讼行为过程中，其具体手段可能构成其他犯罪，如行为人伪造证据时伪造了某单位的印章或者行为人有指使他人作伪证的行为，对此可以依照《刑法》第二百八十条、第三百零七条等规定以伪造公司、企业、事业单位、人民团体印章罪，妨害作证罪等犯罪定罪处罚。

四是 2002 年最高检研究室《关于通过伪造证据骗取法院民事裁判占有他人财物的行为如何适用法律问题的答复》（〔2002〕高检研发第 18 号，以下简称《2002 年最高检答复》）的效力问题。《2002 年最高检答复》规定：“以非法占有为目的，通过伪造证据骗取法院民事裁判占有他人财物的行为所侵害的主要是人民法院正常的审判活动，可以由人民法院依照民事诉讼法的有关规定作出处理，不宜以诈骗罪追究行为人的刑事责任。如果行为人伪造证据时，实施了伪造公司、企业、事业单位、人民团体印章的行为，构成犯罪的，应当依照《刑法》第二百八十条第二款的规定，以伪造公司、企业、事业单位、人民团体印章罪追究刑事责任；如果行为人有指使他人作伪证行为，构成犯罪的应当依照《刑法》第三百零七条第一款的规定，以妨害作证罪追究刑事责任。”此后，2006 年最高人民法院研究室《关于伪造证据通过诉讼获取他人财物的行为如何适用法律问题的批复》（法研〔2006〕73 号）中明确，审理此类案件时可参酌适用《2002 年最高检答复》的规定。刑法理论界和实务界对上述两个文件存在分歧意见，实务中也有不同处理做法。经研究我们认为，《刑法修正案（九）》增设虚假诉讼罪后，《2002 年最高检答复》的效力仅及于虚假诉讼罪以外的情形，主要是“部分篡改型”虚假诉讼行为。

来源：正义网

作者：线杰　吴峤滨

作者单位：最高人民检察院法律政策研究室

“两高”发布的虚假诉讼司法解释明确了这些内容

今天，最高人民法院、最高人民检察院公布《关于办理虚假诉讼刑事案件适用法律若干问题的解释》（以下简称《解释》）。《解释》分别于2018年1月25日由最高人民法院审判委员会第1732次会议、2018年6月13日由最高人民检察院第十三届检察委员会第二次会议通过，将于2018年10月1日起施行。

近年来，民商事审判领域中的虚假诉讼现象呈现多发态势。虚假诉讼违法犯罪行为严重侵害他人合法权益，损害司法权威和司法公信力，人民群众反映强烈。为依法惩治此类行为，最高人民法院、最高人民检察院相继出台了一系列规定。

《解释》结合刑事司法工作实际，对刑法规定的虚假诉讼罪在具体适用方面的若干问题作出了明确规定，对于实践中综合运用民事、刑事等多种手段，依法惩治发生在民商事案件审判、执行程序中的虚假诉讼违法犯罪行为，维护正常司法秩序，保护公民、法人和其他组织的合法权益，具有重要意义。

《解释》共十二个条文，从虚假诉讼犯罪行为的界定、定罪量刑标准、数罪竞合的处罚原则、刑事政策的把握、地域管辖的确定等方面作出了规定。

针对理论和实践中广泛关注和存在争议的虚假诉讼犯罪行为的界定和定罪量刑标准问题，《解释》规定：

“单方或者与他人恶意串通，采取伪造证据、虚假陈述等手段，捏造民事法律关系，虚构民事纠纷，向人民法院提起民事诉讼的，应当认定为刑法规定的虚假诉讼犯罪行为；

“向人民法院申请执行以捏造的事实作出的仲裁裁决、公证债权文书，或者以捏造的事实对执行标的提出异议、申请参与执行财产分配的，属于刑法规定的虚假诉讼犯罪行为；

“以捏造的事实提起民事诉讼，致使人民法院基于捏造的事实作出裁判文书的，应当认定为虚假诉讼罪，在未作出裁判文书的情况下，行为人具有虚假诉讼违法犯罪前科，或者多次以捏造的事实提起民事诉讼，或者具有致使人民法院采取保全措施、致使人民法院开庭审理、干扰正常司法活动等情形的，也应当以虚假诉讼罪定罪处罚。”

《解释》还规定，虚假诉讼刑事案件由虚假民事诉讼案件的受理法院所在地或者执行法院所在地人民法院管辖，以有利于侦办机关及时调取和固定证据，同时避免部分民事诉讼当事人故意利用刑事手段恶意干扰民商事案件的正常审理；在司法工作人员利用职权与他人共同实施虚假诉讼犯罪行为的情况下，可以实行异地管辖，确保此类案件公正审理。

来源：正义网

作者：戴佳

维护司法公信力，依法惩治虚假诉讼——最高人民法院刑四庭负责人就虚假诉讼刑事案件司法解释答记者问

为依法惩治虚假诉讼犯罪活动，2018 年 1 月 25 日最高人民法院审判委员会第 1732 次会议、2018 年 6 月 13 日最高人民检察院第十三届检察委员会第二次会议分别通过了《最高人民法院　最高人民检察院关于办理虚假诉讼刑事案件适用法律若干问题的解释》（以下简称《解释》），自 2018 年 10 月 1 日起施行。最高人民法院刑四庭负责人就《解释》涉及的主要问题，回答了记者提问。

问：请介绍《解释》的出台背景和起草经过。

答：近年来，随着人民群众法律意识和法治观念的不断增强，公民、法人和其他组织之间发生民事纠纷后，选择向人民法院提起民事诉讼，通过法律途径保护权利、定分止争，成为解决民事纠纷、维护自身权益的重要途径。为保护公民、法人和其他组织依法行使诉权，人民法院自 2015 年 5 月起全面实行立案登记制改革。在多种因素的共同作用下，各级人民法院受理的民商事案件数量大幅增长。

与此同时，部分个人和单位出于种种目的，故意捏造事实向人民法院提起虚假民事诉讼，意图骗取人民法院生效裁判文书，牟取不正当利益。此类行为不仅严重侵害他人合法权益，同时也扰乱了正常的诉讼秩序，损害了司法权威。在极少数民商事案件中，司法工作人员和当事人恶意串通，共同实施虚假诉讼违法犯罪行为，以达到帮助他人逃避合法债务、非法确认驰名商标、规避商品房或机动车限购政策等不正当目的，造成了恶劣影响。

十八届四中全会通过的《中共中央关于全面推进依法治国若干重大问题的决定》明确提出，加大对虚假诉讼的惩治力度。实践中，虚假诉讼违法犯罪行为方式复杂多样，需要运用民事、刑事等多种手段进行综合惩治。

2012 年修订的《民事诉讼法》第一百一十二条和第一百一十三条规定：“当事人之间恶意串通，企图通过诉讼、调解等方式侵害他人合法权益的，人民法院应当驳回其请求，并根据情节轻重予以罚款、拘留；构成犯罪的，依法追究刑事责任。被执行人与他人恶意串通，通过诉讼、仲裁、调解等方式逃避履行法律文书确定的义务的，

人民法院应当根据情节轻重予以罚款、拘留；构成犯罪的，依法追究刑事责任。”上述条款针对虚假诉讼犯罪行为的定罪处罚设置了指引性规定，但是，当时的刑法条文中尚无相应的虚假诉讼罪名。

2015 年 11 月 1 日起施行的《刑法修正案（九）》增设了虚假诉讼罪，《刑法》第三百零七条之一第一款规定：“以捏造的事实提起民事诉讼，妨害司法秩序或者严重侵害他人合法权益的，处三年以下有期徒刑、拘役或者管制，并处或者单处罚金；情节严重的，处三年以上七年以下有期徒刑，并处罚金。”第二款至第四款还对单位犯罪、数罪竞合的处理和司法工作人员犯该罪的处罚原则等作出了规定。但是，由于缺乏明确具体的认定标准，司法机关运用刑罚武器惩罚虚假诉讼犯罪人仍然存在一定困难，迫切需要出台配套司法解释。

最高人民法院、最高人民检察院经过深入调研和广泛征求意见，结合司法工作实际，制定了本《解释》。《解释》的出台，对于依法惩治虚假诉讼犯罪活动，维护司法秩序，保护公民、法人和其他组织合法权益，具有重要的理论和实践意义。

问：《解释》起草过程中有哪些基本原则和总体考虑？

答：《解释》起草过程中，主要有以下几个方面的原则和考虑：

第一，严格遵循罪刑法定原则。

根据刑法规定，法律明文规定为犯罪行为的，依照法律定罪处刑；法律没有明文规定为犯罪行为的，不得定罪处刑。《解释》属于对刑法条文含义和适用标准的具体阐释，不能超出刑法的规定范围，对虚假诉讼犯罪行为的界定和确定的定罪量刑标准等内容，必须以刑法的规定为依据。

另外，实践中虚假诉讼违法犯罪行为呈现多发态势，在民事诉讼和行政诉讼中均有发生。但是，根据刑法规定，虚假诉讼犯罪行为表现为“以捏造的事实提起民事诉讼”，即虚假诉讼罪仅适用于民事诉讼领域。对于实践中出现的以捏造的事实提起行政诉讼的行为，不能以虚假诉讼罪定罪处刑。

第二，依法保护人民群众的合法诉权。

诉权是人民群众享有的在其权益受到侵犯或者与他人发生争执时，依法提起诉讼，请求人民法院给予诉讼救济的权利，是法律赋予当事人的一项基本权利。依法惩治虚假诉讼犯罪行为，不能侵害人民群众依法享有的诉权，否则就偏离了刑事立法的初衷。为依法保护人民群众的合法诉权，《解释》起草过程中着重解决了以下三个方面问题：

首先，明确定罪量刑标准，对于什么是虚假诉讼犯罪行为、什么情况下可以认定为虚假诉讼罪，给予人民群众以明确的行为预期和规范指引。

其次，明确规制对象，确定适当的处罚范围，将刑法规定的虚假诉讼罪限定为

“无中生有型”捏造事实行为。

最后，注意与民事诉讼法相关规定的衔接，将定罪标准确定为立案后人民法院采取保全措施、开庭审理或者作出裁判文书等程序节点，确保对大部分虚假诉讼违法行为通过罚款、司法拘留等民事诉讼强制措施予以处罚，只有达到定罪标准的才判处刑罚，形成民事处罚和刑事惩罚手段的层次递进关系，防止刑事打击面过广。

第三，立足司法实际，突出打击重点。

《解释》从司法实际出发，立足于重点打击严重危害诉讼秩序、侵害他人合法权益的虚假诉讼犯罪行为，对实践中常见多发、人民群众反映强烈的六种典型的虚假诉讼犯罪行为作出了列举式规定，并设置了兜底性条款。另外，针对实践中争议较大的民事执行程序是否属于虚假诉讼罪中的“民事诉讼”，《解释》也作出了明确规定。

第四，坚持宽严相济原则。

宽严相济刑事政策不仅是立法政策，也是司法政策，要求区别对待不同犯罪，做到该宽则宽，当严则严，宽严相济，罚当其罪。2016 年 11 月“两高三部”《关于在部分地区开展刑事案件认罪认罚从宽制度试点工作的办法》对于犯罪嫌疑人和被告人认罪认罚从宽作出了明确规定。

《解释》明确，对于实施了虚假诉讼犯罪行为但未达到情节严重标准的犯罪人，如果系初犯，在民事诉讼过程中自愿具结悔过，接受人民法院处理决定，积极退赃、退赔的，可以认定为犯罪情节轻微，不起诉或者免予刑事处罚；确有必要判处刑罚的，可以从宽处罚。

另外，考虑到司法工作人员利用职权与他人串通实施虚假诉讼犯罪行为的严重危害性，《解释》同时规定，对其中的司法工作人员，不适用上述认罪认罚从宽的规定。

问：《解释》对刑法规定的虚假诉讼犯罪行为是如何界定的？

答：如何界定刑法规定的虚假诉讼犯罪行为，即如何理解刑法规定的虚假诉讼罪的罪状“以捏造的事实提起民事诉讼”，是《解释》需要重点解决的问题之一。《解释》明确，单方或者与他人恶意串通，采取伪造证据、虚假陈述等手段，捏造民事法律关系，虚构民事纠纷，向人民法院提起民事诉讼的，属于刑法规定的虚假诉讼犯罪行为。

对此，实践中需要注意把握以下几个问题：

第一，虚假诉讼犯罪仅限于“无中生有型”行为，即凭空捏造根本不存在的民事法律关系和因该民事法律关系产生民事纠纷的情形。

如果存在真实的民事法律关系，行为人采取伪造证据等手段篡改案件事实，向人民法院提起民事诉讼的，不能认定为虚假诉讼罪，构成犯罪的，可以以伪造公司、企业、事业单位、人民团体印章罪或者妨害作证罪等罪名追究其刑事责任。

捏造事实既可以是积极行为，也可以是特定形式的消极行为。行为人隐瞒他人已经全部清偿债务的事实，向人民法院提起民事诉讼，要求对方履行债务的，也可以构成虚假诉讼罪。

第二，虚假诉讼犯罪行为的具体实施方式可以表现为“单方欺诈型”和“恶意串通型”。

《刑法》中的虚假诉讼犯罪行为与《民事诉讼法》第一百一十二条、第一百一十三条规定的虚假诉讼行为并不完全等同，除了当事人双方恶意串通之外，一方当事人以捏造的事实提起民事诉讼，意图使对方当事人败诉，以达到非法占有对方财产等目的的，也可以构成虚假诉讼罪。

第三，民事执行程序属于虚假诉讼罪中的“民事诉讼”。

以捏造的事实申请人民法院进行民事执行，同样可能妨害司法秩序和严重侵害他人合法权益，需要采取刑事手段予以规制。实践中存在的向人民法院申请执行基于捏造的事实作出的仲裁裁决、公证债权文书，或者在民事执行过程中以捏造的事实对执行标的提出异议、申请参与执行财产分配，均可以构成虚假诉讼罪。

第四，为了突出打击重点，方便司法实践中正确适用和准确把握虚假诉讼罪，《解释》对实践中常见多发的夫妻债务认定、以物抵债、公司债务、知识产权侵权和不正当竞争、企业破产、民事执行等类型案件中捏造民事法律关系的行为作了列举式规定，并在兜底条款中对捏造民事法律关系的行为应当如何界定作了进一步明确。

这种规定方式属于不完全列举。从理论上讲，虚假诉讼犯罪行为可能存在于几乎所有类型的民商事案件中。实践中，需要根据刑法和《解释》的规定予以正确理解，准确适用。

问：《解释》对虚假诉讼罪的定罪量刑标准是如何规定的？

答：根据《刑法》规定，妨害司法秩序和严重侵害他人合法权益均属于虚假诉讼罪的成立条件，具备其一即可构成犯罪。但是，实践中，妨害司法秩序和严重侵害他人合法权益难以截然分开，需要统筹考虑、综合把握。

《解释》在总结司法工作经验的基础上，明确以捏造的事实提起民事诉讼，致使人民法院采取保全措施，或者开庭审理、干扰正常司法活动，或者作出裁判文书、制作财产分配方案、立案执行仲裁裁决和公证债权文书的，应当以虚假诉讼罪定罪处罚。

另外，根据主客观相统一原则，确定被告人的刑事责任和决定执行的刑罚，既要考虑行为的客观危害性，又要考察其主观恶性和人身危险性。《解释》明确，虽然不具备上述情形，但行为人具有虚假诉讼违法犯罪前科，或者多次实施虚假诉讼行为的，也应认定为虚假诉讼罪。明确上述定罪标准，有利于合理确定《刑法》的规制范围，并与《民事诉讼法》的相关规定保持协调衔接。

根据《刑法》规定，虚假诉讼罪适用第二档法定刑的条件为“情节严重”。从逻辑关系上讲，此处的“情节严重”，应当同时包括妨害司法秩序情节严重和严重侵害他人合法权益情节严重两种情形。《解释》充分考虑上述两种情况，明确规定了适用第二档法定刑的六种具体情形。考虑到实践中的情况千差万别，难以作出穷尽规定，《解释》还对定罪量刑标准设置了兜底性条款。

问：如何确定虚假诉讼刑事案件的地域管辖？

答：根据《刑事诉讼法》的规定，刑事案件由犯罪地的人民法院管辖，如果由被告人居住地的人民法院审判更为适宜的，可以由被告人居住地的人民法院管辖。其中，犯罪地包括犯罪行为发生地和犯罪结果发生地。

实践中，在多个人民法院对虚假诉讼刑事案件都有管辖权的情况下，有可能出现争夺或者推诿管辖权的现象，还有可能出现虚假民事诉讼案件与刑事案件的审判法院不一致的情况，这种情况下，由于相关案件材料集中在虚假民事诉讼的审判法院，刑事案件的侦办机关需要异地调查取证和固定案件证据，办案成本和处理难度将大大增加。

更为重要的是，少数民事诉讼案件中的被告方为了避免败诉的结果，有可能向异地司法机关报案，称原告方存在虚假诉讼犯罪嫌疑，要求异地司法机关立案侦查，从而达到阻碍民事诉讼正常进行、避免己方败诉的不正当目的。这种情况在实践中时有发生，应当引起重视。

《解释》对虚假诉讼刑事案件的地域管辖作了进一步明确，虚假诉讼刑事案件由虚假民事诉讼案件的受理法院所在地或者执行法院所在地的人民法院管辖。由同地司法机关统一处理虚假民事诉讼案件和刑事案件，有利于案件的公正及时处理，并可以防止部分民事诉讼当事人恶意利用刑事诉讼手段干扰民事诉讼程序的正常进行。

另外，在司法工作人员利用职权与他人串通，共同实施虚假诉讼犯罪行为的情况下，可以实行异地管辖，由虚假民事诉讼案件的受理法院或者执行法院以外的其他人民法院管辖。

问：如何正确处理虚假民事诉讼案件和刑事案件的衔接问题？

答：根据《刑事诉讼法》的规定，公安机关或者人民检察院发现虚假诉讼犯罪事实或者犯罪嫌疑人，应当按照管辖范围立案侦查；任何单位和个人发现有虚假诉讼犯罪事实或者犯罪嫌疑人，有权利也有义务向司法机关报案或者举报；被害人对侵犯其人身、财产权利的虚假诉讼犯罪事实或者犯罪嫌疑人，有权向司法机关报案或者控告。

另外，对于人民法院在审理民商事案件过程中，发现有虚假诉讼犯罪线索的应当如何处理，1998 年《最高人民法院关于在审理经济纠纷案件中涉及经济犯罪嫌疑若干问题的规定》、2015 年《最高人民法院关于审理民间借贷案件适用法律若干问题的规定》和 2016 年《最高人民法院关于防范和制裁虚假诉讼的指导意见》等司法解释和规范性文件均有规定。考虑到上述规定已经比较具体明确，《解释》对此问题未再涉及。

实践中，对于人民法院在审理民商事案件过程中发现有虚假诉讼犯罪线索的，民商事案件应当如何处理以及虚假诉讼犯罪线索应当如何移送，可以依照上述司法解释和规范性文件的相关规定执行。

问：《解释》的时间效力如何确定？

答：《解释》第十二条规定，本解释自 2018 年 10 月 1 日起施行。应当明确的是，司法解释是对审判、检察工作中具体应用法律问题所做的解释，其效力适用于作为解释对象的法律施行期间。对于法律施行后、司法解释实施前发生的行为，司法解释施行后尚未处理或者正在处理的案件，依照司法解释的规定办理；对于在司法解释施行前已经办结的案件，按照当时的法律和司法解释，认定事实和适用法律没有错误的，不再变动。

虚假诉讼罪是自 2015 年 11 月 1 日起施行的《刑法修正案（九）》增设的罪名。对于 2015 年 11 月 1 日之前发生的行为，不能以虚假诉讼罪定罪处罚；对于 2015 年 11 月 1 日之后发生的虚假诉讼犯罪行为，如果在《解释》施行前已经办结，且认定事实和适用法律没有错误的，不再变动，如果在《解释》施行前尚未处理或者正在处理的，应当适用《解释》的相关规定定罪量刑。

来源：人民法院新闻传媒总社

记者：孙航

最高人民法院关于防范和制裁虚假诉讼的指导意见

（法发〔2016〕13号）

当前，民事商事审判领域存在的虚假诉讼现象，不仅严重侵害案外人合法权益，破坏社会诚信，也扰乱了正常的诉讼秩序，损害司法权威和司法公信力，人民群众对此反映强烈。各级人民法院对此要高度重视，努力探索通过多种有效措施防范和制裁虚假诉讼行为。

1. 虚假诉讼一般包含以下要素：①以规避法律、法规或国家政策谋取非法利益为目的；②双方当事人存在恶意串通；③虚构事实；④借用合法的民事程序；⑤侵害国家利益、社会公共利益或者案外人的合法权益。

2. 实践中，要特别注意以下情形：①当事人为夫妻、朋友等亲近关系或者关联企业等共同利益关系；②原告诉请司法保护的标的额与其自身经济状况严重不符；③原告起诉所依据的事实和理由明显不符合常理；④当事人双方无实质性民事权益争议；⑤案件证据不足，但双方仍然主动迅速达成调解协议，并请求人民法院出具调解书。

3. 各级人民法院应当在立案窗口及法庭张贴警示宣传标识，同时在“人民法院民事诉讼风险提示书”中明确告知参与虚假诉讼应当承担的法律责任，引导当事人依法行使诉权，诚信诉讼。

4. 在民间借贷、离婚析产、以物抵债、劳动争议、公司分立（合并）、企业破产等虚假诉讼高发领域的案件审理中，要加大证据审查力度。对可能存在虚假诉讼的，要适当加大依职权调查取证力度。

5. 涉嫌虚假诉讼的，应当传唤当事人本人到庭，就有关案件事实接受询问。除法定事由外，应当要求证人出庭作证。要充分发挥民事诉讼法司法解释有关当事人和证人签署保证书规定的作用，探索当事人和证人宣誓制度。

6. 诉讼中，一方对另一方提出的于己不利的事实明确表示承认，且不符合常理的，要做进一步查明，慎重认定。查明的事实与自认的事实不符的，不予确认。

7. 要加强对调解协议的审查力度。对双方主动达成调解协议并申请人民法院出具调解书的，应当结合案件基础事实，注重审查调解协议是否损害国家利益、社会公共利益或者案外人的合法权益；对人民调解协议司法确认案件，要按照民事诉讼法司法解释要求，注重审查基础法律关系的真实性。

8. 在执行公证债权文书和仲裁裁决书、调解书等法律文书过程中，对可能存在双方恶意串通、虚构事实的，要加大实质审查力度，注重审查相关法律文书是否损害国家利益、社会公共利益或者案外人的合法权益。如果存在上述情形，应当裁定不予执行。必要时，可向仲裁机构或者公证机关发出司法建议。

9. 加大公开审判力度，增加案件审理的透明度。对与案件处理结果可能存在法律上利害关系的，可适当依职权通知其参加诉讼，避免其民事权益受到损害，防范虚假诉讼行为。

10. 在第三人撤销之诉、案外人执行异议之诉、案外人申请再审等案件审理中，发现已经生效的裁判涉及虚假诉讼的，要及时予以纠正，保护案外人诉权和实体权利；同时也要防范有关人员利用上述法律制度，制造虚假诉讼，损害原诉讼中合法权利人利益。

11. 经查明属于虚假诉讼，原告申请撤诉的，不予准许，并应当根据《民事诉讼法》第一百一十二条的规定，驳回其请求。

12. 对虚假诉讼参与人，要适度加大罚款、拘留等妨碍民事诉讼强制措施的法律适用力度；虚假诉讼侵害他人民事权益的，虚假诉讼参与人应当承担赔偿责任；虚假诉讼违法行为涉嫌虚假诉讼罪、诈骗罪、合同诈骗罪等刑事犯罪的，民事审判部门应当依法将相关线索和有关案件材料移送侦查机关。

13. 探索建立虚假诉讼失信人名单制度。将虚假诉讼参与人列入失信人名单，逐步开展与现有相关信息平台和社会信用体系接轨工作，加大制裁力度。

14. 人民法院工作人员参与虚假诉讼的，要依照法官法、法官职业道德基本准则和法官行为规范等规定，从严处理。

15. 诉讼代理人参与虚假诉讼的，要依法予以制裁，并应当向司法行政部门、律师协会或者行业协会发出司法建议。

16. 鉴定机构、鉴定人参与虚假诉讼的，可以根据情节轻重，给予鉴定机构、鉴定人训诫、责令退还鉴定费用、从法院委托鉴定专业机构备选名单中除名等制裁，并应当向司法行政部门或者行业协会发出司法建议。

17. 要积极主动与有关部门沟通协调，争取支持配合，探索建立多部门协调配合的综合治理机制。要通过向社会公开发布虚假诉讼典型案例等多种形式，震慑虚假诉讼违法行为。

18. 各级人民法院要及时组织干警学习了解中央和地方的各项经济社会政策，充分预判有可能在司法领域反映出来的虚假诉讼案件类型，也可以采取典型案例分析、审判业务交流、庭审观摩等多种形式，提高甄别虚假诉讼的司法能力。

最高人民法院

2016 年 6 月 20 日

最高人民法院关于房地产调控政策下人民法院严格审查各类虚假诉讼的紧急通知

（法明传〔2013〕359号）

各省、自治区、直辖市高级人民法院，解放军军事法院、新疆维吾尔自治区高级人民法院生产建设兵团分院：

在“国五条”等房地产调控政策实施背景下，为规避税收、限贷及限购政策，现实生活中出现了大量“假离婚”、借名买房、二手房买卖中签订阴阳合同、虚构债务后协议以房抵债等现象，有些已经形成纠纷诉至法院。这些案件基本表现为：当事人之间虚构借贷等债权债务关系；法院立案受理后，双方当事人自愿达成调解协议约定用债务人的房产抵偿债务，由法院出具调解书后被迅速执行房产过户。这些问题的发生，极大地扰乱和冲击了房地产市场的正常秩序，严重影响了国家房地产调控政策的贯彻落实，也严重干扰了人民法院正常的审判活动。目前，最高人民法院正在对这些问题进行调研并致力于制定司法应对措施。为及时解决和应对当前审判实践中存在的相关问题，现就有关问题紧急通知如下：

一、要密切关注和高度重视本辖区执行国家房地产调控政策措施过程中已经出现和可能出现的虚假诉讼问题，严格依法加大审查排除力度，确保国家房地产调控措施的贯彻落实；

二、在审理相关纠纷案件时，要认真审查当事人的诉讼请求及相关的证据，遇到以下情况，要慎重对待，妥善处理：

1. 当事人在以房抵债协议中约定管辖法院，但抵债的房产与协议管辖法院属异地的，要严格按照民事诉讼法关于专属管辖的规定认定协议管辖的效力；

2. 借贷等债权债务关系仅有借据和双方的认可，但未提供款项来源等证据的，对债权债务关系的真实有效性要严格审查，不能简单认定；

3. 双方以债权债务纠纷为由诉讼至法院，但是立案后对案件事实及实体处理等均无争议并迅速达成“以房抵债”协议的，务必在严格依法查明案件事实的基础上决定是否出具调解书；

4. 当事人在人民法院调解组织等主持下达成包含以房抵债内容的调解协议，并共同申请司法确认的，应当加大审查确认力度，慎重出具确认调解协议有效的裁定；

5. 当事人对以房抵债生效法律文书或者调解协议申请执行的，原则上不得出具以房抵债裁定书或者要求登记机构办理过户的协助执行通知书，当事人要求以房产清偿债务的，应当采取拍卖等执行变价措施；

6. 对其他可能存在虚假诉讼的纠纷案件，亦应依法审查。

三、对本辖区执行国家房地产调控政策过程中出现的包括虚假诉讼在内的带有普遍性或者可能呈现蔓延之势的新问题、新情况，要认真研究和及时应对，并及时层报。

人民检察院民事诉讼监督规则

中华人民共和国最高人民检察院公告

《人民检察院民事诉讼监督规则》已经2021年2月9日最高人民检察院第十三届检察委员会第六十二次会议通过，现予公布，自2021年8月1日起施行。

最高人民检察院

2021年6月26日

人民检察院民事诉讼监督规则

（2021年2月9日最高人民检察院第十三届检察委员会第六十二次会议通过，
2021年6月26日最高人民检察院公告公布，自2021年8月1日起施行
高检发释字〔2021〕1号）

目录

第一章　总　则

第二章　回　避

第三章　受　理

第四章　审　查

第一节　一般规定

第二节　听　证

第三节　调查核实

第四节　中止审查和终结审查

第五章　对生效判决、裁定、调解书的监督

第一节　一般规定

第二节　再审检察建议和提请抗诉

第三节　抗　诉

第四节　出　庭
第六章　对审判程序中审判人员违法行为的监督
第七章　对执行活动的监督
第八章　案件管理
第九章　其他规定
第十章　附　则

第一章　总　则

第一条　为了保障和规范人民检察院依法履行民事检察职责，根据《中华人民共和国民事诉讼法》《中华人民共和国人民检察院组织法》和其他有关规定，结合人民检察院工作实际，制定本规则。

第二条　人民检察院依法独立行使检察权，通过办理民事诉讼监督案件，维护司法公正和司法权威，维护国家利益和社会公共利益，维护自然人、法人和非法人组织的合法权益，保障国家法律的统一正确实施。

第三条　人民检察院通过抗诉、检察建议等方式，对民事诉讼活动实行法律监督。

第四条　人民检察院办理民事诉讼监督案件，应当以事实为根据，以法律为准绳，坚持公开、公平、公正和诚实信用原则，尊重和保障当事人的诉讼权利，监督和支持人民法院依法行使审判权和执行权。

第五条　负责控告申诉检察、民事检察、案件管理的部门分别承担民事诉讼监督案件的受理、办理、管理工作，各部门互相配合，互相制约。

第六条　人民检察院办理民事诉讼监督案件，实行检察官办案责任制，由检察官、检察长、检察委员会在各自职权范围内对办案事项作出决定，并依照规定承担相应司法责任。

第七条　人民检察院办理民事诉讼监督案件，根据案件情况，可以由一名检察官独任办理，也可以由两名以上检察官组成办案组办理。由检察官办案组办理的，检察长应当指定一名检察官担任主办检察官，组织、指挥办案组办理案件。

检察官办理案件，可以根据需要配备检察官助理、书记员、司法警察、检察技术人员等检察辅助人员。检察辅助人员依照有关规定承担相应的检察辅助事务。

第八条　最高人民检察院领导地方各级人民检察院和专门人民检察院的民事诉讼监督工作，上级人民检察院领导下级人民检察院的民事诉讼监督工作。

上级人民检察院认为下级人民检察院的决定错误的，有权指令下级人民检察院纠正，或者依法撤销、变更。上级人民检察院的决定，应当以书面形式作出，下级人民检察院应当执行。下级人民检察院对上级人民检察院的决定有不同意见的，可以在执行的同时向上级人民检察院报告。

上级人民检察院可以依法统一调用辖区的检察人员办理民事诉讼监督案件，调用的决定应当以书面形式作出。被调用的检察官可以代表办理案件的人民检察院履行相关检察职责。

第九条　人民检察院检察长或者检察长委托的副检察长在同级人民法院审判委员会讨论民事抗诉案件或者其他与民事诉讼监督工作有关的议题时，可以依照有关规定列席会议。

第十条　人民检察院办理民事诉讼监督案件，实行回避制度。

第十一条　检察人员办理民事诉讼监督案件，应当秉持客观公正的立场，自觉接受监督。

检察人员不得接受当事人及其诉讼代理人、特定关系人、中介组织请客送礼或者其他利益，不得违反规定会见当事人及其委托的人。

检察人员有收受贿赂、徇私枉法等行为的，应当追究纪律责任和法律责任。

检察人员对过问或者干预、插手民事诉讼监督案件办理等重大事项的行为，应当按照有关规定全面、如实、及时记录、报告。

第二章　回　避

第十二条　检察人员有《中华人民共和国民事诉讼法》第四十四条规定情形之一的，应当自行回避，当事人有权申请他们回避。

前款规定，适用于书记员、翻译人员、鉴定人、勘验人等。

第十三条　检察人员自行回避的，可以口头或者书面方式提出，并说明理由。口头提出申请的，应当记录在卷。

第十四条　当事人申请回避，应当在人民检察院作出提出抗诉或者检察建议等决定前以口头或者书面方式提出，并说明理由。口头提出申请的，应当记录在卷。根据《中华人民共和国民事诉讼法》第四十四条第二款规定提出回避申请的，应当提供相关证据。

被申请回避的人员在人民检察院作出是否回避的决定前，应当暂停参与本案工作，但案件需要采取紧急措施的除外。

第十五条　检察人员有应当回避的情形，没有自行回避，当事人也没有申请其回避的，由检察长或者检察委员会决定其回避。

第十六条 检察长的回避，由检察委员会讨论决定；检察人员和其他人员的回避，由检察长决定。检察委员会讨论检察长回避问题时，由副检察长主持，检察长不得参加。

第十七条 人民检察院对当事人提出的回避申请，应当在三日内作出决定，并通知申请人。申请人对决定不服的，可以在接到决定时向原决定机关申请复议一次。人民检察院应当在三日内作出复议决定，并通知复议申请人。复议期间，被申请回避的人员不停止参与本案工作。

第三章 受 理

第十八条 民事诉讼监督案件的来源包括：

（一）当事人向人民检察院申请监督；

（二）当事人以外的自然人、法人和非法人组织向人民检察院控告；

（三）人民检察院在履行职责中发现。

第十九条 有下列情形之一的，当事人可以向人民检察院申请监督：

（一）已经发生法律效力的民事判决、裁定、调解书符合《中华人民共和国民事诉讼法》第二百零九条第一款规定的；

（二）认为民事审判程序中审判人员存在违法行为的；

（三）认为民事执行活动存在违法情形的。

第二十条 当事人依照本规则第十九条第一项规定向人民检察院申请监督，应当在人民法院作出驳回再审申请裁定或者再审判决、裁定发生法律效力之日起两年内提出。

本条规定的期间为不变期间，不适用中止、中断、延长的规定。

人民检察院依职权启动监督程序的案件，不受本条第一款规定期限的限制。

第二十一条 当事人向人民检察院申请监督，应当提交监督申请书、身份证明、相关法律文书及证据材料。提交证据材料的，应当附证据清单。

申请监督材料不齐备的，人民检察院应当要求申请人限期补齐，并一次性明确告知应补齐的全部材料。申请人逾期未补齐的，视为撤回监督申请。

第二十二条 本规则第二十一条规定的监督申请书应当记明下列事项：

（一）申请人的姓名、性别、年龄、民族、职业、工作单位、住所、有效联系方式，法人或者非法人组织的名称、住所和法定代表人或者主要负责人的姓名、职务、有效联系方式；

（二）其他当事人的姓名、性别、工作单位、住所、有效联系方式等信息，法人或者非法人组织的名称、住所、负责人、有效联系方式等信息；

（三）申请监督请求；

（四）申请监督的具体法定情形及事实、理由。

申请人应当按照其他当事人的人数提交监督申请书副本。

第二十三条　本规则第二十一条规定的身份证明包括：

（一）自然人的居民身份证、军官证、士兵证、护照等能够证明本人身份的有效证件；

（二）法人或者非法人组织的统一社会信用代码证书或者营业执照副本、组织机构代码证书和法定代表人或者主要负责人的身份证明等有效证照。

对当事人提交的身份证明，人民检察院经核对无误留存复印件。

第二十四条　本规则第二十一条规定的相关法律文书是指人民法院在该案件诉讼过程中作出的全部判决书、裁定书、决定书、调解书等法律文书。

第二十五条　当事人申请监督，可以依照《中华人民共和国民事诉讼法》的规定委托诉讼代理人。

第二十六条　当事人申请监督符合下列条件的，人民检察院应当受理：

（一）符合本规则第十九条的规定；

（二）申请人提供的材料符合本规则第二十一条至第二十四条的规定；

（三）属于本院受理案件范围；

（四）不具有本规则规定的不予受理情形。

第二十七条　当事人根据《中华人民共和国民事诉讼法》第二百零九条第一款的规定向人民检察院申请监督，有下列情形之一的，人民检察院不予受理：

（一）当事人未向人民法院申请再审的；

（二）当事人申请再审超过法律规定的期限的，但不可归责于其自身原因的除外；

（三）人民法院在法定期限内正在对民事再审申请进行审查的；

（四）人民法院已经裁定再审且尚未审结的；

（五）判决、调解解除婚姻关系的，但对财产分割部分不服的除外；

（六）人民检察院已经审查终结作出决定的；

（七）民事判决、裁定、调解书是人民法院根据人民检察院的抗诉或者再审检察建议再审后作出的；

（八）申请监督超过本规则第二十条规定的期限的；

（九）其他不应受理的情形。

第二十八条　当事人认为民事审判程序或者执行活动存在违法情形，向人民检察院申请监督，有下列情形之一的，人民检察院不予受理：

（一）法律规定可以提出异议、申请复议或者提起诉讼，当事人没有提出异议、申请复议或者提起诉讼的，但有正当理由的除外；

（二）当事人提出异议、申请复议或者提起诉讼后，人民法院已经受理并正在审查处理的，但超过法定期限未作出处理的除外；

（三）其他不应受理的情形。

当事人对审判、执行人员违法行为申请监督的，不受前款规定的限制。

第二十九条 当事人根据《中华人民共和国民事诉讼法》第二百零九条第一款的规定向人民检察院申请检察建议或者抗诉，由作出生效民事判决、裁定、调解书的人民法院所在地同级人民检察院负责控告申诉检察的部门受理。

人民法院裁定驳回再审申请或者逾期未对再审申请作出裁定，当事人向人民检察院申请监督的，由作出原生效民事判决、裁定、调解书的人民法院所在地同级人民检察院受理。

第三十条 当事人认为民事审判程序中审判人员存在违法行为或者民事执行活动存在违法情形，向人民检察院申请监督的，由审理、执行案件的人民法院所在地同级人民检察院负责控告申诉检察的部门受理。

当事人不服上级人民法院作出的复议裁定、决定等，提出监督申请的，由上级人民法院所在地同级人民检察院受理。人民检察院受理后，可以根据需要依照本规则有关规定将案件交由原审理、执行案件的人民法院所在地同级人民检察院办理。

第三十一条 当事人认为人民检察院不依法受理其监督申请的，可以向上一级人民检察院申请监督。上一级人民检察院认为当事人监督申请符合受理条件的，应当指令下一级人民检察院受理，必要时也可以直接受理。

第三十二条 人民检察院负责控告申诉检察的部门对监督申请，应当根据以下情形作出处理：

（一）符合受理条件的，应当依照本规则规定作出受理决定；

（二）不属于本院受理案件范围的，应当告知申请人向有关人民检察院申请监督；

（三）不属于人民检察院主管范围的，应当告知申请人向有关机关反映；

（四）不符合受理条件，且申请人不撤回监督申请的，可以决定不予受理。

第三十三条 负责控告申诉检察的部门应当在决定受理之日起三日内制作《受理通知书》，发送申请人，并告知其权利义务；同时将《受理通知书》和监督申请书副本发送其他当事人，并告知其权利义务。其他当事人可以在收到监督申请书副本之日起十五日内提出书面意见，不提出意见的不影响人民检察院对案件的审查。

第三十四条　负责控告申诉检察的部门应当在决定受理之日起三日内将案件材料移送本院负责民事检察的部门，同时将《受理通知书》抄送本院负责案件管理的部门。负责控告申诉检察的部门收到其他当事人提交的书面意见等材料，应当及时移送负责民事检察的部门。

第三十五条　当事人以外的自然人、法人和非法人组织认为人民法院民事审判程序中审判人员存在违法行为或者民事执行活动存在违法情形等，可以向同级人民检察院控告。控告由人民检察院负责控告申诉检察的部门受理。

负责控告申诉检察的部门对收到的控告，应当依据《人民检察院信访工作规定》等办理。

第三十六条　负责控告申诉检察的部门可以依据《人民检察院信访工作规定》，向下级人民检察院交办涉及民事诉讼监督的信访案件。

第三十七条　人民检察院在履行职责中发现民事案件有下列情形之一的，应当依职权启动监督程序：

（一）损害国家利益或者社会公共利益的；

（二）审判、执行人员有贪污受贿、徇私舞弊、枉法裁判等违法行为的；

（三）当事人存在虚假诉讼等妨害司法秩序行为的；

（四）人民法院作出的已经发生法律效力的民事公益诉讼判决、裁定、调解书确有错误，审判程序中审判人员存在违法行为，或者执行活动存在违法情形的；

（五）依照有关规定需要人民检察院跟进监督的；

（六）具有重大社会影响等确有必要进行监督的情形。

人民检察院对民事案件依职权启动监督程序，不受当事人是否申请再审的限制。

第三十八条　下级人民检察院提请抗诉、提请其他监督等案件，由上一级人民检察院负责案件管理的部门受理。

依职权启动监督程序的民事诉讼监督案件，负责民事检察的部门应当到负责案件管理的部门登记受理。

第三十九条　负责案件管理的部门接收案件材料后，应当在三日内登记并将案件材料和案件登记表移送负责民事检察的部门；案件材料不符合规定的，应当要求补齐。

负责案件管理的部门登记受理后，需要通知当事人的，负责民事检察的部门应当制作《受理通知书》，并在三日内发送当事人。

第四章　审　查

第一节　一般规定

第四十条　受理后的民事诉讼监督案件由负责民事检察的部门进行审查。

第四十一条　上级人民检察院认为确有必要的，可以办理下级人民检察院受理的民事诉讼监督案件。

下级人民检察院对受理的民事诉讼监督案件，认为需要由上级人民检察院办理的，可以报请上级人民检察院办理。

第四十二条　上级人民检察院可以将受理的民事诉讼监督案件交由下级人民检察院办理，并限定办理期限。交办的案件应当制作《交办通知书》，并将有关材料移送下级人民检察院。下级人民检察院应当依法办理，不得将案件再行交办。除本规则第一百零七条规定外，下级人民检察院应当在规定期限内提出处理意见并报送上级人民检察院，上级人民检察院应当在法定期限内作出决定。

交办案件需要通知当事人的，应当制作《通知书》，并发送当事人。

第四十三条　人民检察院审查民事诉讼监督案件，应当围绕申请人的申请监督请求、争议焦点以及本规则第三十七条规定的情形，对人民法院民事诉讼活动是否合法进行全面审查。其他当事人在人民检察院作出决定前也申请监督的，应当将其列为申请人，对其申请监督请求一并审查。

第四十四条　申请人或者其他当事人对提出的主张，应当提供证据材料。人民检察院收到当事人提交的证据材料，应当出具收据。

第四十五条　人民检察院应当告知当事人有申请回避的权利，并告知办理案件的检察人员、书记员等的姓名、法律职务。

第四十六条　人民检察院审查案件，应当通过适当方式听取当事人意见，必要时可以听证或者调查核实有关情况，也可以依照有关规定组织专家咨询论证。

第四十七条　人民检察院审查案件，可以依照有关规定调阅人民法院的诉讼卷宗。

通过拷贝电子卷、查阅、复制、摘录等方式能够满足办案需要的，可以不调阅诉讼卷宗。

人民检察院认为确有必要，可以依照有关规定调阅人民法院的诉讼卷宗副卷，并采取严格保密措施。

第四十八条　承办检察官审查终结后，应当制作审查终结报告。审查终结报告应当全面、客观、公正地叙述案件事实，依据法律提出处理建议或者意见。

承办检察官通过审查监督申请书等材料即可以认定案件事实的，可以直接制作审查终结报告，提出处理建议或者意见。

第四十九条　承办检察官办理案件过程中，可以提请部门负责人召集检察官联席会议讨论。检察长、部门负责人在审核或者决定案件时，也可以召集检察官联席会议讨论。

检察官联席会议讨论情况和意见应当如实记录，由参加会议的检察官签名后附卷保存。部门负责人或者承办检察官不同意检察官联席会议多数人意见的，部门负责人应当报请检察长决定。

检察长认为必要的，可以提请检察委员会讨论决定。检察长、检察委员会对案件作出的决定，承办检察官应当执行。

第五十条　人民检察院对审查终结的案件，应当区分情况作出下列决定：

（一）提出再审检察建议；

（二）提请抗诉或者提请其他监督；

（三）提出抗诉；

（四）提出检察建议；

（五）终结审查；

（六）不支持监督申请；

（七）复查维持。

负责控告申诉检察的部门受理的案件，负责民事检察的部门应当将案件办理结果告知负责控告申诉检察的部门。

第五十一条　人民检察院在办理民事诉讼监督案件过程中，当事人有和解意愿的，可以引导当事人自行和解。

第五十二条　人民检察院受理当事人申请对人民法院已经发生法律效力的民事判决、裁定、调解书监督的案件，应当在三个月内审查终结并作出决定，但调卷、鉴定、评估、审计、专家咨询等期间不计入审查期限。

对民事审判程序中审判人员违法行为监督案件和对民事执行活动监督案件的审查期限，参照前款规定执行。

第五十三条　人民检察院办理民事诉讼监督案件，可以依照有关规定指派司法警察协助承办检察官履行调查核实、听证等职责。

第二节　听　证

第五十四条　人民检察院审查民事诉讼监督案件，认为确有必要的，可以组织有关当事人听证。

人民检察院审查民事诉讼监督案件，可以邀请与案件没有利害关系的人大代表、政协委员、人民监督员、特约检察员、专家咨询委员、人民调解员或者当事人所在单位、居住地的居民委员会、村民委员会成员以及专家、学者等其他社会人士参加公开听证，但该民事案件涉及国家秘密、个人隐私或者法律另有规定不得公开的除外。

第五十五条 人民检察院组织听证，由承办检察官主持，书记员负责记录。

听证一般在人民检察院专门听证场所内进行。

第五十六条 人民检察院组织听证，应当在听证三日前告知听证会参加人案由、听证时间和地点。

第五十七条 参加听证的当事人和其他相关人员应当按时参加听证，当事人无正当理由缺席或者未经许可中途退席的，不影响听证程序的进行。

第五十八条 听证应当围绕民事诉讼监督案件中的事实认定和法律适用等问题进行。

对当事人提交的证据材料和人民检察院调查取得的证据，应当充分听取各方当事人的意见。

第五十九条 听证会一般按照下列步骤进行：

（一）承办案件的检察官介绍案件情况和需要听证的问题；

（二）当事人及其他参加人就需要听证的问题分别说明情况；

（三）听证员向当事人或者其他参加人提问；

（四）主持人宣布休会，听证员就听证事项进行讨论；

（五）主持人宣布复会，根据案件情况，可以由听证员或者听证员代表发表意见；

（六）当事人发表最后陈述意见；

（七）主持人对听证会进行总结。

第六十条 听证应当制作笔录，经当事人校阅后，由当事人签名或者盖章。拒绝签名盖章的，应当记明情况。

第六十一条 参加听证的人员应当服从听证主持人指挥。

对违反听证秩序的，人民检察院可以予以批评教育，责令退出听证场所；对哄闹、冲击听证场所，侮辱、诽谤、威胁、殴打检察人员等严重扰乱听证秩序的，依法追究相应法律责任。

第三节 调查核实

第六十二条 人民检察院因履行法律监督职责的需要，有下列情形之一的，可以向当事人或者案外人调查核实有关情况：

（一）民事判决、裁定、调解书可能存在法律规定需要监督的情形，仅通过阅卷及审查现有材料难以认定的；

（二）民事审判程序中审判人员可能存在违法行为的；

（三）民事执行活动可能存在违法情形的；

（四）其他需要调查核实的情形。

第六十三条 人民检察院可以采取以下调查核实措施：

（一）查询、调取、复制相关证据材料；

（二）询问当事人或者案外人；

（三）咨询专业人员、相关部门或者行业协会等对专门问题的意见；

（四）委托鉴定、评估、审计；

（五）勘验物证、现场；

（六）查明案件事实所需要采取的其他措施。

人民检察院调查核实，不得采取限制人身自由和查封、扣押、冻结财产等强制性措施。

第六十四条 有下列情形之一的，人民检察院可以向银行业金融机构查询、调取、复制相关证据材料：

（一）可能损害国家利益、社会公共利益的；

（二）审判、执行人员可能存在违法行为的；

（三）涉及《中华人民共和国民事诉讼法》第五十五条规定诉讼的；

（四）当事人有伪造证据、恶意串通损害他人合法权益可能的。

人民检察院可以依照有关规定指派具备相应资格的检察技术人员对民事诉讼监督案件中的鉴定意见等技术性证据进行专门审查，并出具审查意见。

第六十五条 人民检察院可以就专门性问题书面或者口头咨询有关专业人员、相关部门或者行业协会的意见。口头咨询的，应当制作笔录，由接受咨询的专业人员签名或者盖章。拒绝签名盖章的，应当记明情况。

第六十六条 人民检察院对专门性问题认为需要鉴定、评估、审计的，可以委托具备资格的机构进行鉴定、评估、审计。

在诉讼过程中已经进行过鉴定、评估、审计的，一般不再委托鉴定、评估、审计。

第六十七条 人民检察院认为确有必要的，可以勘验物证或者现场。勘验人应当出示人民检察院的证件，并邀请当地基层组织或者当事人所在单位派人参加。当事人或者当事人的成年家属应当到场，拒不到场的，不影响勘验的进行。

勘验人应当将勘验情况和结果制作笔录，由勘验人、当事人和被邀参加人签名或者盖章。

第六十八条 需要调查核实的，由承办检察官在职权范围内决定，或者报检察长决定。

第六十九条 人民检察院调查核实，应当由二人以上共同进行。

调查笔录经被调查人校阅后，由调查人、被调查人签名或者盖章。被调查人拒绝签名盖章的，应当记明情况。

第七十条 人民检察院可以指令下级人民检察院或者委托外地人民检察院调查核实。

人民检察院指令调查或者委托调查的，应当发送《指令调查通知书》或者《委托调查函》，载明调查核实事项、证据线索及要求。受指令或者受委托人民检察院收到《指令调查通知书》或者《委托调查函》后，应当在十五日内完成调查核实工作并书面回复。因客观原因不能完成调查的，应当在上述期限内书面回复指令或者委托的人民检察院。

人民检察院到外地调查的，当地人民检察院应当配合。

第七十一条 人民检察院调查核实，有关单位和个人应当配合。拒绝或者妨碍人民检察院调查核实的，人民检察院可以向有关单位或者其上级主管部门提出检察建议，责令纠正；涉嫌违纪违法犯罪的，依照规定移送有关机关处理。

第四节　中止审查和终结审查

第七十二条 有下列情形之一的，人民检察院可以中止审查：

（一）申请监督的自然人死亡，需要等待继承人表明是否继续申请监督的；

（二）申请监督的法人或者非法人组织终止，尚未确定权利义务承受人的；

（三）本案必须以另一案的处理结果为依据，而另一案尚未审结的；

（四）其他可以中止审查的情形。

中止审查的，应当制作《中止审查决定书》，并发送当事人。中止审查的原因消除后，应当及时恢复审查。

第七十三条 有下列情形之一的，人民检察院应当终结审查：

（一）人民法院已经裁定再审或者已经纠正违法行为的；

（二）申请人撤回监督申请，且不损害国家利益、社会公共利益或者他人合法权益的；

（三）申请人在与其他当事人达成的和解协议中声明放弃申请监督权利，且不损害国家利益、社会公共利益或者他人合法权益的；

（四）申请监督的自然人死亡，没有继承人或者继承人放弃申请，且没有发现其他应当监督的违法情形的；

（五）申请监督的法人或者非法人组织终止，没有权利义务承受人或者权利义务承受人放弃申请，且没有发现其他应当监督的违法情形的；

（六）发现已经受理的案件不符合受理条件的；

（七）人民检察院依职权启动监督程序的案件，经审查不需要采取监督措施的；

（八）其他应当终结审查的情形。

终结审查的，应当制作《终结审查决定书》，需要通知当事人的，发送当事人。

第五章　对生效判决、裁定、调解书的监督

第一节　一般规定

第七十四条　人民检察院发现人民法院已经发生法律效力的民事判决、裁定有《中华人民共和国民事诉讼法》第二百条规定情形之一的，依法向人民法院提出再审检察建议或者抗诉。

第七十五条　人民检察院发现民事调解书损害国家利益、社会公共利益的，依法向人民法院提出再审检察建议或者抗诉。

人民检察院对当事人通过虚假诉讼获得的民事调解书应当依照前款规定监督。

第七十六条　当事人因故意或者重大过失逾期提供的证据，人民检察院不予采纳。但该证据与案件基本事实有关并且能够证明原判决、裁定确有错误的，应当认定为《中华人民共和国民事诉讼法》第二百条第一项规定的情形。

人民检察院依照本规则第六十三条、第六十四条规定调查取得的证据，与案件基本事实有关并且能够证明原判决、裁定确有错误的，应当认定为《中华人民共和国民事诉讼法》第二百条第一项规定的情形。

第七十七条　有下列情形之一的，应当认定为《中华人民共和国民事诉讼法》第二百条第二项规定的“认定的基本事实缺乏证据证明”：

（一）认定的基本事实没有证据支持，或者认定的基本事实所依据的证据虚假、缺乏证明力的；

（二）认定的基本事实所依据的证据不合法的；

（三）对基本事实的认定违反逻辑推理或者日常生活法则的；

（四）认定的基本事实缺乏证据证明的其他情形。

第七十八条 有下列情形之一，导致原判决、裁定结果错误的，应当认定为《中华人民共和国民事诉讼法》第二百条第六项规定的“适用法律确有错误”：

（一）适用的法律与案件性质明显不符的；

（二）确定民事责任明显违背当事人约定或者法律规定的；

（三）适用已经失效或者尚未施行的法律的；

（四）违反法律溯及力规定的；

（五）违反法律适用规则的；

（六）明显违背立法原意的；

（七）适用法律错误的其他情形。

第七十九条 有下列情形之一的，应当认定为《中华人民共和国民事诉讼法》第二百条第七项规定的“审判组织的组成不合法”：

（一）应当组成合议庭审理的案件独任审判的；

（二）人民陪审员参与第二审案件审理的；

（三）再审、发回重审的案件没有另行组成合议庭的；

（四）审理案件的人员不具有审判资格的；

（五）审判组织或者人员不合法的其他情形。

第八十条 有下列情形之一的，应当认定为《中华人民共和国民事诉讼法》第二百条第九项规定的“违反法律规定，剥夺当事人辩论权利”：

（一）不允许或者严重限制当事人行使辩论权利的；

（二）应当开庭审理而未开庭审理的；

（三）违反法律规定送达起诉状副本或者上诉状副本，致使当事人无法行使辩论权利的；

（四）违法剥夺当事人辩论权利的其他情形。

第二节 再审检察建议和提请抗诉

第八十一条 地方各级人民检察院发现同级人民法院已经发生法律效力的民事判决、裁定有下列情形之一的，可以向同级人民法院提出再审检察建议：

（一）有新的证据，足以推翻原判决、裁定的；

（二）原判决、裁定认定的基本事实缺乏证据证明的；

（三）原判决、裁定认定事实的主要证据是伪造的；

（四）原判决、裁定认定事实的主要证据未经质证的；

（五）对审理案件需要的主要证据，当事人因客观原因不能自行收集，书面申请人民法院调查收集，人民法院未调查收集的；

（六）审判组织的组成不合法或者依法应当回避的审判人员没有回避的；

（七）无诉讼行为能力人未经法定代理人代为诉讼或者应当参加诉讼的当事人，因不能归责于本人或者其诉讼代理人的事由，未参加诉讼的；

（八）违反法律规定，剥夺当事人辩论权利的；

（九）未经传票传唤，缺席判决的；

（十）原判决、裁定遗漏或者超出诉讼请求的；

（十一）据以作出原判决、裁定的法律文书被撤销或者变更的。

第八十二条 符合本规则第八十一条规定的案件有下列情形之一的，地方各级人民检察院一般应当提请上一级人民检察院抗诉：

（一）判决、裁定是经同级人民法院再审后作出的；

（二）判决、裁定是经同级人民法院审判委员会讨论作出的。

第八十三条 地方各级人民检察院发现同级人民法院已经发生法律效力的民事判决、裁定有下列情形之一的，一般应当提请上一级人民检察院抗诉：

（一）原判决、裁定适用法律确有错误的；

（二）审判人员在审理该案件时有贪污受贿，徇私舞弊，枉法裁判行为的。

第八十四条 符合本规则第八十二条、第八十三条规定的案件，适宜由同级人民法院再审纠正的，地方各级人民检察院可以向同级人民法院提出再审检察建议。

第八十五条 地方各级人民检察院发现民事调解书损害国家利益、社会公共利益的，可以向同级人民法院提出再审检察建议，也可以提请上一级人民检察院抗诉。

第八十六条 对人民法院已经采纳再审检察建议进行再审的案件，提出再审检察建议的人民检察院一般不得再向上级人民检察院提请抗诉。

第八十七条 人民检察院提出再审检察建议，应当制作《再审检察建议书》，在决定提出再审检察建议之日起十五日内将《再审检察建议书》连同案件卷宗移送同级人民法院，并制作决定提出再审检察建议的《通知书》，发送当事人。

人民检察院提出再审检察建议，应当经本院检察委员会决定，并将《再审检察建议书》报上一级人民检察院备案。

第八十八条 人民检察院提请抗诉，应当制作《提请抗诉报告书》，在决定提请抗诉之日起十五日内将《提请抗诉报告书》连同案件卷宗报送上一级人民检察院，并制作决定提请抗诉的《通知书》，发送当事人。

第八十九条 人民检察院认为当事人的监督申请不符合提出再审检察建议或者提

请抗诉条件的，应当作出不支持监督申请的决定，并在决定之日起十五日内制作《不支持监督申请决定书》，发送当事人。

第三节 抗 诉

第九十条 最高人民检察院对各级人民法院已经发生法律效力的民事判决、裁定、调解书，上级人民检察院对下级人民法院已经发生法律效力的民事判决、裁定、调解书，发现有《中华人民共和国民事诉讼法》第二百条、第二百零八条规定情形的，应当向同级人民法院提出抗诉。

第九十一条 人民检察院提出抗诉的案件，接受抗诉的人民法院将案件交下一级人民法院再审，下一级人民法院审理后作出的再审判决、裁定仍有明显错误的，原提出抗诉的人民检察院可以依职权再次提出抗诉。

第九十二条 人民检察院提出抗诉，应当制作《抗诉书》，在决定抗诉之日起十五日内将《抗诉书》连同案件卷宗移送同级人民法院，并由接受抗诉的人民法院向当事人送达再审裁定时一并送达《抗诉书》。

人民检察院应当制作决定抗诉的《通知书》，发送当事人。上级人民检察院可以委托提请抗诉的人民检察院将决定抗诉的《通知书》发送当事人。

第九十三条 人民检察院认为当事人的监督申请不符合抗诉条件的，应当作出不支持监督申请的决定，并在决定之日起十五日内制作《不支持监督申请决定书》，发送当事人。上级人民检察院可以委托提请抗诉的人民检察院将《不支持监督申请决定书》发送当事人。

第四节 出 庭

第九十四条 人民检察院提出抗诉的案件，人民法院再审时，人民检察院应当派员出席法庭。

必要时，人民检察院可以协调人民法院安排人民监督员旁听。

第九十五条 接受抗诉的人民法院将抗诉案件交下级人民法院再审的，提出抗诉的人民检察院可以指令再审人民法院的同级人民检察院派员出庭。

第九十六条 检察人员出席再审法庭的任务是：

（一）宣读抗诉书；

（二）对人民检察院调查取得的证据予以出示和说明；

（三）庭审结束时，经审判长许可，可以发表法律监督意见；

（四）对法庭审理中违反诉讼程序的情况予以记录。

检察人员发现庭审活动违法的，应当待休庭或者庭审结束之后，以人民检察院的名义提出检察建议。

出庭检察人员应当全程参加庭审。

第九十七条　当事人或者其他参加庭审人员在庭审中对检察机关或者出庭检察人员有侮辱、诽谤、威胁等不当言论或者行为的，出庭检察人员应当建议法庭即时予以制止；情节严重的，应当建议法庭依照规定予以处理，并在庭审结束后向检察长报告。

第六章　对审判程序中审判人员违法行为的监督

第九十八条　《中华人民共和国民事诉讼法》第二百零八条第三款规定的审判程序包括：

（一）第一审普通程序；

（二）简易程序；

（三）第二审程序；

（四）特别程序；

（五）审判监督程序；

（六）督促程序；

（七）公示催告程序；

（八）海事诉讼特别程序；

（九）破产程序。

第九十九条　《中华人民共和国民事诉讼法》第二百零八条第三款的规定适用于法官、人民陪审员、法官助理、书记员。

第一百条　人民检察院发现同级人民法院民事审判程序中有下列情形之一的，应当向同级人民法院提出检察建议：

（一）判决、裁定确有错误，但不适用再审程序纠正的；

（二）调解违反自愿原则或者调解协议的内容违反法律的；

（三）符合法律规定的起诉和受理条件，应当立案而不立案的；

（四）审理案件适用审判程序错误的；

（五）保全和先予执行违反法律规定的；

（六）支付令违反法律规定的；

（七）诉讼中止或者诉讼终结违反法律规定的；

（八）违反法定审理期限的；

（九）对当事人采取罚款、拘留等妨害民事诉讼的强制措施违反法律规定的；

（十）违反法律规定送达的；

（十一）其他违反法律规定的情形。

第一百零一条 人民检察院发现同级人民法院民事审判程序中审判人员有《中华人民共和国法官法》第四十六条等规定的违法行为且可能影响案件公正审判、执行的，应当向同级人民法院提出检察建议。

第一百零二条 人民检察院依照本章规定提出检察建议的，应当制作《检察建议书》，在决定提出检察建议之日起十五日内将《检察建议书》连同案件卷宗移送同级人民法院，并制作决定提出检察建议的《通知书》，发送申请人。

第一百零三条 人民检察院认为当事人申请监督的审判程序中审判人员违法行为认定依据不足的，应当作出不支持监督申请的决定，并在决定之日起十五日内制作《不支持监督申请决定书》，发送申请人。

第七章　对执行活动的监督

第一百零四条 人民检察院对人民法院执行生效民事判决、裁定、调解书、支付令、仲裁裁决以及公证债权文书等法律文书的活动实行法律监督。

第一百零五条 人民检察院认为人民法院在执行活动中可能存在怠于履行职责情形的，可以依照有关规定向人民法院发出《说明案件执行情况通知书》，要求说明案件的执行情况及理由。

第一百零六条 人民检察院发现人民法院在执行活动中有下列情形之一的，应当向同级人民法院提出检察建议：

（一）决定是否受理、执行管辖权的移转以及审查和处理执行异议、复议、申诉等执行审查活动存在违法、错误情形的；

（二）实施财产调查、控制、处分、交付和分配以及罚款、拘留、信用惩戒措施等执行实施活动存在违法、错误情形的；

（三）存在消极执行、拖延执行等情形的；

（四）其他执行违法、错误情形。

第一百零七条 人民检察院依照本规则第三十条第二款规定受理后交办的案件，下级人民检察院经审查认为人民法院作出的执行复议裁定、决定等存在违法、错误情形的，应当提请上级人民检察院监督；认为人民法院作出的执行复议裁定、决定等正确的，应当作出不支持监督申请的决定。

第一百零八条 人民检察院对执行活动提出检察建议的，应当经检察长或者检察委员会决定，制作《检察建议书》，在决定之日起十五日内将《检察建议书》连同案件卷宗移送同级人民法院，并制作决定提出检察建议的《通知书》，发送当事人。

第一百零九条 人民检察院认为当事人申请监督的人民法院执行活动不存在违法情形的，应当作出不支持监督申请的决定，并在决定之日起十五日内制作《不支持监督申请决定书》，发送申请人。

第一百一十条 人民检察院发现同级人民法院执行活动中执行人员存在违法行为的，参照本规则第六章有关规定执行。

第八章 案件管理

第一百一十一条 人民检察院负责案件管理的部门对民事诉讼监督案件的受理、期限、程序、质量等进行管理、监督、预警。

第一百一十二条 负责案件管理的部门发现本院办案活动有下列情形之一的，应当及时提出纠正意见：

（一）法律文书制作、使用不符合法律和有关规定的；

（二）违反办案期限有关规定的；

（三）侵害当事人、诉讼代理人诉讼权利的；

（四）未依法对民事审判活动以及执行活动中的违法行为履行法律监督职责的；

（五）其他应当提出纠正意见的情形。

情节轻微的，可以口头提示；情节较重的，应当发送《案件流程监控通知书》，提示办案部门及时查明情况并予以纠正；情节严重的，应当同时向检察长报告。

办案部门收到《案件流程监控通知书》后，应当在十日内将核查情况书面回复负责案件管理的部门。

第一百一十三条 负责案件管理的部门对以本院名义制发民事诉讼监督法律文书实施监督管理。

第一百一十四条 人民检察院办理的民事诉讼监督案件，办结后需要向其他单位移送案卷材料的，统一由负责案件管理的部门审核移送材料是否规范、齐备。负责案件管理的部门认为材料规范、齐备，符合移送条件的，应当立即由办案部门按照规定移送；认为材料不符合要求的，应当及时通知办案部门补送、更正。

第一百一十五条 人民法院向人民检察院送达的民事判决书、裁定书或者调解书等法律文书，由负责案件管理的部门负责接收，并即时登记移送负责民事检察的部门。

第一百一十六条 人民检察院在办理民事诉讼监督案件过程中，当事人及其诉讼代理人提出有关申请、要求或者提交有关书面材料的，由负责案件管理的部门负责接收，需要出具相关手续的，负责案件管理的部门应当出具。负责案件管理的部门接收材料后应当及时移送负责民事检察的部门。

第九章　其他规定

第一百一十七条　人民检察院发现人民法院在多起同一类型民事案件中有下列情形之一的，可以提出检察建议：

（一）同类问题适用法律不一致的；

（二）适用法律存在同类错误的；

（三）其他同类违法行为。

人民检察院发现有关单位的工作制度、管理方法、工作程序违法或者不当，需要改正、改进的，可以提出检察建议。

第一百一十八条　申请人向人民检察院提交的新证据是伪造的，或者对案件重要事实作虚假陈述的，人民检察院应当予以批评教育，并可以终结审查，但确有必要进行监督的除外；涉嫌违纪违法犯罪的，依照规定移送有关机关处理。

其他当事人有前款规定情形的，人民检察院应当予以批评教育；涉嫌违纪违法犯罪的，依照规定移送有关机关处理。

第一百一十九条　人民检察院发现人民法院审查和处理当事人申请执行、撤销仲裁裁决或者申请执行公证债权文书存在违法、错误情形的，参照本规则第六章、第七章有关规定执行。

第一百二十条　负责民事检察的部门在履行职责过程中，发现涉嫌违纪违法犯罪以及需要追究司法责任的行为，应当报检察长决定，及时将相关线索及材料移送有管辖权的机关或者部门。

人民检察院其他职能部门在履行职责中发现符合本规则规定的应当依职权启动监督程序的民事诉讼监督案件线索，应当及时向负责民事检察的部门通报。

第一百二十一条　人民检察院发现作出的相关决定确有错误需要纠正或者有其他情形需要撤回的，应当经本院检察长或者检察委员会决定。

第一百二十二条　人民法院对人民检察院监督行为提出建议的，人民检察院应当在一个月内将处理结果书面回复人民法院。人民法院对回复意见有异议，并通过上一级人民法院向上一级人民检察院提出的，上一级人民检察院认为人民法院建议正确，应当要求下级人民检察院及时纠正。

第一百二十三条　人民法院对民事诉讼监督案件作出再审判决、裁定或者其他处理决定后，提出监督意见的人民检察院应当对处理结果进行审查，并填写《民事诉讼监督案件处理结果审查登记表》。

第一百二十四条 有下列情形之一的，人民检察院可以按照有关规定再次监督或者提请上级人民检察院监督：

（一）人民法院审理民事抗诉案件作出的判决、裁定、调解书仍有明显错误的；

（二）人民法院对检察建议未在规定的期限内作出处理并书面回复的；

（三）人民法院对检察建议的处理结果错误的。

第一百二十五条 地方各级人民检察院对适用法律确属疑难、复杂，本院难以决断的重大民事诉讼监督案件，可以向上一级人民检察院请示。

请示案件依照最高人民检察院关于办理下级人民检察院请示件、下级人民检察院向最高人民检察院报送公文的相关规定办理。

第一百二十六条 当事人认为人民检察院对同级人民法院已经发生法律效力的民事判决、裁定、调解书作出的不支持监督申请决定存在明显错误的，可以在不支持监督申请决定作出之日起一年内向上一级人民检察院申请复查一次。负责控告申诉检察的部门经初核，发现可能有以下情形之一的，可以移送本院负责民事检察的部门审查处理：

（一）有新的证据，足以推翻原判决、裁定的；

（二）有证据证明原判决、裁定认定事实的主要证据是伪造的；

（三）据以作出原判决、裁定的法律文书被撤销或者变更的；

（四）有证据证明审判人员审理该案件时有贪污受贿，徇私舞弊，枉法裁判等行为的；

（五）有证据证明检察人员办理该案件时有贪污受贿，徇私舞弊，滥用职权等行为的；

（六）其他确有必要进行复查的。

负责民事检察的部门审查后，认为下一级人民检察院不支持监督申请决定错误，应当以人民检察院的名义予以撤销并依法提出抗诉；认为不存在错误，应当决定复查维持，并制作《复查决定书》，发送申请人。

上级人民检察院可以依职权复查下级人民检察院对同级人民法院已经发生法律效力的民事判决、裁定、调解书作出不支持监督申请决定的案件。

对复查案件的审查期限，参照本规则第五十二条第一款规定执行。

第一百二十七条 制作民事诉讼监督法律文书，应当符合规定的格式。

民事诉讼监督法律文书的格式另行制定。

第一百二十八条 人民检察院可以参照《中华人民共和国民事诉讼法》有关规定发送法律文书。

第一百二十九条 人民检察院发现制作的法律文书存在笔误的，应当作出《补正决定书》予以补正。

第一百三十条 人民检察院办理民事诉讼监督案件，应当按照规定建立民事诉讼监督案卷。

第一百三十一条 人民检察院办理民事诉讼监督案件，不收取案件受理费。申请复印、鉴定、审计、勘验等产生的费用由申请人直接支付给有关机构或者单位，人民检察院不得代收代付。

第十章 附 则

第一百三十二条 检察建议案件的办理，本规则未规定的，适用《人民检察院检察建议工作规定》。

第一百三十三条 民事公益诉讼监督案件的办理，适用本规则及有关公益诉讼检察司法解释的规定。

第一百三十四条 军事检察院等专门人民检察院对民事诉讼监督案件的办理，以及人民检察院对其他专门人民法院的民事诉讼监督案件的办理，适用本规则和其他有关规定。

第一百三十五条 本规则自2021年8月1日起施行，《人民检察院民事诉讼监督规则（试行）》同时废止。本院之前公布的其他规定与本规则内容不一致的，以本规则为准。

8月1日起施行！修订后的《人民检察院民事诉讼监督规则》有哪些变化？

2021年7月26日，最高人民检察院召开以“完善民事检察制度，提升诉讼监督质效”为主题的新闻发布会，公布修订后的《人民检察院民事诉讼监督规则》（以下简称《规则》），通报修订《规则》的主要考虑和《规则》主要内容，并回答记者提问。

最高检新闻发言人李雪慧表示，为更好地保障和规范人民检察院依法履行民事检察职责，最高检在征求各方面意见的基础上，修订了《人民检察院民事诉讼监督规则》，经最高检第十三届检察委员会第六十二次会议审议通过，将于2021年8月1日起正式施行。

修订后的《规则》基于四点考虑增加11条内容

最高检副检察长张雪樵介绍，《规则》修订中主要有四点考虑：

一是坚持以人民为中心；

二是坚持适应形势发展；

三是坚持问题导向；

四是坚持积极稳妥。

修订后的《规则》共十章135条，与原民事诉讼监督规则相比，减少了一章，增加11条。

明确当事人申请监督条件和检察机关受理程序

最高检副检察长张雪樵介绍，修订后的《规则》进一步明确当事人申请监督条件和检察机关受理程序：

一是明确当事人不服生效裁判的两年申请监督期限，同时规定检察机关依职权启动监督程序的案件，不受该期限的限制；

二是完善检察机关不予受理的情形，将“不可归责于当事人自身原因导致其再审申请超过法律规定期限”排除在检察机关不予受理的情形之外，增加对超过两年申请监督期限案件不予受理的规定，并明确对当事人提出审判、执行人员违法行为监督申请案件的受理不受穷尽法院救济前置程序的限制；

三是明确对审理、执行法院的上级法院复议裁定、决定申请监督的案件，由作出复议裁定、决定的法院的同级检察院受理；

四是明确对检察机关不依法受理监督申请的，当事人享有向上一级人民检察院申请监督的救济途径；

五是明确检察机关决定受理监督申请案件时应同时向双方当事人发送相关法律文书。

增加三种依职权启动监督程序案件类型

最高检副检察长张雪樵介绍，修订后的《规则》增加三种依职权启动监督程序案件类型：

一是当事人存在虚假诉讼等妨害司法秩序行为；

二是人民法院作出的已经发生法律效力的民事公益诉讼判决、裁定、调解书确有错误，审判程序中审判人员存在违法行为，或者执行活动存在违法情形；

三是具有重大社会影响等确有必要进行监督的情形。

完善案件审查、调查核实工作机制

最高检副检察长张雪樵介绍，修订后的《规则》完善案件审查、调查核实工作机制：

一是完善案件交办机制，取消交办案件必须要求下级检察院有管辖权的限制，同时将交办案件的处理结果由“报请上级检察院审核”改为“报上级检察院决定”，使其体现检察一体化工作机制特点。

二是落实党中央有关强化检察机关法律监督职能、拓展监督的广度和深度的要求，完善案件审查范围，确立全面审查原则。

三是落实党中央有关探索正卷、副卷一并调阅制度的要求，在征求最高人民法院意见后，增加调阅法院的诉讼卷宗副卷相关规定。

四是明确检察机关向银行业金融机构查询、调取、复制相关证据材料的四种法定情形，并对技术性证据专门审查问题作出衔接性规定。

强化对确有错误裁判结果的监督力度

最高检副检察长张雪樵介绍，修订后的《规则》完善对生效裁判、调解书的监督标准和程序，强化对确有错误裁判结果的监督力度：

一是明确规定检察机关对虚假民事调解书应当以损害国家利益、社会公共利益为由依法提出再审检察建议或者抗诉。

二是明确当事人提供的新证据或者检察机关依法调取的证据与案件基本事实有关并且能够证明原判决、裁定确有错误的，应当认定为《民事诉讼法》第二百条第一项规定的再审情形。

三是明确检察机关提出抗诉的案件，接受抗诉的法院将案件交下一级法院再审，下一级法院审理后作出的再审裁判仍有明显错误的，原提出抗诉的检察机关可以依职权再次提出抗诉。

完善对审判人员违法行为和执行活动违法情形的监督程序

最高检副检察长张雪樵介绍，修订后的《规则》完善对审判人员违法行为和执行活动违法情形的监督程序：

一是明确检察机关发现同级法院民事审判程序中审判人员有《法官法》第四十六条等规定的违法行为且可能影响案件公正审判、执行的，应当向同级法院提出检察建议。

二是根据司法实践中将执行权分为执行审查权和执行实施权的通行做法，明确检察机关对法院行使执行审查权和执行实施权存在违法、错误，以及存在消极执行、拖延执行等怠于履职等情形，应当向同级法院提出检察建议。

完善检察机关自我纠错制度

最高检副检察长张雪樵介绍，修订后的《规则》完善检察机关自我纠错制度：

一是扩大本院自行纠错范围，规定检察机关发现作出的相关决定确有错误需要纠正或者有其他情形需要撤回的，应当经本院检察长或者检察委员会决定。

二是新增复查制度，规定当事人认为检察机关对同级法院已经发生法律效力的民事判决、裁定、调解书作出的不支持监督申请决定存在六种明显错误情形的，可以在不支持监督申请决定作出之日起一年内向上一级检察院申请复查一次。

扩大检察机关依职权启动监督程序的案件范围

最高检第六检察厅厅长冯小光在答记者问时表示，修订后的《规则》明确规定对于损害国家利益或社会公共利益的案件，司法人员有贪污受贿、徇私舞弊、枉法裁判等违法行为的案件等确有必要进行监督的案件，检察机关都应当依职权启动监督程序，同时明确检察机关依职权启动监督程序的案件，不受当事人是否申请再审的限制。

检察机关要一次性告知当事人应补齐的材料

最高检副检察长张雪樵在答记者问时表示，进一步保障当事人申请监督权利，相关规定主要有：

一是明确“同级受理”原则，有利于指引人民群众快速准确地确定受理检察院；

二是对当事人申请检察监督所需提交的材料进行明确规定，同时规定如果当事人提交的材料不齐备的，检察机关要一次性明确告知当事人应补齐的材料；

三是保障其他当事人对案件的知情、答辩以及申请监督的权利；

四是针对下级检察院不依法受理监督申请的情形，规定了当事人申请救济的途径；

五是针对当事人就生效裁判、调解书申请监督后检察机关作出不支持监督申请决定的情况，新增规定当事人可以向上一级检察院申请复查一次。

三方面进一步完善虚假诉讼监督工作机制

最高检第六检察厅厅长冯小光在答记者问时表示，修订后的《规则》主要从三方面进一步完善虚假诉讼监督工作机制：

一是明确检察机关对虚假调解书有权依法向法院提出再审检察建议或者抗诉；

二是将虚假诉讼案件纳入检察机关依职权启动监督程序案件范围；

三是通过履行民事非诉执行监督职责，间接实现对虚假仲裁、公证债权文书的监督。

新增当事人不服生效裁判的两年申请监督期限

最高检第六检察厅厅长冯小光在答记者问时表示，修订后的《规则》新增当事人不服生效裁判的两年申请监督期限。该规定一般不具有溯及力，仅适用于新受理的案件。同时，考虑到当事人对司法解释新规定需要有合理的预期，对于新《规则》施行前的民事案件，当事人申请监督的期限应当从修订后的《规则》施行之日起算，以保障当事人申请监督权利的行使。

从三方面着手不断优化生效裁判结果监督

最高检第六检察厅厅长冯小光在答记者问时表示，全国检察机关要从三方面着手，不断优化生效裁判结果监督：

一是坚持法定性与必要性相结合的民事诉讼监督标准；

二是进一步提升民事诉讼监督规范化建设；

三是积极构建民事诉讼精准监督保障机制。

来源：最高人民检察院

文字：吴鹏瑶

编辑：胡仲涛

新民事诉讼监督规则若干重点条文解读

摘要：2021年8月1日，新修订的《人民检察院民事诉讼监督规则》正式施行。调用辖区检察人员办案、两年申请监督期限、依职权启动监督程序案件范围、调阅副卷、对虚假调解书监督、复查制度等内容是本次民事诉讼监督规则修订的重点内容，通过从这些重点条文的修订背景、相关概念的内涵外延、职能作用发挥、司法适用中应注意的事项等方面来解读规则，有利于正确理解和适用修订后的规则，推动实现民事检察依法监督、精准监督。

关键词：人民检察院民事诉讼监督规则；重点条文；解读

《人民检察院民事诉讼监督规则》（以下简称“新规则”）共十章135条，与2013年《人民检察院民事诉讼监督规则（试行）》（以下简称“原规则”）相比，减少了一章，增加11条，对原条文进行实质性修改的有70余条。为便于正确理解和适用新规则中的一些重点条文，现对这些重点条文作如下解读。

一、上级检察院调用辖区检察人员办理民事诉讼监督案件

新规则第八条第三款规定：“上级人民检察院可以依法统一调用辖区的检察人员办理民事诉讼监督案件，调用的决定应当以书面形式作出。被调用的检察官可以代表办理案件的人民检察院履行相关检察职责。”本次修订新增该款规定的主要考虑是：《人民检察院组织法》第二十四条第一款第四项规定，上级检察院可以统一调用辖区的检察人员办理案件。在民事检察工作中，上级检察院也有调用辖区检察人员办理案件的现实需要，比如：在办理虚假诉讼、审判人员违法行为监督案件中需要开展较多调查取证工作，为确保办案效率与质量，需要调用下级检察院检察人员参与办案；鉴于法院对部分民事案件集中管辖及一些新型法院不断组建，检察机关原有的按照行政区划设置及开展监督工作，已经不能适应需要；基层检察院民事检察人员数量少且分散，不能形成监督合力，有必要探索建立上级检察院统一调用辖区内检察人员办案机制。因此，为发挥检察一体化机制作用，确保重大疑难复杂案件的办理质量，有必要增设该款规定。

需要说明的是，上级检察院根据办理案件的需要和《人民检察院组织法》第二十四条第一款第四项的规定，通过作出书面调用决定的形式，可以调用辖区的检察人员临时参与某些个案的办理工作。被调用人员的办案权限只在调用期限内针对调用办理的个案有效，调用期限届满或者个案办理完毕，该次调用的办案权限即随之终止。最高人民检察院（以下简称“最高检”）还就规范上级检察院统一调用辖区检察人员办理案件工作提出统一要求并印发相关法律文书格式样式。因此，本条中“履行相关检察职责”应根据最高检有关规定以及办案实际情况进行确定。

二、当事人申请监督的期限

新规则第二十条第一款规定：“当事人依照本规则第十九条第一项规定向人民检察院申请监督，应当在人民法院作出驳回再审申请裁定或者再审判决、裁定发生法律效力之日起两年内提出。”本次修订新增该款规定的主要考虑是：《民事诉讼法》第二百零九条赋予了民事案件当事人依法向检察机关申请监督的权利，但未规定申请监督的期限。近年来，司法实践中出现了许多在民事裁判生效多年以后才向检察机关申请监督的案件，这些案件多数是陈年旧案、时间久远，由于时过境迁所导致的证据灭失等因素的影响，当事人往往难以提供充足证据证明原审裁判存在错误，检察机关也无法查清案件的关键事实，而且容易形成涉法信访案件。长期以来，各地检察机关普遍反映这给检察监督工作带来很大困扰，并呼吁对当事人申请监督期限予以一定规范。经慎重研究后认为，《民事诉讼法》规定了当事人向法院申请再审的期限，而申请监督与申请再审是两种性质相同的权利。从法理上看，当事人行使申请监督权利也应当有一定期限的限制，以便督促当事人及时行使民事权利，维护法律关系和社会关系的稳定，同时也能够使当事人对法律救济期限有明确认识，心理上能早日摆脱纷争，以一个良好的心态投入新的生产生活。经征求立法机关意见后，本次修订新增当事人不服生效裁判的两年申请监督期限。

需要注意的是，新规则关于两年申请监督期限的规定，一般不具有溯及力，仅适用于新受理的案件。同时，考虑到当事人对司法解释新规定需要有合理的预期，对于新规则施行前的民事案件，当事人申请监督的期限应当从新规则施行之日起算，以保障当事人申请监督权利的行使。

三、当事人不服上级法院复议裁定、决定提出监督申请案件由上级法院的同级检察院受理

新规则第三十条第二款规定：“当事人不服上级人民法院作出的复议裁定、决定

等，提出监督申请的，由上级人民法院所在地同级人民检察院受理。人民检察院受理后，可以根据需要依照本规则有关规定将案件交由原审理、执行案件的人民法院所在地同级人民检察院办理。”本次修订新增该款规定的主要考虑是：无论是在审判程序，还是在执行程序中均存在当事人向上级人民法院申请复议的情形。实践中，较为突出的问题是：对当事人不服上级人民法院复议裁定、决定提出监督申请案件应由哪一层级检察机关受理？修订中，存在以下两种不同的意见：第一种意见认为应由原审理、执行法院的同级人民检察院受理；第二种意见认为应由作出复议裁定等法院的同级人民检察院受理。本次修订采纳了第二种意见，同时将该款规定与案件交办机制衔接一致，主要理由有：一是民事检察监督实行的是“同级受理”原则，由下级人民检察院受理上级人民法院复议裁定，既存在法理上的障碍，实践中也无法实行。因此，规定由作出复议裁定、决定的人民法院的同级人民检察院受理，更加合理。二是考虑民事检察工作“倒三角”现实情况以及下级人民检察院与原执行法院沟通协商和调阅案卷等便利性，有必要规定上级人民检察院可以根据需要向下级人民检察院交办案件。三是执行案件虽经上级人民法院复议，但上级人民法院仅是复议程序并未提级执行，执行法院仍是下级人民法院，由下级人民法院的同级检察院审查具有合理性。下级检察院在接受上级检察院交办案件后，认为法院执行复议裁定等存在违法情形应予监督的，应当提请上级检察院监督；认为法院执行复议裁定正确的，可依法作出不支持监督申请决定。

四、检察机关不依法受理监督申请的救济途径

新规则第三十一条规定：“当事人认为人民检察院不依法受理其监督申请的，可以向上一级人民检察院申请监督。上一级人民检察院认为当事人监督申请符合受理条件的，应当指令下一级人民检察院受理，必要时也可以直接受理。”本次修订新增该款规定的主要考虑是：2016年《人民检察院行政诉讼监督规则（试行）》在坚持“同级受理”的基础上，特别规定了“同级人民检察院控告检察部门不依法受理的，当事人可以向上一级人民检察院申请监督”。实践中也确实存在少数同级检察机关不依法受理的个案情形，需要上级检察机关来保障当事人申请监督权利。本次修订借鉴《人民检察院行政诉讼监督规则（试行）》上述规定，并明确上级检察院的处理方式，使该条款更具有操作性。

需要注意的是，基于“同级受理”原则，上级人民检察院认为当事人监督申请符合受理条件的，应当首先指令下级人民检察院受理，只有存在不宜由下级人民检察院办理此案的情形，才有必要由上级人民检察院直接受理。

五、检察机关依职权启动监督程序的案件范围

新规则第三十七条第一款规定："人民检察院在履行职责中发现民事案件有下列情形之一的，应当依职权启动监督程序：（一）损害国家利益或者社会公共利益的；（二）审判、执行人员有贪污受贿，徇私舞弊，枉法裁判等违法行为的；（三）当事人存在虚假诉讼等妨害司法秩序行为的；（四）人民法院作出的已经发生法律效力的民事公益诉讼判决、裁定、调解书确有错误，审判程序中审判人员存在违法行为，或者执行活动存在违法情形的；（五）依照有关规定需要人民检察院跟进监督的；（六）具有重大社会影响等确有必要进行监督的情形。"本次修订新增本条第一款第三项、第四项、第六项三种依职权启动监督程序案件类型，主要的考虑是：原规则对检察机关依职权启动监督程序的案件类型通过类型列举的方式予以明确，即只有损害国家利益或者社会公共利益，审判、执行人员有贪污受贿、徇私舞弊、枉法裁判行为以及依照有关规定需要人民检察院跟进监督的三类案件。经多年实践，发现原规则对依职权启动监督程序案件范围规定缺乏兜底条款，与《民事诉讼法》第二百零八条规定的"人民检察院发现"表述所体现的立法精神不相符，从立法技术上看也不周延。因为对民事诉讼实行法律监督是检察机关的法定职责，检察机关既不能越权监督，但也不能放弃或者怠于行使法律监督权。十八届四中全会审议通过的《中共中央关于全面推进依法治国若干重大问题的决定》明确要求，强化检察机关诉讼监督。2020 年中央政法工作会议提出了有关强化检察机关法律监督职能和拓展监督广度、深度的要求。另外，实践中原规则规定的依职权启动监督程序案件范围过窄导致实践中出现了检察机关应主动进行监督却缺乏监督依据的问题。《人民检察院行政诉讼监督规则（试行）》第九条对检察机关主动监督情形设置了兜底条款。本次修订借鉴《人民检察院行政诉讼监督规则（试行）》第九条规定，并结合民事检察工作实际，适度扩大了依职权启动监督程序案件范围。

需要注意的是，虽然新规则规定了依职权启动监督程序案件的兜底条款，但各地要立足检察机关职责定位，将充分履行监督职能与遵循民事诉讼规律有机结合起来，准确把握"确有必要"这一兜底条款适用标准，确保公权力介入私权之争的正当性与合理性。

六、上级检察院交办案件的程序

新规则第四十二条第一款规定："上级人民检察院可以将受理的民事诉讼监督案件交由下级人民检察院办理，并限定办理期限。交办的案件应当制作《交办通知书》，并

将有关材料移送下级人民检察院。下级人民检察院应依法办理，不得将案件再行交办。除本规则第一百零七条规定外，下级人民检察院应在规定期限内提出处理意见并报送上级人民检察院，上级人民检察院应当在法定期限内作出决定。”本次修订取消了原规则有关交办案件必须要求下级人民检察院有管辖权的限制，同时将“报请上级检察院审核”改为“报上级检察院决定”，一般由上级人民检察院出具相关法律文书，主要的考虑是：实践中存在上级人民检察院异地交办案件以及因便于化解矛盾、解决纠纷，需要下级人民检察院配合协助进行调查核实而将案件交由无管辖权的下级人民检察院办理等特殊情形，因此本次修订进一步完善案件交办机制，使其体现检察一体化工作机制特点，满足办理重大疑难复杂案件的需求。

需要注意的是，上级人民检察院需要交办的案件主要是重大疑难复杂案件，各地要把握好这一要求，在适用该款规定上不能过于宽泛。

七、调阅人民法院诉讼卷宗副卷

新规则第四十七条第三款规定：“人民检察院认为确有必要，可以依照有关规定调阅人民法院的诉讼卷宗副卷，并采取严格保密措施。”本次修订新增该款规定的主要考虑是：2019 年 7 月 19 日政法领域全面深化改革推进会和 2020 年 1 月 17 日中央政法工作会议均明确要求探索正卷、副卷一并调阅制度。2020 年 8 月 26 日，中央政法委政法领域全面深化改革推进视频会要求加快落实正卷、副卷一并调阅制度，提升民事监督精准性。民事审判执行的一些关键信息均留存在副卷中，加强对民事诉讼的精准监督，应当正卷、副卷同时调阅。因此，在征求最高人民法院（以下简称“最高法”）意见后，本次修订增加调阅副卷的规定。

需要注意的是，根据本款“有关规定”的表述，检察机关调阅副卷的前提是依照有关规定，即依照检法两院会签有关调阅副卷的文件规定，没有会签文件的，是不能调阅副卷的。目前，仅有部分地方检法两院会签了有关调阅副卷的文件。因此，仍需要进一步推动正卷、副卷一并调阅制度落地落实。

八、民事诉讼监督案件审查期限的扣除

新规则第五十二条第一款规定：“人民检察院受理当事人申请对人民法院已经发生法律效力的民事判决、裁定、调解书监督的案件，应当在三个月内审查终结并作出决定，但调卷、鉴定、评估、审计、专家咨询等期间不计入审查期限。”本次修订新增该款规定的主要考虑是：民事诉讼法规定检察机关审查民事诉讼监督案件的期限为三个月，但是没有规定扣除审查期限制度。实践中，检察机关经常遇到由于调取法院卷宗、

调查核实、专家咨询、引导当事人和解以及案件疑难复杂等客观情况，导致检察机关无法在法定的三个月审查期限内审结，进而出现案件超期现象，影响了检察工作的规范性与权威性。《人民检察院行政诉讼监督规则（试行）》第十二条规定了扣除审查期限内容。本次修订借鉴《人民检察院行政诉讼监督规则（试行）》上述规定，在征求立法机关意见后增加扣除审查期限规定。

需要说明的是，《人民检察院行政诉讼监督规则（试行）》第十二条对扣除审查期限的规定采用了列举方式，并无“等外”规定。这可能不符合当前民事诉讼监督案件审查工作的需求，因为随着民事诉讼监督案件专家咨询制度的建立以及互联网咨询平台的试点推进，专家咨询期限不属于承办人可控制范围，也需要将专家咨询期间纳入扣除审查期限。因此从工作发展趋势看，有必要对扣除审查期限作出“等外”规定。

九、检察机关向银行业金融机构查询、调取、复制相关证据材料的具体情形

新规则第六十四条第一款规定：“有下列情形之一的，人民检察院可以向银行业金融机构查询、调取、复制相关证据材料：（一）可能损害国家利益、社会公共利益的；（二）审判、执行人员可能存在违法行为的；（三）涉及《中华人民共和国民事诉讼法》第五十五条规定诉讼的；（四）当事人有伪造证据、恶意串通损害他人合法权益可能的。”本次修订新增该款规定的主要考虑是：实践中检察机关在办理虚假诉讼监督等案件时，为查清当事人是否存在虚假诉讼行为，往往需要查询当事人或者案外人的银行账户流水情况。比如最高检发布的第十四批虚假诉讼监督指导性案例的检例第52号、第53号中检察机关均采取了查询当事人及案外人银行存款措施。为进一步明确范围，规范检察机关向银行业金融机构查询、调取、复制相关证据材料工作，新规则第六十四条第一款将检察机关该调查核实措施限定在损害国家利益和社会公共利益、审判人员存在违法行为、当事人存在虚假诉讼行为、公益诉讼等需要主动取证的四种情形。

十、对虚假民事调解书的监督方式

新规则第七十五条第二款规定：“人民检察院对当事人通过虚假诉讼获得的民事调解书应当依照前款规定监督。”本次修订新增该款规定的主要考虑是：2019年3月15日《中共中央政法委员会、最高人民法院、最高人民检察院关于进一步优化司法资源配置全面提升司法效能的意见》提出“探索检察机关对虚假诉讼的监督机制”。《最高人民检察院第十四批指导性案例》中“武汉乙投资公司等骗取调解书虚假诉讼监督案”的第一点指导意义明确指出：虚假诉讼的民事调解有其特殊性，此类案件以调解书形

式出现，从外表看是当事人在处分自己的民事权利义务，与他人无关。但其实质是当事人利用调解书形式达到了某种非法目的，获得了某种非法利益，或者损害了他人的合法权益。当事人这种以调解形式达到非法目的或获取非法利益的行为，利用了人民法院的审判权，从实质上突破了调解各方私益的范畴，所处分和损害的利益已不仅仅是当事人的私益，还妨碍司法秩序，损害司法权威，侵害国家和社会公共利益，应当依法监督。对于此类虚假民事调解，检察机关可以依照民事诉讼法的相关规定提出抗诉。2021 年 3 月，最高法、最高检、公安部、司法部联合发布的《关于进一步加强虚假诉讼犯罪惩治工作的意见》第十八条规定："人民检察院发现已经发生法律效力的判决、裁定、调解书系民事诉讼当事人通过虚假诉讼获得的，应当依照民事诉讼法第二百零八条第一款、第二款等法律和相关司法解释的规定，向人民法院提出再审检察建议或者抗诉。"新规则吸收该条规定，明确了检察机关对虚假调解的监督方式。

十一、原提出抗诉的检察机关再次抗诉情形

新规则第九十一条规定："人民检察院提出抗诉的案件，接受抗诉的人民法院将案件交下一级人民法院再审，下一级人民法院审理后作出的再审判决、裁定仍有明显错误的，原提出抗诉的人民检察院可以依职权再次提出抗诉。"本次修订新增该条的主要考虑是：原规则对原提出抗诉的检察机关再次抗诉问题未作规定，实践中存在原提出抗诉的检察机关认为再审裁判仍有明显错误而再次提出抗诉的情形。但有的法院援引 1995 年《最高人民法院关于人民检察院提出抗诉按照审判监督程序再审维持原裁判的民事、经济、行政案件，人民检察院再次提出抗诉应否受理的批复》，拒绝接受原提出抗诉的检察机关的再次抗诉。经研究认为，2012 年修改后的《民事诉讼法》第二百零八条明确规定了上级检察院有权对下级法院的再审裁判进行抗诉，并无其他限制条件。因此，为统一法律适用标准，在征求最高法意见后，本次修订新增该条规定。

需要说明的是，《民事诉讼法》第二百零九条规定，当事人向检察机关申请监督一次为限。在实践中，经常有当事人申请检察机关对抗诉维持判决再次抗诉，检察机关均以跟进监督属检察机关依职权监督范围进行答复。本次修订增加"依职权"，避免当事人误解为授权当事人可以申请检察机关再次监督。

十二、审判人员违法行为的监督情形

新规则第一百零一条规定："人民检察院发现同级人民法院民事审判程序中审判人员有《中华人民共和国法官法》第四十六条等规定的违法行为且可能影响案件公正审判、执行的，应当向同级人民法院提出检察建议。"本次修订新增该条规定的主要考虑

是：《民事诉讼法》第二百零八条第三款规定，人民检察院有权对人民法院民事审判程序中审判人员违法行为实行法律监督。全国人大常委会法工委编写的《中华人民共和国民事诉讼法释义》一书指出，该款的立法目的是检察建议比抗诉的适用范围更广，除了在审判监督程序中发挥作用外，检察建议还可以用于帮助人民法院发现其他审判程序中审判人员的违法行为，及时纠正相应失误。《民事诉讼法》第二百零八条第三款规定仅对监督对象作出原则性规定，但何为“审判人员违法行为”，在实践中并不好掌握。原规则第九十九条第十一项、第十二项规定了两种审判人员违法行为类型，即“审判人员接受当事人及其委托代理人请客送礼或者违反规定会见当事人及其委托代理人”和“审判人员实施或者指使、支持、授意他人实施妨害民事诉讼行为，尚未构成犯罪”。虽然这两种行为类型在实践中较为常见，但存在列举不全、指引性不强等问题。2019 年修改后的《中华人民共和国法官法》增设第四十六条对法官违法行为类型作出规定，该规定可以作为检察机关开展审判人员违法行为监督的依据。此外，最高法制定的有关审判人员工作纪律等规定，也可以作为检察监督的依据。据此，本次修订增设本条，对审判人员违法行为的监督情形作出指引性规定。

需要注意的是，《中华人民共和国监察法》（以下简称《监察法》）第三十四条第一款规定：“人民法院、人民检察院、公安机关、审计机关等国家机关在工作中发现公职人员涉嫌贪污贿赂、失职渎职等职务违法或者职务犯罪的问题线索，应当移送监察机关，由监察机关依法调查处置。”而《民事诉讼法》第二百零八条第三项规定针对的是审判人员违法行为，显然审判人员属于公职人员，审判人员履行审判职责过程中的违法行为也属于职务违法行为，根据《监察法》第三十四条第一款规定，检察机关发现审判人员涉嫌违法问题线索，都应当移送监察机关处理，那么《民事诉讼法》第二百零八条第三项规定是否与颁布在后的《监察法》第三十四条第一款规定相抵触而没有了适用空间？对这一问题的疑惑也造成了一些检察人员对检察建议和移送问题线索两种监督方式如何适用产生困扰。经研究认为，《民事诉讼法》第二百零八条第三款规定与《监察法》第三十四条第一款有交叉关系，审判人员违法行为也属于公职人员职务违法范畴，但这并不意味着两者存在法律上的冲突。《监察法》第三十四条第一款规范的是公职人员违法问题线索统一归口处理活动，其立法目的在于保证监察机关统一高效处理公职人员职务违法行为。《民事诉讼法》第二百零八条第三项规范的是检察机关开展审判人员违法行为监督活动，其立法目的在于帮助人民法院发挥内部监督机制作用，追究相关审判人员相应责任，及时纠正相应失误。因此，检察机关依照《民事诉讼法》第二百零八条第三款规定履行审判人员违法行为监督职责，其目的也是追责，这与《监察法》第三十四条第一款规定的立法精神并不冲突。因此，检察机关在适用

《民事诉讼法》第二百零八条第三款及《监察法》第三十四条第一款上可作以下区分：一是与监察机关对公职人员职务违法的监察不同，检察机关对审判人员违法行为监督的依据是《民事诉讼法》，因此，检察监督的重点是审判人员违法履行审判职责行为或者与履行审判职责职务有关的其他违法行为。因此，如果审判人员的违法行为与履行审判职责无必然关系，如吸食毒品、酒驾醉驾等行为，检察机关不宜采取监督措施，但可以将问题线索移送监察机关、公安机关等处理。二是审判人员职务违法与民事审判程序中审判人员违法行为之间是包含与被包含关系，检察机关通过调查核实能够证实审判人员存在违法履行审判职责或者与履行审判职责有关的其他违法行为的，应当依照《民事诉讼法》第二百零八条第三款规定提出检察建议。审判人员涉嫌违法问题线索具有可查性，但检察机关因民事调查核实手段有限、刚性不足，难以查清相关事实的，也可以向监察机关移送民事审判程序中审判人员违法问题线索。三是实践中有的法院收到审判人员违法行为监督检察建议后，存在未追究审判人员相应责任或者处理结果畸轻等情形，此时检察机关应当跟进监督或者向同级监察机关移送案件线索。

十三、执行活动违法、错误的监督情形

新规则第一百零六条规定："人民检察院发现人民法院在执行活动中有下列情形之一的，应当向同级人民法院提出检察建议：（一）决定是否受理、执行管辖权的移转以及审查和处理执行异议、复议、申诉等执行审查活动存在违法、错误情形的；（二）实施财产调查、控制、处分、交付和分配以及罚款、拘留、信用惩戒措施等执行实施活动存在违法、错误情形的；（三）存在消极执行、拖延执行等情形的；（四）其他执行违法、错误情形。"本次修订新增该条的主要考虑是：《民事诉讼法》只有一个原则性的条文（第三百三十五条）对民事执行检察监督制度进行规定。地方呼吁民事诉讼监督规则对实践中常见的执行违法情形作出指引性规定，以便各地有效开展执行监督工作。考虑法院民事执行活动涉及的规范性文件庞杂，要逐项梳理执行违法情形难度较大，而且也容易过时，因此，本次修订并未采用《人民检察院行政诉讼监督规则（试行）》第二十九条至第三十一条中的列举方式来拟定条文，而是采用概括式规定。根据司法实践中将执行权分为执行审查权和执行实施权的通行做法，法院在行使上述两项权力中所存在的违法或者错误情形就是检察机关的监督对象。同时，根据检察实践，有的法院在民事执行工作中也存在消极执行、拖延执行等怠于履职的情形，这也是检察监督的对象。因此本次修订将上述常见的三大类常见的执行违法情形作为民事执行检察监督的重点，并考虑到条文本身的周延性，还增加了兜底条款。

十四、复查制度

新规则第一百二十六条规定："当事人认为人民检察院对同级人民法院已经发生法律效力的民事判决、裁定、调解书作出的不支持监督申请决定存在明显错误的，可以在不支持监督申请决定作出之日起一年内向上一级人民检察院申请复查一次。负责控告申诉检察的部门经初核，发现可能有以下情形之一的，可以移送本院负责民事检察的部门审查处理：（一）有新的证据，足以推翻原判决、裁定的；（二）有证据证明原判决、裁定认定事实的主要证据是伪造的；（三）据以作出原判决、裁定的法律文书被撤销或者变更的；（四）有证据证明审判人员审理该案件时有贪污受贿，徇私舞弊，枉法裁判等行为的；（五）有证据证明检察人员办理该案件时有贪污受贿，徇私舞弊，滥用职权等行为的；（六）其他确有必要进行复查的。负责民事检察的部门审查后，认为下一级人民检察院不支持监督申请决定错误，应当以人民检察院的名义予以撤销并依法提出抗诉；认为不存在错误，应当决定复查维持，并制作《复查决定书》，发送申请人。上级人民检察院可以依职权复查下级人民检察院对同级人民法院已经发生法律效力的民事判决、裁定、调解书作出不支持监督申请决定的案件。对复查案件的审查期限，参照本规则第五十二条第一款规定执行。"本次修订新增该条的主要考虑是：根据《民事诉讼法》第二百零八条规定，作出生效裁判结果的法院的同级检察院既可以提出再审检察建议，也可以提请上级检察院抗诉。为了便利当事人申请监督，充分发挥再审检察建议实现同级监督的优势，缓解民事裁判结果监督工作中"倒三角"难题，提高监督效率和效果，原规则规定了"同级受理"原则。实践证明，"同级受理"原则基本符合检察监督工作实际。但"同级受理"原则客观上也导致法律规定的抗诉权在上级检察院，同级检察院的不支持监督申请决定是否有终局性的疑问，即在坚持"同级受理"原则的情况下，一律不允许当事人向上级检察院申请复查也有不合理之处。2014 年印发的《最高人民检察院民事行政检察厅与控告检察厅办理民事行政检察案件第二次座谈会议纪要》第七条规定了当事人申请复查制度，作为"同级受理"原则的有益补充。本次修订吸收规定《最高人民检察院民事行政检察厅与控告检察厅办理民事行政检察案件第二次座谈会议纪要》中复查制度，并进一步扩大复查范围，规定上级检察院可以依职权复查下级检察院对同级法院生效的民事判决、裁定、调解书作出不支持监督申请决定的案件，并在当事人申请复查期限、检察机关办理复查案件期限等方面进行完善。

需要说明的是，根据本条规定，控告申诉检察部门对申请复查案件负有初核职责，初核在本质上是程序性审查，与民事检察部门的实体审查不同。从以往办理复查案件情况看，复查纠正的比例不高，在5%以下。因此，申请复查案件经控告申诉检察部门初核，就能排除一些明显不需要进行复查的案件，减少这部分案件移送民事检察部门审查这一环节，有利于提高检察机关的办案效率，减少当事人诉累。

来源：《中国检察官》2021年8月（司法实务版）

转自公众号“中国检察官”

作者：冯小光　最高人民检察院第六检察厅厅长

颜良伟　最高人民检察院第六检察厅四级高级检察官助理

《人民检察院民事诉讼监督规则》的理解与适用

作为检察机关民事检察领域一部重要的司法解释，《人民检察院民事诉讼监督规则》（以下简称“新规则”）经最高人民检察院第十三届检察委员会第六十二次会议通过，自2021年8月1日起施行。为正确理解和适用新规则，现将有关情况说明如下。

一、修订的背景及过程

民事诉讼监督规则是检察机关贯彻执行民事诉讼法的重要司法解释，也是检察机关办理民事诉讼监督案件的基本依据。最高检《人民检察院民事诉讼监督规则（试行）》（以下简称“原规则”）自2013年11月18日实施以来，对检察机关依法履行监督职责、提高监督质效、实现监督效果发挥了重要作用。

近年来，随着中国特色社会主义进入新时代，人民群众对民事检察工作有新的更高期待，政法领域全面深化改革对民事检察工作有新的部署，最高检党组有关“四大检察”“十大业务”全面协调充分发展和做强民事检察工作决策对民事检察工作有新的要求，民事检察工作面临新的形势和挑战。原规则不能完全适应新形势新要求，各地建议修订完善的呼声越来越高。2019年7月19日，中央政法委政法领域全面深化改革推进会要求尽快修订原规则。为保证修订工作顺利开展，最高检成立民事诉讼监督规则修订领导小组，并由第六检察厅、第十检察厅、法律政策研究室、案件管理办公室等部门派员组成工作小组。工作小组广泛征求最高检各部门、各地检察机关、专家学者的意见以及全国人大常委会法工委、最高人民法院、司法部的意见后形成《审议稿》，后经最高检第十三届检察委员会第六十二次会议审议通过。

二、修订的基本思路

本次修订注重把握以下基本思路：

（一）坚持以人民为中心，为人民群众提供新时代更优更实的民事检察产品

民事检察工作事关民心、民意和民情。近年来，民事诉讼监督案件呈现数量持续上升、疑难复杂案件增多、虚假诉讼屡禁不止、息诉化解难度大等特点，本次修订坚

持司法为民和司法便民，进一步完善申请监督范围、权利义务告知、案件受理程序、申请监督权利救济、申请复查等方面的条款，切实保障当事人对民事诉讼监督案件的申请权、知情权、参与权和监督权，保护其合法合理诉求，并通过加大监督力度，有效维护民事主体的合法权益，增强人民群众对实体公正与程序公正的获得感。

（二）坚持适应形势发展，充分吸收近年来修订法律新规定和司法体制改革新成果

近年来，立法机关对人民检察院组织法、检察官法等法律进行修订，对检察机关办案组织、上级检察机关对下级检察机关行使职权事项、检察官办案责任制等作出了新规定。司法体制改革也取得新成果，《关于民事执行活动法律监督若干问题的规定》《关于建立全国执行与法律监督工作平台进一步完善协作配合工作机制的意见》《关于进一步加强虚假诉讼犯罪惩治工作的意见》等最高检与相关中央单位会签文件已经解决了民事执行检察监督工作中的一些问题，最高检《人民检察院检察建议工作规定》明确了检察建议的类型范围、办理程序、督促落实、监督管理等内容，最高检《人民检察院检察委员会工作规则》进一步完善了检察委员会的组成和工作机制。本次修订充分吸收上述法律新规定和司法体制改革新成果。此外，原规则制定时间较早，本次修订对2016年最高检《人民检察院行政诉讼监督规则（试行）》中的一些较好规定进行了借鉴。

（三）坚持问题导向，重点解决检察监督中的突出问题

原规则实施以来，各地检察机关适用中遇到的一些问题亟须通过完善民事诉讼监督规则予以解决。如，依职权启动监督程序的案件范围过窄，未规定必要的兜底条款，导致部分确有监督必要的民事案件未能进入检察监督范围，影响检察机关全面履行法律监督职责；法律及司法解释未对虚假民事调解书是否损害国家利益、社会公共利益问题作出明确规定，导致个案中因检法两院存在认识分歧影响监督实效；原规则未对当事人申请监督期限作出规定，导致年代久远的案件仍进入检察监督范围，存在审查处理难、矛盾化解难、息诉服判难，极端个案容易演变成涉法信访案；民事诉讼法规定检察机关审查期限为三个月，未有扣除审查期限等方面的规定，但实践中部分案件因调卷、鉴定、评估等客观原因无法在三个月内办结，影响了检察权威；民事诉讼法及原规则对审判人员违法行为监督和执行监督的规定过于原则性，缺乏指引性规定，影响办案实效；等等。本次修订聚焦影响检察监督职能有效发挥的突出问题，通过完善相关条款，明确适用标准，细化监督程序，增加指引性规定，进一步提升民事诉讼监督工作的规范性和可操作性，切实解决检察办案难题。

（四）坚持积极稳妥，规范新类型民事诉讼监督案件办理程序

对执行人员违法行为监督、民事非诉执行监督、民事公益诉讼监督、专门法院民事诉讼监督等新类型案件的办理作出原则性规定，确保办案程序合法、规范。

（五）坚持依法依规，严格遵循司法解释的法律定位

民事诉讼监督规则是检察机关贯彻执行民事诉讼法的司法解释，因此，本次修订突出对立法精神和立法原意的把握，严格按照民事诉讼法的有关规定，在法律赋予权限范围内作出解释。凡立法机关提出不同意见的条款，均作了补充、修改或删除。对争议特别大、实践经验尚不成熟以及不涉及法律适用的工作要求条款，原则上不作规定。

三、修订的主要内容

新规则共十章135条，与原规则相比，减少了一章，增加了11条。主要修改了以下内容。

（一）优化办案组织，落实检察官办案责任制

1. 优化办案组织，明确办案人员范围与职责。新规则第七条第一款规定，检察机关办理民事诉讼监督案件，根据案件情况，可以由一名检察官独任办理，也可以由两名以上检察官组成办案组办理。由检察官办案组办理的，检察长应当指定一名检察官担任主办检察官，组织、指挥办案组办理案件。同时，第二款明确了辅助办理案件人员范围和职责，规定检察官办理案件，可以根据需要配备检察官助理、书记员、司法警察、检察技术人员等检察辅助人员。检察辅助人员依照有关规定承担相应的检察辅助事务。此外，为发挥检察一体化机制作用，确保重大疑难复杂案件的办理质量，新规则第八条第三款规定上级检察机关可以依法统一调用辖区的检察人员办理民事诉讼监督案件。

2. 落实检察官办案责任制，强化办案纪律约束。新规则第六条对检察官办案责任制作出原则性规定，检察机关办理民事诉讼监督案件，实行检察官办案责任制，由检察官、检察长、检察委员会在各自职权范围内对办案事项作出决定，并依照规定承担相应司法责任。为强调检察人员办理民事诉讼监督案件所应秉持的客观公正立场，以及适应新形势下办案纪律的要求，进一步规范检察人员与当事人、律师、特殊关系人、中介组织接触交往行为，新规则第十一条将原规则第十条第一款、第二款改为：检察人员办理民事诉讼监督案件，应当秉持客观公正的立场，自觉接受监督。检察人员不得接受当事人及其诉讼代理人、特定关系人、中介组织请客送礼或者其他利益，不得

违反规定会见当事人及其委托的人。同时，根据2019年最高检《关于建立过问或干预、插手检察办案等重大事项记录报告制度的实施办法》第四条，新增规定检察人员对过问或者干预、插手民事诉讼监督案件办理等重大事项的行为，应当按照有关规定全面、如实、及时记录、报告。

（二）删除“管辖”一章，理顺结构体系

修订中，有意见认为，原规则中“管辖”与“受理”两章之间的逻辑关系不清，实践操作不明，需要进一步研究有关管辖规定的必要性。我们认为，原规则中“管辖”一章是参考民事诉讼法有关法院管辖规定而制定的。由于民事诉讼监督对象是法院的审判活动和执行活动，而检察机关与法院是逐级对应关系，因此民事诉讼监督案件不存在地域管辖问题，只有级别管辖问题。可见，原规则“管辖”一章所要解决的是各级检察机关之间办理民事诉讼监督案件的分工和权限问题。但该章规定存在以下问题：第一，原规则在“管辖”一章中规定，对已生效民事裁判、调解书，最高检、作出生效法律文书的法院所在地同级检察机关和上级检察机关均有管辖权，但却在“受理”一章中规定“同级受理”原则，这容易被误解为前后规定有矛盾。第二，实践中，各级检察机关是根据“同级受理”原则对民事诉讼监督案件入口进行把关，不需要考虑管辖规定，导致原规则第十一条至第十三条有关级别管辖的规定未发挥实际规范作用。第三，根据原规则有关规定，负责控告申诉检察的部门对属于检察机关主管但不属于本院受理案件范围的监督申请，均会告知申请人向有案件受理权的检察机关申请监督，因此，原规则第十四条有关移送管辖的规定没有适用的空间。第四，原规则第十五条有关指定管辖的规定存在因监督检察机关与被监督法院不在同一行政区划内而导致难以进行同级监督的问题，实践中极少运用，且指定管辖所针对的问题可以通过上级检察机关提级办理制度予以解决，因此指定管辖并无规定的必要。第五，提级办理制度与负责民事检察的部门的审查工作关系更为密切，因此原规则第十六条有关提级办理的规定更适合设置在“审查”一章之中。第六，征求意见中，有意见认为，专门检察机关对民事诉讼监督案件的办理并非仅涉及管辖问题，因此有必要对原规则第十七条有关专门检察机关民事诉讼监督案件管辖的规定进行修改，并设置在“附则”一章中。基于上述分析和考虑，新规则删除了“管辖”一章，并将提级办理、专门检察机关案件办理等条款设置在其他章节中。这样修改有利于民事诉讼监督规则“受理—审查—监督”主体架构的清晰展示，有效指引当事人依法行使申请监督权利。

（三）进一步明确当事人申请监督条件和检察机关受理程序，保障申请监督案件入口畅通、有序规范

1. 明确申请监督期限。近年来，司法实践中出现了许多在民事裁判生效多年后才

向检察机关申请监督的案件，这些案件多数是陈年旧案、时间久远，由于受时过境迁所导致的证据灭失等因素的影响，当事人往往难以提供充足证据证明原审裁判存在错误，检察机关也无法查清案件的关键事实，而且容易形成涉法信访案件。长期以来，各地检察机关普遍反映这给检察监督工作带来很大的困扰，并呼吁对当事人申请监督期限予以一定规范。经慎重研究后认为，民事诉讼法规定了当事人向法院申请再审的期限，而申请监督与申请再审是两种性质相同的权利。从法理上看，当事人行使申请监督权利也应当有一定期限的限制，以便督促当事人及时行使民事权利，维护法律关系和社会关系的稳定，同时也能够使当事人对法律救济期限有明确认识，心理上能早日摆脱纷争，以一个良好的心态投入新的生产生活中。经征求立法机关意见后，新规则第二十条新增当事人不服生效裁判的两年申请监督期限。同时，考虑依职权启动监督程序案件的特殊性，该条还规定："人民检察院依职权启动监督程序的案件，不受本条第一款规定期限的限制"。

2. 完善检察机关不予受理的情形。本次修订第二十七条对原规则作了以下修改：第一，对原规则第三十一条第一项"当事人申请再审超过法律规定的期限的"规定增加"但不可归责于其自身原因的除外"的限制，切实保障当事人因法院违法公告送达、缺席判决等导致超过申请再审法定期限情形下的申请监督权利。第二，将原规则第三十一条第二项改为"法院在法定期限内正在对民事再审申请进行审查的"。第三，在原规则第三十一条增加一项"申请监督超过本规则第二十条规定的期限的"。第四，根据2018年最高检《关于停止执行〈人民检察院民事诉讼监督规则（试行）〉第三十二条的通知》，删除原规则第三十二条。此外，第二十八条对原规则第三十三条进行完善，在该条中增加一款"当事人对审判、执行人员违法行为申请监督的，不受前款规定的限制"。

3. 明确检察机关对审理、执行法院的上级法院复议裁定、决定申请监督案件的受理层级。新规则第三十条第二款增设规定，此类案件由作出复议裁定、决定法院的同级检察机关受理；同时规定，同级检察机关受理后可以根据需要依照本规则有关规定向下级检察机关交办此类案件；在第七章中新增有关交办案件结案方式的特别规定。

4. 明确对检察机关不依法受理监督申请的救济途径。新规则第三十一条规定，当事人认为检察机关不依法受理其监督申请的，可以向上一级检察机关申请监督。上一级检察机关认为当事人监督申请符合受理条件的，应当指令下一级检察机关受理，必要时也可以直接受理。

5. 明确检察机关决定受理监督申请案件时应同时向双方当事人发送相关法律文书。民事诉讼当事人有平等的诉讼权利，其他当事人与申请人相同，应当享有知悉涉及自身利益的案件信息以及答辩的权利，不应由检察机关有选择性地决定是否通知其他当事人。因此，新规则第三十三条明确规定，负责控告申诉检察的部门在向申请人发送《受理通知书》的同时，应当向其他当事人发送《受理通知书》和监督申请书副本并告知其权利义务。

（四）适度扩大依职权启动监督程序案件范围

原规则规定的依职权启动监督程序案件范围过窄，导致实践中出现了检察机关应主动进行监督却缺乏监督依据而引发的“监督死角”问题。新规则对此作了以下修改：

1. 明确检察机关对当事人存在虚假诉讼等妨害司法秩序行为的民事案件应当依职权启动监督程序。虚假诉讼妨害司法秩序，浪费司法资源，损害司法权威和司法公信力，检察机关对此应当主动履行监督职责，监督法院撤销因虚假诉讼产生的法律文书并依法制裁虚假诉讼行为人，维护司法公正和司法权威。新规则第三十七条明确将“当事人存在虚假诉讼等妨害司法秩序行为的”作为依职权启动监督程序情形之一。

2. 明确检察机关对法院作出的已经发生法律效力的民事公益诉讼判决、裁定、调解书确有错误，审判程序中审判人员存在违法行为，或者执行活动存在违法情形的案件应当依职权启动监督程序。

3. 增加兜底条款规定。借鉴《人民检察院行政诉讼监督规则（试行）》第九条规定，增加依职权启动监督程序的兜底条款“具有重大社会影响等确有必要进行监督的情形”。

4. 明确检察机关对民事案件依职权启动监督程序，不受当事人是否申请再审的限制。

（五）完善案件审查、调查核实工作机制，确保全面客观审查监督案件

1. 完善案件交办等机制。为满足上级检察机关异地交办案件以及为便于化解矛盾、解决纠纷而将案件交由无管辖权的基层检察机关办理的实践需求，新规则第四十二条对原规则有关案件交办机制进行了修改，取消了交办案件必须要求下级检察机关有管辖权的限制，同时将交办案件的处理结果由“报请上级检察机关审核”改为“报上级检察机关决定”。此外，原规则确定“同级受理”原则后，案件转办机制基本没有适用空间，因此新规则删除了关于案件转办机制的规定。

2. 完善案件审查范围。为落实 2020 年中央政法工作会议有关强化检察机关法律监督职能、拓展监督广度和深度的要求，本次修订确立了全面审查原则，新规则第四十三条规定，检察机关审查民事诉讼监督案件，应当围绕申请人的申请监督请求、争议焦点以及本规则第三十七条规定的情形，对法院民事诉讼活动是否合法进行全面审查。

3. 增加专家咨询论证制度。新规则第四十六条根据《最高人民检察院民事行政诉讼监督案件专家咨询论证工作办法》，增加组织专家咨询论证相关内容。

4. 增加有关调阅副卷的规定。落实中央有关探索正卷、副卷一并调阅制度的要求，征求最高法意见后，第四十七条增加“人民检察院认为确有必要，可以依照有关规定调阅人民法院的诉讼卷宗副卷，并采取严格保密措施”的规定。

5. 增加有关检察官联席会议的规定。司法责任制改革后，案件集体讨论形式发生了重大变化。新规则第四十九条参考 2017 年《最高人民检察院机关司法责任制改革实施意见（试行）》第九条规定，对原规则第五十三条进行修改，增加检察官联席会议有关内容。

6. 增加民事诉讼监督案件结案方式。新规则第五十条根据办理下级检察机关提请上级检察机关监督案件和复查案件的实践情况，增加了“提请其他监督”和“复查维持”两种新的结案方式。

7. 增加有关扣除审查期限的规定。实践中，检察机关经常遇到调取法院卷宗、调查核实、专家咨询、引导当事人和解以及案件疑难复杂等客观情况，导致无法在法定的三个月审查期限内审结，影响了检察工作的规范性。为解决上述办案难题，新规则第五十二条借鉴《人民检察院行政诉讼监督规则（试行）》第十二条规定，并征求立法机关意见，明确“调卷、鉴定、评估、审计、专家咨询等期间不计入审查期限”。

8. 完善调查核实工作机制。第一，为进一步明确范围，规范检察机关向银行业金融机构查询、调取、复制相关证据材料工作，新规则第六十四条第一款将检察机关该项调查核实措施的运用限定在可能损害国家利益、社会公共利益等四种法定情形。第二，考虑到检察机关有专门的检察技术人员，为实现对鉴定意见等技术性证据的有效审查，新规则第六十四条第二款还对技术性证据专门审查问题作了衔接性规定。第三，新规则第六十八条根据司法责任制改革的要求，将调查核实措施审批主体改为“需要调查核实的，由承办检察官在职权范围内决定，或者报检察长决定”。

（六）完善对生效裁判、调解书的监督标准和程序，强化对确有错误裁判结果的监督力度

1. 明确对虚假民事调解书的监督方式。最高法、最高检、公安部、司法部于 2021 年 3 月联合发布的《关于进一步加强虚假诉讼犯罪惩治工作的意见》第十八条规定，检察机关发现已经发生法律效力的判决、裁定、调解书系民事诉讼当事人通过虚假诉讼获得的，应当依照《民事诉讼法》第二百零八条第一款、第二款等法律和相关司法解释的规定，向法院提出再审检察建议或者抗诉。新规则吸收了该条规定，明确检察

机关对当事人通过虚假诉讼获得的民事调解书，应当以损害国家利益、社会公共利益为由依法向法院提出再审检察建议或者抗诉。

2. 完善“有新的证据，足以推翻原判决、裁定”的认定标准。原规则第七十八条规定侧重于对“新证据”资格的审查。但《民事诉讼法》第六十五条第二款、2020 年最高法《关于适用〈中华人民共和国民事诉讼法〉的解释》第一百零二条规定已改变了以往对“新证据”资格严格审查的要求，限制了证据失权规则的适用范围，因此新规则第七十六条参考上述法律和司法解释，规定：“当事人因故意或者重大过失逾期提供的证据，人民检察院不予采纳。但该证据与案件基本事实有关并且能够证明原判决、裁定确有错误的，应当认定为《中华人民共和国民事诉讼法》第二百条第一项规定的情形。人民检察院依照本规则第六十三条、第六十四条规定调查取得的证据，与案件基本事实有关并且能够证明原判决、裁定确有错误的，应当认定为《中华人民共和国民事诉讼法》第二百条第一项规定的情形。”

3. 完善“适用法律确有错误”的认定标准。征求意见中，有意见认为，原规则第八十条“适用法律确有错误”的认定标准应当与最高法相关司法解释一致。考虑到最高法《关于适用〈中华人民共和国民事诉讼法〉的解释》颁布时间在后，该解释关于“适用法律确有错误”的规定属于新规定，民事诉讼监督规则有必要与其保持一致，因此新规则第七十八条参照该司法解释规定对原规则第八十条进行修改，但仍保留兜底条款，以适应案件情况的多样性。

4. 扩大再审检察建议的适用范围。为引导地方检察机关积极适用再审检察建议这一同级监督方式，新规则扩大再审检察建议适用范围，新增第八十四条规定：“符合本规则第八十二条、第八十三条规定的案件，适宜由同级人民法院再审纠正的，地方各级人民检察院可以向同级人民法院提出再审检察建议。”

5. 明确原提出抗诉的检察机关再次抗诉的程序。原规则对此未作规定，实践中存在原提出抗诉的检察机关认为再审裁判仍有明显错误而再次提出抗诉的情形。但有的法院援引 1995 年最高法《关于人民检察院提出抗诉按照审判监督程序再审维持原裁判的民事、经济、行政案件，人民检察院再次提出抗诉应否受理的批复》，拒绝接受原提出抗诉检察机关的再次抗诉。为统一法律适用标准，在征求最高法意见后，新规则新增第九十一条规定：“人民检察院提出抗诉的案件，接受抗诉的人民法院将案件交下一级人民法院再审，下一级人民法院审理后作出的再审判决、裁定仍有明显错误的，原提出抗诉的人民检察院可以依职权再次提出抗诉。”

6. 完善检察机关派员出席再审法庭的相关程序。新规则从协调法院安排人民监督员旁听庭审，检察人员出庭任务、应对庭审有关情况等方面进行了完善。

（七）完善对审判人员违法行为和执行活动违法情形的监督程序，增强两项监督工作的可操作性

1. 增设审判人员违法行为监督情形的指引性规定。《民事诉讼法》第二百零八条第三款有关审判人员违法行为检察监督的规定过于原则，原规则第九十九条第十一项、第十二项规定了两类审判人员违法行为的具体情形，但存在列举不全、指引性不强等问题。新规则在原规则两项规定的基础上，参考2019年修订的《法官法》第四十六条和最高法有关审判人员工作纪律规定，新增一条指引性规定，检察机关发现同级法院民事审判程序中审判人员有《法官法》第四十六条等规定的违法行为且可能影响案件公正审判、执行的，应当向同级法院提出检察建议。

2. 完善对执行活动违法情形的监督程序。民事诉讼法对执行检察监督制度仅有一条原则性规定，为增强执行监督工作的可操作性，本次修订对原规则作了以下修改：第一，新规则第一百零四条、第一百零五条参考2016年最高法、最高检《关于民事执行活动法律监督若干问题的规定》第三条、第十条规定，进一步明确执行监督范围以及要求法院说明执行情况的适用条件。第二，新规则第一百零六条结合检察监督工作实际，并参考2009年最高法《关于进一步加强和规范执行工作的若干意见》、2011年最高法《关于执行权合理配置和科学运行的若干意见》等对执行权类型的划分，新增有关执行活动违法监督情形的指引性规定。第三，新规则第一百零七条对上级检察机关将法院作出的执行复议裁定、决定等监督案件交由下级检察机关办理后的结案方式作出特别规定。

（八）完善案件线索双向移送、协作配合机制，推动形成多方监督合力

1. 完善违纪违法犯罪线索移送机制。国家监察体制改革后，监察法、刑事诉讼法等对公职人员涉嫌职务违法犯罪的管辖机关作出了调整，因此本次修订将原规则第一百一十三条第一款改为：负责民事检察的部门在履行职责过程中，发现涉嫌违纪违法犯罪以及需要追究司法责任的行为，应当报检察长决定，及时将相关线索及材料移送有管辖权的机关或者部门。

2. 完善民事诉讼监督案件线索移送机制。原规则第一百一十三条第二款规定原反贪、反渎部门在办理法官职务犯罪案件中发现所涉民事案件存在错误的，向民事检察部门通报。但检察机关履职中发现民事诉讼监督案件线索的范围并不限于法官职务犯罪案件，在涉黑涉恶、“套路贷”等刑事案件中也会发现相关的民事诉讼监督案件线索。因此，本次修订将原规则第一百一十三条第二款修改为，检察机关其他职能部门在履行职责中发现符合本规则规定的应当依职权启动监督程序的民事诉讼监督案件线

索，应当及时向负责民事检察的部门通报。

（九）完善检察机关自我纠错制度，维护司法公正和司法权威

1. 完善本院自行纠错制度。原规则第一百一十四条第一款规定了检察机关发现向法院等提出监督意见错误时的撤回制度，但对于其他错误决定如不支持监督申请决定、终结审查等如何纠正没有规定。本次修订扩大本院自行纠错范围，规定检察机关发现作出的相关决定确有错误需要纠正或者有其他情形需要撤回的，应当经本院检察长或者检察委员会决定。

2. 新增复查制度。为便于当事人申请监督，充分发挥再审检察建议同级监督的优势，缓解民事裁判结果监督工作中“倒三角”难题，提高监督效率和效果，原规则规定了“同级受理”原则。多年实践证明，“同级受理”原则基本符合检察监督工作实际。但“同级受理”原则客观上也存在法律规定的抗诉权在上级检察机关，同级检察机关的不支持监督申请决定是否有终局性的疑问，因此在坚持“同级受理”原则的情况下，一律不允许当事人向上级检察机关申请复查也有不合理之处。2014 年最高检《民事行政检察厅与控告检察厅办理民事行政检察案件第二次座谈会议纪要》第七条规定了当事人申请复查制度，作为“同级受理”制度的有益补充。新规则第一百二十六条吸收上述纪要规定，并在当事人申请复查期限及具体情形、检察机关办理复查案件期限、上级检察机关依职权复查等方面进行了完善。

（十）明确有关适用依据，确保程序依据全程覆盖

1. 明确办理执行人员违法行为监督案件的适用依据。新规则第一百一十条规定，检察机关发现同级法院执行活动中执行人员存在违法行为的，参照本规则第六章有关规定执行。

2. 明确办理民事非诉执行监督等案件的适用依据。新规则第一百一十九条规定，检察机关发现法院审查和处理当事人申请执行、撤销仲裁裁决或者申请执行公证债权文书存在违法、错误情形的，参照本规则第六章、第七章有关规定执行。

3. 明确办理检察建议案件的适用依据。《人民检察院检察建议工作规定》适用于检察机关各部门制发的所有检察建议，民事诉讼监督规则只适用于负责民事检察的部门制发的检察建议，两者是一般和特别的关系。因此，新规则第一百三十二条规定，检察建议案件的办理，本规则未规定的，适用《人民检察院检察建议工作规定》。

4. 明确办理民事公益诉讼监督案件的适用依据。新规则第一百三十三条规定，民事公益诉讼监督案件的办理，适用本规则及有关公益诉讼检察司法解释的规定。

5. 明确检察机关办理对专门法院的民事诉讼监督案件的适用依据。新规则第一百

三十四条规定，军事检察院等专门检察机关对民事诉讼监督案件的办理，以及检察机关对其他专门法院的民事诉讼监督案件的办理，适用本规则和其他有关规定。

来源：《人民检察》2021 年第 16 期

作者：冯小光　最高人民检察院第六检察厅厅长

颜良伟　最高人民检察院第六检察厅检察官助理

浙江省高级人民法院、浙江省人民检察院、浙江省公安厅印发《关于办理虚假诉讼刑事案件有关问题的解答》的通知

（浙高法〔2020〕3号）

各市、县（市、区）人民法院、人民检察院、公安局（分局）：

省高级人民法院、省人民检察院、省公安厅日前对办理虚假诉讼相关刑事案件有关问题进行了讨论，形成了《关于办理虚假诉讼刑事案件有关问题的解答》，现予印发，请在工作中参考。在执行过程中如发现问题，请及时向省级各有关单位报告。

浙江省高级人民法院

浙江省人民检察院

浙江省公安厅

2020年1月8日

浙江省高级人民法院、浙江省人民检察院、浙江省公安厅关于办理虚假诉讼刑事案件有关问题的解答

我国《刑法》第三百零七条之一第一款规定，以捏造的事实提起民事诉讼，妨害司法秩序或者严重侵害他人合法权益的，成立虚假诉讼罪。最高人民法院、最高人民检察院《关于办理虚假诉讼刑事案件适用法律若干问题的解释》（以下简称《司法解释》）第一条规定了七种捏造事实情形和两种以捏造的事实论处的情形，第二条对何谓“妨害司法秩序”或者“严重侵害他人合法权益”列举了六种情形，第三条对“情节严重”也做了解释，但司法实践中仍存在一些疑问。现汇总各地提出的问题，解答如下：

1. 对“部分篡改型”行为应如何处罚？

从司法解释规定看，对于隐瞒债务已经全部清偿的事实，向人民法院提起民事诉讼，要求他人履行债务的，属于“以捏造的事实提起民事诉讼”，即“无中生有型”行为以虚假诉讼罪追究刑事责任是明确的。但对于隐瞒债务已经部分清偿的事实，要

求他人履行债务的，向人民法院提起民事诉讼，即“部分篡改型”行为是否属于“以捏造的事实提起民事诉讼”，进而追究行为人虚假诉讼的刑事责任，司法解释没有明确规定。从文义解释、体系解释的角度看，“部分篡改型”行为不构成虚假诉讼罪，当该行为符合其他犯罪构成要件时，可以其他犯罪定罪处罚。“部分篡改型”行为一般不构成诈骗罪。但在“套路贷”过程中，通过隐瞒部分债务已经偿还的事实，或者虚构部分事实、篡改证据部分内容，向人民法院提起诉讼，要求他人履行虚高债务的，因其行为特征从整体上表现为以非法占有为目的，可以以诈骗罪定罪处罚。

2. 对于未达到情节严重标准的虚假诉讼行为人应如何处理？

对于情节一般的虚假诉讼行为，符合《中华人民共和国民事诉讼法》第一百一十二条、第一百一十三条规定的，应当根据情节轻重予以罚款、拘留。依照《司法解释》第九条规定，对于未达到情节严重标准，行为人系初犯，在民事诉讼过程中自愿具结悔过，接受人民法院处理决定，积极退赃、退赔的，可以认定为情节轻微，不起诉或者免于刑事处罚；确有必要处罚的，可以从宽处罚。

3. 涉嫌犯罪的虚假诉讼行为，一般有哪几种情形，应如何定罪处罚？

虚假诉讼行为的情形比较复杂，在实施犯罪过程中可能触犯多个罪名中的一个罪名或同时触犯几个罪名。如果同时触犯两个或者两个以上罪名的，依法实行数罪并罚或者按处罚较重的罪名定罪处罚。具体如下：

典型的“双方串通”“无中生有型”的虚假诉讼，以刑法第三百零七条之一的虚假诉讼罪论处。

为了提起虚假诉讼，或者在虚假诉讼过程中，指使他人提供虚假的物证、书证、陈述、证言、鉴定意见等伪证，或者受指使参与伪造证据，分别按照刑法第三百零七条妨害作证罪，帮助毁灭、伪造证据罪处罚。

在虚构事实、伪造证据过程中，伪造、变造、买卖或者盗窃、抢夺、毁灭国家机关公文、证件、印章的，或者伪造公司、企业、事业单位、人民团体印章的，或者伪造、变造依法可以用于证明身份的证件的，分别按照刑法第二百八十条伪造、变造、买卖国家机关公文、证件、印章罪，盗窃、抢夺、毁灭国家机关公文、证件、印章罪，伪造公司、企业、事业单位、人民团体印章罪，伪造、变造居民身份证件罪处罚。

为逃避人民法院生效裁判文书的执行，进行虚假诉讼，套取、转移财产，同时触犯拒不执行判决、裁定罪的，依照处罚较重的规定定罪从重处罚。

以非法占有为目的，进行虚假诉讼，骗取公私财物，同时触犯诈骗罪的，依照处罚较重的规定定罪从重处罚。

公司、企业或者其他单位的人员利用职务便利，进行虚假诉讼，侵吞本单位财产，同时触犯职务侵占罪的，依照处罚较重的规定定罪从重处罚。

国家工作人员利用职务便利，进行虚假诉讼，侵吞公款的，或者国有公司、企业或者其他国有单位中从事公务的人员和国有公司、企业或者其他国有单位委派到非国有公司、企业以及其他单位从事公务的人员利用职务便利，进行虚假诉讼，侵吞本单位财产，同时触犯贪污罪的，依照处罚较重的规定定罪从重处罚。

司法工作人员利用职权，与他人共同实施虚假诉讼行为，同时触犯滥用职权罪，民事枉法裁判罪，执行判决、裁定滥用职权罪的，依照处罚较重的规定定罪从重处罚。

4. 在办理虚假诉讼犯罪案件时有哪些需要注意的事项？

办理虚假诉讼犯罪案件，既要查虚假诉讼背后的组织、策划、指挥人员，又要追查涉虚假诉讼犯罪相关人员涉及的其他案件。

明知他人虚假诉讼而以充当原告、诉讼代理人，帮助他人实施前条行为构成犯罪的，具体罪名按照本解答确定。

律师明知系虚假诉讼，但没有参与组织、策划、指挥虚假诉讼等行为，仅接受委托作为诉讼代理人参与诉讼的，属于职业违规，不能以虚假诉讼罪共犯论处，其在诉讼过程中另有行为触犯刑律的，以其行为的具体性质论处。

人民法院应加强与公安机关、人民检察院的联系协作，增进对虚假诉讼罪等适用标准的共识，严厉打击虚假诉讼犯罪行为。发现法律工作者、鉴定人员、公证人员等违规参与诉讼的，应当依法向有关部门提出处理建议；构成犯罪的，依法追究刑事责任。

5. 虚假诉讼犯罪案件在定罪量刑时，如何贯彻宽严相济刑事政策？

对于有下列情形之一的被告人，一般不适用非监禁刑：（一）归案后，拒不退赔违法所得的；（二）致使他人经济损失十万元以上的；（三）以老年人、未成年人、在校学生、丧失劳动能力的人为犯罪对象的；（四）存在寻衅滋事、敲诈勒索或者其他暴力讨债行为的；（五）造成被害人或其特定关系人自杀、死亡、精神失常、为偿还虚假债务而实施犯罪活动的；（六）其他严重侵害被害人人身、财产权利或造成恶劣社会影响的。

对于虚假诉讼犯罪中的从犯，在共同犯罪中罪责相对较小、主观恶性相对不大的，具有自首、立功、坦白、认罪悔罪等法定或酌定从宽处罚情节，可以依法从轻、减轻或免除处罚。对于认罪认罚或者仅参与实施少量的犯罪活动且只起次要、辅助作用的被告人，符合缓刑条件的，可以适用缓刑。

构成虚假诉讼犯罪，并处罚金刑的，罚金刑数额应结合犯罪情节、危害后果从严判处。

6. 在办理虚假诉讼犯罪案件过程中，应该如何处置涉案财产？

人民法院、人民检察院、公安机关在办理虚假诉讼犯罪案件时，要全面调查犯罪嫌疑人、被告人的财产状况，依法对涉案财产采取查询、查封、扣押、冻结等措施，对涉案财产中犯罪分子违法所得、违禁品、供犯罪所用的本人财物以及其他等值财产等依法追缴、没收，对被害人的合法财产等依法返还。人民检察院、公安机关应当加强对在案财产审查甄别。在移送审查起诉、提起公诉时，应当对采取措施的涉案财产提出处理意见和建议，并将采取措施的涉案财产及其清单随案移送。人民法院作出的判决，除应当对随案移送的涉案财产作出处理外，还应当在判决书中写明需要继续追缴尚未被足额查封、扣押的其他违法所得；对随案移送财产进行处理时，应当列明相关财产的具体名称、数量、金额、处置情况等。涉案财产或者有关当事人人数较多，不宜在判决书正文中详细列明的，可以概括叙述并另附清单。

7. 对于虚假诉讼案件，公检法之间如何配合与制约？

人民法院认为公安机关应当立案而不立案的，可以提请人民检察院立案监督；人民检察院应当在7日内进行审查，认为公安机关存在应当立案而不立案情况的，应当要求公安机关说明不立案理由。人民检察院认为公安机关不立案理由不能成立的，应当通知公安机关立案；公安机关在收到通知书后，应当在15日内立案，并将立案决定书送达人民检察院和人民法院。

人民检察院对公安机关提请批准逮捕的虚假诉讼犯罪的犯罪嫌疑人，应当在法定期限内及时作出决定；对于公安机关侦查终结后移送审查起诉的，经审查认为符合起诉条件的，应当在法定期限内及时提起公诉。

人民法院、人民检察院、公安机关对于虚假诉讼犯罪的组织、策划、指挥者、首要分子、重要成员及其他主犯应当严格掌握取保候审、相对不起诉、适用非监禁刑的适用条件，并充分运用资格刑、财产刑等法律手段全方位从严惩处。

浙江省高级人民法院印发《关于进一步防范和打击虚假诉讼有关问题的解答》的通知

（浙高法〔2019〕198 号）

本省各级人民法院、宁波海事法院，本院各部门：

《浙江省高级人民法院关于进一步防范和打击虚假诉讼有关问题的解答》已经省高院审判委员会第 2793 次会议审议通过，现予印发，请遵照执行。执行中如遇到新情况、新问题，请及时报告我院。

浙江省高级人民法院

2019 年 12 月 16 日

浙江省高级人民法院关于进一步防范和打击虚假诉讼有关问题的解答

虚假诉讼现象不仅严重侵害当事人及案外人的合法权益，而且扰乱了正常的诉讼秩序，损害司法权威和司法公信力，破坏社会诚信，人民群众反响强烈。浙江高院历来高度重视防范和打击虚假诉讼，先后下发了《关于在民事审判中防范和查处虚假诉讼案件的若干意见》《关于办理虚假诉讼刑事案件具体适用法律的指导意见》以及《关于进一步完善防范和打击虚假诉讼工作机制的若干意见》等文件，取得了一定的成效。但随着经济社会的发展，我省虚假诉讼不断呈现出新的特点，审判实践中暴露出识别难、移送难、处罚难等问题。为进一步加大打击力度，净化诉讼环境，提升司法公信力，促进社会诚信体系建设，现就防范和打击虚假诉讼行为过程中遇到的问题作如下解答。

一、哪些行为属于虚假诉讼行为？

（一）根据有关法律和司法解释的规定，当事人采取伪造证据、虚假陈述等手段，实施下列行为之一，捏造民事法律关系，虚构民事纠纷，向人民法院提起民事诉讼的，属于虚假诉讼行为：

1. 与夫妻一方恶意串通，捏造夫妻共同债务；
2. 与他人恶意串通，捏造债权债务关系和以物抵债协议；

3. 与公司、企业的法定代表人或实际控制人、董事、监事、经理或者其他管理人员恶意串通，捏造公司、企业债务或者担保义务；

4. 捏造知识产权侵权关系或者不正当竞争关系；

5. 在破产案件审理过程中申报捏造的债权；

6. 与被执行人恶意串通，捏造债权或者对查封、扣押、冻结财产的优先权、担保物权；

7. 假借民间借贷之名，诱使或迫使他人签订“借贷”或变相“借贷”“抵押”“担保”等相关协议，通过虚增借贷金额、恶意制造违约、肆意认定违约、毁匿还款证据等方式形成虚假债权债务；

8. 向人民法院申请执行基于捏造的事实作出的仲裁裁决、公证债权文书，或者在民事执行过程中以捏造的事实对执行标的提出异议、申请参与执行财产分配的。

（二）司法实践中，下列行为也应认定为虚假诉讼行为：

1. 在立案过程中，通过捏造当事人信息或与他人串通虚构当事人信息等方式骗取法院立案或谋取其他非法利益；

2. 捏造、伪造租赁协议虚构债权债务；

3. 隐瞒债务已经全部或部分清偿的事实，仍向人民法院提起民事诉讼，要求他人履行债务；

4. 在土地、房屋拆迁安置补偿过程中，捏造身份关系提起分家析产、继承、房屋买卖合同等诉讼行为；

5. 基于虚假的债权债务关系向人民法院申请支付令；

6. 单方或者与他人恶意串通，进行虚假陈述，伪造、变造、隐匿、毁灭证据或指使、贿买、胁迫他人作伪证等行为；

7. 单方或者与他人恶意串通，捏造身份、合同、侵权、继承等民事法律关系的其他行为。

二、人民法院及其工作人员如何防范虚假诉讼行为？

1. 履行告知义务。在立案阶段，人民法院应在向当事人、诉讼代理人及其他诉讼参与人送达的民事诉讼须知等材料中列明进行虚假诉讼行为需承担的法律责任，让当事人、诉讼代理人等签署《诚信诉讼承诺书》，还应充分利用 12368 短信平台、移动微法院等进行告知。

2. 进行关联检索。人民法院立案登记时，应对民间借贷、离婚析产、以物抵债、劳动争议、公司分立（合并）、企业破产等重点案件进行关联案件检索，查询原、被告其他涉诉、涉执行情况，并随卷移送业务庭。承办法官应对有虚假诉讼嫌疑的案件主动进行关联案件检索，将检索情况以备忘录等形式制作工作记录并附卷，或在审理报告、合议庭评议中予以反映。

人民法院审判管理部门应进一步完善法院审判信息系统，通过审判信息系统向立案、审判人员自动提示其他法院、其他法官正在审理、执行或已经审结、执结的关联案件。

3. 加强警示提醒。合议庭或独任法官可根据案件情况要求当事人、诉讼代理人及其他诉讼参与人当庭进行诚信诉讼宣誓并签署《诚信诉讼保证书》。

三、发现虚假诉讼的途径主要有哪些？

1. 当事人及其代理人、案外人的举报、申诉、再审申请或提起第三人撤销之诉、执行异议之诉等；

2. 人民法院在办案过程中自行发现；

3. 人大、政法委、纪委（监察委）、信访部门等机关、组织移送；

4. 检察机关提起的抗诉、检察建议；

5. 其他途径。

虚假民事诉讼案件利害关系人提起的申诉、再审申请或检察机关针对虚假民事诉讼提起的抗诉、检察建议，以及人民法院通过审查发现的虚假诉讼案件，人民法院应当由审判监督部门或有关部门负责，及时接访立案或再审。

四、如何甄别虚假诉讼行为？

全省各级法院应当成立虚假诉讼甄别小组。虚假诉讼甄别小组负责虚假诉讼的审查、处罚建议以及是否向公安机关移送等事项，并向承办法官或合议庭提出意见。

承办法官或合议庭在审理案件过程中应加强审查，根据具体案情采取下列措施：

1. 传唤当事人本人到庭接受询问；

2. 通知当事人提交原始证据或者其他证据；

3. 通知证人出庭作证；

4. 依职权调查取证；

5. 向与案件处理结果可能存在法律上利害关系的人通报情况，并依职权追加其参与诉讼；

6. 邀请有关部门、专业人士等参与审查；

7. 依法移送相关部门进行调查；

8. 依法可以采取的其他措施。

承办法官或合议庭发现案件可能存在虚假诉讼的，应当向庭长汇报，并提请虚假诉讼甄别小组进行讨论。

法官未尽到合理审查义务导致未能识别虚假诉讼的，应按照相关规定追究责任。

五、如何向公安机关移送虚假诉讼案件？

人民法院决定移送公安机关的虚假诉讼案件，由各法院指定的统一移送部门在5日内将可以证明存在涉嫌虚假诉讼等犯罪的下列材料移送当地公安机关法制部门：

1. 当事人身份信息的材料；

2. 具体线索来源的材料；

3. 相关涉案案件基本情况的材料；

4. 涉嫌以捏造事实提起民事诉讼的初步材料；

5. 妨害司法秩序或严重侵害国家利益、社会公共利益及他人合法权益的初步材料；

6. 其他相关材料。

统一移送部门及承办法官要及时跟踪移送案件查办进展情况，并制作备忘录。公安机关对涉嫌犯罪的虚假诉讼案件线索未在规定的30日内作出立案、不立案决定的或者应当立案而不予立案的，人民法院应当建议检察机关提出检察监督意见。

六、如何在不同的诉讼阶段对虚假诉讼行为进行处理和制裁？

1. 立案阶段。立案阶段经审查确认存在虚假诉讼行为的案件，应根据《中华人民共和国民事诉讼法》第一百二十三条的规定，裁定不予受理。

2. 审理阶段。审理过程中人民法院经审查确认属于虚假诉讼的案件，对原告提出撤诉申请的或当事人自愿以调解方式结案的，不予准许，应根据《中华人民共和国民事诉讼法》第一百一十二条等有关规定，判决驳回相应的诉讼请求。

3. 执行阶段。执行过程中，人民法院经一定程序查明当事人申请执行所依据的仲裁裁决书、公证文书等属于虚假的，或者在民事执行过程中以捏造的事实对执行标的提出异议、申请参与执行财产分配的，应当裁定不予执行或驳回请求，提出再审建议或司法建议；案外人因裁判文书涉及虚假诉讼对执行标的提出书面异议的，根据《中华人民共和国民事诉讼法》第二百二十七条处理。

针对不同诉讼阶段的虚假诉讼行为，人民法院应根据具体情节对虚假诉讼行为人采取训诫、罚款、拘留、失信惩戒等制裁措施；涉嫌犯罪的，应将有关材料移送公安机关法制部门。

七、如何对虚假诉讼行为人进行训诫？

人民法院应当对虚假诉讼行为人进行训诫，训诫以口头方式进行，并责令其出具悔过书。

八、如何对虚假诉讼行为人进行罚款、拘留？

人民法院应根据情节轻重，依照《中华人民共和国民事诉讼法》第一百一十五条的规定对虚假诉讼行为人分别给予以下处罚：

1. 虚假诉讼行为未造成人民法院认定事实错误或判决不当的，且未给他方造成实际损失的，应对行为人处以10000～50000元的罚款，并处3～15日拘留；行为人系单位的，应对单位处以50000～100000元的罚款，并视情对单位主要负责人或直接责任人员予以3～15日的拘留。

2. 虚假诉讼行为致使人民法院认定事实错误、判决不当，尚未造成实际损失的，应对行为人处以50000～80000元的罚款，并处5～15日的拘留；行为人系单位的，应处以100000～500000元的罚款，并对单位主要负责人或直接责任人员予以5～15日的拘留。

3. 虚假诉讼行为导致人民法院错误判决，并给他方造成实际损失的，应对行为人处以80000～100000元的罚款，并处10～15日的拘留；行为人系单位的，应处以500000～1000000元的罚款，并对单位直接负责的主管人员或直接责任人员予以10～15日的拘留。

实施以上行为，构成虚假诉讼罪、诈骗罪、妨害作证罪以及帮助毁灭、伪造证据罪等犯罪的，还应追究刑事责任。

九、对虚假诉讼行为人进行罚款、拘留处罚的从重情节有哪些？

1. 多次实施虚假诉讼行为的。
2. 在庭审中进行诚信诉讼宣誓后仍实施虚假诉讼行为的。
3. 虚假诉讼行为系在二审、再审期间发现的。
4. 其他从重处罚的情形。

十、如何对虚假诉讼行为人进行失信惩戒？

全省各级法院建立虚假诉讼失信人员名单制度，将查实的虚假诉讼失信人信息在“信用中国（浙江）”上公布，并逐步将虚假诉讼失信人信息纳入“五类主体公共信用评价指引”名录。同时应将列入虚假诉讼失信人名单的行为人信息，向政府相关部门、金融监管机构、金融机构、承担行政职能的事业单位及行业协会等通报，供相关单位依照法律、法规和有关规定，在政府采购、招标投标、行政审批、政府扶持、融资信贷、市场准入、资质认定等方面，对虚假诉讼行为人予以信用惩戒。

对于已被列入虚假诉讼失信人员名单的当事人再到人民法院提起诉讼的，应当加重其证明责任，提高证明标准；双方对事实有争议的，传唤当事人本人到庭接受询问。

十一、如何处理当事人对虚假诉讼行为人提起的赔偿诉讼代理费等合理损失的诉讼请求？

当事人对虚假诉讼行为人提起民事诉讼，要求赔偿因虚假诉讼造成的诉讼代理费、差旅费、住宿费等合理损失的，人民法院应根据具体情况予以支持。

十二、如何对涉嫌犯罪的虚假诉讼行为人进行刑事处罚？

对于涉嫌犯罪的虚假诉讼行为人，应当按照《中华人民共和国刑法》第三百零七条、第三百零七条之一及《最高人民法院、最高人民检察院关于办理虚假诉讼刑事案件适用法律若干问题的解释》等规定进行处理，在具体量刑过程中慎用缓刑。

十三、如何对涉嫌虚假诉讼的诉讼代理人进行处理和制裁？

人民法院经审查确认诉讼代理人有以下行为之一的，应按照《中华人民共和国民事诉讼法》第一百一十条、第一百一十一条的规定处以训诫、罚款或拘留措施；构成犯罪的，依法追究刑事责任。

1. 知道或者应当知道系虚假证据而向法院提交，或者指使、威胁、利诱他人向法院提交的。

2. 指使或者帮助委托人或者他人伪造、隐匿、毁灭证据，指使、威胁、利诱证人不作证或者作伪证的。

3. 明显违背事实进行虚假陈述，或虚构法律关系和相应事实进行抗辩的。

实施上述行为的诉讼代理人系律师或基层法律服务工作者的，还应建议司法行政部门、行业协会给予其停止执业、罚款、没收违法所得等处罚；情节严重的，建议限制其代理行为或吊销其执业证书。

十四、如何对涉嫌虚假诉讼的鉴定机构、公证机构以及鉴定人、公证员等主体进行处理和制裁？

鉴定机构、鉴定人参与虚假诉讼的，人民法院应根据情节轻重，给予鉴定机构、鉴定人训诫、责令退还鉴定费用以及从法院委托鉴定专业机构备选名单中除名等制裁，还应书面建议主管部门、行业协会按照相关规定进行处理；构成犯罪的，依法追究刑事责任。

公证机构、公证员参与虚假诉讼的，人民法院应根据《中华人民共和国公证法》第四十二条的规定进行处理，还应书面建议司法行政部门对公证机构给予警告、罚款、停业整顿等处罚。对公证员给予警告、罚款、停止执业等处罚；有违法所得的，没收违法所得；情节严重的，由司法行政部门吊销公证员执业证书；构成犯罪的，依法追究刑事责任。

十五、如何处理当事人申请执行基于捏造的事实而作出的仲裁裁决？

人民法院应当组成合议庭进行审查，核实当事人向人民法院申请执行的仲裁裁决是基于捏造的事实作出的，应当根据《中华人民共和国民事诉讼法》第二百三十七条的规定，裁定不予执行，同时将相关情况函告仲裁机构。依法承担仲裁职责的人员涉嫌犯罪的，依法移送公安机关处理。

十六、如何对涉嫌虚假诉讼的国家机关及其工作人员进行处理？

国家机关或其他承担社会公共管理职权的组织提供虚假证明材料等，妨碍人民法院审理案件的，人民法院应根据《中华人民共和国民事诉讼法》第一百一十一条的规定对有关责任人员予以处罚，并将问题线索按相关规定移送有关部门。

人民法院工作人员参与虚假诉讼的，一律从严处理。

十七、如何做好虚假诉讼案件的信息录入与管理工作？

全省各级法院应当加强虚假诉讼案件的信息录入与管理工作。对于认定为虚假诉讼的案件，人民法院应当在审判管理系统中自动提取虚假诉讼案件的案由、行为人的姓名名称及其诉讼地位、司法制裁措施、移送公安及定罪量刑情况等信息，并将上述信息向立案工作人员、审判人员、执行人员自动提示或向有关部门推送。

对虚假诉讼行为人采取司法制裁措施的，全省各级法院应按照《最高人民法院关于人民法院案件案号的若干规定》，以“司惩字”单独立案。

浙江省高级人民法院印发《关于防范和打击虚假诉讼的若干意见》的通知

（浙检发民字〔2017〕5号）

各市、县（市、区）人民法院、人民检察院、公安局、司法局：

现将《浙江省高级人民法院、浙江省人民检察院、浙江省公安厅、浙江省司法厅关于防范和打击虚假诉讼的若干意见》印发给你们，请认真贯彻执行。执行过程中如遇到问题，请分别报告浙江省高级人民法院、浙江省人民检察院、浙江省公安厅、浙江省司法厅。

浙江省高级人民法院　浙江省人民检察院

浙江省公安厅　浙江省司法厅

2017年3月8日

关于防范和打击虚假诉讼的若干意见

为防范和打击虚假诉讼，保障公民、法人和其他社会组织的合法权益，维护司法权威，促进社会和谐稳定、诚信有序，依照有关法律和司法解释，结合我省实际，制定本意见。

第一条　本意见所称虚假诉讼，是指民事诉讼当事人或者其他诉讼参与人为获取非法利益或者规避法定义务，恶意串通，虚构事实或者伪造证据，提起民事诉讼，或者利用虚假仲裁裁决、公证文书等申请执行，企图使人民法院作出错误裁判、调解或者执行法律文书，侵害国家利益、公共利益或者他人合法权益的行为。

第二条　人民法院、人民检察院、公安机关、司法行政机关应当分工负责、各司其职、互相配合协作，依法合力查处虚假诉讼，共同维护司法权威和司法公正，促进社会诚信体系建设。

第三条　以下几类虚假诉讼多发的案件，人民法院、人民检察院、公安机关、司法行政机关在履行职责中应当予以特别关注：

（一）民间借贷纠纷案件；

（二）以离婚案件一方当事人为被告的财产纠纷案件；

（三）以拆迁区划范围内的自然人为诉讼主体的离婚、分家析产、继承、房屋买卖合同纠纷案件；

（四）以已经资不抵债或者已经作为被执行人的公民、法人、其他组织为被告的财产纠纷案件；

（五）公司分立（合并）、企业破产纠纷案件；

（六）劳动争议案件；

（七）以物抵债案件；

（八）涉及驰名商标认定的案件；

（九）其他需要特别关注的案件。

第四条　民事诉讼中有下列情形之一的，人民法院应当谨慎审查，及时发现和制裁虚假诉讼行为：

（一）原告起诉所依据的事实、理由不合情理，存在伪造证据可能的；

（二）原告诉请司法保护的标的额与其自身经济状况严重不符的；

（三）当事人之间属于亲属、朋友等亲近关系或者关联企业等共同利益关系的；

（四）当事人本人未到庭参加诉讼，委托代理人对案件事实陈述不清的；

（五）一方对另一方提出的于己不利的事实明确表示承认，且不符合常理的；

（六）当事人双方无实质性民事权益争议的；

（七）案件证据不足，但双方仍然主动迅速达成调解协议，并请求人民法院出具调解书的；

（八）诉讼中有其他异常情况的。

第五条　对存在虚假诉讼可能的案件，人民法院在审理过程中可以采取下列措施：

（一）传唤当事人本人到庭；

（二）通知当事人提交原始证据或者其他证据；

（三）通知证人出庭作证；

（四）依职权调查取证；

（五）依职权追加与案件处理结果可能存在法律上利害关系的当事人；

（六）要求当事人签署据实陈述保证书、证人签署如实作证保证书；

（七）依法可以采取的其他措施。

第六条　人民法院、人民检察院在办理案件过程中，根据证据反映的情况，发现当事人有虚假诉讼犯罪嫌疑的，应当将案件材料移送公安机关或者有关侦查机关。

第七条　有管辖权的公安机关对发现或者移送的涉嫌刑事犯罪的虚假诉讼案件，

应当在三十日内作出立案或者不立案决定，并反馈移送部门。不予立案的，应当在作出不立案决定之日起七日内，以书面形式向移送部门说明不立案理由。

第八条 公安机关对涉嫌刑事犯罪的虚假诉讼案件应当立案而不予立案的，人民检察院应当依法通知公安机关立案，并将监督情况反馈移送部门。

第九条 公证机关在办理转让、借贷、委托、执行证书等涉财产处分公证时，发现当事人冒充他人或者使用伪造证件、文书，涉嫌虚构事实、伪造证据骗取公证书的，应当依照《中华人民共和国公证法》的相关规定，向公安机关报案，公安机关应当依法处理。公证机关应当将在公证活动中查实的虚构事实、伪造证据的当事人列入黑名单报司法行政机关。

第十条 人民检察院在办理民事监督案件过程中，对有虚假诉讼嫌疑的案件，可以采取下列措施开展调查：

（一）就案件事实向当事人及其他相关人员进行询问；

（二）要求案件当事人提供原始证据或者其他证据；

（三）向有关部门和单位及证人调查取证；

（四）依法可以采取的其他措施。

第十一条 人民检察院经审查认为民事案件存在虚假诉讼行为，可能导致原审裁判、调解或者执行错误的，应当依法提请上级人民检察院抗诉或者向同级人民法院提出检察建议。

第十二条 人民法院对人民检察院提出抗诉的虚假诉讼案件，应当依法及时进行审理；对人民检察院提出检察建议的案件，依照民事诉讼法司法解释第四百一十九条的规定处理。

第十三条 人民法院审理查明属于虚假诉讼案件，原告申请撤诉的，不予准许，并应当根据民事诉讼法第一百一十二条的规定，驳回其请求。

人民法院查明当事人申请执行所依据的仲裁裁决、公证文书等属于虚假的，应当裁定不予执行。

第十四条 虚假诉讼参与人的行为构成犯罪的，依法追究刑事责任；尚不构成犯罪的，人民法院应当根据民事诉讼法第一百一十一条、一百一十二条和一百一十三条的规定，依法予以罚款、拘留。

当事人虚假诉讼造成诉讼对方或者第三人直接损失的，人民法院可以根据具体情况对无过错方依法提出的赔偿合理的律师费用等正当请求予以支持。

第十五条 人民法院应当探索建立虚假诉讼失信人名单制度。将虚假诉讼参与人列入失信人名单，逐步开展与现有相关信息平台和社会信用体系接轨工作，加大制裁力度。

第十六条　人民法院、人民检察院、公安机关在办理虚假诉讼案件中，发现律师、法律工作者、鉴定人、公证人员等参与虚假诉讼的，应当依法向司法行政机关提出处理建议；构成犯罪的，依法追究刑事责任。司法行政机关应当在收到建议之日起三个月内作出处理决定，并书面回复建议发送部门。

第十七条　司法行政机关应当加强对律师事务所、基层法律服务所、法律援助中心、鉴定机构、公证机关及律师、法律工作者、鉴定人、公证人员等执业活动的教育和管理。发现上述单位或者人员有参与虚假诉讼行为的，应当依照有关规定追究相应的法律责任。

第十八条　人民法院、人民检察院、公安机关、司法行政机关要建立健全虚假诉讼防范工作机制，通过定期开展法律宣传、公开发布典型案例、组织开展警示教育活动等形式，不断增强虚假诉讼防范意识，提高虚假诉讼甄别能力，预防和遏制虚假诉讼违法行为。

第十九条　人民法院、人民检察院、公安机关、司法行政机关要建立联席会议制度，定期就虚假诉讼的特点、成因、查处等情况及时沟通交流，加强预警和研判，完善防范对策。

第二十条　本意见自印发之日起施行。

抄送：最高人民法院，最高人民检察院，公安部，司法部；

省委办公厅，省人大常委会办公厅，省政府办公厅，省纪委，

省委政法委；

省法院，省公安厅，省司法厅领导；

本院领导同志，检委会专职委员、副巡视员，机关各内设机构、直属事业单位。

浙江省人民检察院办公室

2017 年 3 月 13 日印发

浙江省高级人民法院印发《关于进一步完善防范和打击虚假诉讼工作机制的若干意见》的通知

（浙高法〔2018〕203号）

本省各级人民法院、宁波海事法院，本院各部门：

《浙江省高级人民法院关于进一步完善防范和打击虚假诉讼工作机制的若干意见》已经省高院审判委员会第2749次会议审议通过，现予印发，请遵照执行。执行中如遇到新情况、新问题，请及时报告我院。

浙江省高级人民法院

2018年11月27日

浙江省高级人民法院关于进一步完善防范和打击虚假诉讼工作机制的若干意见

为了进一步贯彻落实《最高人民法院、最高人民检察院关于办理虚假诉讼刑事案件适用法律若干问题的解释》《最高人民法院关于防范和制裁虚假诉讼的指导意见》《浙江省高级人民法院、浙江省人民检察院、浙江省公安厅、浙江省司法厅关于防范和打击虚假诉讼的若干意见》等规定要求，构建防范和打击虚假诉讼长效机制，依法保障当事人合法权益，维护司法权威，结合当前实际，制定本意见。

一、加大信息采集力度、强化风险提示，有效防范虚假诉讼

1. 人民法院应在立案大厅或人民法庭立案窗口设立禁止虚假诉讼的告示，以文字、图片、视频等各种形式告知当事人进行虚假诉讼行为的法律后果及责任，以直观、生动、有力的方式向当事人推送虚假诉讼典型案例，引导当事人诚信诉讼。

2. 人民法院应在向当事人送达的民事诉讼须知中列明进行虚假诉讼行为需承担的法律责任。

充分利用12368短信平台、移动微法院等，主动告知当事人进行虚假诉讼行为需承担的法律责任。

3. 在立案阶段，人民法院应当依法核查确认当事人的身份信息，重点做好以下信息的采集工作：

（1）当事人姓名、性别、出生日期、身份证件号码、户籍地；

（2）当事人名称、法定代表人或者主要负责人姓名及身份证件号码、统一社会信用代码及组织机构代码；

（3）送达地址（包括电子送达地址）；

（4）其他有关信息。

立案审查时，应通过审判信息系统关联检索被告、被执行人有无涉诉涉执情况，发现被告或被执行人有大量未结案件的，应当警惕虚假诉讼的风险。

4. 承办法官应当增强关联案件检索意识，对有虚假诉讼嫌疑的案件应主动进行关联案件检索，将检索情况以备忘录等形式制作工作记录，或在审理报告、合议庭评议中予以反映。

人民法院审判管理部门应进一步完善法院审判信息系统功能，通过审判信息系统向立案、审判人员自动提示其他法院、其他法官正在审理、执行或已经审结、执结的关联案件。

二、加强对事实证据的审查力度，有效识别虚假诉讼

5. 全省各级法院在审理案件过程中应重点关注民间借贷、离婚、追索劳动报酬、人民调解协议司法确认等虚假诉讼多发领域的案件。从各证据与案件事实的关联程度、各证据之间的联系等方面依法全面、客观地审核双方当事人提交的证据，并可通过传唤当事人本人到庭、提交原始证据、依职权调查取证等形式加大审查力度。

（1）强化民间借贷案件的审查力度。法官应对形式上有瑕疵的“欠条”“收条”，充分结合其他证据认定是否存在借贷关系；对现金交付的借贷，可根据交付凭证、支付能力、交易习惯、借款金额大小、当事人之间关系以及当事人陈述的借款经过等情况综合判断。

（2）强化离婚案件中一方当事人为被告的财产纠纷的审查力度。法官应当尽到审慎审查的义务，既要对债务的主要证据进行严格审查，又要对债务形成的资金来源、支付渠道、用途等相关证据进行严格审查；既要审查证据的形式是否合法、真实，也要对证据的内容进行实质性审查，以形成完整的证据链。

（3）强化追索劳动报酬案件的审查力度。法官除对劳动协议进行形式审查之外，

还应结合下列证据进行实质审查：工资支付凭证或记录（职工工资发放花名册）、缴纳各项社会保险费的记录；用人单位向劳动者发放的“工作证”“服务证”等能够证明身份的证件；劳动者填写的用人单位招工招聘“登记表”“报名表”等招工记录；考勤记录；其他劳动者的证言等。

（4）强化司法确认案件的审查力度。对双方主动达成以物抵债协议等调解协议并申请人民法院出具调解书的，法官应当结合案件基础事实，注重审查调解协议是否损害国家利益、社会公共利益或者案外人的合法权益；要注重审查基础法律关系的真实性，审查相关情况时，应当通知双方当事人共同到场对案件进行核实；对于标的额较大的调解协议的确认，除向双方当事人审查相关情况外，必要时可以向调解组织核实有关情况。

（5）强化第三人撤销之诉、案外人执行异议之诉、案外人申请再审、破产等案件的审查力度。在此类案件的审理过程中，应按照有关规定加大调查取证力度，有效识别捏造的债权或者对查封、扣押、冻结财产的优先权、担保物权，发现已经生效的裁判涉及虚假诉讼的，承担审判监督职能的部门要及时予以纠正，并可通过确认权利等方式保护案外人诉权和实体权利；原案当事人之间恶意串通进行虚假诉讼的，依法追究责任。同时，要注意防范有关人员利用上述法律制度，通过制造虚假诉讼，损害生效裁判中合法权利人的利益。

6. 民事诉讼中有下列情形之一的，应当谨慎审查：

（1）原告起诉的事实、理由不合常理，证据存在伪造可能的；

（2）原告诉请司法保护的标的额与其自身经济状况严重不符的；

（3）当事人之间属于亲属、朋友等亲近关系或者关联企业等共同利益关系的；

（4）当事人无正当理由拒不到庭参加诉讼，委托代理人对案件事实陈述不清的；

（5）原、被告配合默契，不存在实质性诉辩对抗的；

（6）调解协议的达成异常容易的；

（7）诉讼中有其他异常表现的。

三、完善内部审查和移送衔接工作机制，形成打击虚假诉讼合力

7. 承办法官或合议庭成员发现案件涉嫌虚假诉讼的，应当向庭长汇报，庭长应当及时组织人员研讨，认为涉嫌虚假诉讼的，应当提请专业法官会议讨论，必要时报主管院长后提请审判委员会讨论。

8. 人民法院决定移送公安机关的虚假诉讼案件，承办法官应当在3日内将可以证明存在虚假诉讼的诉讼事实等线索材料移送公安机关。

9. 对于移送公安机关的案件线索，承办法官应当加强与公安机关的联系，跟踪案件查办进展情况，配合提供案件侦查需要的材料。公安机关对涉嫌犯罪的虚假诉讼案件线索未在规定的 30 日内作出立案、不立案决定的或者应当立案而不予立案的，人民法院应当建议检察机关提出检察监督意见。

10. 对于实施虚假诉讼但尚未构成犯罪的当事人，可以参照《最高人民法院关于公布失信被执行人名单信息的若干规定》，将其列入失信人员名单，积极做好与现有相关信息平台和社会信用体系的对接工作，依法对其进行信用惩戒，并严格按照《中华人民共和国民事诉讼法》的有关规定，对其处以罚款等惩戒措施。

11. 全省各级法院应加强与公安、检察机关的联系协作，增进对虚假诉讼罪等适用标准的共识，严厉打击虚假诉讼犯罪行为。发现律师、法律工作者、鉴定人员、公证人员等违规参与诉讼的，应当依法向司法行政机关提出处理建议；构成犯罪的，依法追究刑事责任。

四、加强审判监督管理，在防范和打击虚假诉讼中全面落实司法责任制

12. 进一步完善院庭长的审判监督管理职责，充分发挥院庭长审判经验丰富的优势，督促审判人员认真履行防范和打击虚假诉讼工作职责，对有虚假诉讼嫌疑的案件及时提醒审判人员做好应对、查处工作。

充分发挥审判委员会、专业法官会议等在审查虚假诉讼中的职能作用，有效防范和打击虚假诉讼。

13. 合理设定办案考核标准，全面科学评价法官办案质量和效果，将防范和打击虚假诉讼工作成绩与法官审判业绩考核相结合，与法官员额退出、惩戒、激励等机制相衔接。

14. 法官因故意或重大过失，未尽到合理审查义务导致未识别虚假诉讼的，应按照《最高人民法院关于完善人民法院司法责任制的若干意见》等相关规定，追究相应责任。

15. 人民法院工作人员参与虚假诉讼的，从严处理；构成犯罪，依法追究刑事责任。

五、加强新闻宣传，积极营造防范和打击虚假诉讼的良好氛围

16. 全省各级法院每年应通过召开新闻发布会等形式至少集中开展一次法律宣传活动，从源头上预防和遏制虚假诉讼违法犯罪行为。

17. 全省各级法院应通过向社会公开发布虚假诉讼典型案例、通过电子送达平台向当事人自动推送虚假诉讼典型案例等形式，有效震慑虚假诉讼违法犯罪行为。

浙江高院召开防范和打击虚假诉讼工作新闻发布会

2021年10月28日，浙江省高级人民法院召开新闻发布会，通报近年来全省法院防范和打击虚假诉讼工作情况，并发布第一批典型案例。

情况通报

2019年1月至2021年9月底，全省法院共查处虚假诉讼案件6205件，其中刑事处罚1067件；虚假诉讼多发的民间借贷领域案件由2018年之前的连续多年两位数增长变为负增长，2018—2020年分别同比下降5.5%、29.5%、23.2%。

虚假诉讼多发态势得到有力遏制，人民群众获得感不断加强，司法公信力持续提升。

加强组织领导，压紧压实防范和打击虚假诉讼工作责任

虚假诉讼是司法审判工作中的一颗“毒瘤”，不仅严重侵害人民群众的合法权益，浪费宝贵的司法资源，还严重破坏法治化营商环境，损害司法权威和公信力。党的十八届四中全会把“加大对虚假诉讼的惩治力度”写入《中共中央关于全面推进依法治国若干重大问题的决定》。2021年，全国开展政法队伍教育整顿，把打击虚假诉讼作为整治顽瘴痼疾的重要任务之一。

浙江高院一直高度重视防范打击虚假诉讼，自2018年以来，已连续四年在全省部署开展“防范和打击虚假诉讼专项行动”，将防范打击虚假诉讼纳入“一把手”工程，将打击虚假诉讼与扫黑除恶专项斗争中治理“套路贷”行动紧密结合，形成了“民事制裁靠前、刑事打击断后，突出精准打击、加强源头治理”的打“假”治“套”总思路。

- 据了解，近三年来宁波、绍兴地区通过梳理全市虚增债务频发的民间借贷案件，并经分析整理，最终分别认定职业放贷人369人、183人。

- 针对虚假诉讼行为隐蔽性高、发现难的问题，绍兴两级法院还依托信息技术，对可能涉嫌虚假诉讼行为的案件进行关联案件检索，通过大数据研判发现虚假诉讼行为线索。

全省法院坚持对虚假诉讼“立案审查从严、拘留罚款从严、刑事追责从严”的基本原则，用足民事制裁“工具箱”，对涉嫌虚假诉讼的案件适用最严打击措施，在法定处罚幅度内依法从严适用罚款、拘留等妨碍民事诉讼强制措施。对于未能以虚假诉讼追究刑事责任的案件，积极审查是否符合伪造证据、妨害作证罪等其他犯罪行为特征，一经查实，一律移送公安机关。

据统计，2019 年 1 月至 2021 年 9 月，全省法院以涉嫌虚假诉讼罪移送公安机关 2005 件，对当事人处以罚款 860 件、拘留 134 件，以虚假诉讼罪定罪处罚 248 件，以诈骗罪定罪处罚 603 件，以其他刑事罪名定罪处罚 184 件，处以其他措施 110 件。

强化内外联动，形成全链条打击虚假诉讼工作格局

近年来，虚假诉讼高发于民间借贷纠纷、财产纠纷、买卖合同纠纷、劳动争议纠纷等领域。为加大对案件量大的地区法院和虚假诉讼高发的案件类型、群体性、系列性案件的甄别和打击力度，浙江高院建立起从虚假诉讼的甄别预警、线索归口移送、民事制裁到刑事处罚、挂牌督办、责任追究的一整套工作流程。

全省三级法院普遍成立虚假诉讼甄别小组。在立案环节，强化当事人涉诉涉执情况的关联检索，从案件入口提升甄别能力。在审理过程中，对涉嫌虚假诉讼的案件，推广适用金华金东等地法院总结的“打击虚假诉讼七查法”，即主动审查、到庭询查、类案清查、串案并查、穿透审查、威慑核查、倒推倒查，切实加大依职权调查的主动审查力度。

● 乐清法院通过制定“打击虚假诉讼职责清单”，细化部门职能，将各节点的目标要求均以条目式列明，加强立案、审判、执行各阶段衔接，细化任务到个案、落实责任到个人。

● 金华市金东区法院紧盯民间借贷、破产等虚假诉讼高发多发领域，组织 37 名员额法官及法官助理对排查出的 1040 件敏感案件“一案一剖析”，发现线索涉 41 人，共 254 条。

为加强防范打击合力，浙江高院 2019 年以来联合省公安厅、省检察院等先后出台《关于办理虚假诉讼刑事案件有关问题的解答》《关于依法严厉打击与民间借贷相关的刑事犯罪强化民间借贷协同治理的会议纪要》等规范性文件，加大刑事惩戒力度和精准度，有力遏制民间借贷领域虚假诉讼、“套路贷”等行为的高发态势。

为加大惩戒力度，浙江高院在全国省级层面首创建立虚假诉讼失信人名单制度，将查实的虚假诉讼失信人信息在“信用中国（浙江）”上公布，并将虚假诉讼失信人信息纳入“五类主体公共信用评价指引”名录，对当事人诚信度进行分类评估、量化评价，加强与金融监管机构、金融企业、行业协会等的沟通衔接，对虚假诉讼行为人进行全方位信用惩戒。

● 宁波法院推出“诚信诉讼码”，采用当事人（含企业）一人一码制，建立诚信诉讼黑黄名单，通过信用码色随案自动提示当事人司法征信等级。2019年以来，已发布四批黑黄名单，其中黑名单252人、13家企业，黄名单410人、11家企业，并将黑黄名单报送信用建设部门，给予3～5年的信用惩戒期。

● 三门法院对纳入虚假诉讼失信人名单的人员，采取不予减免诉讼费等惩戒措施，有效增强了对虚假诉讼的社会威慑力。

坚持数智赋能，全面提升虚假诉讼智能监管水平

发布会上，浙江高院审判委员会委员、审判管理处处长陈增宝介绍了“虚假诉讼风险防控”智能监管系统。这是“浙江全域数字法院”改革和案件质量管控体系建设重点项目，是浙江法院大力推进虚假诉讼智能识别、智能监管标准化建设，完善关联案件检索机制，充分运用大数据、信息化手段挖掘线索，深入研发虚假诉讼智能识别监管模块，切实破解虚假诉讼“发现难”的最新数字化成果。

在全省法院统一的办案办公平台中，系统可对高频诉讼主体集中立案的案件，加强自动预警。目前已在宁波中院、绍兴中院、嵊州法院、三门法院等地进行试点，尝试通过智能识别、关联案件等技术手段对虚假诉讼风险进行全面评估、分级评定、分类处置，从而实现精密防控虚假诉讼的目标效果，下一步将在全省推广。

随着打击力度的日渐加大，虚假诉讼表象愈加复杂化、多元化。全省法院将继续加强案件质量建设，持续深化防范打击虚假诉讼专项行动，压实压紧法官责任，进一步加强虚假诉讼智能识别项目的研发，推进社会诚信体系建设，为促进高质量发展、建设共同富裕示范区营造良好的法治环境。

来源：浙江天平

浙江高院发布防范和打击虚假诉讼第一批典型案例

目录

1. 安吉县人民法院：利用相近字号催讨已抵扣债务构成虚假诉讼罪

2. 常山县人民法院：破产程序中重复申报已清偿完毕的债权构成虚假诉讼

3. 台州市黄岩区人民法院：法律工作者作为虚假诉讼罪共犯定罪处罚

4. 绍兴市越城区人民法院：虚构在先转让事实妨害执行被处罚款

5. 余姚市人民法院：捏造欠薪事实构成虚假诉讼被处罚款

6. 杭州市萧山区人民法院：虚构债权、虚设车辆抵押登记申请实现担保物权构成虚假诉讼罪

7. 龙泉市人民法院：以虚假诉讼行为进行合同诈骗犯罪

8. 武义县人民法院：以虚假仲裁裁决申请执行构成虚假诉讼罪

9. 缙云县人民法院：虚构公司债务妨害民事诉讼构成虚假诉讼罪

10. 温州市龙湾区人民法院：将普通债权捏造为优先于抵押权的租赁权并提出执行异议构成虚假诉讼罪

1. 利用相近字号催讨已抵扣债务构成虚假诉讼罪

——原告宁国市海河转椅厂诉被告唐某华借款合同纠纷、原告楼某秀诉被告唐某华民间借贷纠纷两案

典型意义

在日常经济往来中，当事人草草出具借条、欠条等债权凭证，在债务清偿后又缺乏收回、销毁债权凭证的自我保护意识，容易给不诚信的出借人“换个马甲”二次催要债务的可乘之机。法院在审理过程中注重对虚假诉讼的审查和防范，在发现疑点后，讲究策略、层层拨开案件事实“面纱”，依法果断认定涉嫌虚假诉讼，且对原告的撤诉申请坚决不予准许，不姑息放纵，及时移送公安机关侦查，将涉虚假诉讼当事人绳之以法。

案情与裁判

章某清、唐某华二人合伙经营宁国市中溪海河转椅厂，章某清系实际经营人，楼某秀系该厂财务人员（又系章某清女儿），唐某华系生产厂长。唐某华于2019年2月、6月分别向该厂借款285000元、115000元，但在出具的两份借条中所载借款对象却分别列为“海河转椅厂”和“楼某秀”。同年11月，该两合伙人产生矛盾致合伙终止。结算时，章某清在扣除了唐某华上述两笔共计40万元借款后，还需支付唐某华80余万元退伙款。后尚余约30万元拖欠未付。同年12月，章某清注册设立名为“宁国市海河转椅厂”（相比原厂名少“中溪”二字）的新厂。2020年6月，章某清持前述两份《借条》，分别以新厂、楼某秀为原告诉至安吉法院，要求唐某华归还借款计40万元。新厂在开庭前申请撤诉。

安吉法院审查认为，新厂诉唐某华一案，借条所载借款时间明显早于新厂设立时间，故借条中的“海河转椅厂”并非该案原告，原、被告之间并未真实发生借款关系；楼某秀诉唐某华一案，款项虽源自楼某秀个人账户，但该账户实际用于原合伙厂的日常资金进出，且转账当日该账户余额在40万元以上，作为生产厂长的唐某华若不向该厂而向楼某秀个人借款，不合常理，楼某秀主张系其个人出借疑点重重。

安吉法院认定两案均涉嫌虚假诉讼，对新厂的撤诉申请不予准许，均裁定驳回起诉，并移交公安处理。安吉检察院以章某清的前述行为构成虚假诉讼罪提起公诉，后章某清以该罪名被判处有期徒刑八个月，缓刑一年，并处罚金8000元。

法官评述

合伙终止后的债务纠纷容易产生债务混淆，导致“浑水摸鱼”。法官通过合理引导双方围绕争议事实充分举证，明确要求当事人本人到庭陈述事实以增加内心确信，注重关联案件的审理兼顾、先易后难逐个击破，注重发挥好民事裁判对虚假诉讼事实的侦查指引功能，将民事诉讼中查明的当事人陈述不符常理、不合逻辑等细节在向公安机关移送案件时尽可能详细载明，以便公安机关有针对性地开展后期侦查。两案从移送公安机关侦查到破案、检察机关审查起诉、法院刑事宣判，用时不足4个月，亦证明了此点。

2. 破产程序中重复申报已清偿完毕的债权构成虚假诉讼

——债务人蓝科公司破产重整案

典型意义

因破产管理人并未全程参与债权债务关系的形成、变更和终止，存在信息不对称的现象，导致在破产程序中，容易让虚假申报债权的不法分子“趁火打劫”。本案从公平清偿的角度出发指导管理人收集固定存疑债权证据，最终将虚假申报行为人绳之以法，充分体现了承办法官的职业敏感性、责任感，也大力彰显了人民法院打击虚假诉讼、维护法律权威、提升司法公信力的决心。

案情与裁判

蓝科公司与中超公司于2014年订立《电缆销售合同》，蓝科公司拖欠尾款4.4万元，中超公司于2016年诉诸江苏宜兴法院要求偿付本息6.8万元，获得支持。

蓝科公司因经营管理不善陷入财务危机，于2017年开始集中涉诉，并在强制执行过程中被移送破产审查，中超公司向破产管理人申报了上述6.8万元债权。该笔债权存在诸多疑点：①债权申报时间距该案生效时间已逾法定申请强制执行期限，若未曾申请强制执行则已失权；②若已申请执行，又未附相关执行记录；③蓝科公司当时实力尚可，具备该数额债权的偿付能力，该债权未得到执行的可能性较低。管理人通过向原诉讼法院函询执行情况、与债务人蓝科公司的高管谈话核实该笔债务履行情况、查阅接管的财务资料等，最终查明该债权已执行完毕，并已支付给中超公司。2020年10月，常山法院以中超公司重复申报已清偿完毕的债权，构成虚假诉讼，扰乱司法秩序为由，对中超公司罚款5万元。后中超公司主动支付了罚款。

法官评述

从事破产审判的法官，要时刻保持严惩虚假诉讼的职业敏感，主动加强研判，强化对管理人的指导和监督，切实发挥司法在公平清偿债权债务方面的保驾护航作用。特别注意以下两方面：一是申报破产债权等同于提起民事诉讼。二是申报已清偿的债权属于“捏造”事实。捏造不仅包括积极捏造，即虚构并不存在的法律关系，俗称“无中生有型”的捏造；也包括消极捏造，即隐瞒已消灭的法律关系，俗称“隐瞒真相型”的捏造。重复申报已清偿完毕的债权属于“隐瞒真相型”的捏造事实，应当予以严惩。

3. 法律工作者作为虚假诉讼罪共犯定罪处罚

——被告人王某青虚假诉讼罪一案

典型意义

法律工作者不同于普通的自然人，其具备一定的法律专业知识，谙熟民事诉讼程序规则和证据认定标准，其利用自己的专业知识协助当事人进行虚假诉讼，会增加法院识别虚假诉讼的难度，也会更大程度损害司法公信力。本案的典型性在于有法律工作者共同参与虚假诉讼犯罪，具有较大的警示意义，有助于推动全面规范行业管理，促进法律职业共同体共同维护司法权威，捍卫社会公平正义。

案情与裁判

2017 年，被告人章某方、徐某珠、章某为审批“零土地技改”项目，需将某制衣厂的土地使用权转户至某塑料厂，遂伙同法律工作者被告人王某青伪造了制衣厂与塑料厂的土地买卖协议，并伪造了一张制衣厂已收到塑料厂支付的土地款 25 万元的收条，落款签署时间均为 1998 年，而塑料厂成立于 2013 年。2017 年 8 月，王某青基于上述伪造的土地买卖协议、收条等代理塑料厂提起房屋买卖合同纠纷诉讼，经法院调解，制衣厂确认上述土地使用权及地上附着物均转为塑料厂所有。

案件进入执行阶段后，发现多处疑点：①涉案《土地买卖协议》的落款时间为 1998 年，而塑料厂于 2013 年才成立；②收条落款时间同样是 1998 年，但收条使用的纸张为 2001 年才设立的高桥街道的文书稿纸。两份证据显属伪造。案件移送公安机关侦查后，被告人均主动投案，但仅法律工作者王某青未如实供述犯罪事实。

法院经审理认定被告人章某方、章某、徐某珠伙同被告人王某青，以捏造的事实提起民事诉讼，妨害司法秩序，其行为均已构成虚假诉讼罪，判处九个月至一年三个月不等的有期徒刑，其中以虚假诉讼罪判处被告人王某青有期徒刑十个月，并处罚金 1 万元。王某青上诉后，台州中院维持原判。

法官评述

虚假诉讼共同犯罪的结构形式多样，主要有共同原告之间恶意串通，意图损害被告的合法权益；原、被告间恶意串通、勾结，意图损害案外第三人的合法权益；原告与其他诉讼参与人进行恶意串通，捏造事实、虚构证据，以侵犯被告或案外第三人的合法权益；原告与司法工作人员之间进行恶意串通，为原告谋取利益，侵害被告或案外第三人的合法权益等。本案中被告人王某青作为从事法律服务行业的法律工作者，代理章某方等人进行民事诉讼时，帮助、教唆虚假诉讼行为人捏造事实及证据，并以捏造的事实向法院提起虚假的民事诉讼，其行为成立虚假诉讼罪（帮助犯、教唆犯）与帮助当事人伪造证据罪，属于想象竞合情形，按从一重处罚原则处理。

4. 虚构在先转让事实妨害执行被处罚款

——原告百虹公司与被告洗毛公司、龙凤公司申请执行人执行异议之诉案

典型意义

执行异议之诉是虚假诉讼的高发领域，被执行人通过与案外人串通，虚构买卖合同、租赁合同、赠与合同或离婚协议书等，由案外人据此向法院主张相关权利，并要求停止司法拍卖。由于虚假合同在审判实践中较难认定，需综观全案，发现矛盾之处，着眼细节，揪出“狐狸尾巴”。加大对执行阶段虚假诉讼行为的打击力度，有利于规范司法秩序，维护债权人的合法权益，提升法院司法公信力，促进社会和谐。

案情与裁判

龙凤公司于2013年起租赁洗毛公司厂房，部分自营、部分转租。2020年年初，龙凤公司因经营不善，拖欠房租达260万元，并于1月向洗毛公司出具字据，将应收的加工费100万元、材料款80万元（表述为“设备款厂房内材料80万元”存在争议）、转租收入80万元等折抵给洗毛公司冲抵房租。同年3月上旬，洗毛公司疫情后复工，使用了龙凤公司留存的涉案机器设备。同年3月25日，百虹公司起诉龙凤公司要求其支付货款65.4万元及相应利息，并申请法院保全了龙凤公司留存的上述机器设备。后双方达成调解后，龙凤公司未按约履行，进入执行程序。

案外人洗毛公司向越城法院提出执行异议，提供了与龙凤公司签订的落款为“2020年3月1日”的设备转让协议，认为其已受让上述机器设备，要求解除查封。该异议获支持，百虹公司不服，提起本案执行异议之诉。

法院经审理查明，洗毛公司虽已于2020年3月初接手龙凤公司，占有使用案涉机器设备，但并未在法院查封前达成抵债合意。洗毛公司提交的设备转让协议系查封后倒签日期，是虚假证据。遂判决继续查封前述设备。判决后双方当事人均未上诉，案已生效。后法院认为，洗毛公司为阻碍执行而伪造证据，处以罚款5万元。龙凤公司积极配合调查、悔过态度良好，作书面检讨。

法官评述

执行异议之诉案件中的虚假诉讼行为甄别困难，尤其是倒签合同难以通过现有技术进行有效甄别，而被执行人往往已经停止经营或下落不明，增加了法官查明案件事实的难度。本案中，一是通过案件蛛丝马迹发现矛盾之处。据业内了解，龙凤公司留

存在厂房内价值约80万元的生产材料、该公司应收款、提前退租所余租金等已够足额冲抵所欠租金，无须再以机器设备款冲抵，故前述字据应仅涉材料款，与设备无涉，而设备转让协议以设备价值80万元冲抵厂房租金存疑。二是龙凤公司在调查中并未否认倒签协议，以及厂房租金已经全部冲抵的情况，对此未能作出合理解释，且执行异议程序中的证人又存在陈述相矛盾的情况。三是引导虚假诉讼的当事人及时悔过配合法院查明案件事实。被执行人龙凤公司法人代表四处躲债，承办法官经与其细致沟通，并严肃告知虚假诉讼行为将面临的法律后果后，其最终如实陈述了协议签订经过。

5. 捏造欠薪事实构成虚假诉讼被处罚款

——涉浙江超群公司系列案

典型意义

追索劳动报酬纠纷是虚假诉讼高发案件类型。本系列案涉及当事人多、金额大，且存在以借款、加工款、货款等多种形式的欠款捏造为欠薪的虚假诉讼行为，具有较强代表性、典型性。在后疫情时代，此案也能更好地警示面临经营困难的企业，务必合法有序退出市场，严守诚信诉讼的基本准则。

案情与裁判

龚某民等人在超群公司厂房经司法拍卖所得执行款临界分配之际，向余姚法院提起58起追索劳动报酬纠纷诉讼，各案原告均持超群公司出具的欠条起诉，涉案金额共计382万余元。

案件受理后，承办法官结合双方陈述，在对劳动合同、欠条、工资清单及考勤表等证据进行审查后，多次走访基层组织及劳动侦查大队，分别对各案原告及超群公司法定代表人、会计等制作了70余份询问笔录，调取了超群公司及其关联公司超凡公司历年的工商企业年报、小企业会计准则资产负债表、会计账本、社保缴纳情况、两公司及相关责任人的银行账户往来情况，以及各案原告社保缴纳情况等证据。

经查，超群公司与龚某民等9人恶意串通，虚构劳动关系，提供虚假劳动合同书、工资清单、考勤表、欠条等证据提起诉讼；超群公司与袁某妹恶意串通，隐瞒劳务款已清偿事实，试图获取不法收益，亦涉嫌刑事犯罪。上述10起在诉讼中已查实存在虚假诉讼行为的案件，依法判决驳回各原告诉讼请求，对超群公司罚款50万元，对龚某民等人分别处罚款1万～2万元，对袁某妹等人进行训诫。其余48起案件，虽未在诉讼中查实有虚假诉讼行为，但据庭审情况及调取的证据显示，超群公司与孙某芳等47名原告（其中两案原告系同一人）恶意串通，捏造债权债务关系进行虚假诉讼的可能性较大，48 案所涉债权一旦认定，将对其他债权人的合法债权实现产生重大影响，故依法裁定驳回各原告的起诉，并将有关线索移送公安机关。

法官评述

虚假诉讼案件甄别的难点在于，如何逐一识别并剥离由虚假证据精心编织的华丽外衣。承办法官在审理此系列案件过程中，总结出了“高度警惕、回归常识；能动司法，重点突破；群策群力，联动甄别”这一应对虚假诉讼的办案思路。通过对当事人陈述及证据疑点的查证，发现案件不合常理之处；进而主动出击，多方查证，重点突破；同时，通过庭内法官讨论、专业法官会议等机制，完善审判思路，最终查实虚假诉讼 10 起，并将其他案件相关线索移送公安机关，取得较好警示效果。

6. 虚构债权、虚设车辆抵押登记申请实现担保物权构成虚假诉讼罪

——申请人卢某旭诉被申请人杨某武等 6 人申请实现担保物权系列案

典型意义

受杭州小客车总量调控政策影响，带增量指标车辆司法拍卖火热，老旧车辆往往溢价十几倍，不少不法分子瞄准了借司法拍卖变相倒卖浙 A 车牌赚取高额利润的“商机”，欲通过诉讼变相牟利。法院在审理此系列案时，紧抓各案事实、证据雷同等疑点，结合地方政策，“各个击破”，查明虚构借贷关系事实后，坚决不准予撤诉并移送公安机关处理，进而查获假借司法拍卖套现浙 A 牌照的虚假诉讼犯罪。通过刑事制裁，有力震慑了不法分子。

案情与裁判

2017 年 7 月 5 日，卢某旭持其分别与杨某武等 6 人签订的《借款协议书》《汽车抵押合同》向萧山法院提起申请实现担保物权 6 案，要求准予拍卖、变卖各被申请人名下浙 A 牌照汽车，并对变价所得价款在借款 5 万元范围内优先受偿。萧山法院经查发现，上述 6 案借款协议、收条均为同一格式，借款均为 5 万元，均系现金交付且借款、抵押登记时间均在 2017 年 6 月初，借期均为 15 天，抵押车辆以浙 A 牌照 10 年以上报废车辆为主；申请人对借款交付等细节事实陈述不清，各被申请人均明确表示未实际借款，协议、收条均为虚构。综合以上情节，认定各案均未真实发生借款关系，涉嫌虚假诉讼。另查明，同月受理的康巨公司与汪某生申请实现担保物权等 17 案与前述 6 案案情、证据、请求事项均一致，经审查亦认定涉嫌虚假诉讼。其间，23 案申请人申请撤诉。8 月 2 日，萧山法院对各案均不准许撤诉，裁定驳回申请，并将涉案线索移送

公安机关。侦查发现，康巨公司法定代表人沈某峰、员工王某等5人合谋，由王某出面收购浙A牌照老旧车辆并带车主到康巨公司做虚假抵押贷款，再以借款到期未还为名起诉，借司法拍卖以抵押车辆变相牟利的多起犯罪事实。公诉机关认定，23案申请人因犯罪情节轻微，作相对不起诉处理；汪某生因犯罪事实证据不足，作存疑不诉处理；其余22案均作为虚假诉讼犯罪事实认定，杨某武等22人及沈某峰等5人均被提起公诉。2018年8月17日，萧山法院以虚假诉讼罪对杨某武等27人判处有期徒刑一年二个月至拘役五个月不等刑期，并处罚金。

法官评述

申请实现担保物权案历来是虚假诉讼重灾区，法院在审理时，要注重审查主合同效力、期限、履行情况，担保物权是否有效设立、被担保债权范围、是否已届清偿期等担保物权实现条件，以及是否损害他人合法权益等相关事实，防止双方恶意串通、虚假诉讼。得益于萧山法院申请实现担保物权案件专人专办、集中审理、快审机制，23案从民事立案到审结用时不到一个月，刑事立案、判决用时不到一年，实现了快速排查、高效甄别、有力惩治。

7. 以虚假诉讼行为进行合同诈骗犯罪

——张某伟合同诈骗罪案

典型意义

实务中，对以虚假诉讼行为进行合同诈骗的犯罪，要注意两罪名的区分，主要考虑两个方面：一是犯罪主观目的。虚假诉讼行为往往不是目的，而是犯罪分子为获取非法利益或达成其他非法目的的手段和过程。二是罪刑相适应。要综合考虑犯罪情节进行量刑对比，依照处罚较重的罪名进行定罪处罚。本案通过对两罪名的厘清，正确定罪量刑，对同类案件的处理有一定借鉴意义。

案情与裁判

2012年12月，傅某其、李某兰夫妇向张某伟注资用于开发龙泉市某大厦，投资款计253万元。张某伟另于2014年12月向傅某其借款100万元。2012年12月，张某伟注册飞翔公司，之后开发建造该大厦。2015年3月，叶某为购买大厦办公用房注册天誉公司，之后两公司签订商品房买卖合同并备案登记，约定天誉公司以1168万余元购买大厦第十层四套办公用房，叶某实付约500万元。后因未办成抵押贷款，张某伟以归还现金、以物抵债方式将房屋回购，并取得天誉公司营业执照、商品房买卖合同、公章等。

2015 年，傅某其向张某伟提出退股，双方约定傅某其以 872 万元购买天誉公司名下上述四套房产，该公司法定代表人变更为李某兰。2015 年 11 月 20 日，天誉公司法定代表人由叶某变更为李某兰，同日天誉公司、飞翔公司签订《购房补充协议》，约定购房款抵扣投资款及利润、借款本息后仍需支付 293 万余元，李某兰先支付 230 万元，余款 6 个月内结清。后李某兰按约支付了 230 万元。

2016 年 10 月，张某伟将上述房产再次出售给龙泉市国资公司。2017 年 1 月，张某伟让叶某以天誉公司法定代表人身份向龙泉法院口头起诉，要求解除前述商品房买卖合同，并且张某伟向法院提供了叶某为法定代表人的营业执照复印件、法定代表人身份证明等。后法院作出民事调解书。张某伟凭调解书等向住建局提出退房申请，国资公司取得不动产权证。

2020 年 5 月，龙泉法院以合同诈骗罪判处张某伟有期徒刑 11 年，并处罚金 10 万元；责令退出违法所得 230 万元，返还被害人。张某伟上诉后，丽水中院裁定驳回上诉，维持原判。

法官评述

张某伟隐瞒天誉公司法定代表人变更的事实，并捏造事实提起诉讼，利用民事调解书非法获取已预售登记在天誉公司名下的房产。其行为虽符合虚假诉讼罪构成要件，但根据刑法相关规定，构成虚假诉讼行为，非法占有他人财产或逃避合法债务，又构成其他犯罪的，依照处罚较重的规定定罪从重处罚。本案张某伟合同诈骗金额 230 万元，属于该罪中数额特别巨大情节，量刑为十年以上有期徒刑或无期徒刑，而虚假诉讼罪最高量刑仅七年，若判处虚假诉讼罪则无法贯彻罪刑相适应原则。同时，张某伟的虚假诉讼行为仅是其实施合同诈骗的手段和过程，从其隐瞒一房多卖且拒不向被害人退还购房款等事实来看，非法占有的主观目的明显，以合同诈骗罪论处更为恰当。

8. 以虚假仲裁裁决申请执行构成虚假诉讼罪

——被告人王某、左某文等人虚假诉讼罪一案

典型意义

通过劳动仲裁讨要工资，本是劳动者维护自身权益的合法途径，却被不法分子钻空子。本案王某等人利用被执行人无法发声的窘迫和职工工资优先受偿的便利，“无中生有”捏造工资欠款，掏空公司转移资产，让被执行人成为“替罪羊”。法院在执行中

注重对以虚假仲裁裁决申请执行的监督和防范，通过关联执行案件发现虚假诉讼线索，适时邀请公安机关提前介入，通过对人员关系的梳理和证据实质审查，一步步厘清案件事实真相，待相关证据固定后及时移送公安机关立案，最终对犯罪分子依法进行制裁，成功追回了执行款。

案情与裁判

左某文于2014—2017年承包天平公司厂房。2016年12月，其得知天平公司不动产即将被拍卖，遂伪造一份“2016年3—11月天平公司未发工资清单”，指使相关人员签署文书材料，以此向武义县劳动仲裁委申请仲裁，要求天平公司支付拖欠工资共计128万余元，并授意陈某仙冒充公司财务主管代表公司进行仲裁。王某、严某胜等人明知左某文用伪造的未发工资清单进行仲裁，经左某文授意，仍在相关文书上签字，帮助左某文虚假诉讼，王某还帮助左某文转移部分人的执行款。2017年1月19日，仲裁委作出仲裁调解书，后左某文等人以调解书为依据向武义法院申请执行。执行立案后，根据该调解书将天平公司不动产拍卖款优先支付给了左某文等人。该128万余元款项大部分被左某文用于还债或支付拖欠工程款等。2019年9月，武义法院在办理天平公司另一起执行案件时，发现前案可能涉嫌虚假诉讼。经查发现，该案执行款发放后多数被转入同一账户，王某等人与天平公司的劳动关系存在虚假，左某文等人系基于捏造的欠薪事实进行劳动仲裁并申请执行，故将该案移送公安机关处理。后武义县人民检察院以虚假诉讼罪对左某文等人提起公诉。武义法院以虚假诉讼罪对左某文等人判处有期徒刑三年六个月至八个月不等，并处罚金。

法官评述

以虚假劳动仲裁裁决申请执行的虚假诉讼案件近年频发。在办理此类案件时，应着重把握如下几点：一是提升甄别执行阶段虚假诉讼的敏锐性，注重关联执行案件的线索把握，警惕存在虚假诉讼的风险。对利害关系人提出的异议应高度重视、认真核查。二是注重审核证据，加大对可疑诉讼的调查力度。通过对证据的细致审查，形成内心确信。三是及时对接公安机关，形成打击虚假诉讼合力。此案因涉及人数多、证据收集困难，法院在调查阶段就邀请公安机关提前介入，借助公安系统分析资金流向、查询身份信息，快速核查相关可疑事实；第一时间将事实、证据固定并移送公安机关，并提出下一步侦查意见，以便公安机关有针对性地开展后期侦查，顺利将行为人绳之以法。

9. 虚构公司债务妨害民事诉讼构成虚假诉讼罪
——被告人赵某阳等人诈骗、虚假诉讼系列案

典型意义

一些不法分子为规避债务，与债权人重新签订借条、对账单等债权凭证，虚构债务数额，私盖公司公章，债权人则以虚假债权凭证提起民事诉讼，从而将个人债务转化为公司债务，严重妨害了司法秩序。缙云法官在案件审理过程中，注重对虚假诉讼的审查和防范，在发现疑点后，依法裁定驳回起诉并及时将线索移送公安机关侦查，最终将涉虚假诉讼当事人绳之以法。

案情与裁判

2014 年 4 月 27 日，赵某阳、陈某秋夫妇同沈某强、吕某夫妇签订合同，将其二人名下远洋公司股权转让给沈某强夫妇，并对公司债权债务承担作出约定。但隐瞒了公司原有公章 2 枚的事实。5 月 26 日，赵某阳夫妇将尾号为“520”的公章移交给沈某强，私藏了尾号为“566”的公章。因合同履行出现分歧，股权转让未能如期进行。2015 年 2 月，沈某强夫妇向缙云法院提起确权诉讼。6 月 19 日，法院判决确认沈某强、吕某分别享有远洋公司 80%、20%股权。赵某阳夫妇不服提出上诉，丽水中院判决驳回上诉，维持原判。同年 12 月 23 日，远洋公司股权被强制变更为沈某强夫妇所有。同年 5—8 月，李某强等人分别以借条、对账单作为证据提起民事诉讼，要求远洋公司及赵某阳还款。李某强等人曾对赵某阳夫妇享有债权，但形成时间均晚于股权转让合同签订时间，且无证据证实系用于公司经营。李某强等人明知赵某阳夫妇已签订股权转让合同，将远洋公司股权转让给沈某强夫妇，仍同意赵某阳的提议，虚构欠款额度，加盖赵某阳私藏的远洋公司公章，并提起诉讼，试图将赵某阳个人债务转化为远洋公司债务。经鉴定，李某强等人借条、对账单上加盖的远洋公司公章印文系 2015 年 2—5 月盖印形成。

缙云法院依法判决赵某阳、陈某秋犯虚假诉讼罪，分别判处有期徒刑一年六个月、一年，并处罚金；其二人并因其他犯罪事实被判处诈骗罪、拒不执行判决罪，数罪并罚，受到相应刑事制裁。李某强等人犯虚假诉讼罪，均判处罚金。赵某阳夫妇不服判决，提出上诉。丽水中院裁定驳回上诉，维持原判。

法官评述

虚假诉讼罪的常见情形是通过伪造书证、物证或者双方恶意串通提起民事诉讼，

《中华人民共和国刑法》规定的“妨害司法秩序或者严重侵害他人合法权益”系虚假诉讼行为造成的危害结果。无论从时间还是空间上看，本罪实行行为与危害结果之间均存在一定的间隔。行为开始实施时，并不意味着立刻产生危害结果，只有在特定危害结果发生时才能认定犯罪既遂。在认定此罪时，要注意与妨害民事诉讼的违法行为区分。民事诉讼中，当事人基于趋利避害的本能选择自己的行为方式，《中华人民共和国民事诉讼法》对虚假诉讼行为的处罚有明确规定。因此必须遵循刑法的谦抑性原则，慎重确定处罚范围。此案赵某阳等人恶意串通，通过私藏公章、伪造对账单的方式将个人债务捏造成公司债务并提起诉讼，扰乱正常审判秩序，严重浪费司法资源，符合虚假诉讼罪的构罪要件，应以此罪论处。

10. 将普通债权捏造为优先于抵押权的租赁权并提出执行异议构成虚假诉讼罪
——被告人张某龙虚假诉讼案

典型意义

在民事执行程序中，案外人单方或与被执行人恶意串通，通过伪造虚假租赁合同等手段要求“带租拍卖”，对抗执行的情况时有发生，对执行工作造成严重干扰。准确认定此类行为的性质，正确把握定罪处罚的条件，对不法分子及时绳之以法，有助于维持良好的执行秩序，解决执行难问题。

案情与裁判

王某荣于2011年4月15日向被告人张某龙借款300万元，后无力偿还。2012年5月，张某龙要求王某荣出租其经营的国阀公司名下厂房用以抵偿借款本息。王某荣告知该厂房已于2011年12月2日抵押给建行龙湾支行，张某龙遂要求倒签租赁协议，落款日期为2011年4月15日，起租时间为2011年5月1日。后该厂房交由张某龙转租给案外人董某、张某弟和杨某寨等人使用。

2019年5月28日，龙湾法院发布上述厂房的拍卖预告，并要求张某龙腾空。张某龙遂以案外人身份，持上述倒签租赁协议提出执行异议申请，要求法院在处置涉案不动产时应保障其作为承租人的优先购买权，并进行“带租拍卖”。龙湾法院经调查取证，驳回张某龙的执行异议申请。同年12月20日，龙湾法院以张某龙涉嫌虚假诉讼罪将其移送公安机关侦查，后张某龙主动投案。龙湾检察院以虚假诉讼罪对被告人张某龙提起公诉。

龙湾法院审理认为，张某龙以捏造的事实提起民事诉讼，妨害司法秩序，严重侵害他人合法权益，其行为已构成虚假诉讼罪。张某龙有自首情节，认罪认罚，对其以虚假诉讼罪从轻判处有期徒刑六个月，并处罚金 2 万元。

法官评述

将普通债权捏造为优先权，将直接影响不同利益主体对财产的分配顺位和多寡，对部分债权人带来实质不利后果，从根本上改变了该债权债务关系的性质，妨害司法秩序或者严重侵害他人合法权益，根据实质性判断的要求，应当认定为“无中生有”，捏造事实。本案中，王某荣因非法集资犯罪被判处刑罚，其名下资产根本不足以覆盖普通债权。张某龙要求法院“带租拍卖”和享有“优先购买权”，如其执行异议成立，势将造成法院错误执行，损害抵押权人合法权益。因此，张某龙的行为属于“无中生有型”虚假诉讼行为。同时，以捏造事实提出执行异议，导致人民法院开展调查取证的，应认定亦构成“妨害司法秩序或者严重侵害他人合法权益”。

来源：浙江天平

【新闻发布会】安徽：发布惩防虚假诉讼工作规范性文件

2021年10月20日下午，安徽省检察院联合省高级法院、省公安厅、省司法厅召开新闻发布会，公布四家会签的《关于防范和惩治虚假诉讼的工作指南》（以下简称《指南》），并对联合开展打击虚假诉讼专项活动进行动员部署。

发布会介绍了《指南》制定出台的背景、过程及主要内容。据了解，2019年12月，安徽省检察院就办理的虚假诉讼案件中法院系统存在的共性问题向省法院发送了检察建议（简称“安徽‘三号检察建议’”），其中就建立防范和惩治虚假诉讼协作机制提出了建议，省法院高度重视，积极回应。为建立健全惩防虚假诉讼的长效机制，安徽省检察院牵头起草了防范和惩治虚假诉讼相关工作指南征求意见稿。经与安徽省法院、省公安厅、省司法厅多次座谈研讨、沟通协商，各方达成共识，并于2021年8月会签后印发执行。

据介绍，《指南》共分六个部分38条，从总则、防范措施、案件查处、责任追究、工作机制等方面对法院、检察院、公安机关、司法行政机关就防范和惩治虚假诉讼进行全流程规制，力求为全省司法机关虚假诉讼防惩工作提供全面精准的办案指引。

为进一步加强虚假诉讼的防范和惩治工作，安徽省高级法院、省检察院、省公安厅、省司法厅决定，联合开展为期一年的打击虚假诉讼专项活动。活动分动员部署、全面开展、集中攻坚、总结提升四个阶段，至2022年9月结束。

其间，安徽省各级司法机关将围绕依法办理涉虚假诉讼犯罪刑事案件、涉虚假诉讼民事案件和健全联合防范和惩治虚假诉讼长效机制的工作目标，加强组织领导，注重线索核查，统筹案件查处，强化上下联动，强化横向协作，完善制度机制，及时发布典型案例，并对专项活动开展情况、阶段性成果、典型案例和经验做法等进行宣传报道。

来源：安徽省检察院微信公众号

作者：焦燕

编辑：吴鹏瑶

湖南省高级人民法院关于防范虚假民间借贷诉讼的实施细则（试行）

（湖南省高级人民法院2021年9月12日审判委员会会议通过）

虚假民间借贷诉讼，不仅会损害国家利益与社会公共利益，还会破坏营商环境和司法秩序，严重侵害人民群众的合法权益。为防范虚假民间借贷诉讼，营造诚实守信的诉讼环境，维护司法权威和司法公信力，保障人民群众的合法权益，根据《中华人民共和国民法典》《中华人民共和国民事诉讼法》《最高人民法院、最高人民检察院、公安部、司法部关于进一步加强虚假诉讼犯罪惩治工作的意见》等规定，结合审判实践，制定本实施细则。

一、准确界定虚假民间借贷诉讼

第一条【虚假民间借贷诉讼的概念】虚假民间借贷诉讼，是指在民事主体之间因资金融通行为引发的纠纷中，当事人或其他诉讼参与人，单独或者与他人恶意串通，采取捏造事实、伪造证据、虚假陈述等方式，虚构法律关系提起诉讼，损害国家、社会公共利益，妨害司法秩序，侵害他人合法权益的行为。人民法院要慎重审查民间借贷案件，提高虚假民间借贷诉讼的辨别意识和防范能力。

第二条【虚假民间借贷诉讼的主要表现形式】在审查民间借贷案件时，发现存在下列情形之一的，应当严格审查借贷发生的原因、时间、地点、款项来源、交付方式、款项流向以及借贷双方的关系、经济状况等事实，综合判断是否属于虚假民间借贷诉讼：

（一）出借人明显不具备出借能力的；

（二）出借人主张的借贷事实、理由不符合常理；

（三）涉及大额资金借贷，当事人无法提供转账凭证的；

（四）出借人不能提交债权凭证，或者提交的债权凭证存在伪造的可能；

（五）当事人在一定期限内多次提起或参加民间借贷纠纷的公证、仲裁或诉讼；

（六）当事人无正当理由拒不到庭参加诉讼，委托代理人对借贷事实陈述不清或者陈述前后矛盾；

（七）当事人双方对借贷事实的发生没有争议或者诉辩不符合常理；

（八）一方当事人对于另一方当事人提出的对其不利的事实明确表示承认，且不符合常理的；

（九）借款人的配偶或者合伙人、案外人等其他人员对事实依据提出异议；

（十）当事人在其他纠纷中存在低价转让财产的情形；

（十一）认定案件事实的证据不足，但当事人之间主动迅速达成调解协议，请求人民法院制作调解书的；

（十二）当事人不正当放弃权利；

（十三）其他可能存在虚假民间借贷诉讼的情形。

二、虚假民间借贷诉讼的审查方法

第三条【检索关联案件】在民间借贷纠纷案件的立案、审理阶段，应当通过数字法院系统或类案检索系统等平台，对案件的关联案件，或者案件当事人在其他案件中的涉诉情况进行检索和比对，以此作为判断是否存在证据冲突、事实矛盾、职业放贷人、虚假诉讼等情形的依据。检索情况应制作工作记录，在审理报告、合议笔录中予以反映。

第四条【传唤当事人本人到庭参加诉讼】在审理民间借贷纠纷案件时，发现存在本实施细则第二条所列情形之一的，应当传唤当事人本人到庭参加诉讼、接受调查，详细陈述借贷合意的产生、款项往来及资金用途等情况，严格审查当事人之间是否存在实质性的纠纷。

第五条【依法追加案件利害关系人参加诉讼】在审理民间借贷纠纷案件时，人民法院应当根据《中华人民共和国民事诉讼法》第五十六条的规定，根据当事人的申请或依职权通知担保物权人、保证人、中介人、实际出借人或用款人等与案件处理结果可能存在法律上利害关系的第三人参加诉讼，防范虚假诉讼行为。

第六条【主动依职权调查取证】在审理民间借贷纠纷案件时，应当主动审查明显不符合常理的疑点，适当加大依职权调查取证力度，对当事人提出的其他线索可能影响案件事实认定的，或者当事人之间有恶意串通损害他人合法权益可能的，要依职权调查取证。

第七条【全面、客观审查证据】在审理民间借贷纠纷案件时，人民法院要充分运用逻辑推理和日常生活经验，全面、客观地审查证据：

（一）对于当事人提交的借据、收据、欠条等债权凭证，或者金融机构的转账凭证等，应当审查证据的原件；不能提供原件，但人民法院认为该证据对查明案件基本事实有重要作用的，应当通知经办人、证人出庭作证；对于仅有借条、借据，没有转账凭证的，要详细询问付款方式。

（二）严格审查证据的形式、来源是否符合法律规定。对于单位提供的证明材料，应当审核是否加盖了单位公章，以及单位负责人和制作证明材料人员的签名或者盖章，必要时，可以要求制作证明材料的人员出庭作证。在核对证人身份时，应当严格审查证人与当事人有无利害关系。

（三）在审查证据时，应当准确理解和适用举证责任的相关规定，正确处理当事人举证责任的动态转移，防止机械适用“谁主张，谁举证”的证明规则，从证据与案件事实的关联程度、各证据之间的联系等方面依法全面审查。

第八条【注意防范涉及多方主体的虚假民间借贷诉讼】在审理涉及多方主体的民间借贷纠纷案件时，应当根据下列不同情况，追加借贷关系之外的其他主体参加诉讼，防范虚假诉讼发生：

（一）出借人根据借款人的指示，将款项直接支付给实际收款人的，应追加借款人作为被告参加诉讼。当事人对借款合同的主体无争议，人民法院可以通知实际收款人作为证人参加诉讼以查明借款交付事实；借款人否认收到借款的，可以追加实际收款人为第三人参加诉讼。

（二）出借人根据实际出借人指示，将款项直接支付给借款人的，应当追加实际出借人作为原告，但实际出借人明确表示不愿意参加诉讼且放弃实体权利的除外。当事人对借款合同的主体无争议的，实际出借人可作为证人参加诉讼以查明借款交付事实；借款人否认收到借款的，可以追加实际出借人为第三人参加诉讼。

第九条【审慎确认民间借贷纠纷案件中的调解协议效力】对于民间借贷诉讼当事人申请确认调解协议效力的，根据《中华人民共和国民事诉讼法》第一百九十四条、第一百九十五条的规定，不仅应审查调解协议是否损害国家利益、社会公共利益或者案外人的合法权益，还应结合案件基础事实，审查基础法律关系的真实性。

三、虚假民间借贷诉讼的处理

第十条【涉虚假民间借贷诉讼的处理】人民法院在审理民间借贷纠纷案件时，应当询问当事人是否为虚假诉讼，并说明实施虚假诉讼行为的法律后果。当事人在人民法院询问后申请撤诉的，人民法院可以准许。

人民法院认为民间借贷案件存在虚假诉讼嫌疑，但尚未查实，当事人申请撤诉的，可以予以准许。经审理后查明确系虚假诉讼，原告申请撤诉的，应当不予准许，同时依据《中华人民共和国民事诉讼法》第一百一十二条的规定，驳回其诉讼请求，并视情节轻重予以罚款、拘留。涉嫌犯罪的，应当移送有管辖权的司法机关追究刑事责任。

诉讼参与人或者其他人恶意制造、参与虚假诉讼，人民法院应当依据《中华人民共和国民事诉讼法》第一百一十一条、第一百一十二条和第一百一十三条之规定，依法予以罚款、拘留；构成犯罪的，应当移送有管辖权的司法机关追究刑事责任。

单位恶意制造、参与虚假诉讼的，人民法院应当对该单位进行罚款，并可以对其主要负责人或者直接责任人员予以罚款、拘留；构成犯罪的，应当移送有管辖权的司法机关追究刑事责任。

第十一条【院、庭长审判监督管理】院、庭长应充分发挥审判监督管理职责，对发现存在虚假诉讼嫌疑的民间借贷纠纷案件，应当及时提醒审判人员做好应对、查处工作，并采取查阅卷宗、旁听庭审、审核审理报告、要求合议庭在规定期限内报告案件进展和评议结果，以及提交专业法官会议、审判委员会讨论等方式对案件审理过程进行监管。

第十二条【区分虚假民间借贷诉讼与“套路贷”犯罪行为】“套路贷”是指放贷人虚构法律关系、通过虚增借贷金额、恶意制造违约、肆意认定违约、毁匿还款证据等方式形成虚假债权债务，意图通过诉讼手段实现非法占有他人财产的行为。“套路贷”行为通常假借民间借贷等民事纠纷之名，通过诉讼等方式合法化，具有极强的隐蔽性，但其本质涉嫌违法犯罪，不属于人民法院受理民事案件的范围。

人民法院在审查民间借贷案件时，经审查当事人确为实施“套路贷”行为的，应当依照《最高人民法院关于在审理经济纠纷案件中涉及经济犯罪嫌疑若干问题的规定》《最高人民法院关于审理民间借贷案件适用法律若干问题的规定》，裁定驳回起诉，并将涉嫌犯罪的线索、材料移送公安机关；对于已按民间借贷纠纷审结的“套路贷”行为，应依法启动审判监督程序，撤销原审生效判决，裁定驳回起诉，及时将涉嫌犯罪的线索、材料移送公安机关。

四、其他

第十三条【层报】各级人民法院在审理涉虚假民间借贷诉讼案件中发现新情况、新问题，请及时层报湖南省高级人民法院。

第十四条【解释】本实施细则由湖南省高级人民法院审判委员会负责解释。

第十五条【施行】本实施细则自下发之日试行。

湖南省高级人民法院关于在民事诉讼中防范和制裁虚假诉讼的通知

为营造诚实守信的诉讼环境，维护司法秩序、司法权威和司法公信，保护权利人的合法权益，根据相关法律法规、规范性文件的规定，现就防范和制裁虚假诉讼通知如下：

一、准确理解概念，把握内涵外延

1. 虚假诉讼是指以捏造的事实向人民法院提起民事诉讼的行为。其中，“捏造”是指无中生有、凭空捏造和虚构；“事实”是指行为人据以提起民事诉讼、人民法院据以立案受理、构成民事案由的事实。“捏造事实”行为的本质是捏造民事法律关系、虚构民事纠纷，两者应同时具备、缺一不可。

2. 虚假诉讼实施方式包括“双方串通”和“单方欺诈”两种类型。“双方串通”型虚假诉讼的特点是，双方当事人恶意串通进行虚假诉讼，损害国家、公共利益、案外第三人合法权益，或者逃避履行法定义务，规避相关管理义务，双方当事人之间不存在实质对抗关系。《民事诉讼法》第一百一十二条、第一百一十三条规定了民事审判和执行程序中“双方串通”型虚假诉讼行为特征以及相应的司法处罚措施。

3. “单方欺诈”型虚假诉讼的特点是，一方当事人以捏造的事实提起虚假诉讼，侵害另一方当事人合法权益，双方当事人之间存在实质的利益对抗关系。民事诉讼法规定了“单方欺诈”型虚假诉讼司法处罚措施。要依照《民事诉讼法》第六十三条的规定全面把握证据的外延。当事人实施“单方欺诈”型虚假诉讼行为，符合《民事诉讼法》第一百一十一条规定的“伪造、毁灭重要证据，妨碍人民法院审理案件的”或“以暴力、威胁、贿买方法阻止证人作证或者指使、贿买、胁迫他人作伪证的”相应情形的，依照该条规定处理。

4. 向人民法院申请执行基于捏造的事实作出的仲裁裁决、公证债权文书，或者在民事执行过程中以捏造的事实对执行标的提出异议、申请参与执行财产分配，或者被执行人与他人恶意串通，通过诉讼、仲裁、调解等方式逃避履行法律文书确定的义务，符合“单方欺诈”型或“双方串通”型虚假诉讼的，分别依照《民事诉讼法》第一百一十一条、第一百一十三条规定处理。

二、关注高发领域，提高防范意识

5. 虚假诉讼高发领域包括但不限于以下案件：

（1）民间借贷纠纷案件；

（2）涉及认定、处理夫妻共同债务的离婚、财产纠纷案件；

（3）劳动争议案件；

（4）存在法律或政策限制的房地产权属纠纷案件；

（5）公司分立（合并）、企业破产纠纷案件；

（6）以已经资不抵债或者已经作为被执行人的自然人、法人、非法人组织为被告的财产纠纷案件；

（7）交通事故损害赔偿案件；

（8）保险理赔案件；

（9）拆迁区划范围内的自然人作为诉讼主体的分家析产、继承、房屋买卖合同纠纷案件；

（10）以正在改制中的国有、集体企业为被告的财产纠纷案件；

（11）涉及驰名商标认定案件；

（12）以物抵债案件；

（13）第三人撤销之诉案件；

（14）案外人执行异议之诉案件；

（15）案外人申请再审案件；

（16）其他存在异常现象的案件。

6. 在审判和执行过程中要对照《最高人民法院关于防范和制裁虚假诉讼的指导意见》第二条、《最高人民法院、最高人民检察院关于办理虚假诉讼刑事案件适用法律若干问题的解释》第一条列举的情形，审查是否存在真实的法律关系。对诉讼中双方当事人主动达成调解协议的案件、人民调解协议司法确认案件、一方对另一方提出的于己不利的事实明确表示承认且不符合常理的案件，应严格审查。

7. 在执行公证债权文书和仲裁裁决书、调解书等法律文书过程中，对可能存在双方恶意串通、虚构事实的，要加大实质审查力度，注重审查相关法律文书是否损害国家利益、社会公共利益或者他人的合法权益。

三、注重能动司法，加大制裁力度

8. 经查明属于虚假诉讼，原告申请撤诉的，人民法院应不予准许，并判决驳回其诉讼请求。

9. 对故意制造、参与虚假诉讼的当事人，要加大罚款、拘留等妨碍民事诉讼强制措施的适用力度；对明知他人实施虚假诉讼行为而提供帮助的，要参照侵权责任法中关于共同侵权行为构成要件的规定认定为参与者，适用罚款、拘留等司法处罚措施。

10. 要依照《最高人民法院、最高人民检察院关于办理虚假诉讼刑事案件适用法律若干问题的解释》第二条、第三条的规定，把握人民法院立案后采取保全措施、开庭审理或作出裁判文书等重要程序节点的入罪标准。虚假诉讼行为涉嫌构成犯罪的，人民法院应当依照《最高人民法院关于在审理经济纠纷案件中涉及经济犯罪嫌疑若干问题的规定》第十条有关民刑交叉案件处理的“民刑并行”原则和《最高人民法院、最高人民检察院关于办理虚假诉讼刑事案件适用法律若干问题的解释》第十条有关地域管辖的规定，将相关线索和有关案件材料移送有管辖权的侦查机关。既要保证民事案件的公正和及时处理，又要防止部分民事诉讼当事人恶意利用刑事诉讼手段干扰民事诉讼程序的正常进行。

11. 人民法院工作人员故意制造、参与虚假诉讼的，要依照法官法、法官职业道德基本准则和法官行为规范等规定，从严处理。诉讼代理人故意制造、参与虚假诉讼的，除依法给予司法处罚外，还应当向司法行政部门、行业协会或相关社区、单位、社会团体发出司法建议。鉴定机构、鉴定人故意制造、参与虚假诉讼的，可以根据情节轻重，给予鉴定机构、鉴定人训诫、责令退还鉴定费用、从法院委托鉴定专业机构备选名单中除名等制裁，并向主管部门、行业协会发出司法建议。

12. 在第三人撤销之诉、案外人执行异议之诉、案外人申请再审等案件审理中，发现已生效的裁判属于虚假诉讼的，要及时通过审判监督程序予以纠正；刑事判决认定虚假诉讼构成犯罪，人民法院对已按普通民事纠纷作出的生效民事判决与刑事判决存在冲突的，应及时启动审判监督程序依法对生效民事判决予以纠正。

13. 虚假诉讼侵害他人民事权益，被侵权人提起侵权之诉的，人民法院应依照侵权责任法的相关规定判决侵权人承担侵权责任。

四、加强协作配合，形成治理机制

14. 加强不同法院之间关于当事人和其他诉讼参加人涉诉情况的信息互通；加强法院与检察机关、公安机关、司法行政部门以及地方政府、社区等单位之间的沟通，搭建信息共享平台，全面了解当事人的财产状况、信用记录、违法犯罪历史等内容，为查明是否存在虚假诉讼提供信息支持。

15. 建立虚假诉讼失信人名单制度。将故意制造、参与虚假诉讼的当事人列入失信人名单，逐步开展与现有相关信息平台和社会信用体系接轨工作，对故意制造、参与虚假诉讼的当事人进行全方位限制，加大制裁力度。

16. 加大宣传力度，营造防范制裁虚假诉讼的舆论氛围。要在立案窗口及法庭张贴警示宣传标识，在诉讼风险提示书中告知故意制造、参与虚假诉讼应当承担的法律责任，引导当事人依法行使诉权，诚信诉讼。要加强与电视台、报纸、网络媒体等主流媒体的工作衔接，强化对虚假诉讼司法处罚的舆论引导。要依托法院公众号、微博等自有宣传平台以及主流媒体对虚假诉讼及时曝光，形成震慑。要通过向社会公开发布虚假诉讼典型案例等多种形式，以案说法。

17. 认真总结审判经验。要采取典型案例分析、审判业务交流、庭审观摩、类案检索等多种形式，提高甄别虚假诉讼的司法能力，对民事诉讼中出现的有关虚假诉讼新情况新问题，认真分析研究，及时提出对策。

18. 全省各级人民法院要迅速贯彻落实省法院的工作部署，进一步加大本辖区防范和制裁虚假诉讼工作力度。各中级人民法院应将防范和制裁虚假诉讼情况、取得的成绩及存在的问题在第一时间报送我院。各中级人民法院要加强对辖区基层人民法院检查指导，确保工作落实、落地、落细。

19. 本通知自下发之日起施行。

湖南省高级人民法院
关于依法妥善审理民间借贷案件的意见

2019 年 7 月 5 日

为保障人民群众和广大民事主体在民间借贷中的合法权益，维护正常的资金融通秩序，防范高利贷、“套路贷”、虚假诉讼等各类风险，促进社会和谐稳定，根据《最高人民法院关于依法妥善审理民间借贷案件的通知》及相关法律、司法解释的规定，结合湖南实际，现制定如下意见。

一、合理分配举证证明责任，加大证据审查力度

1. 借贷合同的订立和款项交付是民间借贷纠纷中两项不同的要件事实，出借人对于自己主张的这两项事实均应承担相应的举证证明责任。原则上，出借人应当对借贷合意、借贷金额、期限、利率以及款项交付等承担举证证明责任，借款人主张借款本金、利息等债务已经归还或部分归还的，应当承担举证证明责任。实践中民间借贷案情复杂，人民法院应根据具体案情确定举证证明责任的承担。

2. 出借人仅依据借据、收据、欠条等债权凭证提起诉讼，主张以现金方式支付大额借款本金，借款人又否认借贷事实发生的，如果人民法院仅根据债权凭证及当事人的经济能力，不能查证借贷事实是否发生的，应告知出借人就资金的来源、去向、付款凭据、支付细节等事项继续举证。只有在出借人提供的证据能够证明现金交付的发生具有高度可能性时，才能被视为完成举证证明责任。在出借人尽到了其力所能及的举证证明责任后，人民法院应结合借贷金额、款项交付、当事人的经济能力、当地或者当事人之间的交易方式、交易习惯、当事人财产变动情况以及证人证言等事实和因素综合判断借贷事实是否发生。

3. 对出借人能证明给付事实但不能证明借贷合意，双方对借贷关系存在争议的，出借人应当就双方存在借贷关系进一步提供证据。对能够查明双方存在借贷关系的，按照民间借贷纠纷审理；查明债务属于其他法律关系引起的，人民法院应向当事人释明，由出借人变更诉讼请求和理由后，按其他法律关系审理，出借人坚持不予变更的，判决驳回其诉讼请求。

4. 对于出借人以借据主张债权，借款人抗辩所谓现金支付本金系出借人预先扣除

的高额利息或借据载明的借款金额包含利息或仅为利息，且提供的证据足以使法官对借据载明的本金数额产生合理怀疑的，可以确定由出借人就借据本金数额的真实性承担举证证明责任。

5. 人民法院可以采取下列措施加大证据审查力度，查明事实真相：

（1）传唤当事人本人到庭；

（2）责令当事人提交原始证据或者其他证据；

（3）通知证人出庭作证；

（4）要求当事人签署据实陈述保证书、证人签署如实作证保证书；

（5）依职权委托鉴定；

（6）依申请或依职权调查取证；

（7）依职权追加与案件处理结果可能存在法律上利害关系的当事人；

（8）依法可以采取的其他措施。

二、依法严守法定利率红线，规范民间借贷市场秩序

6. 在借款人未偿还借款，又连续多次重新出具债权凭证的情形下，人民法院应依照《最高人民法院关于审理民间借贷案件适用法律若干问题的规定》第二十八条第一款规定，分别认定各期本金，最终计算出最后一期的本息之和，再依照《最高人民法院关于审理民间借贷案件适用法律若干问题的规定》第二十八条第二款规定，判断最后一期的本息之和有无超过法定上限，即以最初的本金为基数，以年利率24%计算的整个借款期间的利息和最初的本金之和，超过上限的部分，人民法院不予保护。

7. 在借款人偿还部分款项后，又重新出具债权凭证的情形下，《最高人民法院关于审理民间借贷案件适用法律若干问题的规定》第二十八条第二款规定的本息和上限的计算方式发生相应的变化，本息和上限的计算应当以本金数额减少后的实际数额为基数计算，而非以最初借款本金数额为基数。本金数额多次减少的，应分段予以计算。

8. 出借人与第三方小额贷款公司、投资公司、咨询公司、担保公司、网络借贷平台等向借款人预先扣除或实际收取各种“利息”“违约金”“财务费”“服务费”“中介费”“保证金”“担保费”“延期费”等费用的，人民法院应对出借人实际收到的最初借款本金进行审查，对以上述名义突破或变相突破法定利率红线的，应依法不予支持。

三、及时妥善审理民刑交叉案件，保障民事主体程序选择权利

9. 人民法院在审理民间借贷案件过程中，发现民间借贷纠纷涉嫌刑事犯罪的，依照《中华人民共和国民事诉讼法》《最高人民法院关于在审理经济纠纷案件中涉及经济

犯罪嫌疑若干问题的规定》《最高人民法院关于审理民间借贷案件适用法律若干问题的规定》的相关规定，根据具体情况分别处理：

（1）民间借贷行为本身涉嫌非法集资犯罪，人民法院应裁定驳回起诉，退还案件受理费，将涉嫌犯罪的线索、材料移送有权机关；

（2）民间借贷纠纷案件与涉嫌的刑事犯罪虽有关联但不是同一事实，但民间借贷纠纷案件必须以刑事案件审理结果为依据的，人民法院应裁定中止诉讼，并将涉嫌犯罪的线索、材料移送有权机关，中止诉讼的原因消除后，恢复诉讼；

（3）民间借贷纠纷案件与涉嫌的刑事犯罪有关联但不是同一事实，民间借贷纠纷案件无须以刑事案件审理结果为依据的，人民法院应继续审理民间借贷纠纷案件，并将涉嫌犯罪的线索、材料移送有权机关。

四、遏制“套路贷”违法犯罪行为，保护民事主体人身财产权利

10. 民间借贷诉讼中，借款人提出民间借贷行为属于《最高人民法院、最高人民检察院、公安部、司法部关于办理“套路贷”刑事案件若干问题的意见》第1～3条规定的以非法占有为目的，假借民间借贷之名，诱使或迫使被害人签订“借贷”或变相“借贷”“抵押”“担保”等相关协议，通过虚增借贷金额、恶意制造违约、肆意认定违约、毁匿还款证据等方式形成虚假债权债务，并借助诉讼、仲裁、公证或者采用暴力、威胁以及其他手段非法占有被害人财物的“套路贷”违法犯罪活动的，人民法院应严格审查。

人民法院经审查认为民间借贷行为存在“套路贷”情形，出借人申请撤诉的，人民法院应不予准许，并判决驳回诉讼请求，将“套路贷”违法犯罪的线索、材料移送有权机关追究法律责任。

五、警惕暴力索债、恶意追债，保护民事主体人身民主权利

11. 民间借贷诉讼中，借款人提出存在以《最高人民法院、最高人民检察院、公安部、司法部关于办理实施“软暴力”的刑事案件若干问题的意见》第一条至第三条列举的黑恶势力、“软暴力”手段暴力索债、恶意追债行为的，人民法院应严格审查。人民法院经审查认为存在黑恶势力、“软暴力”违法犯罪情形的，应将涉嫌违法犯罪的线索、材料移送有权机关追究法律责任，民间借贷诉讼则根据具体情况按本意见第9条处理。

六、准确甄别虚假作证、虚假诉讼，依法惩处妨碍司法行为

12. 民间借贷诉讼中，案外人提出存在《最高人民法院、最高人民检察院关于办

理虚假诉讼刑事案件适用法律若干问题的解释》第一条、第六条、第七条列举的情形的，应严格审查；人民法院发现存在《最高人民法院关于审理民间借贷案件适用法律若干问题的规定》第十九条列举的情形的，应严格审查。

出借人仅依据借据、收据、欠条等债权凭证或者仅依据金融机构的转账凭证起诉要求归还借款的，如借款人对出借人主张的借款事实直接予以认可，人民法院仍应当严格审查借贷发生的原因、时间、地点、款项来源、交付方式、款项流向以及借贷双方的关系、经济状况等事实，综合判断是否属于虚假诉讼。在查明的事实与双方当事人的主张和自认存在明显矛盾时，人民法院不应对相应借贷事实予以确认。

13. 对当事人之间属于亲友、特定关系人或者关联企业等共同利益关系达成调解协议，或者案件证据不足，但双方仍然主动迅速达成调解协议，并请求人民法院确认调解协议、出具调解书的，人民法院应主动审查全案证据，查明事实，分清是非，严格审查调解协议的合法性，审查调解协议是否损害国家、集体、第三人的利益，不得在事实未查明、责任未分清的情况下确认调解协议。

14. 人民法院经审查并结合相关事实、证据，查明存在虚假民间借贷诉讼情形，出借人申请撤诉的，人民法院应不予准许，判决驳回诉讼请求；对虚假诉讼行为根据情节轻重予以罚款、拘留；虚假诉讼行为构成犯罪的，依法追究刑事责任。

15. 第三人以生效判决、裁定、调解书存在虚假诉讼嫌疑，损害其民事权益，提起第三人撤销之诉的，人民法院应依照《最高人民法院关于适用〈中华人民共和国民事诉讼法〉的解释》第二百九十二条第三项的规定予以受理；经查明属于虚假民间借贷诉讼的，应依照《最高人民法院关于〈中华人民共和国民事诉讼法〉的解释》第三百条的规定撤销原判决、裁定、调解书。

第三人以生效判决、裁定、调解书存在虚假诉讼嫌疑，向恶意制造、参与虚假诉讼者提起侵权之诉，人民法院经查明属于虚假民间借贷诉讼的，应依照《中华人民共和国侵权责任法》的规定判决侵权人承担侵权责任。

16. 刑事判决认定“套路贷”、虚假诉讼构成犯罪，人民法院对已按普通民间借贷纠纷作出的生效民事判决与刑事判决存在冲突的，应及时通过审判监督程序对生效民事判决予以纠正。

七、建立健全风险防范化解机制，形成共同治理格局

17. 人民法院在办理民间借贷诉讼案件中，发现律师、法律工作者、鉴定人、公证人员、司法工作人员等涉及高利贷、“套路贷”、虚假诉讼的，应当及时向有权机关发送司法建议函，并将线索、材料移送有权机关追究责任。

18. 全省各级人民法院在化解民间借贷纠纷的工作中，要围绕党和国家工作大局，依靠党委领导和政府支持，积极采取司法应对措施，全力维护社会和谐稳定。要加强与政府有关职能部门的沟通协调，充分发挥联动效能。要建立和完善系列案件审判执行统一协调机制，避免因裁判标准不一致或者执行工作简单化而激化社会矛盾。要结合民间借贷纠纷案件审判执行工作实际，及时提出司法建议，为有关部门依法采取有效措施提供参考。要加强法制宣传，特别是对典型案件的宣传，引导各类民间借贷主体增强风险防范意识，倡导守法诚信的社会风尚。要认真总结审判经验，密切关注各类敏感疑难问题和典型案件，对审理民间借贷纠纷案件过程中出现的新情况、新问题，认真分析研究成因，尽早提出对策，必要时及时层报我院。

19. 本意见自下发之日起施行。

第二部分

扫黑除恶最新指导意见

彻底摧毁黑恶犯罪的经济基础，防止死灰复燃！

2019年4月9日上午，全国扫黑办首次举行新闻发布会，公开发布最高人民法院、最高人民检察院、公安部、司法部联合印发的关于办理扫黑除恶案件的四个意见。最高人民检察院副检察长、全国扫黑办副主任陈国庆表示，《关于办理黑恶势力刑事案件中财产处置若干问题的意见》（以下简称《意见》）共五个部分24条，从总体工作要求，依法采取措施全面收集证据，准确处置涉案财产，依法追缴、没收其他等值财产及其他等五个方面对涉黑恶财产处置进行了规范。

陈国庆介绍，《意见》要求，公安机关、人民检察院、人民法院在办理黑恶势力犯罪案件时，要全面调查黑恶势力组织及其成员的财产状况，依法对涉案财产采取查询、查封、扣押、冻结等措施，并根据查明的情况，依法作出处理。《意见》明确，要彻底摧毁黑社会性质组织的经济基础，防止其死灰复燃。对于组织者、领导者一般应当并处没收个人全部财产。

陈国庆指出，《意见》具有三大亮点：一是强调依法全面查清黑恶势力涉案财产及利益链条，实现执法办案与保障当事人合法权益相统一。二是强调加大对涉黑恶财产的审查、处置力度。三是强调公检法机关在打击涉黑恶犯罪、处置涉黑恶犯罪财产时要形成合力。

来源：《检察日报》、新华网
作者：史兆琨
编辑：丁靓

为依法严惩黑恶犯罪提供更加坚实法治保障
——“两高两部”负责人就办理扫黑除恶案件的四个意见有关问题答记者问

“套路贷”与民间借贷怎么区分？哪些行为会被界定为“软暴力”犯罪手段？在扫黑除恶专项斗争中如何发挥律师职能作用……4月9日，全国扫黑办首次举办新闻发布会，公开发布最高人民法院、最高人民检察院、公安部和司法部联合印发的关于办理扫黑除恶案件的四个意见。“两高两部”负责人就四个意见有关问题回答了记者提问。

《南方都市报》记者：黑恶势力犯罪的社会危害远大于其他犯罪，政法机关对于黑恶势力历来坚持依法严惩方针，为什么本次出台的意见还要求坚持贯彻落实宽严相济刑事政策？

最高人民法院副院长、全国扫黑办副主任姜伟：这是一个社会比较关注的问题。宽严相济是我国的一项基本刑事政策，黑恶势力犯罪危害人民群众生命财产安全，破坏社会秩序，影响社会稳定。对黑恶势力犯罪依法从严惩处，是我们的一贯方针。

严与宽相辅相成，都是我国刑事政策的体现。“没有区别就没有政策”，依法严惩不能简单地理解为一律从严。为全面发挥刑罚功能，也要贯彻好宽严相济刑事政策，突出打击重点，体现区别对待。严与宽都是相对的，没有严就不能体现宽。黑恶势力犯罪危害严重，与办理其他犯罪案件相比，要从总体上体现依法从严的方针。但黑恶势力犯罪是共同犯罪，具体到犯罪组织的每个成员，其罪行大小、恶性大小、地位作用还是有所不同的。坚持贯彻落实宽严相济刑事政策，就是要根据犯罪嫌疑人、被告人的主观恶性、人身危险性、在黑恶势力犯罪中的地位和作用以及在具体犯罪中的罪责，切实做到宽严有据，罚当其罪。对那些罪大恶极、不知悔改的主要成员，要坚决依法严惩，对那些参与程度不深、犯罪行为较少、所起作用较小的一般成员，要根据具体情况依法从宽。对于具有自首、立功等法定从宽处罚情节的黑恶势力犯罪分子，要依照刑法规定和政策要求，根据具体情况依法从宽处罚。

中央广播电视总台（央视）记者：请问在司法实践中，界定“软暴力”应该注意哪些问题？

公安部副部长、全国扫黑办副主任杜航伟：这次“两高两部”联合出台的意见将“软暴力”界定为一种与暴力、威胁手段并列的犯罪手段。作为犯罪手段的“软暴力”只是行为的一种方法，并不是刑法意义上的一个完整的犯罪行为。也就是说，“软暴力”既可以作为寻衅滋事罪的行为手段，也可作为敲诈勒索罪的行为手段，就像暴力手段既可作为故意伤害罪的手段，也可作为非法拘禁罪的手段一样。特别要强调的是，“软暴力”作为一种违法犯罪手段，是否能够构成犯罪，还应符合具体罪名的构成要件；能否构成黑恶势力，还应当符合黑恶势力的特征和黑恶势力的认定标准。

这次出台的意见对“软暴力”所侵害的法益作了三个类别的划分。这种分类方法避免了仅对“软暴力”客观表现形式进行概括而可能出现的交叉、重复和遗漏，也与刑法分则关于具体犯罪的分类方法保持了一致，并尽可能作了较为全面的列举。此外，意见对打击以“软暴力”手段实施犯罪的具体法律适用，也就是如何定罪处罚等都作了具体、明确的规定。

关于“软暴力”手段认定问题，意见专门明确了客观认定标准。这里要强调的是，意见中讲到两个“足以”，即“软暴力”应当足以使他人产生恐惧、恐慌进而形成心理强制，或者足以影响、限制人身自由，危及人身财产安全，影响正常生活、工作、生产、经营，才能构成违法犯罪的手段。对哪些情形可以认定为“足以”，意见也作了进一步细化。应该说在这个问题上，意见的规定是比较明确的。

在具体的执法实践中，政法各部门会密切配合，坚持依法办案、坚持法定标准，既不扩大、不拔高，也不降格，加强法律监督，强化程序意识和证据意识，确保罚当其罪。

《法制日报》记者：律师是办理扫黑除恶案件的重要参与者。请问司法部是如何指导律师队伍在扫黑除恶专项斗争中积极发挥职能作用的？对下一步贯彻落实这四个意见，司法部有什么安排？

司法部副部长刘振宇：扫黑除恶专项斗争开展以来，司法部和各级司法行政机关高度重视此项工作，周密部署、稳步推进，及时研究出台了有关指导文件，成立了扫黑除恶专项工作律师辩护代理业务指导委员会，并及时通过开展一系列专题培训、轮训，帮助广大律师准确理解和掌握有关政策文件精神，提高办理案件的质量，切实维护当事人合法权益。广大律师也认真履行职责使命，积极参与涉黑涉恶案件辩护代理工作，促进案件顺利办理。截至目前，全国律师共代理涉黑涉恶案件 2.8 万多件，总体平稳顺利，效果很好。

随着扫黑除恶专项斗争的深入推进，进入司法程序的涉黑涉恶案件数量也将逐步增加，有律师反映，以往办理刑事案件中遇到的会见难、阅卷难等问题，在办理涉黑涉恶案件中也不同程度地存在。还有律师反映，随着一些新型黑恶犯罪案件的出现，相关法律适用问题也需要进一步予以明确。这次出台的四个意见，内容涉及黑恶势力、财产处置、“软暴力”、“套路贷”等多个方面，对于司法实践具有很强的针对性与指导性。意见出台过程中，司法部组织多个相关内设厅局进行逐条研究论证，并组织具有丰富刑辩经验的律师代表进行专题研讨，认真梳理汇总相关意见和建议后及时反馈给起草单位，并就意见和建议进行了充分沟通。我相信，这四个意见的出台，有利于为开展扫黑除恶专项斗争提供明确具体的法律指引。

下一步，司法部将重点做好三个方面的工作：一是搞好学习培训。就是要组织全国司法行政系统的相关人员认真学习贯彻意见精神，并指导律师协会对律师进行专题培训，帮助律师准确把握相关法律规定、政策精神，切实提高办案质量和水平。二是严格落实工作责任，要求各级司法行政机关认真指导监督律师依法依规开展辩护代理，协助司法机关做好案件事实关、证据关、程序关和法律适用关的把控，以切实维护当事人的合法权益，维护司法公平和正义。三是进一步完善制度和机制，进一步健全律师执业权利保障制度机制，维护律师在办理黑恶势力犯罪案件中会见、阅卷等各项诉讼权利，为律师开展正当执业活动创造良好条件，不断推动律师参与扫黑除恶专项斗争的深入开展并发挥更大的作用。

中央广播电视总台（央广）记者：“软暴力”犯罪现在呈现出怎样的形势？哪些行为会被界定为“软暴力”犯罪手段？

公安部副部长、全国扫黑办副主任杜航伟：随着经济社会发展，扫黑除恶力度在加大，黑恶势力为了逃避打击，不断变换犯罪手法，逐渐摒弃了原来明火执仗、打打杀杀的明显暴力手段，转而采取易对他人形成心理强制的“软暴力”。“软暴力”的叫法越来越多，犯罪分子，特别是一些黑恶势力犯罪分子用这种手法也越来越多。比如跟踪滋扰他人、恶意举报诬陷、播哀乐摆花圈、喷油漆堵锁眼、摆场架势示威等。我们经常能够从一些新闻媒体报道，或者从一些案例里面看到，这是我们列举的“软暴力”的犯罪手法。

从表现形式上看，“软暴力”与暴力明显不同，但其危害后果却与传统暴力犯罪相同，甚至有些造成的后果超过了传统暴力犯罪。比如，浙江公安机关前不久侦办的一起“套路贷”案件中，当被害人落入债务陷阱、无力偿还时，犯罪团伙便通过对被害人及其家属、通讯录朋友进行威胁、恐吓、骚扰等手段，逼迫被害人偿还虚高债务。被害人张某因无力偿还虚高债务，遭受到该团伙的“软暴力”催收，团伙成员向其发送各种恐吓、侮辱性的图片，最终张某不堪忍受，被逼自杀。

这次制定的意见中，对“软暴力”犯罪表现形式作了具体的列举。一是侵犯人身权利、民主权利、财产权利的手段，如跟踪贴靠、扬言传播疾病、揭发隐私、恶意举报、诬告陷害、破坏、霸占财物等；二是扰乱正常生活、工作、生产、经营秩序的手段，如非法侵入他人住宅、破坏生活设施、设置生活障碍、贴报喷字、拉挂横幅、燃放鞭炮、播放哀乐、摆放花圈、泼洒污物、断水断电，以及通过驱赶从业人员、派驻人员据守等方式直接或间接地控制厂房、办公区、生产区、经营场所等；三是扰乱社会秩序的手段，如摆场架势示威、聚众哄闹滋扰、拦路闹事等；四是符合“软暴力”定义的其他违法犯罪手段。此外，对于通过信息网络或者通信工具实施，只要符合“软暴力”定义的违法犯罪手段，也应当认定为“软暴力”。

应该说这次意见解决了前段时间在扫黑除恶专项斗争中，包括打击其他一些刑事犯罪中，“软暴力”长期困扰基层执法工作的难题。下一步，公安机关要认真贯彻落实、组织实施。

新华社记者：意见对涉黑恶犯罪财产的处置方式增加规定了“追缴、没收其他等值财产”，请问在具体实施过程中，如何防止损害被告人及第三人的合法权益？

最高人民检察院副检察长、全国扫黑办副主任陈国庆：2018 年 1 月专项斗争开展以后，“两高两部”制定下发了《关于办理黑恶势力犯罪案件若干问题的指导意见》，统一执法思想，明确执法尺度。该意见第二十九条规定：依法应当追缴、没收的涉案财产无法找到、被他人善意取得、价值灭失或者与其他合法财产混合且不可分割的，可以追缴、没收其他等值财产。该条规定符合司法实践的需要，也符合法律的基本原则，包括《联合国打击跨境有组织犯罪公约》也对此作了类似的规定。

在司法实践中，不少基层司法人员提出，对 2018 年指导意见第二十九条如何操作应当规定明确统一的标准。比如，什么叫作“无法找到”，为了避免对“无法找到”的理解产生歧义，本意见对此进行了说明：“无法找到”就是指有证据证明存在依法应当追缴、没收的财产，但无法查证财产去向、下落的。被告人如果有不同的意见，应当出示相关证据。

采取处置等值财产措施时必须有证据能证明财产无法找到、被他人善意取得、价值灭失或者与其他合法财产混合且不可分割，具备这些条件，才能启动没收等值财产这种处理方式。同时，意见也赋予了被告人提出不同意见的权利，但需要被告人举证。财产数额的对等性也是本意见特别强调的，没收的财产数额必须是与依法应当追缴、没收的涉案财产对应数额，必须是等值财产，在执行中要注意保护被告人和第三人合法权益。

《人民日报》记者：人民群众对黑恶势力深恶痛绝，但什么是黑、什么是恶，很多没有接触过法律工作的人可能并没有一个十分清晰的概念，请问对恶势力犯罪集团和黑社会性质组织究竟怎么区别？

最高人民法院副院长、全国扫黑办副主任姜伟：这个问题是司法实践中经常遇到的问题，涉及罪与罚的问题。黑恶势力犯罪严重危害人民群众生命财产安全，严重侵蚀人民群众的获得感、幸福感、安全感，历来是司法机关的惩治重点。恶势力集团属于共同犯罪，与黑社会性质组织有一定相似性，实践中容易对两者产生混淆。他们的相同点：一是都具有暴力性，都是通过暴力或者以暴力相威胁等手段进行违法犯罪活动；二是都具有逐利性，都是通过作恶斗狠达到攫取经济利益的目的；三是都具有组织性，都具备一定的组织形态；四是具有相类似的危害性，为非作恶、欺压百姓。通俗地讲，恶势力犯罪集团是黑社会性质组织的低端形态，都是打击重点。

但在法律意义上，恶势力犯罪集团与黑社会性质组织是两种不同的犯罪行为，犯罪性质不同，法律后果也不同，所以不能对二者进行混同。《刑法》第二百九十四条专门规定了组织、领导、参加黑社会性质组织罪，并设置了相应的刑罚。所以黑社会性质组织是一种独立的犯罪行为，而恶势力并不是一个法律概念，也不是独立罪名，而是一种共同犯罪的特殊形式，是量刑时要考虑的从重情节。

实践中，一般从以下几个方面来把握恶势力犯罪集团与黑社会性质组织的区别：一是组织程度不同。黑社会性质组织的组织更稳定、结构更严密、人数更多、规则也更具体。黑社会性质组织一般具有明确的组织、领导者，基本固定的骨干成员，相对稳定的积极参加者，这三个层级比较明显，职责分工较为明确。二是经济特征不同。不少黑社会性质组织有明显的公司化运作的特征，相比恶势力犯罪集团具有更强的经济实力，可以对某一经济领域产生重大影响，甚至在一定地方实现垄断。三是危害程度不同。是否在一定区域、行业形成了反社会秩序，实现了非法控制，是认定黑社会性质组织成立与否的决定性标志，也是黑社会性质组织与恶势力犯罪集团的关键区别点。

在司法实践中认定黑恶势力犯罪要防止两种倾向，既不能将恶势力犯罪“拔高”定为黑社会性质组织犯罪，也不能将黑社会性质组织犯罪“降格”处理为恶势力犯罪。

澎湃新闻记者：全国扫黑办把“打财断血”作为今年专项斗争的重点工作之一，这次出台的意见对黑恶势力刑事案件涉案财产是如何界定的？请介绍一下界定的具体情况和认定标准。

最高人民检察院副检察长、全国扫黑办副主任陈国庆：今年扫黑除恶专项斗争的重点工作要突出“深挖根治”，在严厉打击惩处涉黑恶犯罪的同时，注重向铲除黑恶势力滋生的土壤延伸。

“有组织地通过违法犯罪活动或者其他手段获取经济利益”是黑恶犯罪的主要目

的，黑恶势力犯罪组织往往利用经济利益支持违法犯罪活动，使其自身借以发展壮大并嬗变为黑社会性质组织。因此，铲除黑恶犯罪的经济基础是扫黑除恶专项斗争的重点。准确界定黑恶势力犯罪组织涉案财产是“打财断血”的前提。财力决定黑恶势力犯罪组织的规模和实力。

在总结司法实践的基础上，意见对黑恶势力犯罪组织涉案财产作了以下几个方面的明确界定：一是包括黑恶势力组织的财产；二是包括犯罪嫌疑人个人所有的财产；三是包括犯罪嫌疑人实际控制的财产；四是包括犯罪嫌疑人出资购买的财产；五是包括犯罪嫌疑人转移至他人名下的财产，按照法律规定把线索查清楚；六是包括犯罪嫌疑人涉嫌洗钱以及掩饰、隐瞒犯罪所得、犯罪所得收益等犯罪涉及的财产；七是包括其他与黑恶势力组织及其违法犯罪活动有关的财产。

我们要求必须坚持抓捕涉黑涉恶犯罪涉案人员和查清涉案财产同步进行，要依法彻底摧毁黑恶势力犯罪的经济基础。

《中国青年报》记者：可否结合具体案例谈谈怎么区分“套路贷”与民间借贷？

最高人民法院副院长、全国扫黑办副主任姜伟：“套路贷”是对某一类犯罪行为的通称，具体说是对以非法占有为目的，诱使或迫使被害人签订“借贷”或变相“借贷”“抵押”“担保”等相关协议，通过虚增借贷金额、恶意制造违约、肆意认定违约等方式形成虚假债权债务，并以非法手段占有被害人财物的相关违法犯罪活动的概括性称谓。在“套路贷”案件中，行为人假借民间借贷之名，具有非常强的隐蔽性和迷惑性。“套路贷”与普通的民间借贷有着本质区别。民间借贷的本金和合法利息均受法律保护，而“套路贷”本质上属于违法犯罪行为，“套路贷”实质就是一个披着民间借贷外衣行诈骗之实的骗局，应受法律惩处。

实践中，区分“套路贷”和民间借贷主要靠以下几点：

第一，看有无非法占有他人财产目的，这是“套路贷”与民间借贷的本质区别。民间借贷的目的是获取利息收益，借贷双方主观上都不希望发生违约的情况，出借人希望借款人能按时还款。而“套路贷”是以借款为幌子，通过设计套路，引诱、逼迫借款人垒高债务，最终达到非法占有借款人财产的目的。比如，有的案件中，被告人为了占有借款人的房产，就诱使他人先借款 5 万元，然后以种种借口约定 5 年内归还借款本息 19 万元。随后被告人采用肆意认定违约、虚假转单平账等手段垒高债务，将借款人的房产强行抵押、最终变现，最后非法占有借款人的财产达 102 万元。可见，“套路贷”的目的并不是获取约定的利息，而是非法占有被害人的财产。

第二，看是否具有“诈骗”的性质。民间借贷是双方真实意愿下的借贷行为，而“套路贷”都具有骗的性质。行为人处心积虑设计各种套路，制造债权债务假象，非法强占他人财产。例如，有的犯罪分子往往会以低息、无抵押等为诱饵吸引被害人“上钩”，以行业规矩为由诱使被害人签订虚高借款合同，谎称只要按时还款，虚高的借款金额就不用还，然后制造虚假给付痕迹，采用拒绝接受还款等方式刻意制造违约，通过一系列“套路”形成高额债务，达到非法占有他人财物的目的。

第三，看讨债手段是否具有强制性。“套路贷”制造虚高的借款金额，违背被害人的意志，被害人不可能自愿还债，所以“套路贷”行为人往往软硬兼施索债，通常以暴力、“软暴力”、滋扰或者借助诉讼等方式迫使被害人还债。

需要注意的是，区分“套路贷”和民间借贷，要根据案件事实和证据综合评判，不能只关注某个因素、某个情节。例如，不能仅仅看有无暴力讨债行为来区别二者，民间借贷活动也可能诱发非法讨债行为，如讨债时以暴力或者暴力相威胁。如果这一行为构成故意伤害或者非法拘禁等犯罪的，要依法追究刑事责任，也就是说因民间借贷引发的暴力讨债行为，符合法律规定的要定相关的罪名，但不能认定为“套路贷”案件中的恶势力犯罪。

来源：《检察日报》

作者：史兆琨

最高人民法院　最高人民检察院　公安部　司法部关于办理黑恶势力刑事案件中财产处置若干问题的意见

为认真贯彻中央关于开展扫黑除恶专项斗争的重大决策部署，彻底铲除黑恶势力犯罪的经济基础，根据刑法、刑事诉讼法及最高人民法院、最高人民检察院、公安部、司法部联合发布的《关于办理黑恶势力犯罪案件若干问题的指导意见》（法发〔2018〕1号）等规定，现对办理黑恶势力刑事案件中财产处置若干问题提出如下意见：

一、总体工作要求

1. 公安机关、人民检察院、人民法院在办理黑恶势力犯罪案件时，在查明黑恶势力组织违法犯罪事实并对黑恶势力成员依法定罪量刑的同时，要全面调查黑恶势力组织及其成员的财产状况，依法对涉案财产采取查询、查封、扣押、冻结等措施，并根据查明的情况，依法作出处理。

前款所称处理既包括对涉案财产中犯罪分子违法所得、违禁品、供犯罪所用的本人财物以及其他等值财产等依法追缴、没收，也包括对被害人的合法财产等依法返还。

2. 对涉案财产采取措施，应当严格依照法定条件和程序进行。严禁在立案之前查封、扣押、冻结财物。凡查封、扣押、冻结的财物，都应当及时进行审查，防止因程序违法、工作瑕疵等影响案件审理以及涉案财产处置。

3. 对涉案财产采取措施，应当为犯罪嫌疑人、被告人及其所扶养的亲属保留必需的生活费用和物品。

根据案件具体情况，在保证诉讼活动正常进行的同时，可以允许有关人员继续合理使用有关涉案财产，并采取必要的保值保管措施，以减少案件办理对正常办公和合法生产经营的影响。

4. 要彻底摧毁黑社会性质组织的经济基础，防止其死灰复燃。对于组织者、领导者一般应当并处没收个人全部财产。对于确属骨干成员或者为该组织转移、隐匿资产的积极参加者，可以并处没收个人全部财产。对于其他组织成员，应当根据所参与实施违法犯罪活动的次数、性质、地位、作用、违法所得数额以及造成损失的数额等情节，依法决定财产刑的适用。

5. 要深挖细查并依法打击黑恶势力组织进行的洗钱以及掩饰、隐瞒犯罪所得、犯罪所得收益等转变涉案财产性质的关联犯罪。

二、依法采取措施全面收集证据

6. 公安机关侦查期间，要根据《公安机关办理刑事案件适用查封、冻结措施相关规定》（公通字〔2013〕30 号）等有关规定，会同有关部门全面调查黑恶势力及其成员的财产状况，并可以根据诉讼需要，先行依法对下列财产采取查询、查封、扣押、冻结等措施：

（1）黑恶势力组织的财产；

（2）犯罪嫌疑人个人所有的财产；

（3）犯罪嫌疑人实际控制的财产；

（4）犯罪嫌疑人出资购买的财产；

（5）犯罪嫌疑人转移至他人名下的财产；

（6）犯罪嫌疑人涉嫌洗钱以及掩饰、隐瞒犯罪所得、犯罪所得收益等犯罪涉及的财产；

（7）其他与黑恶势力组织及其违法犯罪活动有关的财产。

7. 查封、扣押、冻结已登记的不动产、特定动产及其他财产，应当通知有关登记机关，在查封、扣押、冻结期间禁止被查封、扣押、冻结的财产流转，不得办理被查封、扣押、冻结财产权属变更、抵押等手续。必要时可以提取有关产权证照。

8. 公安机关对于采取措施的涉案财产，应当全面收集证明其来源、性质、用途、权属及价值的有关证据，审查判断是否应当依法追缴、没收。

证明涉案财产来源、性质、用途、权属及价值的有关证据一般包括：

（1）犯罪嫌疑人、被告人关于财产来源、性质、用途、权属、价值的供述；

（2）被害人、证人关于财产来源、性质、用途、权属、价值的陈述、证言；

（3）财产购买凭证、银行往来凭据、资金注入凭据、权属证明等书证；

（4）财产价格鉴定、评估意见；

（5）可以证明财产来源、性质、用途、权属、价值的其他证据。

9. 公安机关对应当依法追缴、没收的财产中黑恶势力组织及其成员聚敛的财产及其孳息、收益的数额，可以委托专门机构评估；确实无法准确计算的，可以根据有关法律规定及查明的事实、证据合理估算。

人民检察院、人民法院对于公安机关委托评估、估算的数额有不同意见的，可以重新委托评估、估算。

10. 人民检察院、人民法院根据案件诉讼的需要，可以依法采取上述相关措施。

三、准确处置涉案财产

11. 公安机关、人民检察院应当加强对在案财产的审查甄别。在移送审查起诉、提起公诉时，一般应当对采取措施的涉案财产提出处理意见建议，并将采取措施的涉案财产及其清单随案移送。

人民检察院经审查，除对随案移送的涉案财产提出处理意见外，还需要对继续追缴的尚未被足额查封、扣押的其他违法所得提出处理意见建议。

涉案财产不宜随案移送的，应当按照相关法律、司法解释的规定，提供相应的清单、照片、录像、封存手续、存放地点说明、鉴定、评估意见、变价处理凭证等材料。

12. 对于不宜查封、扣押、冻结的经营性财产，公安机关、人民检察院、人民法院可以申请当地政府指定有关部门或者委托有关机构代管或者托管。

对易损毁、灭失、变质等不宜长期保存的物品，易贬值的汽车、船艇等物品，或者市场价格波动大的债券、股票、基金等财产，有效期即将届满的汇票、本票、支票等，经权利人同意或者申请，并经县级以上公安机关、人民检察院或者人民法院主要负责人批准，可以依法出售、变现或者先行变卖、拍卖，所得价款由扣押、冻结机关保管，并及时告知当事人或者其近亲属。

13. 人民检察院在法庭审理时应当对证明黑恶势力犯罪涉案财产情况进行举证质证，对于既能证明具体个罪又能证明经济特征的涉案财产情况相关证据在具体个罪中出示后，在经济特征中可以简要说明，不再重复出示。

14. 人民法院作出的判决，除应当对随案移送的涉案财产作出处理外，还应当在判决书中写明需要继续追缴尚未被足额查封、扣押的其他违法所得；对随案移送财产进行处理时，应当列明相关财产的具体名称、数量、金额、处置情况等。涉案财产或者有关当事人人数较多，不宜在判决书正文中详细列明的，可以概括叙述并另附清单。

15. 涉案财产符合下列情形之一的，应当依法追缴、没收：

（1）黑恶势力组织及其成员通过违法犯罪活动或者其他不正当手段聚敛的财产及其孳息、收益；

（2）黑恶势力组织成员通过个人实施违法犯罪活动聚敛的财产及其孳息、收益；

（3）其他单位、组织、个人为支持该黑恶势力组织活动资助或者主动提供的财产；

（4）黑恶势力组织及其成员通过合法的生产、经营活动获取的财产或者组织成员个人、家庭合法财产中，实际用于支持该组织活动的部分；

（5）黑恶势力组织成员非法持有的违禁品以及供犯罪所用的本人财物；

（6）其他单位、组织、个人利用黑恶势力组织及其成员违法犯罪活动获取的财产及其孳息、收益；

（7）其他应当追缴、没收的财产。

16. 应当追缴、没收的财产已用于清偿债务或者转让，或者设置其他权利负担，具有下列情形之一的，应当依法追缴：

（1）第三人明知是违法犯罪所得而接受的；

（2）第三人无偿或者以明显低于市场的价格取得涉案财物的；

（3）第三人通过非法债务清偿或者违法犯罪活动取得涉案财物的；

（4）第三人通过其他方式恶意取得涉案财物的。

17. 涉案财产符合下列情形之一的，应当依法返还：

（1）有证据证明确属被害人合法财产；

（2）有证据证明确与黑恶势力及其违法犯罪活动无关。

18. 有关违法犯罪事实查证属实后，对于有证据证明权属明确且无争议的被害人、善意第三人或者其他人员合法财产及其孳息，凡返还不损害其他利害关系人的利益，不影响案件正常办理的，应当在登记、拍照或者录像后，依法及时返还。

四、依法追缴、没收其他等值财产

19. 有证据证明依法应当追缴、没收的涉案财产无法找到、被他人善意取得、价值灭失或者与其他合法财产混合且不可分割的，可以追缴、没收其他等值财产。

对于证明前款各种情形的证据，公安机关或者人民检察院应当及时调取。

20. 本意见第19条所称“财产无法找到”，是指有证据证明存在依法应当追缴、没收的财产，但无法查证财产去向、下落的。被告人有不同意见的，应当出示相关证据。

21. 追缴、没收的其他等值财产的数额，应当与无法直接追缴、没收的具体财产的数额相对应。

五、其他

22. 本意见所称孳息，包括天然孳息和法定孳息。

本意见所称收益，包括但不限于以下情形：

（1）聚敛、获取的财产直接产生的收益，如使用聚敛、获取的财产购买彩票中奖所得收益等；

（2）聚敛、获取的财产用于违法犯罪活动产生的收益，如使用聚敛、获取的财产赌博赢利所得收益、非法放贷所得收益、购买并贩卖毒品所得收益等；

（3）聚敛、获取的财产投资、置业形成的财产及其收益；

（4）聚敛、获取的财产和其他合法财产共同投资或者置业形成的财产中，与聚敛、获取的财产对应的份额及其收益；

（5）应当认定为收益的其他情形。

23. 本意见未规定的黑恶势力刑事案件财产处置工作其他事宜，根据相关法律法规、司法解释等规定办理。

24. 本意见自 2019 年 4 月 9 日起施行。

最高人民法院　最高人民检察院　公安部　司法部
关于办理恶势力刑事案件若干问题的意见

为认真贯彻落实中央开展扫黑除恶专项斗争的部署要求，正确理解和适用最高人民法院、最高人民检察院、公安部、司法部《关于办理黑恶势力犯罪案件若干问题的指导意见》（法发〔2018〕1号，以下简称《指导意见》），根据刑法、刑事诉讼法及有关司法解释、规范性文件的规定，现对办理恶势力刑事案件若干问题提出如下意见：

一、办理恶势力刑事案件的总体要求

1. 人民法院、人民检察院、公安机关和司法行政机关要深刻认识恶势力违法犯罪的严重社会危害，毫不动摇地坚持依法严惩方针，在侦查、起诉、审判、执行各阶段，运用多种法律手段全面体现依法从严惩处精神，有力震慑恶势力违法犯罪分子，有效打击和预防恶势力违法犯罪。

2. 人民法院、人民检察院、公安机关和司法行政机关要严格坚持依法办案，确保在案件事实清楚，证据确实、充分的基础上，准确认定恶势力和恶势力犯罪集团，坚决防止人为拔高或者降低认定标准。要坚持贯彻落实宽严相济刑事政策，根据犯罪嫌疑人、被告人的主观恶性、人身危险性，在恶势力、恶势力犯罪集团中的地位、作用以及在具体犯罪中的罪责，切实做到宽严有据、罚当其罪，实现政治效果、法律效果和社会效果的统一。

3. 人民法院、人民检察院、公安机关和司法行政机关要充分发挥各自职能，分工负责，互相配合，互相制约，坚持以审判为中心的刑事诉讼制度改革要求，严格执行“三项规程”，不断强化程序意识和证据意识，有效加强法律监督，确保严格执法、公正司法，充分保障当事人、诉讼参与人的各项诉讼权利。

二、恶势力、恶势力犯罪集团的认定标准

4. 恶势力，是指经常纠集在一起，以暴力、威胁或者其他手段，在一定区域或者行业内多次实施违法犯罪活动，为非作恶，欺压百姓，扰乱经济、社会生活秩序，造成较为恶劣的社会影响，但尚未形成黑社会性质组织的违法犯罪组织。

5. 单纯为牟取不法经济利益而实施的“黄、赌、毒、盗、抢、骗”等违法犯罪活动，不具有为非作恶、欺压百姓特征的，或者因本人及近亲属的婚恋纠纷、家庭纠纷、邻里纠纷、劳动纠纷、合法债务纠纷而引发以及其他确属事出有因的违法犯罪活动，不应作为恶势力案件处理。

6. 恶势力一般为3人以上，纠集者相对固定。纠集者，是指在恶势力实施的违法犯罪活动中起组织、策划、指挥作用的违法犯罪分子。成员较为固定且符合恶势力其他认定条件，但多次实施违法犯罪活动是由不同的成员组织、策划、指挥，也可以认定为恶势力，有前述行为的成员均可以认定为纠集者。

恶势力的其他成员，是指知道或应当知道与他人经常纠集在一起是为了共同实施违法犯罪，仍按照纠集者的组织、策划、指挥参与违法犯罪活动的违法犯罪分子，包括已有充分证据证明但尚未归案的人员，以及因法定情形不予追究法律责任，或者因参与实施恶势力违法犯罪活动已受到行政或刑事处罚的人员。仅因临时雇佣或被雇佣、利用或被利用以及受蒙蔽参与少量恶势力违法犯罪活动的，一般不应认定为恶势力成员。

7. “经常纠集在一起，以暴力、威胁或者其他手段，在一定区域或者行业内多次实施违法犯罪活动”，是指犯罪嫌疑人、被告人于2年之内，以暴力、威胁或者其他手段，在一定区域或者行业内多次实施违法犯罪活动，且包括纠集者在内，至少应有2名相同的成员多次参与实施违法犯罪活动。对于“纠集在一起”时间明显较短，实施违法犯罪活动刚刚达到“多次”标准，且尚不足以造成较为恶劣影响的，一般不应认定为恶势力。

8. 恶势力实施的违法犯罪活动，主要为强迫交易、故意伤害、非法拘禁、敲诈勒索、故意毁坏财物、聚众斗殴、寻衅滋事，但也包括具有为非作恶、欺压百姓特征，主要以暴力、威胁为手段的其他违法犯罪活动。

恶势力还可能伴随实施开设赌场、组织卖淫、强迫卖淫、贩卖毒品、运输毒品、制造毒品、抢劫、抢夺、聚众扰乱社会秩序、聚众扰乱公共场所秩序或交通秩序以及聚众“打砸抢”等违法犯罪活动，但仅有前述伴随实施的违法犯罪活动，且不能认定具有为非作恶、欺压百姓特征的，一般不应认定为恶势力。

9. 办理恶势力刑事案件，“多次实施违法犯罪活动”至少应包括1次犯罪活动。对于反复实施强迫交易、非法拘禁、敲诈勒索、寻衅滋事等单一性质的违法行为，单次情节、数额尚不构成犯罪，但按照刑法或者有关司法解释、规范性文件的规定累加后应作为犯罪处理的，在认定是否属于“多次实施违法犯罪活动”时，可将已用于累加的违法行为计为1次犯罪活动，其他违法行为单独计算违法活动的次数。

已被处理或者已作为民间纠纷调处，后经查证确属恶势力违法犯罪活动的，均可以作为认定恶势力的事实依据，但不符合法定情形的，不得重新追究法律责任。

10. 认定“扰乱经济、社会生活秩序，造成较为恶劣的社会影响”，应当结合侵害对象及其数量、违法犯罪次数、手段、规模、人身损害后果、经济损失数额、违法所得数额、引起社会秩序混乱的程度以及对人民群众安全感的影响程度等因素综合把握。

11. 恶势力犯罪集团，是指符合恶势力全部认定条件，同时又符合犯罪集团法定条件的犯罪组织。

恶势力犯罪集团的首要分子，是指在恶势力犯罪集团中起组织、策划、指挥作用的犯罪分子。恶势力犯罪集团的其他成员，是指知道或者应当知道是为共同实施犯罪而组成的较为固定的犯罪组织，仍接受首要分子领导、管理、指挥，并参与该组织犯罪活动的犯罪分子。

恶势力犯罪集团应当有组织地实施多次犯罪活动，同时还可能伴随实施违法活动。恶势力犯罪集团所实施的违法犯罪活动，参照《指导意见》第十条第二款的规定认定。

12. 全部成员或者首要分子、纠集者以及其他重要成员均为未成年人、老年人、残疾人的，认定恶势力、恶势力犯罪集团时应当特别慎重。

三、正确运用宽严相济刑事政策的有关要求

13. 对于恶势力的纠集者、恶势力犯罪集团的首要分子、重要成员以及恶势力、恶势力犯罪集团共同犯罪中罪责严重的主犯，要正确运用法律规定加大惩处力度，对依法应当判处重刑或死刑的，坚决判处重刑或死刑。同时要严格掌握取保候审，严格掌握不起诉，严格掌握缓刑、减刑、假释，严格掌握保外就医适用条件，充分利用资格刑、财产刑等法律手段全方位从严惩处。对于符合《刑法》第三十七条之一规定的，可以依法禁止其从事相关职业。

对于恶势力、恶势力犯罪集团的其他成员，在共同犯罪中罪责相对较小、人身危险性、主观恶性相对不大的，具有自首、立功、坦白、初犯等法定或酌定从宽处罚情节，可以依法从轻、减轻或免除处罚。认罪认罚或者仅参与实施少量的犯罪活动且只起次要、辅助作用，符合缓刑条件的，可以适用缓刑。

14. 恶势力犯罪集团的首要分子检举揭发与该犯罪集团及其违法犯罪活动有关联的其他犯罪线索，如果在认定立功的问题上存在事实、证据或法律适用方面的争议，应当严格把握。依法应认定为立功或者重大立功的，在决定是否从宽处罚、如何从宽处罚时，应当根据罪责刑相一致原则从严掌握。可能导致全案量刑明显失衡的，不予从宽处罚。

恶势力犯罪集团的其他成员如果能够配合司法机关查办案件，有提供线索、帮助收集证据或者其他协助行为，并在侦破恶势力犯罪集团案件、查处“保护伞”等方面起到较大作用的，即使依法不能认定立功，一般也应酌情对其从轻处罚。

15. 犯罪嫌疑人、被告人同时具有法定、酌定从严和法定、酌定从宽处罚情节的，量刑时要根据所犯具体罪行的严重程度，结合被告人在恶势力、恶势力犯罪集团中的地位、作用、主观恶性、人身危险性等因素整体把握。对于恶势力的纠集者、恶势力犯罪集团的首要分子、重要成员，量刑时要体现总体从严。对于在共同犯罪中罪责相对较小、人身危险性、主观恶性相对不大，且能够真诚认罪悔罪的其他成员，量刑时要体现总体从宽。

16. 恶势力刑事案件的犯罪嫌疑人、被告人自愿如实供述自己的罪行，承认指控的犯罪事实，愿意接受处罚的，可以依法从宽处理，并适用认罪认罚从宽制度。对于犯罪性质恶劣、犯罪手段残忍、社会危害严重的犯罪嫌疑人、被告人，虽然认罪认罚，但不足以从轻处罚的，不适用该制度。

四、办理恶势力刑事案件的其他问题

17. 人民法院、人民检察院、公安机关经审查认为案件符合恶势力认定标准的，应当在起诉意见书、起诉书、判决书、裁定书等法律文书中的案件事实部分明确表述，列明恶势力的纠集者、其他成员、违法犯罪事实以及据以认定的证据；符合恶势力犯罪集团认定标准的，应当在上述法律文书中明确定性，列明首要分子、其他成员、违法犯罪事实以及据以认定的证据，并引用刑法总则关于犯罪集团的相关规定。被告人及其辩护人对恶势力定性提出辩解和辩护意见，人民法院可以在裁判文书中予以评析回应。

恶势力刑事案件的起诉意见书、起诉书、判决书、裁定书等法律文书，可以在案件事实部分先概述恶势力、恶势力犯罪集团的概括事实，再分述具体的恶势力违法犯罪事实。

18. 对于公安机关未在起诉意见书中明确认定，人民检察院在审查起诉期间发现构成恶势力或者恶势力犯罪集团，且相关违法犯罪事实已经查清，证据确实、充分，依法应追究刑事责任的，应当作出起诉决定，根据查明的事实向人民法院提起公诉，并在起诉书中明确认定为恶势力或者恶势力犯罪集团。人民检察院认为恶势力相关违法犯罪事实不清、证据不足，或者存在遗漏恶势力违法犯罪事实、遗漏同案犯罪嫌疑人等情形需要补充侦查的，应当提出具体的书面意见，连同案卷材料一并退回公安机关补充侦查；人民检察院也可以自行侦查，必要时可以要求公安机关提供协助。

对于人民检察院未在起诉书中明确认定，人民法院在审判期间发现构成恶势力或恶势力犯罪集团的，可以建议人民检察院补充或者变更起诉；人民检察院不同意或者在七日内未回复意见的，人民法院不应主动认定，可仅就起诉指控的犯罪事实依照相关规定作出判决、裁定。

审理被告人或者被告人的法定代理人、辩护人、近亲属上诉的案件时，一审判决认定黑社会性质组织有误的，二审法院应当纠正，符合恶势力、恶势力犯罪集团认定标准，应当作出相应认定；一审判决认定恶势力或恶势力犯罪集团有误的，应当纠正，但不得升格认定；一审判决未认定恶势力或恶势力犯罪集团的，不得增加认定。

19. 公安机关、人民检察院、人民法院应当分别以起诉意见书、起诉书、裁判文书所明确的恶势力、恶势力犯罪集团，作为相关数据的统计依据。

20. 本意见自 2019 年 4 月 9 日起施行。

最高人民法院发布《关于办理恶势力刑事案件若干问题的意见》的理解与适用

为认真贯彻落实中央开展扫黑除恶专项斗争的部署要求，依法严惩恶势力违法犯罪，在全国扫黑办的统筹协调下，最高人民法院会同最高人民检察院、公安部、司法部联合制定印发了《关于办理恶势力刑事案件若干问题的意见》（法发〔2019〕10号，以下简称《意见》），自2019年4月9日起施行。为便于司法实践中准确理解和正确适用，现对《意见》的制定背景、制定过程中的总体考虑和重点内容予以简要介绍和说明。

一、《意见》的制定背景

在全国开展扫黑除恶专项斗争，是以习近平同志为核心的党中央站在中国特色社会主义进入新时代、“两个一百年”奋斗目标进入历史交汇期的战略高度作出的一项重大决策部署。为依法、准确、有力惩处黑恶势力犯罪，最高人民法院、最高人民检察院、公安部、司法部于2018年1月联合出台了《关于办理黑恶势力犯罪案件若干问题的指导意见》（法发〔2018〕1号，以下简称《指导意见》），对于指导办理黑恶势力犯罪案件发挥了重要作用。随着专项斗争全面深入推进，新情况、新问题不断出现，在办理恶势力刑事案件方面，一些《指导意见》未作规定或者有关规定尚需进一步细化、完善的问题，越发困扰执法办案一线。

2018年10月，中央政法委召开全国扫黑除恶专项斗争推进会，对深入推进扫黑除恶专项斗争作出全面部署，明确提出要进一步统一执法办案思想，在提高法治化水平上实现新突破。根据全国扫黑办的部署安排，最高人民法院第一时间成立了专题调研小组，经过充分调研，在深入总结实践经验和突出问题的基础上研究起草了《意见》稿，并广泛征求和听取意见，经多次修改和完善后形成《意见》。《意见》经最高人民法院、最高人民检察院、公安部、司法部会签，于2019年4月9日向社会发布并施行。

二、制定《意见》的总体考虑

第一，满足实践需要，解决突出问题。由于恶势力不是一个法定概念，导致有的地方公检法机关对于恶势力的认识分歧较大、执法尺度把握不一，一定程度上影响了打击效果。为此，《意见》研究起草牢固坚持问题导向，力求通过进一步明晰法律、政策适用，回应司法实践中依法严惩恶势力、恶势力犯罪集团的迫切需要。从前期调研情况来看，各地政法机关反映的问题基本集中在恶势力违法犯罪认定、宽严相济刑事政策把握和恶势力刑事案件的办理程序三个方面。基于这一情况，《意见》在设计总体框架时，即明确将前述三个方面问题作为规制重点，在《意见》的第二、第三、第四部分分别作出详细规定，以期有效指导司法实践，解决办理恶势力刑事案件中的突出问题。

第二，坚持依法办案，体现从严惩处。在研究起草《意见》时，我们坚持充分运用法治思维和法治方式，确保将依法严惩的要求落到实处。

首先，《意见》有关内容和办案要求均严格依照刑法、刑事诉讼法及有关司法解释、规范性文件的规定，强调要在案件事实清楚，证据确实、充分的基础上，准确认定恶势力和恶势力犯罪集团，坚决防止人为拔高或者降低认定标准，确保严守法律底线，保障政法机关依法办案。

其次，《意见》明确要毫不动摇地坚持依法严惩方针，强调要在侦查、起诉、审判、执行各阶段体现全程从严，要运用多种法律手段体现全面从严。同时，还强调要坚持贯彻落实宽严相济刑事政策，切实做到宽严有据、罚当其罪，防止将依法从严理解为片面从严。

最后，《意见》明确要坚持“分工负责，互相配合，互相制约”等刑事诉讼基本原则，坚持以审判为中心的刑事诉讼制度改革要求，不断强化程序意识和证据意识。其中，《意见》强调严格执行“三项规程”，就是要突出“三项规程”在办理恶势力刑事案件中对于规范办案程序的重要意义，提示办案人员要“规行矩步”“照章办事”，推动侦查机关、公诉机关按照证据裁判的要求和标准收集、固定、审查、运用证据，审判机关充分发挥庭前会议程序作用、规范有序组织庭审，确保将每一起恶势力刑事案件都办成经得起法律和历史检验的铁案。

第三，继承既有成果，指导长远实践。《指导意见》对恶势力作出的相关规定，是对以往司法经验的深刻总结，对于依法办理恶势力刑事案件具有重要影响。《意见》的定位不是对《指导意见》作出变更、修改，而是在继受、吸收《指导意见》既有规定的基础上进行进一步细化、补充、完善，力争在满足当前扫黑除恶专项斗争需要的同时，能够在今后较长一个时期内指导司法实践，并逐步建立起办理恶势力刑事案件的规范体系。

三、对于《意见》重点内容的解读

（一）关于恶势力、恶势力犯罪集团的认定标准

1. 关于“为非作恶，欺压百姓”特征，以及恶势力与普通违法犯罪团伙的区别

《意见》第4条沿用了《指导意见》对恶势力的定义，其中“尚未形成黑社会性质组织的违法犯罪组织”这一表述，既明确了恶势力与黑社会性质组织间的内在联系，也厘清了恶势力与普通违法犯罪团伙的关系。作为一种共同违法犯罪的特殊形式，恶势力在组织形式、行为方式、危害后果等方面与黑社会性质组织均有一定的相似之处，虽尚未达到黑社会性质组织的严重程度，但也已经初具雏形，如果不加以限制和打击，就可能发展成为黑社会性质组织。

扫黑除恶专项斗争之所以明确提出“扫黑”与“除恶”并重，正是因为准确洞察“黑”与“恶”的内在联系，故而要以“打早打小”的惩治策略来实现“斩草除根”的惩治效果。基于同样的理由，恶势力的定义与黑社会性质组织的认定标准也具有明显的相似性和对应性。比如，二者都要求“以暴力、威胁或者其他手段，多次实施违法犯罪活动”；又如，恶势力定义中的“为非作恶，欺压百姓”，与黑社会性质组织行为特征中的“为非作恶，欺压、残害群众”相对应，“造成较为恶劣的社会影响”与黑社会性质组织危害性特征中的“形成非法控制或者重大影响”相对应。

因此，在认定恶势力时，要深刻理解和准确把握“黑”与“恶”的关系以及恶势力与普通违法犯罪团伙的区别，避免认定扩大化、随意化，确保“打准打实”的原则落到实处。

（1）办案时要认真审查违法犯罪活动是否带有“为非作恶，欺压百姓”特征。黑社会性质组织的危害性特征中有“称霸一方”的要求，这实际上不仅勾勒出黑社会性质组织形成的不法状态，同时也反映了黑社会性质组织的总体违法犯罪意图，从而可以清晰地划定黑社会性质组织与恐怖组织、邪教组织等其他犯罪组织的楚河汉界。恶势力的定义中未包含类似的主观方面要求，主要是考虑恶势力尚处于相对松散的低端形态，不宜完全参照黑社会性质组织的认定标准。

但是，“恶”与“黑”的演进关系和内在联系，决定了恶势力实施违法犯罪活动一般都会不同程度地带有“形成非法影响、谋求强势地位”的意图，并会通过不断累积的非法影响、日益巩固的强势地位攫取不法利益，壮大自身实力，最终形成对一定区域或者行业的非法控制，完成恶势力向黑社会性质组织的蜕变。在司法实践中，违法犯罪意图往往较为抽象和复杂，不易判断和把握，这就需要根据犯罪嫌疑人、被告

人的客观行为，特别是违法犯罪活动的动机、起因、手段等情节来认定。就恶势力“形成非法影响、谋求强势地位”的意图而言，其表征于外的便是实施违法犯罪活动必然带有“为非作恶，欺压百姓”的特征。

因此，“为非作恶，欺压百姓”这一特征便成为区分恶势力和普通共同犯罪团伙的关键标志。所谓“为非作恶，欺压百姓”，从字面上来理解，是指做坏事、施恶行，欺负、压迫群众，办案时要注意全面、准确地把握其含义。

首先，“为非作恶”，不仅指行为性质具有不法性，同时也要求行为的动机、目的、起因带有不法性，因婚恋纠纷、家庭纠纷、邻里纠纷、劳动纠纷、合法债务纠纷而引发以及其他确属事出有因的违法犯罪活动，就不宜归入“为非作恶”之列。

其次，“欺压百姓”，要求“为非作恶”的方式、手段带有欺凌、强制、压迫的性质，也就是要利用物理强制或心理强制手段侵害群众权益。因此，暴力、威胁应是恶势力较常采用的违法犯罪活动手段。此处需要说明的是，实践中经常会有这样的案件：恶势力之间互相争斗，违法犯罪活动未伤及无辜群众，是否属于“欺压百姓”？我们认为，“欺压百姓”既包括直接以普通群众为对象实施违法犯罪活动的情形，也包括因逞强争霸、好勇斗狠、树立恶名、抢夺地盘等不法动机实施违法犯罪活动，直接或间接破坏人民群众安全感的情形。这是因为，恶势力处于不断发展过程中，违法犯罪活动对象并不特定，即便在个案中未直接侵害普通群众权益，但其发展壮大后必然会对人民群众的人身权利、财产权利、民主权利形成威胁或造成损害，故对“欺压百姓”不应作狭义理解。

（2）办案时要准确区分恶势力与普通违法犯罪团伙。恶势力与普通违法犯罪团伙都具有一定的组织性、稳定性，但二者在有无“为非作恶，欺压百姓”特征、有无“造成较为恶劣的社会影响”等方面存在区别。在具体案件中，可以从以下方面分解细化：

一是违法犯罪手段具有特定性。如前所述，“欺压百姓”的特定含义，决定了恶势力实施违法犯罪活动应当以暴力、威胁为主要手段。而普通违法犯罪团伙则没有这方面要求，犯罪手段要根据其具体实施的犯罪行为而定。

二是行为方式具有公开性。恶势力实施违法犯罪活动一般都会不同程度地带有“形成非法影响、谋求强势地位”的意图，而且客观上要求“在一定区域或者行业内，造成较为恶劣的社会影响”，因此，其实施违法犯罪活动必然具有一定的公开性，也就是通常所说的“横行乡里，肆无忌惮”。而普通共同违法犯罪通常采用较为隐蔽的方式实施，在实现犯罪目的后就设法隐匿踪迹、毁灭痕迹，不会有意制造或者放任形成不法影响。

三是危害后果具有多重性。恶势力因为意图“形成非法影响、谋求强势地位”，其违法犯罪活动带来的危害往往具有复合性，在侵犯公民人身、财产权利的同时，还会破坏市场经济秩序或者社会管理秩序。而普通违法犯罪团伙一般是出于某种特定的违法犯罪目的而聚集，造成的危害后果通常具有单一性。因此，《意见》第5条作出排除性规定，将“单纯为牟取不法经济利益而实施的‘黄、赌、毒、盗、抢、骗’等违法犯罪活动，不具有为非作恶、欺压百姓特征的”排除在恶势力案件之外。同时，在《意见》其他条款中也有类似提示，认定恶势力、恶势力犯罪集团时，应杜绝只看“人数”“行为次数”和“罪名”的错误倾向。

2. 关于恶势力的成员人数及各类成员的认定、区分

《意见》第6条吸收了《指导意见》中“恶势力一般为3人以上，纠集者相对固定”的规定，并明确了恶势力纠集者、其他成员的认定和区分。

关于恶势力的成员人数，有一种观点认为，由于《指导意见》规定恶势力是“一般”而非“应当”为3人以上，因此，对于2人共同实施，甚至1人单独实施多次违法犯罪活动，造成较为恶劣社会影响的，也完全可以认定为“2人恶势力”甚至“1人恶势力”。

我们认为，这种观点并不准确，在绝大多数案件中应当将恶势力的成员人数把握在3人以上。主要理由是，恶势力是一类违法犯罪组织，作为共同违法犯罪的特殊形式，无论是从刑法相关规定还是从文义解释来看，其人数下限原则上都应高于一般的共同违法犯罪，只有在“为非作恶，欺压百姓”特征十分明显、危害后果特别严重的极个别情况下，才可以考虑认定“2人恶势力”。至于“1人恶势力”，则明显不符合违法犯罪组织的基本构成条件，应当坚决排除在外。

关于恶势力的纠集者，《指导意见》规定“纠集者相对固定”却没有明确纠集者的概念，使实践中各地、政法各单位对恶势力的纠集者理解、把握有不同程度差异。为此，《意见》明确“纠集者，是指在恶势力实施的违法犯罪活动中起组织、策划、指挥作用的违法犯罪分子”。

需要说明，由于恶势力属于相对松散的违法犯罪组织，故其纠集者所起的组织、策划、指挥作用主要体现在恶势力实施的具体违法犯罪活动中，不必然及于整个违法犯罪组织的运行、活动。此外，有意见提出，实践中常有多名较为固定的违法犯罪分子相互纠集，除多次实施违法犯罪活动是由不同的人员组织、策划、指挥外，均符合恶势力其他认定条件，建议将此类情况也认定为恶势力。

我们经研究认为，在前述情况下，多名违法犯罪分子通常关系较为紧密、地位基本相当，在多次违法犯罪活动中起组织、策划、指挥作用的具体人员虽有不同，但也

是视情况在特定几人中产生，因而符合“恶势力纠集者相对固定”这一规定的本质要求。故《意见》采纳了这一观点，并且明确有组织、策划、指挥具体违法犯罪活动行为的成员均可以认定为纠集者。

关于恶势力的其他成员，《意见》坚持了主客观相一致原则，要求行为人在主观认识上“知道或者应当知道与他人经常纠集在一起是为了共同实施违法犯罪”，在主观意志上有加入恶势力的意愿，即“仍按照纠集者的组织、策划、指挥”，在客观行为上“参与违法犯罪活动”，方可认定为恶势力成员。对于那些主观上并无加入恶势力意愿，仅因临时雇佣或被雇佣、利用或被利用以及受蒙蔽参与少量恶势力违法犯罪活动的人员，一般不应认定为恶势力成员。从实践情况来看，行为人有无参与恶势力实施的违法犯罪活动一般能够通过充分的证据直观反映，而行为人的主观认知与态度则要结合其参与违法犯罪活动时的具体行为、所起作用、与其他恶势力成员间的关系等事实予以认定。

在办理案件时，应当结合《意见》规定注意把握以下两点：一是行为人在知晓与他人经常纠集在一起是为了共同实施违法犯罪的情况下，依然按照纠集者组织、策划、指挥行事，通常会具体表现为与其他成员平时联系较紧密，对所参与实施的违法犯罪活动的动机、起因、对象比较了解且行为积极、作用明显等；二是在适用恶势力成员的排除性规定时，要注意把握参与违法犯罪活动的“临时”“少量”，对于表面虽有雇佣或被雇佣、利用或被利用关系，但是长时间或者多次参与恶势力违法犯罪活动的，应当视为行为人已具有加入恶势力的意愿，避免违法犯罪分子利用规定逃避打击。

3. 关于“经常纠集在一起”的把握

根据《指导意见》的规定，认定恶势力要求犯罪嫌疑人、被告人经常纠集在一起，并且多次实施违法犯罪活动。但对于“经常纠集在一起”应当如何理解、把握，《指导意见》并未明确。我们认为，认定“经常纠集在一起”，要审查犯罪嫌疑人、被告人日常联系是否紧密，但更主要的是看有无在一定时期内共同“多次实施违法犯罪活动”，前者很大程度上需要通过后者的时间跨度和参与人员稳定性来反映和证明。

（1）关于多次实施违法犯罪活动的时间跨度。“经常纠集在一起”，实际上反映了对违法犯罪组织持续性的要求，而这种持续性主要是靠一定时期内违法犯罪活动的反复实施来体现。一方面“多次实施违法犯罪活动”需要达到一定的频密度，不能相隔过久；另一方面也要求违法犯罪活动不能过于集中，换言之，就是“纠集在一起”的时间不能过于短暂。因此，有必要对“多次实施违法犯罪活动”的时间跨度加以适当限定。

例如，甲、乙、丙三人曾经共同实施过两起寻衅滋事违法活动，之后很长一段时间里没有惹是生非，直至六七年后又共同实施了一起故意伤害犯罪，在形式上虽然符合“多人”“多次”标准，但由于违法活动和犯罪活动的时间间隔过长，实际上已经难以认定甲、乙、丙三人“经常纠集在一起”，不应以恶势力来评价。又如，甲、乙、丙三人在短短数天内连续共同实施三起违法犯罪活动，但除此之外再无其他违法犯罪事实，尽管在形式上同样也已符合“多人”“多次”标准，但由于“纠集在一起”的时间明显较短，故不足以作为违法犯罪组织来评价。当然这种情形并不绝对，如果时间虽短，但违法犯罪活动远超“多次”标准，且已造成较为恶劣的社会影响，同时符合其他认定条件的，也可以认定为恶势力。

（2）关于成员的稳定性。恶势力作为一类违法犯罪组织，其成员需要有一定的稳定性，如果每次参与实施违法犯罪活动的人员都变化不定，那么也很难认定其已形成“组织”。因此，本次出台的意见规定“包括纠集者在内，至少应有 2 名相同的成员多次参与实施违法犯罪活动”，办案时要特别注意这一点，不能不区分情况，简单地将若干不同人员实施违法犯罪活动叠加，打包后作为恶势力刑事案件来处理。

4. 关于恶势力主要实施和伴随实施的违法犯罪活动

恶势力主要实施的违法犯罪活动，是指恶势力惯常实施且能够较明显地反映恶势力“为非作恶，欺压百姓”特征的违法犯罪活动。《指导意见》提示性地列举了强迫交易、故意伤害、非法拘禁、敲诈勒索、故意毁坏财物、聚众斗殴、寻衅滋事，并在之后加了一个“等”字。实践中有观点认为，犯罪嫌疑人、被告人只要多次共同实施上述七类中的一种或数种违法犯罪活动，就可以认定为恶势力。对此，前文已做分析，不能简单地以罪名来认定恶势力，办案时还要根据案件的动机、起因、对象、危害后果等综合判断。此外，实践中对于“等”字也有不同理解，《意见》第 8 条第一款针对该问题作出回应。

与“主要实施”相对应，开设赌场、组织卖淫、强迫卖淫、贩卖毒品、运输毒品、制造毒品、抢劫、抢夺、聚众扰乱社会秩序、聚众扰乱公共场所秩序或交通秩序以及聚众“打砸抢”等，是恶势力案件中伴随实施的违法犯罪活动。之所以称为“伴随实施”，是因为这些违法犯罪活动在恶势力案件中虽然也很常见，但有的缺少公开性，有的没有具体被害人，有的危害后果仅限于侵害财产权，还有的往往事出有因，故在通常情况下，仅有这些违法犯罪活动还不足以体现恶势力“为非作恶，欺压百姓”的特征。

因此，如果犯罪嫌疑人、被告人仅仅是共同实施了以上一种或数种违法犯罪活动，一般不应认定为恶势力。但这也并不绝对，诸如聚众“打砸抢”等违法犯罪活动，在不少案件中也可以明显地反映出犯罪嫌疑人、被告人“为非作恶，欺压百姓”的特征，如果同时符合其他认定条件，也可认定为恶势力。基于以上理解，《意见》第8条第二款对《指导意见》中恶势力伴随实施的违法犯罪活动有关规定进行了进一步完善。

5. 关于反复实施单一性质违法行为的评价

《意见》第9条第一款规定："对于反复实施强迫交易、非法拘禁、敲诈勒索、寻衅滋事等单一性质的违法行为，单次情节、数额尚不构成犯罪，但按照刑法或者有关司法解释、规范性文件的规定累加后应作为犯罪处理的，在认定是否属于'多次实施违法犯罪活动'时，可将已用于累加的违法行为计为一次犯罪活动，其他违法行为单独计算违法活动的次数。"以上规定，主要考虑违法行为是恶势力违法犯罪活动的重要组成部分，对于认定恶势力意义重大。特别是对那些"大罪不犯，小恶不断"的团伙，如果其行为符合"为非作恶，欺压百姓"特征，且已造成较为恶劣的社会影响的，完全有必要作为恶势力打击处理。

以寻衅滋事为例，假如犯罪嫌疑人、被告人共同实施了5次随意殴打他人的寻衅滋事违法行为，虽然只能按照一罪处理，但超出"多次随意殴打他人"入罪标准的那部分违法行为，可以单独计算违法活动的次数，也就是视为1次犯罪活动和2次违法活动，这样就符合了恶势力"多次实施违法犯罪活动"的要求，如果同时符合其他认定条件，应当作为恶势力案件处理。如此认定，可以更加全面、准确评价相关违法犯罪活动所造成的社会危害。

6. 关于恶势力危害后果的认定

《指导意见》规定，恶势力"扰乱经济、社会生活秩序，造成较为恶劣的社会影响"，但没有明确前述后果应当如何认定。我们认为，恶势力"造成较为恶劣的社会影响"并不是仅指案件的社会知晓度或者产生的轰动效应，而是与黑社会性质组织形成的非法控制或者重大影响相类似，表现为对经济、社会生活秩序干扰、破坏和影响程度。

故《意见》第10条借鉴黑社会性质组织犯罪危害性特征的规定，从侵害对象及其数量，违法犯罪次数、手段、规模，人身损害后果，经济损失数额，违法所得数额，引起社会秩序混乱的程度以及对人民群众安全感的影响程度等方面提出了认定恶势力危害后果的方向性指引，供办案机关结合案情和本地区实际情况综合把握。

7. 恶势力犯罪集团的有关问题

《意见》第11条在《指导意见》有关规定的基础上对恶势力犯罪集团的定义作出了进一步明确，即符合恶势力全部认定条件，同时又符合犯罪集团法定条件的犯罪组织。可以说，恶势力是形成恶势力犯罪集团的基础，恶势力犯罪集团是恶势力的下一发展形态。与恶势力的纠集者不同，由于犯罪集团是一个法定概念，刑法中对犯罪集团的首要分子已有明确界定，因而《意见》对于恶势力犯罪集团首要分子的定义也宜与之保持一致。

对恶势力犯罪集团的首要分子，按照恶势力集团所犯全部罪行处罚，是用足用好刑法总则关于犯罪集团的规定，实现依法从严惩处的重要途径。为此，只有准确认定恶势力犯罪集团实施的违法犯罪活动，将集团与成员个人的违法犯罪区别开来，才能确保精准打击、不枉不纵。由于黑社会性质组织属于特殊的犯罪集团，因而在违法犯罪活动区分问题上与恶势力犯罪集团具有一致性，故《意见》明确直接参照《指导意见》第 10 条第二款的规定认定恶势力犯罪集团所实施的违法犯罪活动。

8. 关于特定群体认定恶势力、恶势力犯罪集团的问题

考虑到未成年人、老年人、残疾人由于心智、身体等方面的特点，在实施违法犯罪的方式和行为表现上往往与典型的恶势力、恶势力犯罪集团有所区别。故《意见》第 12 条明确，全部成员或者首要分子、纠集者以及其他重要成员均为未成年人、老年人、残疾人的，认定恶势力、恶势力犯罪集团时应当特别慎重。

（二）关于正确运用宽严相济刑事政策的有关要求

1. 关于运用宽严相济刑事政策的总体把握

宽严相济刑事政策是我国的基本刑事政策，贯穿于刑事立法、刑事司法和刑罚执行的全过程，在办理恶势力刑事案件过程中同样需要一以贯之。宽严相济的核心就是要根据犯罪的具体情况，实行区别对待，做到该宽则宽，当严则严，宽严相济，罚当其罪。

首先，对于恶势力犯罪整体来说，由于其严重的社会危害性，与办理其他刑事案件相比，在总体上应当体现依法从严惩处方针，这是宽严相济刑事政策的内在要求。

其次，对具体的恶势力刑事案件而言，要深刻认识“没有区别就没有政策”，不能将依法严惩简单理解为一律从严，而是要充分体现区分情况、区别对待的原则，根据犯罪嫌疑人、被告人的主观恶性、人身危险性，在恶势力、恶势力犯罪集团中的地位、作用以及在具体犯罪中的罪责来确定不同的刑罚，切实全面发挥刑罚功能，做到坚持宽严并举、突出惩治重点，实现政治效果、法律效果和社会效果的统一。

最后，要注重综合运用多种法律手段充分体现依法从“严”、从“宽”的政策要求，这也是《意见》第 13 条着重解决的问题。

2. 对恶势力犯罪集团不同类型成员立功情节的把握

根据《意见》第 14 条的规定，对恶势力犯罪集团首要分子的立功情节应当从严把握、区别对待。这一规定是宽严相济刑事政策的具体体现，是对既往严格把握黑社会

性质组织的组织者、领导者立功情节相关规定的借鉴和发展，进一步体现了不让犯罪分子利用优势地位得利的从严惩处精神。在研究起草过程中，有观点认为，对恶势力纠集者的立功情节也应从严把握、区别对待。

我们认为，恶势力犯罪集团属于为共同实施犯罪而组成的较为固定的犯罪组织，已经达到了相当高的组织化程度，离黑社会性质组织更近一步，但恶势力还处在“纠集”层面，组织较为松散，纠集者的作用一般只体现在具体违法犯罪活动中，平时与其他成员大多没有领导、管理关系，故其没有明显的优势地位，难以与恶势力犯罪集团的首要分子相提并论，故《意见》未采纳这种观点。

此外，《意见》还昭示了对于恶势力犯罪集团的其他成员通过提供线索、帮助收集证据或者其他协助行为，配合司法机关查办案件的，应予积极评价，并且明确提出，在侦破恶势力犯罪集团案件、查处“保护伞”等方面起到较大作用的，即使依法不能认定立功，一般也应酌情对其从轻处罚，可以起到分化、瓦解犯罪分子，提高案件查办效率的效果。

3. 对同时具有从严、从宽处罚情节的把握

实践中，常有恶势力刑事案件的犯罪嫌疑人、被告人同时具有法定、酌定从严和法定、酌定从宽处罚情节，需要在量刑时作出总体把握。对此，《意见》在吸收《最高人民法院关于贯彻宽严相济刑事政策的若干意见》（法发〔2010〕9号）有关规定的基础上，进一步强调对于恶势力的纠集者、恶势力犯罪集团的首要分子、重要成员，量刑时要体现总体从严；对于在共同犯罪中罪责相对较小、人身危险性、主观恶性相对不大，且能够真诚认罪悔罪的其他成员，量刑时要体现总体从宽。通过这一规定，《意见》力求实现对宽和严两种手段的综合运用，对不同的犯罪和犯罪分子作出区别对待，切实做到严中有宽、宽以济严，宽中有严、严以济宽。

4. 关于认罪认罚从宽制度的适用

2018年10月26日，十三届全国人大常委会第六次会议通过《关于修改〈中华人民共和国刑事诉讼法〉的决定》，将认罪认罚从宽制度改革成果以法律形式固定下来。认罪认罚从宽制度对于更好地落实坦白从宽、全面贯彻宽严相济、推进繁简分流、实现公正与效率相统一都有着重要意义。但是，在办理恶势力刑事案件过程中能否适用该制度存在争议，实践中也确实存在“不敢用”的问题。我们认为，认罪认罚从宽制度是宽严相济、坦白从宽刑事政策的具体化和制度化，其制度定位决定了认罪认罚从宽制度没有特别的案件范围限制。

故《意见》规定，恶势力刑事案件的犯罪嫌疑人、被告人自愿如实供述自己的罪行，承认指控的犯罪事实，愿意接受处罚的，可以依法从宽处理，并适用认罪认罚从

宽制度。但是，需要注意，根据《刑事诉讼法》第十五条的规定，认罪认罚从宽绝不是“一律从宽”，而是“依法”从宽、“可以”从宽，在适用时必须坚持宽严相济刑事政策。因此，对那些犯罪性质恶劣、犯罪手段残忍、社会危害严重的犯罪嫌疑人、被告人，其认罪认罚不足以从轻处罚的，《意见》也明确对其排除适用认罪认罚从宽制度。

（三）办理恶势力刑事案件的其他问题

1. 关于恶势力刑事案件的文书表述问题

《指导意见》第 14 条第二款规定：“在相关法律文书的犯罪事实认定部分，可使用‘恶势力’等表述加以描述。”这是相比以往规范性文件的一大创新之处，首次提出了恶势力的法律文书表述问题，对于办理恶势力刑事案件的制度化、规范化具有重要意义。《意见》基于一年多来扫黑除恶专项斗争的司法实践，对恶势力刑事案件法律文书的制作规范作了进一步完善，主要体现在以下方面：

一是《意见》第 17 条将“可使用‘恶势力’等表述加以描述”的要求上升为“应当”明确表述或者定性。主要考虑，认定恶势力、恶势力犯罪集团是对犯罪嫌疑人、被告人的否定性评价，一旦认定就要在刑事诉讼各阶段对其体现整体从严，对犯罪嫌疑人、被告人的实体和程序利益影响重大。《意见》要求在法律文书中一律明确表述恶势力或者明确恶势力犯罪集团的定性，不仅体现了司法公开的基本精神，也是对当事人知情权和辩解、辩护权的进一步保障。此外，在相关法律文书中明确表述恶势力或者明确恶势力犯罪集团的定性，还有利于侦查、审查起诉、审判、执行各阶段工作的顺畅衔接，进一步提高恶势力刑事案件办理的法治化、规范化水平。

二是《意见》提出了恶势力刑事案件法律文书的制作要求和指引。《意见》明确要求认定恶势力的案件，要同时在法律文书事实部分列明恶势力的纠集者、其他成员、违法犯罪事实以及据以认定的证据；符合恶势力犯罪集团认定标准的，同时应当列明首要分子、其他成员、违法犯罪事实以及据以认定的证据，并引用刑法总则关于犯罪集团的相关规定。同时，《意见》还明确“被告人及其辩护人对恶势力定性提出辩解和辩护意见，人民法院可以在裁判文书中予以评析回应”，既统一了实践中的不同做法，也符合裁判说理的工作要求。

2. 关于不诉不理原则和上诉不加刑原则的适用问题

根据不诉不理原则，《意见》规定，人民检察院如果没有指控恶势力或恶势力犯罪集团，人民法院不应主动认定，可仅就起诉指控的犯罪事实依照相关规定作出判决、裁定；根据上诉不加刑原则规定，审理上诉案件时，一审认定黑恶势力有误，二审可以纠正，但不能增加或者升格认定，充分保障被告人的上诉权，防止上诉可能给被告人带来的不利后果。对此，在《意见》研究起草过程中曾有不同观点，认为恶势力不是独立的罪名，仅属于司法认定的事实和酌定的量刑情节，所以即便人民检察院未在起诉书中指控，人民法院在审判期间发现构成恶势力，也可以主动认定；同理，一审判决认定恶势力存在错误，该定未定的，二审法院可以通过增加认定来予以纠正。

我们认为，产生这一分歧的关键在于对认定恶势力的法律意义应如何定位。《指导意见》和《意见》规定，认定恶势力不仅会导致量刑从重，还会产生其他不利于被告人的法律后果。一是在执行刑罚时，减刑、假释、保外就医等均会被从严掌握；二是认定恶势力后，在适用部分罪名（如敲诈勒索罪）时入罪标准会有相应降低。因此，是否认定恶势力，事实上对被告人实体、程序利益均有重大影响，应当受到不诉不理原则和上诉不加刑原则的限制，故《意见》未采纳前述观点。

来源：《人民法院报》

作者：朱和庆　周川　李梦龙

最高人民法院　最高人民检察院　公安部　司法部 印发《关于办理非法放贷刑事案件若干问题的意见》的通知

各省、自治区、直辖市高级人民法院、人民检察院、公安厅（局）、司法厅（局），解放军军事法院、军事检察院，新疆维吾尔自治区高级人民法院生产建设兵团分院、新疆生产建设兵团人民检察院、公安局、司法局：

为依法惩治非法放贷犯罪活动，切实维护国家金融市场秩序与社会和谐稳定，有效防范因非法放贷诱发涉黑涉恶以及其他违法犯罪活动，保护公民、法人和其他组织合法权益，最高人民法院、最高人民检察院、公安部、司法部联合制定了《关于办理非法放贷刑事案件若干问题的意见》，请认真贯彻执行。

最高人民法院

最高人民检察院

公安部

司法部

2019 年 7 月 23 日

最高人民法院、最高人民检察院、公安部、司法部 关于办理非法放贷刑事案件若干问题的意见

为依法惩治非法放贷犯罪活动，切实维护国家金融市场秩序与社会和谐稳定，有效防范因非法放贷诱发涉黑涉恶以及其他违法犯罪活动，保护公民、法人和其他组织合法权益，根据刑法、刑事诉讼法及有关司法解释、规范性文件的规定，现对办理非法放贷刑事案件若干问题提出如下意见：

一、违反国家规定，未经监管部门批准，或者超越经营范围，以营利为目的，经常性地向社会不特定对象发放贷款，扰乱金融市场秩序，情节严重的，依照刑法第二百二十五条第（四）项的规定，以非法经营罪定罪处罚。

前款规定中的“经常性地向社会不特定对象发放贷款”，是指 2 年内向不特定多人

（包括单位和个人）以借款或其他名义出借资金10次以上。

贷款到期后延长还款期限的，发放贷款次数按照1次计算。

二、以超过36%的实际年利率实施符合本意见第一条规定的非法放贷行为，具有下列情形之一的，属于刑法第二百二十五条规定的“情节严重”，但单次非法放贷行为实际年利率未超过36%的，定罪量刑时不得计入：

（一）个人非法放贷数额累计在200万元以上的，单位非法放贷数额累计在1000万元以上的；

（二）个人违法所得数额累计在80万元以上的，单位违法所得数额累计在400万元以上的；

（三）个人非法放贷对象累计在50人以上的，单位非法放贷对象累计在150人以上的；

（四）造成借款人或者其近亲属自杀、死亡或者精神失常等严重后果的。

具有下列情形之一的，属于刑法第二百二十五条规定的“情节特别严重”：

（一）个人非法放贷数额累计在1000万元以上的，单位非法放贷数额累计在5000万元以上的；

（二）个人违法所得数额累计在400万元以上的，单位违法所得数额累计在2000万元以上的；

（三）个人非法放贷对象累计在250人以上的，单位非法放贷对象累计在750人以上的；

（四）造成多名借款人或者其近亲属自杀、死亡或者精神失常等特别严重后果的。

三、非法放贷数额、违法所得数额、非法放贷对象数量接近本意见第二条规定的“情节严重”“情节特别严重”的数额、数量起点标准，并具有下列情形之一的，可以分别认定为“情节严重”“情节特别严重”：

（一）2年内因实施非法放贷行为受过行政处罚2次以上的；

（二）以超过72%的实际年利率实施非法放贷行为10次以上的。

前款规定中的“接近”，一般应当掌握在相应数额、数量标准的80%以上。

四、仅向亲友、单位内部人员等特定对象出借资金，不得适用本意见第一条的规定定罪处罚。但具有下列情形之一的，定罪量刑时应当与向不特定对象非法放贷的行为一并处理：

（一）通过亲友、单位内部人员等特定对象向不特定对象发放贷款的；

（二）以发放贷款为目的，将社会人员吸收为单位内部人员，并向其发放贷款的；

（三）向社会公开宣传，同时向不特定多人和亲友、单位内部人员等特定对象发放贷款的。

五、非法放贷数额应当以实际出借给借款人的本金金额认定。非法放贷行为人以介绍费、咨询费、管理费、逾期利息、违约金等名义和以从本金中预先扣除等方式收取利息的，相关数额在计算实际年利率时均应计入。

非法放贷行为人实际收取的除本金之外的全部财物，均应计入违法所得。

非法放贷行为未经处理的，非法放贷次数和数额、违法所得数额、非法放贷对象数量等应当累计计算。

六、为从事非法放贷活动，实施擅自设立金融机构、套取金融机构资金高利转贷、骗取贷款、非法吸收公众存款等行为，构成犯罪的，应当择一重罪处罚。

为强行索要因非法放贷而产生的债务，实施故意杀人、故意伤害、非法拘禁、故意毁坏财物、寻衅滋事等行为，构成犯罪的，应当数罪并罚。

纠集、指使、雇佣他人采用滋扰、纠缠、哄闹、聚众造势等手段强行索要债务，尚不单独构成犯罪，但实施非法放贷行为已构成非法经营罪的，应当按照非法经营罪的规定酌情从重处罚。以上规定的情形，刑法、司法解释另有规定的除外。

七、有组织地非法放贷，同时又有其他违法犯罪活动，符合黑社会性质组织或者恶势力、恶势力犯罪集团认定标准的，应当分别按照黑社会性质组织或者恶势力、恶势力犯罪集团侦查、起诉、审判。

黑恶势力非法放贷的，据以认定“情节严重”“情节特别严重”的非法放贷数额、违法所得数额、非法放贷对象数量起点标准，可以分别按照本意见第二条规定中相应数额、数量标准的50%确定；同时具有本意见第三条第一款规定情形的，可以分别按照相应数额、数量标准的40%确定。

八、本意见自2019年10月21日起施行。对于本意见施行前发生的非法放贷行为，依照最高人民法院《关于准确理解和适用刑法中“国家规定”的有关问题的通知》（法发〔2011〕155号）的规定办理。

国家监察委员会　最高人民法院　最高人民检察院　公安部　司法部关于在扫黑除恶专项斗争中分工负责、互相配合、互相制约　严惩公职人员涉黑涉恶违法犯罪问题的通知

为认真贯彻党中央关于开展扫黑除恶专项斗争的重大决策部署，全面落实习近平总书记关于扫黑除恶与反腐败结合起来、与基层“拍蝇”结合起来的重要批示指示精神，进一步规范和加强各级监察机关、人民法院、人民检察院、公安机关、司法行政机关在惩治公职人员涉黑涉恶违法犯罪中的协作配合，推动扫黑除恶专项斗争取得更大成效，根据刑法、刑事诉讼法、监察法及最高人民法院、最高人民检察院、公安部、司法部《关于办理黑恶势力犯罪若干问题的指导意见》的规定，现就有关问题通知如下：

一、总体要求

1. 进一步提升政治站位。坚持以习近平新时代中国特色社会主义思想为指导，从增强“四个意识”、坚定“四个自信”、做到“两个维护”的政治高度，立足党和国家工作大局，深刻认识和把握开展扫黑除恶专项斗争的重大意义。深挖黑恶势力滋生根源，铲除黑恶势力生存根基，严惩公职人员涉黑涉恶违法犯罪，除恶务尽，切实维护群众利益，进一步净化基层政治生态，推动扫黑除恶专项斗争不断向纵深发展，推进全面从严治党不断向基层延伸。

2. 坚持实事求是。坚持以事实为依据，以法律为准绳，综合考虑行为人的主观故意、客观行为、具体情节和危害后果，以及相关黑恶势力的犯罪事实、犯罪性质、犯罪情节和对社会的危害程度，准确认定问题性质，做到不偏不倚、不枉不纵。坚持惩前毖后、治病救人方针，严格区分罪与非罪的界限，区别对待、宽严相济。

3. 坚持问题导向。找准扫黑除恶与反腐“拍蝇”工作的结合点，聚焦涉黑涉恶问题突出、群众反映强烈的重点地区、行业和领域，紧盯农村和城乡接合部，紧盯建筑工程、交通运输、矿产资源、商贸集市、渔业捕捞、集资放贷等涉黑涉恶问题易发多发的行业和领域，紧盯村“两委”、乡镇基层站所及其工作人员，严肃查处公职人员涉

黑涉恶违法犯罪行为。

二、严格查办公职人员涉黑涉恶违法犯罪案件

4. 各级监察机关、人民法院、人民检察院、公安机关应聚焦黑恶势力违法犯罪案件及坐大成势的过程，严格查办公职人员涉黑涉恶违法犯罪案件。重点查办以下案件：公职人员直接组织、领导、参与黑恶势力违法犯罪活动的案件；公职人员包庇、纵容、支持黑恶势力犯罪及其他严重刑事犯罪的案件；公职人员收受贿赂、滥用职权，帮助黑恶势力人员获取公职或政治荣誉，侵占国家和集体资金、资源、资产，破坏公平竞争秩序，或为黑恶势力提供政策、项目、资金、金融信贷等支持帮助的案件；负有查禁监管职责的国家机关工作人员滥用职权、玩忽职守，帮助犯罪分子逃避处罚的案件；司法工作人员徇私枉法、民事枉法裁判、执行判决裁定失职或滥用职权、私放在押人员以及徇私舞弊减刑、假释、暂予监外执行的案件；在扫黑除恶专项斗争中发生的公职人员滥用职权，徇私舞弊，包庇、阻碍查处黑恶势力犯罪的案件，以及泄露国家秘密、商业秘密、工作秘密，为犯罪分子通风报信的案件；公职人员利用职权打击报复办案人员的案件。

公职人员的范围，根据《中华人民共和国监察法》第十五条的规定认定。

5. 以上情形，由有关机关依规依纪依法调查处置，涉嫌犯罪的，依法追究刑事责任。

三、准确适用法律

6. 国家机关工作人员包庇黑社会性质的组织，或者纵容黑社会性质的组织进行违法犯罪活动的，以包庇、纵容黑社会性质组织罪定罪处罚。

国家机关工作人员既组织、领导、参加黑社会性质组织，又对该组织进行包庇、纵容的，应当以组织、领导、参加黑社会性质组织罪从重处罚。

国家机关工作人员包庇、纵容黑社会性质组织，该包庇、纵容行为同时还构成包庇罪、伪证罪、妨害作证罪、徇私枉法罪、滥用职权罪、帮助犯罪分子逃避处罚罪、徇私舞弊不移交刑事案件罪，以及徇私舞弊减刑、假释、暂予监外执行罪等其他犯罪的，应当择一重罪处罚。

7. 非国家机关工作人员与国家机关工作人员共同包庇、纵容黑社会性质组织，且不属于该组织成员的，以包庇、纵容黑社会性质组织罪的共犯论处。非国家机关工作人员的行为同时还构成其他犯罪，应当择一重罪处罚。

8. 公职人员利用职权或职务便利实施包庇、纵容黑恶势力、伪证、妨害作证，帮

助毁灭、伪造证据，以及窝藏、包庇等犯罪行为的，应酌情从重处罚。事先有通谋而实施支持帮助、包庇纵容等保护行为的，以具体犯罪的共犯论处。

四、形成打击公职人员涉黑涉恶违法犯罪的监督制约、配合衔接机制

9. 监察机关、公安机关、人民检察院、人民法院在查处、办理公职人员涉黑涉恶违法犯罪案件过程中，应当分工负责，互相配合，互相制约，通过对办理的黑恶势力犯罪案件逐案筛查、循线深挖等方法，保证准确有效地执行法律，彻查公职人员涉黑涉恶违法犯罪。

10. 监察机关、公安机关、人民检察院、人民法院要建立完善查处公职人员涉黑涉恶违法犯罪重大疑难案件研判分析、案件通报等工作机制，进一步加强监察机关、政法机关之间的配合，共同研究和解决案件查处、办理过程中遇到的疑难问题，相互及时通报案件进展情况，进一步增强工作整体性、协同性。

11. 监察机关、公安机关、人民检察院、人民法院、司法行政机关要建立公职人员涉黑涉恶违法犯罪线索移送制度，对工作中收到、发现的不属于本单位管辖的公职人员涉黑涉恶违法犯罪线索，应当及时移送有管辖权的单位处置。

移送公职人员涉黑涉恶违法犯罪线索，按照以下规定执行：

（1）公安机关、人民检察院、人民法院、司法行政机关在工作中发现公职人员涉黑涉恶违法犯罪中的涉嫌贪污贿赂、失职渎职等职务违法和职务犯罪等应由监察机关管辖的问题线索，应当移送监察机关。

（2）监察机关在信访举报、监督检查、审查调查等工作中发现公职人员涉黑涉恶违法犯罪线索的，应当将其中涉嫌包庇、纵容黑社会性质组织犯罪等由公安机关管辖的案件线索移送公安机关处理。

（3）监察机关、公安机关、人民检察院、人民法院、司法行政机关在工作中发现司法工作人员涉嫌利用职权实施的侵犯公民权利、损害司法公正案件线索的，根据有关规定，经沟通后协商确定管辖机关。

12. 监察机关、公安机关、人民检察院接到移送的公职人员涉黑涉恶违法犯罪线索，应当按各自职责及时处置、核查，依法依规作出处理，并做好沟通反馈工作；必要时，可以与相关线索或案件并案处理。

对于重大疑难复杂的公职人员涉黑涉恶违法犯罪案件，监察机关、公安机关、人民检察院可以同步立案、同步查处，根据案件办理需要，相互移送相关证据，加强沟通配合，做到协同推进。

13. 公职人员涉黑涉恶违法犯罪案件中，既涉嫌贪污贿赂、失职渎职等严重职务违

法或职务犯罪，又涉嫌公安机关、人民检察院管辖的违法犯罪的，一般应当以监察机关为主调查，公安机关、人民检察院予以协助。监察机关和公安机关、人民检察院分别立案调查（侦查）的，由监察机关协调调查和侦查工作。犯罪行为仅涉及公安机关、人民检察院管辖的，由有关机关依法按照管辖职能进行侦查。

14. 公安机关、人民检察院、人民法院对公职人员涉黑涉恶违法犯罪移送审查起诉、提起公诉、作出裁判，必要时听取监察机关的意见。

15. 公职人员涉黑涉恶违法犯罪案件开庭审理时，人民法院应当通知监察机关派员旁听，也可以通知涉罪公职人员所在单位、部门、行业以及案件涉及的单位、部门、行业等派员旁听。

国家监察委员会

最高人民法院

最高人民检察院

公安部

司法部

2019 年 10 月 20 日

最高人民法院　最高人民检察院　公安部　司法部印发《关于办理利用信息网络实施黑恶势力犯罪刑事案件若干问题的意见》的通知

各省、自治区、直辖市高级人民法院、人民检察院、公安厅（局）、司法厅（局），解放军军事法院、军事检察院，新疆维吾尔自治区高级人民法院生产建设兵团分院、新疆生产建设兵团人民检察院、公安局、司法局：

为认真贯彻落实中央开展扫黑除恶专项斗争的部署要求，正确理解和适用最高人民法院、最高人民检察院、公安部、司法部《关于办理黑恶势力犯罪案件若干问题的指导意见》，最高人民法院、最高人民检察院、公安部、司法部研究制定了《关于办理利用信息网络实施黑恶势力犯罪刑事案件若干问题的意见》。现印发给你们，请认真贯彻执行。

最高人民法院
最高人民检察院
公安部
司法部
2019 年 7 月 23 日

最高人民法院　最高人民检察院　公安部　司法部关于办理利用信息网络实施黑恶势力犯罪刑事案件若干问题的意见

为认真贯彻中央关于开展扫黑除恶专项斗争的部署要求，正确理解和适用最高人民法院、最高人民检察院、公安部、司法部《关于办理黑恶势力犯罪案件若干问题的指导意见》（法发〔2018〕1 号，以下简称《指导意见》），根据刑法、刑事诉讼法、网络安全法及有关司法解释、规范性文件的规定，现对办理利用信息网络实施黑恶势力犯罪案件若干问题提出以下意见：

一、总体要求

1. 各级人民法院、人民检察院、公安机关及司法行政机关应当统一执法思想、提高执法效能，坚持“打早打小”，坚决依法严厉惩处利用信息网络实施的黑恶势力犯罪，有效维护网络安全和经济、社会生活秩序。

2. 各级人民法院、人民检察院、公安机关及司法行政机关应当正确运用法律，严格依法办案，坚持“打准打实”，认真贯彻落实宽严相济刑事政策，切实做到宽严有据、罚当其罪，实现政治效果、法律效果和社会效果的统一。

3. 各级人民法院、人民检察院、公安机关及司法行政机关应当分工负责，互相配合、互相制约，切实加强与相关行政管理部门的协作，健全完善风险防控机制，积极营造线上线下社会综合治理新格局。

二、依法严惩利用信息网络实施的黑恶势力犯罪

4. 对通过发布、删除负面或虚假信息，发送侮辱性信息、图片，以及利用信息、电话骚扰等方式，威胁、要挟、恐吓、滋扰他人，实施黑恶势力违法犯罪的，应当准确认定，依法严惩。

5. 利用信息网络威胁他人，强迫交易，情节严重的，依照刑法第二百二十六条的规定，以强迫交易罪定罪处罚。

6. 利用信息网络威胁、要挟他人，索取公私财物，数额较大，或者多次实施上述行为的，依照刑法第二百七十四条的规定，以敲诈勒索罪定罪处罚。

7. 利用信息网络辱骂、恐吓他人，情节恶劣，破坏社会秩序的，依照刑法第二百九十三条第一款第二项的规定，以寻衅滋事罪定罪处罚。

编造虚假信息，或者明知是编造的虚假信息，在信息网络上散布，或者组织、指使人员在信息网络上散布，起哄闹事，造成公共秩序严重混乱的，依照刑法第二百九十三条第一款第四项的规定，以寻衅滋事罪定罪处罚。

8. 侦办利用信息网络实施的强迫交易、敲诈勒索等非法敛财类案件，确因被害人人数众多等客观条件的限制，无法逐一收集被害人陈述的，可以结合已收集的被害人陈述，以及经查证属实的银行账户交易记录、第三方支付结算账户交易记录、通话记录、电子数据等证据，综合认定被害人人数以及涉案资金数额等。

三、准确认定利用信息网络实施犯罪的黑恶势力

9. 利用信息网络实施违法犯罪活动，符合刑法、《指导意见》以及最高人民法院、

最高人民检察院、公安部、司法部《关于办理恶势力刑事案件若干问题的意见》等规定的恶势力、恶势力犯罪集团、黑社会性质组织特征和认定标准的，应当依法认定为恶势力、恶势力犯罪集团、黑社会性质组织。

认定利用信息网络实施违法犯罪活动的黑社会性质组织时，应当依照刑法第二百九十四条第五款规定的“四个特征”进行综合审查判断，分析“四个特征”相互间的内在联系，根据在网络空间和现实社会中实施违法犯罪活动对公民人身、财产、民主权利和经济、社会生活秩序所造成的危害，准确评价，依法予以认定。

10. 认定利用信息网络实施违法犯罪的黑恶势力组织特征，要从违法犯罪的起因、目的，以及组织、策划、指挥、参与人员是否相对固定，组织形成后是否持续进行犯罪活动，是否有明确的职责分工、行为规范、利益分配机制等方面综合判断。利用信息网络实施违法犯罪的黑恶势力组织成员之间一般通过即时通信工具、通信群组、电子邮件、网盘等信息网络方式联络，对部分组织成员通过信息网络方式联络实施黑恶势力违法犯罪活动，即使相互未见面、彼此不熟识，不影响对组织特征的认定。

11. 利用信息网络有组织地通过实施违法犯罪活动或者其他手段获取一定数量的经济利益，用于违法犯罪活动或者支持该组织生存、发展的，应当认定为符合刑法第二百九十四条第五款第二项规定的黑社会性质组织经济特征。

12. 通过线上线下相结合的方式，有组织地多次利用信息网络实施违法犯罪活动，侵犯不特定多人的人身权利、民主权利、财产权利，破坏经济秩序、社会秩序的，应当认定为符合刑法第二百九十四条第五款第三项规定的黑社会性质组织行为特征。单纯通过线上方式实施的违法犯罪活动，且不具有为非作恶、欺压残害群众特征的，一般不应作为黑社会性质组织行为特征的认定依据。

13. 对利用信息网络实施黑恶势力犯罪非法控制和影响的“一定区域或者行业”，应当结合危害行为发生地或者危害行业的相对集中程度，以及犯罪嫌疑人、被告人在网络空间和现实社会中的控制和影响程度综合判断。虽然危害行为发生地、危害的行业比较分散，但涉案犯罪组织利用信息网络多次实施强迫交易、寻衅滋事、敲诈勒索等违法犯罪活动，在网络空间和现实社会造成重大影响，严重破坏经济、社会生活秩序的，应当认定为“在一定区域或者行业内，形成非法控制或者重大影响”。

四、利用信息网络实施黑恶势力犯罪案件管辖

14. 利用信息网络实施的黑恶势力犯罪案件管辖依照《关于办理黑社会性质组织犯罪案件若干问题的规定》和《关于办理网络犯罪案件适用刑事诉讼程序若干问题的意见》的有关规定确定，坚持以犯罪地管辖为主、被告人居住地管辖为辅的原则。

15. 公安机关可以依法对利用信息网络实施的黑恶势力犯罪相关案件并案侦查或者指定下级公安机关管辖，并案侦查或者由上级公安机关指定管辖的公安机关应当全面调查收集能够证明黑恶势力犯罪事实的证据，各涉案地公安机关应当积极配合。并案侦查或者由上级公安机关指定管辖的案件，需要提请批准逮捕、移送审查起诉、提起公诉的，由立案侦查的公安机关所在地的人民检察院、人民法院受理。

16. 人民检察院对于公安机关提请批准逮捕、移送审查起诉的利用信息网络实施的黑恶势力犯罪案件，人民法院对于已进入审判程序的利用信息网络实施的黑恶势力犯罪案件，被告人及其辩护人提出的管辖异议成立，或者办案单位发现没有管辖权的，受案人民检察院、人民法院经审查，可以依法报请与有管辖权的人民检察院、人民法院共同的上级人民检察院、人民法院指定管辖，不再自行移交。对于在审查批准逮捕阶段，上级检察机关已经指定管辖的案件，审查起诉工作由同一人民检察院受理。人民检察院、人民法院认为应当分案起诉、审理的，可以依法分案处理。

17. 公安机关指定下级公安机关办理利用信息网络实施的黑恶势力犯罪案件的，应当同时抄送同级人民检察院、人民法院。人民检察院认为需要依法指定审判管辖的，应当协商同级人民法院办理指定管辖有关事宜。

18. 本意见自 2019 年 10 月 21 日起施行。

最高人民法院　最高人民检察院　公安部　司法部关于跨省异地执行刑罚的黑恶势力罪犯坦白检举构成自首立功若干问题的意见

各省、自治区、直辖市高级人民法院、人民检察院、公安厅（局）、司法厅（局），新疆维吾尔自治区高级人民法院生产建设兵团分院、新疆生产建设兵团人民检察院、公安局、司法局、监狱管理局：

为认真贯彻落实中央开展扫黑除恶专项斗争的部署要求，根据刑法、刑事诉讼法和有关司法解释、规范性文件的规定，现对办理跨省异地执行刑罚的黑恶势力罪犯坦白交代本人犯罪和检举揭发他人犯罪案件提出如下意见：

一、总体工作要求

1. 人民法院、人民检察院、公安机关、监狱要充分认识黑恶势力犯罪的严重社会危害，在办理案件中加强沟通协调，促使黑恶势力罪犯坦白交代本人犯罪和检举揭发他人犯罪，进一步巩固和扩大扫黑除恶专项斗争成果。

2. 人民法院、人民检察院、公安机关、监狱在办理跨省异地执行刑罚的黑恶势力罪犯坦白、检举构成自首、立功案件中，应当贯彻宽严相济刑事政策，充分发挥职能作用，坚持依法办案，快办快结，保持密切配合，形成合力，实现政治效果、法律效果和社会效果的统一。

二、排查和移送案件线索

3. 监狱应当依法从严管理跨省异地执行刑罚的黑恶势力罪犯，积极开展黑恶势力犯罪线索排查，加大政策宣讲力度，教育引导罪犯坦白交代司法机关还未掌握的本人其他犯罪行为，鼓励罪犯检举揭发他人犯罪行为。

4. 跨省异地执行刑罚的黑恶势力罪犯检举揭发他人犯罪行为、提供重要线索，或者协助司法机关抓捕其他犯罪嫌疑人的，各部门在办案中应当采取必要措施，保护罪犯及其近亲属人身和财产安全。

5. 跨省异地执行刑罚的黑恶势力罪犯坦白、检举的，监狱应当就基本犯罪事实、涉案人员和作案时间、地点等情况对罪犯进行询问，形成书面材料后报省级监狱管理机关。省级监狱管理机关根据案件性质移送原办案侦查机关所在地省级公安机关、人民检察院或者其他省级主管部门。

6. 原办案侦查机关所在地省级公安机关、人民检察院收到监狱管理机关移送的案件线索材料后，应当进行初步审查。经审查认为属于公安机关或者人民检察院管辖的，应当按照有关管辖的规定处理。经审查认为不属于公安机关或者人民检察院管辖的，应当及时退回移送的省级监狱管理机关，并书面说明理由。

三、办理案件程序

7. 办案侦查机关收到罪犯坦白、检举案件线索或者材料后，应当及时进行核实。依法不予立案的，应当说明理由，并将不予立案通知书送达罪犯服刑监狱。依法决定立案的，应当在立案后十日内，将立案情况书面告知罪犯服刑监狱。依法决定撤销案件的，应当将案件撤销情况书面告知罪犯服刑监狱。

8. 人民检察院审查起诉跨省异地执行刑罚的黑恶势力罪犯坦白、检举案件，依法决定不起诉的，应当在作出不起诉决定后十日内将有关情况书面告知罪犯服刑监狱。

9. 人民法院审理跨省异地执行刑罚的黑恶势力罪犯坦白案件，可以依法适用简易程序、速裁程序。有条件的地区，可以通过远程视频方式开庭审理。判决生效后十日内，人民法院应当向办案侦查机关和罪犯服刑监狱发出裁判文书。

10. 跨省异地执行刑罚的黑恶势力罪犯在服刑期间，检举揭发他人犯罪、提供重要线索，或者协助司法机关抓捕其他犯罪嫌疑人的，办案侦查机关应当在人民法院判决生效后十日内根据人民法院判决对罪犯是否构成立功或重大立功提出书面意见，与案件相关材料一并送交监狱。

11. 跨省异地执行刑罚的黑恶势力罪犯在原审判决生效前，检举揭发他人犯罪活动、提供重要线索，或者协助司法机关抓捕其他犯罪嫌疑人的，在原审判决生效后才被查证属实的，参照本意见第 10 条情形办理。

12. 跨省异地执行刑罚的黑恶势力罪犯检举揭发他人犯罪，构成立功或者重大立功的，监狱依法向人民法院提请减刑。对于检举他人犯罪行为基本属实，但未构成立功或者重大立功的，监狱可以根据有关规定给予日常考核奖励或者物质奖励。

13. 公安机关、人民检察院、人民法院认为需要提审跨省异地执行刑罚的黑恶势力罪犯的，提审人员应当持工作证等有效证件和县级以上公安机关、人民检察院、人民法院出具的介绍信等证明材料到罪犯服刑监狱进行提审。

14. 公安机关、人民检察院、人民法院认为需要将异地执行刑罚的黑恶势力罪犯跨省解回侦查、起诉、审判的，办案地省级公安机关、人民检察院、人民法院应当先将解回公函及相关材料送监狱所在地省级公安机关、人民检察院、人民法院审核。经审核确认无误的，监狱所在地省级公安机关、人民检察院、人民法院应当出具确认公函，与解回公函及材料一并转送监狱所在地省级监狱管理机关审批。监狱所在地省级监狱管理机关应当在收到上述材料后三日内作出是否批准的书面决定。批准将罪犯解回侦查、起诉、审判的，办案地公安机关、人民检察院、人民法院应当派员到监狱办理罪犯离监手续。案件办理结束后，除将罪犯依法执行死刑外，应当将罪犯押解回原服刑监狱继续服刑。

15. 本意见所称“办案侦查机关”，是指依法对案件行使侦查权的公安机关、人民检察院。

最高人民法院　最高人民检察院　公安部　司法部

2019 年 10 月 21 日

全国扫黑办再发布4个法律政策文件！（全文）

公职人员涉黑涉恶怎么惩处？给黑恶势力提供“血液”的非法放贷如何处理？当黑恶势力从现实进入网络，“网络黑恶势力”如何在法律上认定？怎样才能让异地服刑的黑恶势力罪犯积极参与举报，深挖出更多涉黑涉恶线索？

随着10月21日全国扫黑办召开新闻发布会，大家关心的这些问题都有了明确的答案。国家监委与最高人民法院、最高人民检察院、公安部、司法部联合印发的《关于在扫黑除恶专项斗争中分工负责、互相配合、互相制约严惩公职人员涉黑涉恶违法犯罪问题的通知》，“两高两部”联合印发的《关于办理非法放贷刑事案件若干问题的意见》《关于办理利用信息网络实施黑恶势力犯罪刑事案件若干问题的意见》《关于跨省异地执行刑罚的黑恶势力罪犯坦白检举构成自首立功若干问题的意见》等4个重磅指导性文件，在发布会上向社会公开发布。

10月21日，全国扫黑办召开新闻发布会。

中央政法委秘书长、全国扫黑办主任陈一新出席新闻发布会，并对上述4个法律政策文件的发布背景、特点作用和贯彻实施等重大问题作了解读。

一、发布背景

开展扫黑除恶专项斗争以来，中央多次强调要准确把握好法律政策界限，严格依法办案，确保专项斗争始终沿着法治轨道深入推进。

2019年4月，全国扫黑办举行新闻发布会，发布“两高两部”关于办理恶势力、“套路贷”、“软暴力”刑事案件以及黑恶势力刑事案件财产处置等4个法律政策文件，为各地各有关部门依法、准确、及时打击黑恶势力违法犯罪提供了法律政策指引。在法律政策的指引和促进下，专项斗争呈现出“四个提升”的良好态势：

——促进办案能力提升。通过开展学习培训和专题辅导，进一步提升了办案人员运用法律政策的能力水平。

——促进办案质量提升。切实解决定性不准、“搭车执法”等问题，促进了精准认定案件事实、精准把握法律适用。

——促进斗争威力提升。对“套路贷”“软暴力”等违法犯罪形成强大震慑，彰显了依法严惩黑恶势力犯罪的法治权威。

——促进打击效果提升。依法办理了一批群众反映强烈的重大案件，有力推动“打财断血”，铲除黑恶势力经济基础。

截至10月15日，全国依法打掉涉黑组织2421个、涉恶犯罪集团8365个、涉恶犯罪团伙29773个，破获刑事案件298237件，查封、冻结、扣押涉案资产2232.9亿元，提起公诉涉黑涉恶案件21632起129064人，一审判决13037件77564人、二审判决5305件39971人。

当前，为期三年的扫黑除恶专项斗争正处于深挖根治向长效常治转换的关键时期。总的看，专项斗争推进态势强劲，但也存在一些问题，“打伞破网”与扫黑除恶同步跟进有待加强；一些黑恶势力利用法律漏洞、监管盲区实施非法放贷，利用信息网络实施违法犯罪，扰乱金融市场秩序，破坏网络安全，损害群众利益；一些黑恶势力改头换面、蛰伏隐匿，深挖彻查犯罪线索还存在短板。这些问题对准确适用法律政策、依法严惩黑恶势力犯罪提出了更高要求。

在不久前召开的全国扫黑除恶专项斗争第2次推进会上，中共中央政治局委员、中央政法委书记郭声琨明确要求，要完善法律政策指导机制，及时出台深挖整治的指导性文件。按照全国扫黑除恶专项斗争领导小组的部署，中央纪委国家监委和“两高两部”针对专项斗争新情况新问题，在深入调研、广泛征求意见、反复论证修改的基础上，出台了上述4个法律政策文件。这是认真贯彻全面依法治国部署要求的具体体现，也是完善专项斗争法律政策保障的重要举措，对于确保扫黑除恶“打准、打狠、打深、打透”，推动专项斗争依法深入健康发展，必将产生积极而深远的影响。

二、主要目的

这4个法律政策文件，主要是针对涉黑涉恶犯罪新动向，为解决执法办案过程中法律规定不明确、法律适用不统一、依法严惩不精准等问题而制定出台的。其目的主要体现在四方面：

——增强“打伞破网”的精度。出台《关于在扫黑除恶专项斗争中分工负责、互相配合、互相制约　严惩公职人员涉黑涉恶违法犯罪问题的通知》，旨在靶向破解“保护伞”查办难的问题，查办涉黑涉恶大要案而没有查出“保护伞”或查处不到位的问题，同一对象被多年举报、多层举报、多头举报而查处不力的问题。

——打造严惩非法放贷的利器。出台《关于办理非法放贷刑事案件若干问题的意见》，剑指非法放贷、暴力催收、与黑恶势力勾结等违法犯罪，明确非法放贷行为入罪标准，建立刑事制裁体系内部衔接机制，严厉打击非法放贷行为。

——斩断网上黑恶势力“黑手”。出台《关于办理利用信息网络实施黑恶势力犯罪刑事案件若干问题的意见》，主要是明确网上黑恶势力犯罪的构罪要件，推动专项斗争从网下向网上延伸，形成网上网下共同发力的局面。

——开辟扫黑除恶“第二战场”。出台《关于跨省异地执行刑罚的黑恶势力罪犯坦白检举构成自首立功若干问题的意见》，主要是明确跨省跨部门办案线索移交程序，鼓励监所在押的黑恶势力罪犯检举揭发，深挖一批真实性强、成案率高的涉黑涉恶线索，巩固扩大专项斗争成果。

三、重要作用

这 4 个法律政策文件，以刑法、刑事诉讼法、国家监察法等法律为根本遵循，全面贯彻依法严惩要求，重在发挥四方面作用：

——明晰定罪量刑标准。这批法律政策文件，既强调严格区分罪与非罪界限，又强调宽严相济刑事司法政策的适用，有利于执法办案部门准确认定黑恶势力“保护伞”，严格依法追究刑事责任；有利于做到宽严有据、罚当其罪，切实把每一起案件都办成经得起法律和历史检验的铁案。

——攻克深挖彻查难题。这批法律政策文件，为攻克“骨头案”“钉子案”提供明确具体的法律政策指引，有利于实现“大伞”“小伞”一起打、“官伞”“警伞”一起查；有利于加大对金融、信息网络、共享经济等新兴行业领域涉黑涉恶犯罪的打击力度；有利于依法打击变“色”变异、手段翻新升级的黑恶势力，确保即使黑恶势力换了“马甲”照样予以严惩。

——促进条块协调联动。这批法律政策文件，对办案过程中加强跨地区、跨部门协调配合作出规定，有利于强化纪法衔接，解决涉“伞”线索移送查办不协同、案件查处“两条线”“两张皮”的问题；有利于解决跨省异地关押罪犯带来的检举线索移交难、办理难问题，增强执法办案系统性、整体性、协同性。

——助力打击整治并举。这批法律政策文件，就非法放贷、利用信息网络实施涉黑涉恶犯罪作出规定，有利于促进广大群众提高警惕性，积极主动检举揭发黑恶势力犯罪；有利于办案机关在不同环节发现涉及行业监管存在的风险隐患，为健全行业监管、乱点整治、基层治理长效机制提供法律政策依据。

四、下步工作

全国扫黑办将继续发挥好牵头抓总、统筹协调、督办落实作用，积极推动这批法律政策文件落地实施。

一抓宣传。会同各地各有关部门组织开展专题宣讲活动，充分发挥新闻媒体作用，解读好、宣传好这批法律政策文件，提高群众知晓率和参与度。开展以案说法，把典型案件报道转化为法治公开课、犯罪警示课、干群教育课。

二抓培训。组织开展专题培训，引导广大政法干警学深悟透法律政策文件精神，更好地运用于专项斗争实践。组织编印《法律政策指引》《典型案例汇编》，为执法办案人员提供更具针对性、操作性的指引。

三抓督导。推动强化办案动态监督，进一步规范涉黑涉恶案件办理程序、办理期限及法律文书。把这批法律政策文件执行情况纳入中央扫黑除恶第二轮、第三轮督导"回头看"重点内容，适时组织扫黑特派督导专员开展专项督导及案卷评查，推动各地解决重点难点问题。

四抓机制。研究建立全国统一的"打财断血"查控平台和机制，完善公检法机关与相关监管部门协作处置涉案财产工作通报机制。结合第二批"不忘初心、牢记使命"主题教育专项整治，督促各地完善依法严惩涉黑涉恶犯罪及其"保护伞"的长效机制，因地制宜出台指导性意见，确保专项斗争始终在法治轨道上运行。

来源：中央政法委长安剑

作者：长安君

“两高两部”《关于依法严惩利用未成年人实施黑恶势力犯罪的意见》

2020年4月23日上午，最高检召开“依法严惩利用未成年人实施黑恶势力犯罪”新闻发布会，发布“两高两部”《关于依法严惩利用未成年人实施黑恶势力犯罪的意见》。

最高人民法院　最高人民检察院　公安部　司法部
关于依法严惩利用未成年人实施黑恶势力犯罪的意见

扫黑除恶专项斗争开展以来，各级人民法院、人民检察院、公安机关和司法行政机关坚决贯彻落实中央部署，严格依法办理涉黑涉恶案件，取得了显著成效。近期，不少地方在办理黑恶势力犯罪案件时，发现一些未成年人被胁迫、利诱参与、实施黑恶势力犯罪，严重损害了未成年人健康成长，严重危害社会和谐稳定。为保护未成年人合法权益，依法从严惩治胁迫、教唆、引诱、欺骗等利用未成年人实施黑恶势力犯罪的行为，根据有关法律规定，制定本意见。

一、突出打击重点，依法严惩利用未成年人实施黑恶势力犯罪的行为

（一）黑社会性质组织、恶势力犯罪集团、恶势力，实施下列行为之一的，应当认定为“利用未成年人实施黑恶势力犯罪”：

1. 胁迫、教唆未成年人参加黑社会性质组织、恶势力犯罪集团、恶势力，或者实施黑恶势力违法犯罪活动的；

2. 拉拢、引诱、欺骗未成年人参加黑社会性质组织、恶势力犯罪集团、恶势力，或者实施黑恶势力违法犯罪活动的；

3. 招募、吸收、介绍未成年人参加黑社会性质组织、恶势力犯罪集团、恶势力，或者实施黑恶势力违法犯罪活动的；

4. 雇佣未成年人实施黑恶势力违法犯罪活动的；

5. 其他利用未成年人实施黑恶势力犯罪的情形。

黑社会性质组织、恶势力犯罪集团、恶势力，根据刑法和《最高人民法院、最高人民检察院、公安部、司法部关于办理黑恶势力犯罪案件若干问题的指导意见》《最高人民法院、最高人民检察院、公安部、司法部关于办理恶势力刑事案件若干问题的意见》等法律、司法解释性质文件的规定认定。

（二）利用未成年人实施黑恶势力犯罪，具有下列情形之一的，应当从重处罚：

1. 组织、指挥未成年人实施故意杀人、故意伤害致人重伤或者死亡、强奸、绑架、抢劫等严重暴力犯罪的；

2. 向未成年人传授实施黑恶势力犯罪的方法、技能、经验的；

3. 利用未达到刑事责任年龄的未成年人实施黑恶势力犯罪的；

4. 为逃避法律追究，让未成年人自首、做虚假供述顶罪的；

5. 利用留守儿童、在校学生实施犯罪的；

6. 利用多人或者多次利用未成年人实施犯罪的；

7. 针对未成年人实施违法犯罪的；

8. 对未成年人负有监护、教育、照料等特殊职责的人员利用未成年人实施黑恶势力违法犯罪活动的；

9. 其他利用未成年人违法犯罪应当从重处罚的情形。

（三）黑社会性质组织、恶势力犯罪集团利用未成年人实施犯罪的，对犯罪集团首要分子，按照集团所犯的全部罪行，从重处罚。对犯罪集团的骨干成员，按照其组织、指挥的犯罪，从重处罚。

恶势力利用未成年人实施犯罪的，对起组织、策划、指挥作用的纠集者，恶势力共同犯罪中罪责严重的主犯，从重处罚。

黑社会性质组织、恶势力犯罪集团、恶势力成员直接利用未成年人实施黑恶势力犯罪的，从重处罚。

（四）有胁迫、教唆、引诱等利用未成年人参加黑社会性质组织、恶势力犯罪集团、恶势力，或者实施黑恶势力犯罪的行为，虽然未成年人并没有加入黑社会性质组织、恶势力犯罪集团、恶势力，或者没有实际参与实施黑恶势力违法犯罪活动，对黑社会性质组织、恶势力犯罪集团、恶势力的首要分子、骨干成员、纠集者、主犯和直接利用的成员，即便有自首、立功、坦白等从轻减轻情节的，一般也不予从轻或者减轻处罚。

（五）被黑社会性质组织、恶势力犯罪集团、恶势力利用，偶尔参与黑恶势力犯罪活动的未成年人，按其所实施的具体犯罪行为定性，一般不认定为黑恶势力犯罪组织成员。

二、严格依法办案，形成打击合力

（一）人民法院、人民检察院、公安机关和司法行政机关要加强协作配合，对利用未成年人实施黑恶势力犯罪的，在侦查、起诉、审判、执行各阶段，要全面体现依法从严惩处精神，及时查明利用未成年人的犯罪事实，避免纠缠细枝末节。要加强对下指导，对利用未成年人实施黑恶势力犯罪的重特大案件，可以单独或者联合挂牌督办。对于重大疑难复杂和社会影响较大的案件，办案部门应当及时层报上级人民法院、人民检察院、公安机关和司法行政机关。

（二）公安机关要注意发现涉黑涉恶案件中利用未成年人犯罪的线索，落实以审判为中心的刑事诉讼制度改革要求，强化程序意识和证据意识，依法收集、固定和运用证据，并可以就案件性质、收集证据和适用法律等听取人民检察院意见建议。从严掌握取保候审、监视居住的适用，对利用未成年人实施黑恶势力犯罪的首要分子、骨干成员、纠集者、主犯和直接利用的成员，应当依法提请人民检察院批准逮捕。

（三）人民检察院要加强对利用未成年人实施黑恶势力犯罪案件的立案监督，发现应当立案而不立案的，应当要求公安机关说明理由，认为理由不能成立的，应当依法通知公安机关立案。对于利用未成年人实施黑恶势力犯罪的案件，人民检察院可以对案件性质、收集证据和适用法律等提出意见建议。对于符合逮捕条件的依法坚决批准逮捕，符合起诉条件的依法坚决起诉。不批准逮捕要求公安机关补充侦查、审查起诉阶段退回补充侦查的，应当分别制作详细的补充侦查提纲，写明需要补充侦查的事项、理由、侦查方向，需要补充收集的证据及其证明作用等，送交公安机关开展相关侦查补证活动。

（四）办理利用未成年人实施黑恶势力犯罪案件要将依法严惩与认罪认罚从宽有机结合起来。对利用未成年人实施黑恶势力犯罪的，人民检察院要考虑其利用未成年人的情节，向人民法院提出从严处罚的量刑建议。对于虽然认罪，但利用未成年人实施黑恶势力犯罪，犯罪性质恶劣、犯罪手段残忍、严重损害未成年人身心健康，不足以从宽处罚的，在提出量刑建议时要依法从严从重。对被黑恶势力利用实施犯罪的未成年人，自愿如实认罪、真诚悔罪、愿意接受处罚的，应当依法提出从宽处理的量刑建议。

（五）人民法院要对利用未成年人实施黑恶势力犯罪案件及时审判，从严处罚。严格掌握缓刑、减刑、假释的适用，严格掌握暂予监外执行的适用条件。依法运用财产刑、资格刑，最大限度铲除黑恶势力“经济基础”。对于符合刑法第三十七条之一规定的，应当依法禁止其从事相关职业。

三、积极参与社会治理，实现标本兼治

（一）认真落实边打边治边建要求，积极参与社会治理。深挖黑恶势力犯罪分子利用未成年人实施犯罪的根源，剖析重点行业领域监管漏洞，及时预警预判，及时通报相关部门、提出加强监管和行政执法的建议，从源头遏制黑恶势力向未成年人群体侵蚀蔓延。对被黑恶势力利用尚未实施犯罪的未成年人，要配合有关部门及早发现、及时挽救。对实施黑恶势力犯罪但未达到刑事责任年龄的未成年人，要通过落实家庭监护、强化学校教育管理、送入专门学校矫治、开展社会化帮教等措施做好教育挽救和犯罪预防工作。

（二）加强各职能部门协调联动，有效预防未成年人被黑恶势力利用。建立与共青团、妇联、教育等部门的协作配合工作机制，开展针对未成年人监护人的家庭教育指导、针对教职工的法治教育培训，教育引导未成年人远离违法犯罪。推动建立未成年人涉黑涉恶预警机制，及时阻断未成年人与黑恶势力的联系，防止未成年人被黑恶势力诱导利用。推动网信部门开展专项治理，加强未成年人网络保护。加强与街道、社区等基层组织的联系，重视和发挥基层组织在预防未成年人涉黑涉恶犯罪中的重要作用，进一步推进社区矫正机构对未成年社区矫正对象采取有针对性的矫正措施。

（三）开展法治宣传教育，为严惩利用未成年人实施黑恶势力犯罪营造良好社会环境。充分发挥典型案例的宣示、警醒、引领、示范作用，通过以案释法，选择典型案件召开新闻发布会，向社会公布严惩利用未成年人实施黑恶势力犯罪的经验和做法，揭露利用未成年人实施黑恶势力犯罪的严重危害性。加强重点青少年群体的法治教育，在黑恶势力犯罪案件多发的地区、街道、社区等，强化未成年人对黑恶势力违法犯罪行为的认识，提高未成年人防范意识和法治观念，远离黑恶势力及其违法犯罪。

来源：最高人民检察院

编辑：罗丽丽

依法严惩利用未成年人实施黑恶势力犯罪典型案例

2020年4月23日上午，最高检召开“依法严惩利用未成年人实施黑恶势力犯罪”新闻发布会，发布3件依法严惩利用未成年人实施黑恶势力犯罪典型案例。

案例一：谢某某组织、领导黑社会性质组织、寻衅滋事、聚众斗殴、敲诈勒索、开设赌场、故意伤害案

【基本案情】

2017年2月，谢某某刑满释放后，纠集刑满释放和社会闲散人员詹某某、陈某某等人，先后拉拢、招募、吸收18名未成年人（其中15名在校学生），在福建省宁德市蕉城区城南镇古溪村实施寻衅滋事、敲诈勒索等违法犯罪活动，逐步形成以谢某某为组织、领导者，詹某某等人为骨干成员，陈某某和翁某某（未成年人）、余某某（未成年人），以及16名未满十六周岁的未成年人为参加者的黑社会性质组织。谢某某利用犯罪组织势力，对古溪赌场进行敲诈勒索，安排组织成员在贷款公司上班获取经济利益，支持组织活动。该组织实施寻衅滋事、聚众斗殴、敲诈勒索、开设赌场、故意伤害等一系列违法犯罪活动，欺压、残害群众，为非作恶，称霸一方，在古溪区域内形成重大影响，严重破坏经济和社会生活秩序。

【检察机关履职情况】

福建省市区三级人民检察院分别成立指导组和专案组，依法快捕快诉。审慎认定未成年人涉黑恶势力犯罪，对参加黑社会性质组织时间不长、参与实施违法犯罪活动较少的1名未成年人不认定参加黑社会性质组织罪；对认定参加黑社会性质组织罪的2名未成年人提出从轻处罚的量刑建议，得到法院支持。

对未达到刑事责任年龄的未成年人，实行“走访摸底、分类帮扶”，积极规劝15名涉案学生及时返校就学。对后续继续升学就读的未成年人，与社工、公益机构共同开展“一对一”精准帮教，通过法治教育、心理咨询、团体辅导、公益志愿活动等形式，多方联动构建有效观护帮教模式。对进入社会的涉案未成年人，依托帮教基地培训职业技能，联系就业单位。

针对涉案未成年人主要来自单亲家庭、留守家庭以及监护缺失家庭的情况，蕉城区人民检察院与社工组织、社区等合作，组织涉案未成年人父母开展亲职教育。

针对涉案未成年在校学生较多的情况，积极推进源头治理。联合8个校园周边治安综合治理领导小组成员单位，对城区11所重点区域中小学校开展专项督查，从学校内部安全管理、周边安全、消防安全、食品安全、校园欺凌等方面，采取现场查验、现场纠正、现场交办、限时整改等方式，开展全方位排查、整改。与区教育局签订《检校共建、推进法治校园建设协议》，向辖区9所中小学校派驻法治副校长，指导学校开展法治教育工作。

2018年12月20日，蕉城区人民法院依法判处谢某某犯组织、领导黑社会性质组织罪、寻衅滋事罪、聚众斗殴罪、敲诈勒索罪、开设赌场罪、故意伤害罪，数罪并罚，决定执行有期徒刑十三年六个月，并处没收个人全部财产。16名未被追究刑事责任的未成年人经帮教后考入中专、中职学校8人，继续在初中部学习2人，就业6人，其中2人在省运会射击项目青少年组竞赛中取得好成绩。

【典型意义】

成年人利用未成年人实施黑恶势力违法犯罪活动，导致未成年人涉黑恶势力犯罪问题逐渐凸显，严重损害未成年人健康成长，严重危害社会和谐稳定，应引起社会高度重视。

突出打击重点，依法严惩利用未成年人实施黑恶势力犯罪的涉黑恶成年犯罪人。拉拢、招募、吸收未成年人参加黑社会性质组织，实施黑恶势力违法犯罪活动，是利用未成年人实施黑恶势力犯罪的典型行为。利用未达到刑事责任年龄的未成年人实施黑恶势力犯罪的，是利用未成年人实施黑恶势力犯罪应当从重处罚的情形之一，应当对黑社会性质组织、恶势力犯罪集团、恶势力的首要分子、骨干成员、纠集者、主犯和直接利用的成员从重处罚。

切实贯彻宽严相济刑事政策，最大限度保护涉案未成年人合法权益。坚持打击与保护并重、帮教矫正和警示教育并行、犯罪预防和综合治理并举，对涉黑恶未成年人积极开展帮教矫正和犯罪预防工作。积极参与社会综合治理，加强各职能部门协调联动。开展法治宣传教育，为严惩利用未成年人实施黑恶势力犯罪营造良好社会氛围。

案例二：黎某甲寻衅滋事、妨害作证、故意伤害、非法采矿案

【基本案情】

2015—2017年，以黎某甲为首，毛某某、骆某甲（未成年人）等6人为固定成员的恶势力犯罪集团，采用暴力、威胁等手段，在广东省清远市阳山县多次实施违法犯罪活动，欺压当地百姓，扰乱社会生活秩序，造成较为恶劣的社会影响。2016年7月，黎某甲因与被害人李某某发生纠纷，遂纠集毛某某、骆某甲等人到李某某的烧腊店进行报复。黎某甲指使毛某某、骆某甲等人利用其事先准备的铁通等工具撬开烧腊店铁闸门，对店内物品进行打砸，并将烧腊店内的摩托车推到附近小河涌，造成财物损失价值人民币5881.96元。事后，黎某甲为逃避法律制裁，要求骆某甲电话联络黎某乙和骆某乙，并让三人提供身份证等资料。黎某甲在山庄宴请三人，指使三人到公安机关自首，并作三人实施打砸李某某烧腊店的假口供，以包庇其及其他同案犯。2017年3月27日，被告人骆某甲到阳山县公安局刑侦大队投案，并作假口供包庇黎某甲及其他同案犯。

【检察机关履职情况】

阳山县人民检察院经认真审查和引导补证后，认为黎某甲领导的犯罪组织，符合恶势力犯罪集团的特征，同时增加认定黎某甲部分故意伤害犯罪事实。黎某甲为逃避法律责任，利用骆某甲心智不成熟、社会阅历浅、法治意识淡薄的特点，指使未成年人录假口供、作伪证的妨害作证行为，不仅妨害正常司法活动，而且严重侵害了未成年人合法权益。检察机关精准指控，增加认定了首要分子黎某甲的部分故意伤害犯罪事实，同时依法认定该犯罪组织为恶势力犯罪集团，对利用未成年人实施黑恶势力犯罪的，体现了依法从严打击。

针对骆某甲实施的违法行为，检察机关一方面通过庭审教育的方式，与援助律师共同开展法治教育；另一方面通过与其家庭成员联系，深入分析家庭教育对未成年人的重要性，强调加强家庭教育和关心关爱，帮助其改过自新，重新回归社会。

2019年12月30日，阳山县人民法院对黎某甲等七人作出判决，依法判处黎某甲犯寻衅滋事罪、妨害作证罪、故意伤害罪、非法采矿罪，数罪并罚，决定执行有期徒刑六年六个月，并处罚金人民币五万元。

【典型意义】

黑恶势力犯罪分子利用未成年人自我保护能力弱、辨别能力低、易于控制指挥的特点，常常有意拉拢、引诱、欺骗未成年人加入黑恶势力，实施黑恶势力违法犯罪活动。未成年人被利用参与黑恶势力犯罪的，应当重在切断“毒源”，防止低龄未成年人“积小恶成大患”。

一些黑社会性质组织和恶势力犯罪集团、恶势力，利用《刑法》第十七条关于刑事责任年龄的规定，有意将未成年人作为黑恶势力的发展对象，以此规避刑事处罚。成年犯罪人利用未成年人心智尚未成熟的特点，伙同未成年人实施黑恶势力犯罪，并在犯罪后为逃避法律责任，指使未成年人作伪证、顶罪，包庇其他成年人的犯罪事实，行为恶劣，应当予以严惩。

案例三：靳某某妨害信用卡管理、非法拘禁、寻衅滋事案

【基本案情】

2018 年 10 月以来，靳某某在 QQ 群发布收买银行卡的信息，纠集周某某、张某某、肖某某等人，雇佣温某某、刘某某、安某某（三人均为未成年人）形成贩卖银行卡的恶势力犯罪团伙。该团伙以营利为目的，在一些职业院校内非法收购学生银行卡、U 盾、手机卡，持有并贩卖给境外赌博、诈骗组织。靳某某为防止倒卖的银行卡不能正常使用、违法所得不能取出，指使团伙成员纠集温某某、刘某某、安某某多次将挂失银行卡的未成年在校学生带至宾馆、学校偏僻处，采取语言威胁、扬言殴打、带至外地交给上家处理等手段进行威胁恐吓，为学生拍摄录像，强迫挂失银行卡的学生补卡并交回卡内被冻结的资金。

【检察机关履职情况】

2019 年 4 月 24 日，河北省邢台市新河县居民常某某在博彩平台先后被骗 60 多万元，到新河县公安局报案。公安机关立案侦查发现被骗款项通过该犯罪团伙收购、贩卖的银行卡转到其他账户。新河县人民检察院针对公安机关发现涉恶、涉未成年人的案情，立即提前介入侦查活动，及时面见涉案未成年人，了解情况，适时释法说理，进行教育感化。

公安机关提请批准逮捕后，新河县人民检察院安排涉案未成年人的父母前往看守所开展亲情会见，共同对其进行心理疏导，温某某、刘某某、安某某等人当场痛哭悔过。审查起诉期间，检察机关从保护未成年人的角度出发，对涉案未成年人分案办理。主动联系未成年人户籍所在地河南省洛阳市老城区司法局、涧山区司法局，协作开展社会调查，分析未成年人涉罪原因、平时表现，根据调查结果，建议法院对未成年人温某某、刘某某、安某某适用缓刑。对该案主犯靳某某依法从严，向法院提出从重处罚的量刑建议。

2019 年 12 月 31 日，新河县人民法院依法判处靳某某犯妨害信用卡管理罪、非法拘禁罪、寻衅滋事罪，数罪并罚，决定执行有期徒刑四年六个月，并处罚金人民币三万元。

【典型意义】

黑恶势力利用未成年人急于赚钱、自我控制能力不强的心理特点，常常以从事兼职的名义雇佣未成年人参与违法犯罪活动，为谋取非法利益提供便利。黑恶势力将黑手伸向未成年人和大中专院校，利用在校学生，针对未成年人实施违法犯罪，应当予以从重处罚。检察机关坚决遏制黑恶势力拉拢侵蚀未成年人，对黑恶势力利用未成年人实施违法犯罪活动严厉打击，依法坚决起诉，从重提出量刑建议。

对被利用的未成年人，要综合其犯罪性质、罪行轻重等因素，实行分级保护处遇。对行为性质较为恶劣、危害后果较大的涉罪未成年人，要全面了解其生理、心理状态及违法犯罪原因，通过亲情会见，教育、感化未成年人，积极促成和解，引导其认罪认罚获得从宽处理；对罪行轻微，属于初犯、偶犯的未成年人，要充分发挥不捕、不诉、刑事和解等制度机制作用，积极适用附条件不起诉；对未达到刑事责任年龄的未成年人，要与公安机关沟通，由其训诫，责令监护人严加管教，同时联合相关帮教主体，开展重点观护和帮教，预防再犯。

来源：最高人民检察院

编辑：罗丽丽

“两高两部”：从重处罚利用未成年人实施黑恶势力犯罪五类人员

2020年4月23日上午，最高检召开“依法严惩利用未成年人实施黑恶势力犯罪”新闻发布会，发布“两高两部”《关于依法严惩利用未成年人实施黑恶势力犯罪的意见》（以下简称《意见》），发布3件依法严惩利用未成年人实施黑恶势力犯罪典型案例，并回答记者提问。

未成年人涉黑恶犯罪数量逐年增长

最高检检委会副部级专职委员万春在发布会上介绍，未成年人涉黑恶犯罪虽然从整体上看人数总量不大，占同期犯罪比例不高，但数量逐年增长。例如2017—2019年，全国检察机关办理的组织、领导、参加黑社会性质组织犯罪案件，受理审查起诉的未成年人数分别为84人、428人、552人，2018年、2019年比上年分别增长了410%、29%。

更突出的问题是，一些黑恶势力利用刑法关于刑事责任年龄的规定，有意将未成年人作为发展对象，以此规避刑事处罚，严重损害未成年人身心健康，无论是对社会和谐稳定还是对未成年人成长都危害极大。

起诉未成年人涉黑恶势力犯罪7277人

万春表示，2018年1月至2020年3月，全国检察机关共受理审查批准或者决定逮捕黑恶势力犯罪案件62247件180854人；经审查批准和决定逮捕46173件135865人，其中涉未成年人3841人，包括涉黑案件392人、涉恶案件3449人。共受理审查起诉黑恶势力犯罪案件51441件258662人；经审查决定起诉28091件173235人，其中涉未成年人7277人，包括涉黑案件941人、涉恶案件6336人。

“利用未成年人实施黑恶势力犯罪”的五种行为

万春介绍，《意见》明确了“利用未成年人实施黑恶势力犯罪”的五种行为：

胁迫、教唆未成年人参加黑社会性质组织、恶势力犯罪集团、恶势力，或者实施黑恶势力违法犯罪活动的；

拉拢、引诱、欺骗未成年人参加黑社会性质组织、恶势力犯罪集团、恶势力，或者实施黑恶势力违法犯罪活动的；

招募、吸收、介绍未成年人参加黑社会性质组织、恶势力犯罪集团、恶势力，或者实施黑恶势力违法犯罪活动的；

雇佣未成年人实施黑恶势力违法犯罪活动的；

其他利用未成年人实施黑恶势力犯罪的情形。

利用未成年人实施黑恶势力犯罪的九种情形、五类人员从重处罚！

万春介绍，《意见》明确了利用未成年人实施黑恶势力犯罪应当从重处罚的九种情形：

组织、指挥未成年人实施故意杀人、故意伤害致人重伤或者死亡、强奸、绑架、抢劫等严重暴力犯罪的；

向未成年人传授实施黑恶势力犯罪的方法、技能、经验的；

利用未达到刑事责任年龄的未成年人实施黑恶势力犯罪的；

为逃避法律追究，让未成年人自首、做虚假供述顶罪的；

利用留守儿童、在校学生实施犯罪的；

利用多人或者多次利用未成年人实施犯罪的；

针对未成年人实施违法犯罪的；

对未成年人负有监护、教育、照料等特殊职责的人员利用未成年人实施黑恶势力违法犯罪活动的；

其他利用未成年人违法犯罪应当从重处罚的情形。

《意见》明确对利用未成年人实施犯罪的黑恶势力首要分子、骨干成员、纠集者、主犯和直接利用者五类人员从重处罚：

黑社会性质组织、恶势力犯罪集团利用未成年人实施犯罪，对犯罪集团首要分子，按照集团所犯的全部罪行，从重处罚。

对犯罪集团的骨干成员，按照其组织、指挥的犯罪，从重处罚。

恶势力利用未成年人实施犯罪的，对起组织、策划、指挥作用的纠集者，恶势力共同犯罪中罪责严重的主犯，从重处罚。

黑社会性质组织、恶势力犯罪集团、恶势力成员直接利用未成年人实施黑恶势力犯罪的，从重处罚。

万春介绍，《意见》进一步要求，利用未成年人参加黑恶势力，或者实施黑恶势力犯罪，虽然未成年人并没有加入黑恶势力，或者没有实际参与、实施黑恶势力违法犯罪活动，对黑恶势力的上述人员，即便有自首、立功、坦白等从轻减轻情节的，一般也不予从轻或者减轻处罚。

“对于未成年人被利用参与黑恶势力违法犯罪的，应当重在切断‘毒源’，加大对黑恶势力成年犯罪人的打击力度。检察机关在办理此类案件时，需要注意：一是突出打击重点，加强刑事立案监督。二是落实从严要求，依法批捕、依法起诉。三是贯彻认罪认罚从宽制度，依法提出从严处罚的量刑建议。”最高检法律政策研究室主任高景峰在答记者问时表示。

侦查、起诉、审判、执行各阶段全面体现依法从严惩处

《意见》要求，法院、检察院、公安机关和司法行政机关要加强协作配合，对严惩利用未成年人实施黑恶势力犯罪形成打击合力。公安机关要严格掌握取保候审、监视居住的适用条件，及时提请逮捕。检察机关要加强立案监督，符合逮捕条件的坚决逮捕，符合起诉条件的坚决起诉，并提出从严处罚的量刑建议。人民法院要严格掌握缓刑、减刑、假释的适用，严格掌握暂予监外执行的适用条件。充分利用财产刑、资格刑，禁止从事相关职业等。

“各级法院还坚持在司法审判过程中依法保护未成年人合法权益，充分发挥职能作用，阻断黑恶势力向未成年人群体的渗透。”最高法刑事审判第三庭庭长李勇在回答记者提问时表示。

据公安部刑事侦查局二级巡视员童碧山介绍，在扫黑除恶专项斗争中，全国公安机关共打掉涉黑组织2954个，恶势力犯罪集团9814个，其中，有未成年人参与的占到近20%，未成年人涉案人数占总数7%左右。从国内打击情况看，为逃避刑事处罚，黑恶犯罪组织成员呈低龄化发展趋势。从境外黑社会犯罪的发展规律看，针对未成年人招募、吸收组织成员，教唆、引诱实施犯罪也是黑社会组织惯用手法。

教育为主、惩罚为辅，谨慎处理涉黑恶犯罪未成年人

万春在答问时表示，《意见》要求，谨慎处理涉黑恶犯罪的未成年人，坚持对未成年人“教育为主、惩罚为辅”。被利用参与黑恶势力的未成年人，虽然实施了某些违法犯罪活动，但自身更是黑恶势力的受害者。《意见》坚持对未成年人的特殊、优先保护原则，明确对被黑恶势力利用、偶尔参与违法犯罪活动的未成年人，按其所实施的具体犯罪行为定性，一般不认定为黑恶势力犯罪组织成员。

《意见》还要求，要积极参与社会治理。对被黑恶势力利用的未成年人，要配合有关部门及早发现、及时挽救。对未达到刑事责任年龄的未成年人，要通过落实家庭监护、强化学校教育管理、送入专门学校矫治、开展社会化帮教等措施做好教育挽救和犯罪预防工作。要加强重点青少年群体的法治教育，提高未成年人防范意识和法治观念，有效预防未成年人被黑恶势力利用。

“各级司法行政机关、各律师协会将认真贯彻落实《意见》部署要求，积极引导广大律师依法履职尽责，为依法严惩利用未成年人实施黑恶势力犯罪作出积极贡献。一是依法参与案件辩护代理。二是做好未成年人法律援助工作。三是积极参与社会治理工作。”司法部律师工作局一级巡视员王学泽在回答记者提问时介绍。

会上还发布了3件依法严惩利用未成年人实施黑恶势力犯罪典型案例。此次发布的典型案例，突出了黑恶势力利用未成年人实施犯罪的具体情形，树立了对利用未成年人实施黑恶势力犯罪依法严惩、对未成年人合法权益予以最大保护的办案理念。对于办理利用未成年人实施黑恶势力犯罪案件具有积极的参考和借鉴意义。

其中，以谢某某为组织、领导者的黑社会性质组织，先后拉拢、招募、吸收18名未成年人实施寻衅滋事、聚众斗殴、敲诈勒索等一系列违法犯罪活动，欺压残害群众，为非作恶，称霸一方，在当地形成重大影响。被利用的18名未成年人中有16名未满十六周岁，大部分还是在校学生。福建省市区三级检察院分别成立指导组和专案组，依法快捕快诉。2018年12月20日，法院依法判处谢某某犯组织、领导黑社会性质组织罪、寻衅滋事罪、聚众斗殴罪、敲诈勒索罪、开设赌场罪、故意伤害罪，数罪并罚，决定执行有期徒刑十三年六个月，并处没收个人全部财产。16名未被追究刑事责任的未成年人经帮教后考入中专、中职学校8人，继续在初中部学习2人，就业6人。

来源：最高人民检察院

作者：罗丽丽

编辑：丁靓

全国扫黑办开启第二波扫黑除恶法律政策“网交流”“云沟通”

4月22日，全国扫黑办组织召开第二次扫黑除恶法律政策视频培训班，最高人民法院二级高级法官周川、最高人民检察院二级高级检察官曹红虹、公安部一级警督刘宁宁分别就《关于办理“套路贷”刑事案件若干问题的意见》《关于办理黑恶势力刑事案件中财产处置若干问题的意见》《关于办理实施“软暴力”的刑事案件若干问题的意见》进行专题讲解，并现场回答一线执法办案人员提问。全国省市县三级纪检监察和政法单位分管负责同志、各级扫黑除恶一线办案干警在分会场参会，全国共设分会场3444个，近10万人参加。

中央政法委副秘书长、全国扫黑办副主任王洪祥在主持培训班时指出，4月20日召开的全国扫黑办挂牌督办案件推进会，对加快推进挂牌督办案件办理作出部署。各地各部门要贯彻落实好挂牌督办案件推进会精神，结合全国扫黑办组织开展的法律政策视频培训，切实提升执法办案能力，将依法办事和法理情融合起来，将好的传统和新的办法结合起来，将工作进度、质量和效率统一起来，以实际行动贯彻落实“六清行动”，履行好扫黑除恶重大政治责任，推进扫黑除恶专项斗争取得压倒性胜利。

第一次视频培训班举办以来，各地执法办案人员纷纷点赞，认为“在线”培训为广大基层一线执法办案人员提供了一次难得的“网交流”“云沟通”机会，为更好地开展涉黑恶线索核查以及案件办理工作奠定了坚固的法律基础。陕西省西安市中级人民法院刑一庭副庭长王全谋表示，全国扫黑办的业务培训，犹如一场及时春雨，是统一基层一线执法思想、提升破案攻坚能力的好机会，十分及时、十分到位、十分解渴。山东省济南市章丘区人民检察院第一检察部副主任、一级检察官郭静谈到，此次培训精准施策、靶向发力，强化了一线办案人员对新形势下涉黑涉恶案件的界定、办理中的重点难点以及处置方式的把握。天津市公安局红桥分局打击犯罪侦查支队副支队长王勇认为培训很接地气，深入浅出、清晰透彻，直指核心要害，使大家从思想认识、战术战法、斗争策略等方面全面提升能力水平，凝心聚力、团结一致打赢扫黑除恶专项斗争法律仗。

据悉，全国扫黑办将于 2020 年 4 月 29 日举办第三次法律政策视频培训班。

来源：正义网

作者：李钰之

编辑：薛永利

全国扫黑除恶第三次视频培训班收官！释放了哪些信号？

2020 年 4 月 29 日，全国扫黑办组织举办第三次扫黑除恶法律政策视频培训。最高人民法院二级高级法官、刑三庭审判长周川，公安部一级警督、刑事侦查局处长刘宁宁，司法部一级警督、监狱管理局刑罚执行处处长张玉卿，最高人民检察院法律政策研究室三级高级检察官宋丹分别就《关于办理非法放贷刑事案件若干问题的意见》《关于办理利用信息网络实施黑恶势力犯罪刑事案件若干问题的意见》《关于跨省异地执行刑罚的黑恶势力罪犯坦白　检举构成自首　立功若干问题的意见》《关于依法严惩利用未成年人实施黑恶势力犯罪的意见》进行讲解，并现场回答一线执法办案人员提问。中央政法委副秘书长、全国扫黑办副主任王洪祥主持培训。全国省市县三级的纪检监察和政法单位分管负责同志、各级扫黑除恶一线办案干警在各地分会场参会，全国共设分会场 3413 个，共有近 10 万人参加。

扫黑除恶法律政策文件系列视频培训达到了预期目的，实现了“三个效果”。

一是再次宣示了扫黑除恶不达目标绝不收兵的坚定决心。

视频培训在全国扫黑办第 9 次主任会议的基础上，再次释放了强烈的信号，坚持疫情防控不放松、扫黑除恶再加速，尽快把前期因为疫情影响落下的“功课”补上来，抓紧把已经部署的工作铺开来，迅速掀起强大攻势，展开扫黑除恶大决战。

二是再次彰显了依法严惩、不枉不纵的法治精神。

视频培训再次重申了坚持依法办案、坚持法定标准，做到依法依规、宽严有据、罚当其罪，确保把每一起在侦、在诉、在审的涉黑涉恶案件都办成经得起法律和历史检验的“铁案”。

三是再次提升了一线办案人员的执法办案水平。

视频培训使广大政法干警从思想认识、战术战法、斗争策略等方面全面提升能力水平，强化了对新形势下涉黑涉恶案件的界定、办理中的重点难点以及处置方式的把握，提升了一线办案人员办案能力、法律素养，坚定了一线办案人员打赢扫黑除恶攻坚战的信心。

王洪祥在总结讲话时指出，短暂的学习培训虽已结束，但常态化的学习研究领会还将持续，抓转化抓落实的任务还很艰巨。中央领导同志对扫黑除恶专项斗争始终高度重视，习近平总书记近日在陕西考察时专门对深化扫黑除恶专项斗争提出明确要求。中央政治局委员、中央政法委书记、全国扫黑除恶专项斗争领导小组组长郭声琨在平安中国建设协调小组会议上也专门强调，要打好扫黑除恶专项斗争决胜战。广大政法干警要以更高的政治站位、更强的使命担当、更大的工作力度、更实的工作举措，做到依法严惩、除恶务尽，重点抓好“三项工作”。

一要扎实开展好“六清”行动。

当前阶段，各地各部门要在“清”字上下功夫，按照“清彻底、清到底、清干净”的要求，为建立健全长效机制，推动扫黑除恶专项工作常态化、制度化打好基础。要按照“涉黑涉恶在办案件百日攻坚战”部署，明确目标时限，加强调度指挥，集中优势兵力，打好案件办理歼灭战，力争 7 月底消化 70%左右的案件存量，确保全年万起案件依法及时审结。

二要扎实开展好重大案件督办。

各地各部门要参照全国扫黑办挂牌督办案件工作模式，省级扫黑办挂牌督办本省 30～40 起重点涉黑涉恶案件，明确包案领导、建立动态台账，挂图作战、逐个围歼，形成“全国扫黑办挂牌百起、省级挂牌千起、带动全国万起”的案件攻坚格局，确保如期取得案件办理的决定性胜利。

三要扎实开展好重点行业领域整治行动。

各地各部门要结合执法办案，依托“三书一函”信息平台，深入梳理专项斗争中暴露出来的深层次问题，分析原因、找准症结，从法律、政策、机制层面研究解决办法，实现长效常治机制成形入轨、人民群众满意度明显提升。

栏目主编：秦红

编辑：吴宏浩

山东省高级人民法院关于黑恶势力刑事案件审理的工作规范

（鲁高法〔2019〕27号）

各市中级人民法院、济南铁路运输中级法院：

《关于黑恶势力刑事案件审理的工作规范》已经山东省高级人民法院审判委员会全体会议2019年第11次会议讨论通过，现印发给你们，请认真贯彻执行。

山东省高级人民法院

2019年5月30日

山东省高级人民法院关于黑恶势力刑事案件审理的工作规范

为规范黑恶势力刑事案件审理工作，根据刑法、刑事诉讼法及有关司法解释、规范性文件的规定，结合我省实际，制定本工作规范。

第一条 严格案件受理审查。对提起公诉的第一审黑恶势力刑事案件，人民法院在收到起诉书和案卷、证据后，除依照《最高人民法院关于适用〈中华人民共和国刑事诉讼法〉的解释》第一百八十条的规定进行审查外，还应审查以下内容：

（一）被告人是否为中共党员、人大代表、政协委员、基层党组织成员、国家工作人员，是否附有相关证明材料。

（二）对于采取技术侦查措施收集的证据材料，是否附有采取技术侦查措施的批准决定书等书面材料。

（三）是否查封、扣押、冻结被告人的违法所得或者其他涉案财产，是否有证明涉案财产来源、性质、价值、权属、名称、数量、处置情况的证据材料。

（四）是否列明被害人的姓名、住址、联系方式，是否有户籍证明等身份证明材料。

第二条 及时报告案件受理信息。人民法院对提起公诉的黑恶势力刑事案件依法受理后，应当同时报告同级扫黑办和上级法院，并层报省法院备案。

第三条　认真做好庭前准备工作。开庭审理黑恶势力刑事案件前，人民法院应当进行下列工作：

（一）确定审判长及合议庭组成人员。黑恶势力刑事案件由中、基层人民法院院长担任审判长。社会影响重大的案件，应当依法由法官三人与人民陪审员四人组成合议庭进行审理。

（二）告知被告人可以委托辩护人。对于被告人没有委托辩护人的，应当通知法律援助机构指派律师为其提供辩护。

（三）审理黑恶势力刑事案件，应当通知对辩护律师所属事务所具有监督管理权限的司法行政机关派员旁听。

第四条　组织召开庭前会议。人民法院审理黑社会性质组织和重大恶势力集团刑事案件，应当召开庭前会议。其他恶势力刑事案件，根据审理需要，可以召开庭前会议。召开庭前会议三日前，应当将庭前会议方案报告同级扫黑办，并层报省法院备案。

第五条　认真制定庭审方案。开庭审理前，审判人员应当制定详细的庭审提纲、庭审预案。庭审预案包括开庭审理计划、安全保卫、后勤保障、宣传报道、突发情况处置等事项。黑社会性质组织和重大恶势力集团刑事案件，还应制定“三同步”方案。庭审提纲、庭审预案、“三同步”方案，应当在开庭审理三日前层报省法院。“三同步”方案应当在开庭审理三日前报同级扫黑办。

第六条　认真组织旁听。公开审理的有重大社会影响的黑社会性质组织和重大恶势力集团刑事案件，可以邀请党代表、人大代表、政协委员、特邀监督员、专家学者，以及有关业务主管部门人员旁听。

第七条　认真组织法庭调查。法庭调查应当严格按照《人民法院办理刑事案件第一审普通程序法庭调查规程（试行）》的规定进行。区分黑社会性质组织实施的犯罪和个人实施的犯罪，分别进行调查。对于黑社会性质组织罪的调查，按照先具体犯罪、后黑社会性质组织罪的顺序进行。

对指控的犯罪事实调查结束后，应当对涉案财产情况进行专门调查，组织控辩双方对涉案财产情况进行举证、质证，查清涉案财产的来源、性质、价值、权属、名称、数量、处置情况等。

第八条　切实做好证人、鉴定人出庭保护工作。开庭审理时，证人、鉴定人因出庭作证，本人或者其近亲属的人身安全面临危险的，应当采取不公开其真实姓名、住址和工作单位等个人信息，或者不暴露其外貌、真实声音等保护措施。必要时，可以进行物理隔离，以音频、视频传送的方式作证，并对声音、图像进行技术处理。依法决定不公开证人、鉴定人真实姓名、住址和工作单位等个人信息的，应当在开庭前核实其身份。证人、鉴定人签署的如实作证保证书应当列入审判副卷，不得对外公开。

被害人出庭参加诉讼的，参照上述规定。

第九条 认真组织法庭辩论。法庭调查结束后，审判长应当组织控辩双方就定罪、量刑的事实、证据和法律适用等问题进行辩论。法庭辩论中，应当组织控辩双方就涉案财产处置进行专门辩论。恶势力刑事案件的被告人及其辩护人对是否构成恶势力提出异议的，可以组织控辩双方进行专门辩论。

第十条 认真组织案件讨论研究。庭审结束后，合议庭及时进行认真评议，提出案件处理意见。黑社会性质组织和重大恶势力集团刑事案件，合议庭提出处理意见后，应当组织刑事专业法官会议进行讨论，并提交审判委员会讨论决定，形成案件处理意见，并层报省法院。

第十一条 稳妥组织案件宣判。黑社会性质组织和重大恶势力集团刑事案件，宣判前应当制定“三同步”方案，报同级扫黑办，并层报省法院。

第十二条 认真落实提前介入机制。对重大敏感黑恶势力刑事案件，可以在侦查、起诉阶段及时主动提前介入，深入研究案件事实和性质，对重大问题及时提出意见建议。

第十三条 认真落实案件会商和联席会议机制。案件审理中，在事实证据、性质认定等方面，与检察机关存在重大分歧时，应当协调法、检两院相关人员进行案件会商，必要时提交当地扫黑办，组织召开联席会议，最大限度形成共识，确保原则问题解决在起诉前、庭审前和判决前。

第十四条 健全线索排查、转办机制。刑事审判、民商事审判、行政审判、申诉信访和执行部门协作联动，深入排查涉黑涉恶及其“保护伞”“关系网”等线索，及时报扫黑办，由扫黑办转交有管辖权的办案机关查处。

第十五条 加强司法建议工作。在审理黑恶势力犯罪案件中，认真查找案件反映出的行业管理漏洞，及时向相关部门提出有针对性的司法建议，加强跟踪问效，督促相关部门改进工作。同时，将司法建议及跟踪问效情况层报省法院。

第十六条 本工作规范自印发之日起施行。

来源：山东法院网

北京高院出台意见完善涉黑涉恶案件办理机制

北京市高级人民法院近日出台《关于完善涉黑涉恶案件办理机制的意见》（以下简称《意见》），共32条，就案件办理总体要求、案件管理机制、案件审理机制、线索摸排核查机制等问题进行了规定，进一步明确了扫黑除恶专项斗争领导小组办公室（以下简称“扫黑办”）的工作职责，促进北京法院扫黑除恶专项斗争规范有序、运转顺畅、高效运行。

《意见》强调，全市法院要始终坚持党对扫黑除恶专项斗争工作的绝对领导，加强与纪检监察、检察、公安等机关的协作配合，推动形成专项斗争合力，建立健全依法惩治黑恶势力犯罪的长效机制；要充分认清扫黑除恶专项斗争的新形势，聚焦重点任务，充分发挥审判职能作用，推动扫黑除恶专项斗争不断取得实效；要毫不动摇将依法严惩方针贯穿扫黑除恶专项斗争始终，全方位、全过程体现从严惩处精神；坚持严格依法办案，坚持法定标准、法定程序，坚决防止人为拔高或者降低认定标准，确保公正司法、程序正当。

《意见》要求，全市法院要设立专业力量充足、办公场所独立的扫黑办，加强实体化和规范化建设。扫黑办主任应由主管院长担任，副主任由相关业务庭庭长担任。扫黑办履行组织协调、案件指导、督导调研、线索排查、宣传培训、法律政策研究等职责。

《意见》明确，全市法院要完善涉黑涉恶案件管理机制，包括台账管理、提级管辖、院庭长监督管理以及“保护伞”案件异地管辖等机制。此外，要加强涉黑涉恶案件审判专业化建设，完善优先办理和分并案审理机制，确保审判质效。要严格落实辩护律师全覆盖制度，依法保障被告人的诉讼权利。

《意见》要求，全市法院审理涉黑涉恶案件要注重串并研判，加强线索摸排，深挖彻查“保护伞”“关系网”，防止就案办案、机械办案。

《意见》还就保障律师权利，做好数据统计以及发挥司法建议功能，积极参与社会治理等工作做出了规定。

来源：京法网事

编辑：汪希

黑恶势力刑事案件财产处置10问
——中央扫黑除恶督导在北京

一、公安司法机关办理黑恶势力犯罪案件，对涉案财产如何处置？

应依法采取查询、查封、扣押、冻结等措施，并根据查明的情况，依法作出处理。“处理”既包括对涉案财产中犯罪分子违法所得、违禁品、供犯罪所用的本人财物以及其他等值财产等依法追缴、没收，也包括对被害人的合法财产等依法返还。

二、公安机关根据诉讼需要，可先行依法对哪些财产采取查询、查封、扣押、冻结等措施？

（1）黑恶势力组织的财产；

（2）犯罪嫌疑人个人所有的财产；

（3）犯罪嫌疑人实际控制的财产；

（4）犯罪嫌疑人出资购买的财产；

（5）犯罪嫌疑人转移至他人名下的财产；

（6）犯罪嫌疑人涉嫌洗钱以及掩饰、隐瞒犯罪所得、犯罪所得收益等犯罪涉及的财产；

（7）其他与黑恶势力组织及其违法犯罪活动有关的财产。

三、证明涉案财产来源、性质、用途、权属及价值的有关证据一般包括哪些？

（1）犯罪嫌疑人、被告人关于财产来源、性质、用途、权属、价值的供述；

（2）被害人、证人关于财产来源、性质、用途、权属、价值的陈述、证言；

（3）财产购买凭证、银行往来凭据、资金注入凭据、权属证明等书证；

（4）财产价格鉴定、评估意见；

（5）可以证明财产来源、性质、用途、权属、价值的其他证据。

四、哪些涉案财产应当依法追缴、没收？

（1）黑恶势力组织及其成员通过违法犯罪活动或者其他不正当手段聚敛的财产及其孳息、收益；

（2）黑恶势力组织成员通过个人实施违法犯罪活动聚敛的财产及其孳息、收益；

（3）其他单位、组织、个人为支持该黑恶势力组织活动资助或者主动提供的财产；

（4）黑恶势力组织及其成员通过合法的生产、经营活动获取的财产或者组织成员个人、家庭合法财产中，实际用于支持该组织活动的部分；

（5）黑恶势力组织成员非法持有的违禁品以及供犯罪所用的本人财物；

（6）其他单位、组织、个人利用黑恶势力组织及其成员违法犯罪活动获取的财产及其孳息、收益；

（7）其他应当追缴、没收的财产。

五、应依法追缴、没收涉案财产收益的范围是什么？

（1）聚敛、获取的财产直接产生的收益，如使用聚敛、获取的财产购买彩票中奖所得收益等；

（2）聚敛、获取的财产用于违法犯罪活动产生的收益，如使用聚敛、获取的财产赌博赢利所得收益、非法放贷所得收益、购买并贩卖毒品所得收益等；

（3）聚敛、获取的财产投资、置业形成的财产及其收益；

（4）聚敛、获取的财产和其他合法财产共同投资或者置业形成的财产中，与聚敛、获取的财产对应的份额及其收益；

（5）应当认定为收益的其他情形。

六、应当追缴、没收的财产已用于清偿债务或者转让，或者设置其他权利负担，在哪些情形下，仍应当依法追缴？

（1）第三人明知是违法犯罪所得而接受的；

（2）第三人无偿或者以明显低于市场的价格取得涉案财物的；

（3）第三人通过非法债务清偿或者违法犯罪活动取得涉案财物的；

（4）第三人通过其他方式恶意取得涉案财物的。

七、依法追缴、没收其他等值财产的适用条件是什么？

有证据证明依法应当追缴、没收的涉案财产无法找到、被他人善意取得、价值灭失或者与其他合法财产混合且不可分割的，可以追缴、没收其他等值财产。

追缴、没收的其他等值财产的数额，应当与无法直接追缴、没收的具体财产的数额相对应。

八、如何理解“财产无法找到”？

“财产无法找到”，是指有证据证明存在依法应当追缴、没收的财产，但无法查证财产去向、下落的。被告人有不同意见的，应当出示相关证据。

九、在审理黑社会性质组织犯罪刑事案件时，对于黑社会性质组织成员，应如何适用财产刑？

对于组织者、领导者一般应当并处没收个人全部财产。对于确属骨干成员或者为该组织转移、隐匿资产的积极参加者，可以并处没收个人全部财产。对于其他组织成员，应当根据所参与实施违法犯罪活动的次数、性质、地位、作用、违法所得数额以及造成损失的数额等情节，依法决定财产刑的适用。

十、涉案财产符合哪些情形的，应当依法返还？

（1）有证据证明确属被害人合法财产；

（2）有证据证明确与黑恶势力及其违法犯罪活动无关。

有关违法犯罪事实查证属实后，对于有证据证明权属明确且无争议的被害人、善意第三人或者其他人员合法财产及其孳息，凡返还不损害其他利害关系人的利益、不影响案件正常办理的，应当在登记、拍照或者录像后，依法及时返还。

来源：京法网事

第三部分

广东高院发布『套路贷』典型案例及相关新闻报道

5月12日，为依法严惩“套路贷”违法犯罪，切实维护人民群众合法权益，广东省高级人民法院公布了四起“套路贷”犯罪典型案例，48名被告人或上诉人分别被判处有期徒刑8个月至20年。其中，8人被判处十年以上重刑，1人被判处没收个人全部财产，1人被判没收财产2000万元，最高判处罚金80万元。

广东法院严厉打击“套路贷”犯罪的四个典型案例如下：

一、逼签空白合同，提起虚假诉讼

2007—2015年，谭某等人依托担保公司，通过发放高利贷、采取非法手段追债等方式，多次在珠三角等地进行违法犯罪活动，逐渐形成黑社会性质组织。该组织对无法归还高利贷的借款人采取非法拘禁、敲诈勒索、恐吓、殴打等暴力手段追讨债务，并恶意叠加债务，借机侵吞房产、公司或其他财产。

2008年9月，被害人刘某向谭某公司借贷250万元，月息4.5%，期限2个月，谭某公司扣除首月利息后仅支付刘某人民币239万元。后该公司故意扣留刘某房产证，致使其无法向银行贷款，而未能按期归还欠款。而后，该组织多次实施恐吓、跟踪、喷红漆、打砸店铺等行为，刘某被迫签下空白合同。谭某遂以刘某欠债为由向法院提起民事诉讼。2010年1月，在开完庭后，谭某指挥组织成员将走出法院门口的刘某强行掳上车至郊外进行威胁、殴打，并再次迫使其签下空白合同。该组织及部分成员还实施了非法拘禁、敲诈勒索、强迫交易、非法占用农用地、寻衅滋事、帮助伪造证据、伪造武装部队证件等违法犯罪行为，严重破坏社会治安和群众生活秩序。

广州中院以组织、领导黑社会性质组织罪、非法拘禁罪、敲诈勒索罪、寻衅滋事罪、帮助伪造证据罪、非法占用农用地罪、单位行贿罪、重婚罪，数罪并罚，判处谭某有期徒刑17年，并处没收财产人民币2000万元，罚金人民币2.5万元。其余被告人被判处有期徒刑2年4个月至10年，并处罚金。

典型意义

本案属于“套路贷”涉黑组织借助民事诉讼、软暴力等非传统强制性手段实施的新型黑恶犯罪，犯罪分子将专业法律知识融入暴力讨债，隐蔽性极强，严重侵害了人民群众的合法权益，妨害司法公正，社会危害性极大。对于“套路贷”违法犯罪团伙恶意提起的虚假诉讼，人民法院在审判中加大对借贷关系合法性的审查力度，严厉打击“套路贷”等违法犯罪活动，经审查后认为涉嫌刑事犯罪的，依法移送公安机关处置。

二、高中生借款3000元，百万元商品房抵债

2014年起，钟某波等人陆续成立多家投资公司，以高利放贷为依托，通过“套路贷”、签订高额利息或多倍本金的借款合同、诱使他人参与网络赌博等方式恶意叠加债务；并通过淋红油、张贴大头照、打砸门窗、拘禁威胁等方式非法讨债，实施敲诈勒索、寻衅滋事、非法拘禁等违法犯罪活动，获取非法高额利益，逐渐组成了以钟某波为组织、领导者，人数众多、层级分明、具有一定经济实力的黑社会性质组织。

该组织“套路贷”多名高中生、大学生，与其签订高额借贷合同。在读高中生刘某因创业需要向该组织控制的公司借款6万元，并签订借款合同。但该公司仅提供3000元的借款，口头约定月息600元，谎称会撕毁上述6万元借款合同。此后钟某波等人按6万元借款合同及相应利益向刘某追债，并以要上门催收、淋红油等方式威胁刘某多次签订新的借据以覆盖旧的借款及利息。最后，钟某波等人将上述新旧借据及利息累计后，称刘某欠款金额合计为39万元，迫使刘某提供商品房抵债。后刘某父亲被迫以124.8万元将该房买回。

东莞市第二人民法院以组织、领导黑社会性质组织罪、开设赌场罪、敲诈勒索罪、非法拘禁罪、寻衅滋事罪，数罪并罚，判处钟某波有期徒刑20年，剥夺政治权利4年，并处没收个人全部财产。其余被告人分别判处有期徒刑1年3个月至14年。

典型意义

本案中以钟某波为首的涉黑组织通过“小额贷款公司”，利用在校学生社会经验较少、经济能力较差而急需创业资金、进行高消费的情况，诱骗其签订“虚高借款合同”，制造民间借贷的假象，并恶意叠加债务，软硬兼施胁迫被害人还债。人民法院坚持从重惩处“套路贷”犯罪，尤其是对以老年人、未成年人、在校学生、丧失劳动能力的人为对象实施“套路贷”的犯罪行为，加大财产刑的运用，强化“打财断血”，维护人民群众人身财产安全。

三、设置违约陷阱，制造虚假流水凭证

2014年，被告人高某在深圳市成立公司从事民间放贷金融服务。其先后纠集多人招揽贷款信用差、房产已多处作抵押及急需现金的借款人，通过派出“业务员”考察借款人房产、办理房产公证，并在“考察”通过后假扮出资方与借款人签订空白借款

合同、承诺函、提前还款协议等骗取借款人的信任。该团伙通过交替转账的方式，给借款人账户转入远高于实际借款额的资金，并写进借款合同，制造已将全部借款交付被害人的银行流水痕迹；而后让借款人将高出实际借款额部分，即时转回给其指定的同伙账户，并以需先交付保证金、利息、手续费给公司做账为借口，诱骗借款人将刚收到的实际借款额中大部分资金取现交给同伙成员。之后该团伙又以各种理由不给借款人放贷。假扮“出资人”的团伙成员以借款人隐瞒负债情况为由认定借款人已经违约，要求提前还款，并以法院起诉、查封房产威胁借款人，从而勒索虚高过账金额的款项。该团伙利用此种手段作案达 12 起，涉案金额达人民币 555.7 万元。

深圳罗湖区人民法院以诈骗罪判处高某有期徒刑 10 年，并处罚金人民币 10 万元。对其余 6 名被告人判处有期徒刑 3 年 9 个月至 7 年，并处罚金。

典型意义

本案中，“套路贷”犯罪团伙针对名下有房产的客户，诱骗其贷款，并制造出虚假的银行流水凭证，刻意造成被害人已经取得合同所借全部款项的假象。“套路贷”假借民间借贷之名，以非法侵害合法财产为实，而且伴随有抢劫、非法拘禁、敲诈勒索等侵害人身权利、破坏社会管理公共秩序等行为，扰乱金融市场秩序，社会危害性大。人民法院对“套路贷”案件坚持全链条全方位打击，依法从重惩处，坚决有效遏制“套路贷”犯罪活动，有效净化金融环境。

四、肆意认定违约，强行扣车勒索

2017 年 11 月，被害人黄某向被告人罗某涛公司进行汽车贷款 4 万元，约定贷款期限一年，每月利息人民币 4000 余元。罗某涛要求与黄某签订空白合同，在抵押车辆上安装 GPS 定位设置，扣留车辆备用钥匙，并收取贷款手续费及首月本息。2017 年 12 月，黄某将车开回老家江西，次日罗某涛等人在未通知黄某的情况下，根据 GPS 定位信息，将黄某车辆开回深圳。2018 年 1 月，黄某来到罗某涛公司协商，罗某涛以其违约要求终止合同为由，要求被害人赔偿高额违约赔偿金，否则变卖车辆。黄某被迫支付人民币 8.5 万元。罗某涛等人先后通过上述强行扣车行为，扣留多人车辆，并强行勒索财物逾 10 万元。

深圳罗湖区人民法院以敲诈勒索罪判处罗某涛有期徒刑 3 年 6 个月，并处罚金人民币 1 万元。其余两名被告人分别判处有期徒刑 11 个月、8 个月，并处罚金。

典型意义

本案犯罪团伙通过无质押车辆贷款为诱饵吸引车主向其贷款，通过设置违约陷阱、肆意认定违约、强行拖车，以达到威胁他人钱财、侵占他人财物的目的，属于“套路贷”违法犯罪。“套路贷”违法犯罪屡屡得手反映部分受害群众防骗及维权意识较弱，需要进一步加强法律宣传教育，普及金融借贷政策知识。借贷要选择有贷款资质的正规金融机构，当遭遇不法侵害时要及时报警，用法律武器保护自己。

什么是“套路贷”？

“套路贷”假借民间借贷之名，非法侵害群众合法财产，而且伴随有抢劫、非法拘禁、敲诈勒索等侵害人身权利、破坏社会管理公共秩序等行为，社会危害性极大，已成为危害公共安全和社会稳定、影响金融市场秩序和司法权威公正的重大隐患风险。

“套路贷”案件的特点：

该类案件主要集中在广州、深圳、江门、东莞等经济发达、交易活跃和资金通融频繁地区，呈现出犯罪隐蔽性强、犯罪组织化团伙化、伪造完整“证据链”、讨债手段软硬兼施的特征。

自扫黑除恶专项斗争开展以来，广东法院把依法严厉打击“套路贷”涉黑恶犯罪，作为专项斗争重点内容之一。广东高院对近年来全省审理的民间借贷案件及相关民事案件进行了专门调研，牵头公安厅、司法厅以及全省三级法院开展线索摸排，建立专门“套路贷”案件和线索台账，不断健全涉黑涉恶违法犯罪线索办理机制。依托司法大数据，部分法院已经建立涉“套路贷”案件当事人检索库。对于涉“套路贷”违法犯罪线索，法院及时核查并移送公安机关处置。

2018年底，广东高院与省检察院、省公安厅联合印发《关于贯彻落实“两高两部”〈关于办理黑恶势力犯罪案件若干问题的指导意见〉的实施意见》，要求全省各级法院、检察院、公安机关对“套路贷”犯罪坚持全链条全方位打击，并就“套路贷”的定性、共同犯罪认定、犯罪数额认定和涉案财物处理给出了指导性意见。广东法院在打击“套路贷”犯罪过程中，贯彻“两高两部”四个意见，准确认定、严厉打击“套路贷”违法犯罪，至今共审理涉“套路贷”刑事案件30件，涉案人数139人。

来源：南方新闻网

关于办理“套路贷”刑事案件的指导意见

为依法惩治“套路贷”犯罪活动，保护公民、法人和其他组织的合法权益，维护社会秩序，根据《中华人民共和国刑法》、《中华人民共和国刑事诉讼法》、“两高两部”《关于办理黑恶势力犯罪案件若干问题的指导意见》等法律和有关司法解释规定，结合本省工作实际，制定本意见。

一、总体要求

近年来，假借民间借贷之名，通过“虚增债务”“签订虚假借款协议”“制造资金走账流水”“肆意认定违约”“转单平账”等方式，采用欺骗、胁迫、滋扰、纠缠、非法拘禁、敲诈勒索、虚假诉讼等手段，非法占有公私财物的“套路贷”犯罪日益猖獗，此类犯罪严重侵害人民群众财产安全和其他合法权益，严重扰乱金融市场秩序，严重妨害司法公正，严重影响人民群众安全感和社会和谐稳定，社会危害性大，人民群众反映强烈。

各级人民法院、人民检察院、公安机关要对“套路贷”犯罪坚持全链条全方位打击，坚持依法从重惩处，坚持最大限度追赃挽损，进一步健全工作机制，坚决有效遏制“套路贷”犯罪活动，努力实现法律效果、社会效果统一。公安机关要依法及时受案、立案和开展侦查工作，对符合移诉条件的一律移送起诉；检察机关在审查逮捕和审查起诉过程中，要严格依法审查，从严掌握不捕和不起诉适用条件，对符合起诉条件的，及时依法提起公诉；法院要坚持依法从重惩处，从严掌握缓刑适用条件，注重利用财产刑及涉案财物处置打击“套路贷”犯罪的经济基础。

二、案件定性

（一）对“套路贷”刑事案件的定性，要结合案件的本质特征从整体把握，“套路贷”犯罪的主观目的是非法占有公私财物，部分犯罪主体带有黑恶团伙性质。

（二）犯罪嫌疑人、被告人以“违约金”“保证金”“中介费”“服务费”“行业规矩”等各种名义骗取被害人签订虚高借款合同、阴阳借款合同、房产抵押合同等明显不利于被害人的各类合同或者与被害人进行相关口头约定，制造资金给付凭证或证据，制造各种借口单方面认定被害人“违约”并要求“偿还”虚高借款，在被害人无力“偿还”的情况下，进而通过讨债或者利用其制造的明显不利于被害人的证据向法院提起民事诉讼等各种手段向被害人或其近亲属施压，以实现侵占被害人或其近亲属合法财产的目的，一般情况下应当以侵犯财产类犯罪定罪处罚。对实施上述“套路贷”行为的，可参照以下情形加以认定：

1. 犯罪嫌疑人、被告人实施“套路贷”犯罪时，未采用明显暴力或者威胁手段，被害人依约定交付资金的，则犯罪嫌疑人、被告人的行为从整体上属于以非法占有为目的，虚构事实、隐瞒真相骗取被害人财产的诈骗行为，一般可以诈骗罪追究刑事责任。

2. 犯罪嫌疑人、被告人实施“套路贷”犯罪时，既采用了虚构事实、隐瞒真相的诈骗手段，又采用了暴力、威胁、虚假诉讼等手段，同时构成诈骗、抢劫、敲诈勒索、非法拘禁、虚假诉讼等多种犯罪的，依据刑法的规定数罪并罚或者按照处罚较重的定罪处罚。暴力手段包括但不限于所谓的“谈判”“协商”“调解”，以及滋扰、纠缠、哄闹、聚众造势等使被害人产生心理恐惧或心理强制等“软暴力”手段。

（三）在“套路贷”犯罪案件中，相关犯罪嫌疑人、被告人不明知真实借贷情况，帮助实施故意伤害、非法拘禁或者滋扰被害人及其近亲属正常生活行为，或者帮助捏造事实提起民事诉讼，符合故意伤害罪、非法拘禁罪、寻衅滋事罪、非法侵入他人住宅罪、虚假诉讼罪的构成要件的，对该部分犯罪嫌疑人、被告人以相关罪名追究刑事责任。

三、共同犯罪认定

（一）多人共同实施“套路贷”犯罪，犯罪嫌疑人、被告人应对其参与的或组织、指挥的全部犯罪行为承担刑事责任。在其所参与的犯罪环节中起主要作用的，可以认定为主犯；起次要或辅助作用的，可以认定为从犯。

有证据证明三人以上组成较为严密和固定的犯罪组织，有预谋、有计划地实施“套路贷”犯罪，已经形成犯罪集团的，应当认定为犯罪集团，对首要分子，应当按照集团所犯的全部罪行处罚。

（二）明知他人实施“套路贷”犯罪的，具有以下情形之一的，以共同犯罪论处，但法律和司法解释另有规定的除外：

1. 协助制造现金支付、银行走账记录、第三方支付记录等虚假给付事实；

2. 协助办理司法公证的；

3. 提供资金、场所、交通等帮助的；

4. 协助以虚假事实提起民事诉讼的；

5. 非法出售、提供公民个人信息的；

6. 帮助、掩饰、隐瞒转移犯罪所得及其产生收益，套现、取现的；

7. 中介人员长期参与“套路贷”犯罪活动的；

8. 其他符合共同犯罪的情形。

上述规定的“明知他人实施‘套路贷’犯罪”，应当结合被告人的认知能力、既往经历、行为次数和手段、与他人关系、获利情况、是否因“套路贷”犯罪受过处罚、是否故意规避调查等主客观因素进行综合分析认定。

四、犯罪数额认定和涉案财物处理

（一）在“套路贷”犯罪数额的认定上，要把握“套路贷”行为的犯罪本质，将其与民间借贷区别开来，从整体上对其予以否定性评价。除了被害人实际收到的本金外，虚高的本金、双方约定的利息以及被告人在借贷过程中以“违约金”“保证金”“中介费”“服务费”等名义收取的费用均应作为犯罪数额予以认定。

（二）犯罪嫌疑人、被告人已将违法所得财物用于清偿债务或者转让给他人，具有下列情形之一的，应当依法追缴：

1. 对方明知是违法所得财物而收取的；

2. 对方无偿取得违法所得财物的；

3. 对方以明显低于市场的价格取得违法所得财物的；

4. 对方取得违法所得财物系源于非法债务或者违法犯罪活动的。

他人善意取得“套路贷”违法所得财物的，不予追缴。

健全犯罪线索办理机制　广东打击“套路贷”犯罪

为依法严惩“套路贷”违法犯罪，切实维护人民群众合法权益，2019 年 5 月 12 日，广东省高级人民法院公布了四起“套路贷”犯罪典型案例，并通报了依法严惩“套路贷”犯罪的审判工作情况。

“套路贷”假借民间借贷之名，非法侵害群众合法财产，而且伴随有抢劫、非法拘禁、敲诈勒索等侵害人身权利、破坏社会管理公共秩序等行为，社会危害性极大，已成为危害公共安全和社会稳定，影响金融市场秩序和司法权威公正的重大隐患风险。据了解，该类案件主要集中在广州、深圳、江门、东莞等经济发达、交易活跃和资金通融频繁地区，呈现出犯罪隐蔽性强、犯罪组织化团伙化、伪造完整“证据链”、讨债手段软硬兼施的特征。

自扫黑除恶专项斗争开展以来，广东法院把依法严厉打击“套路贷”涉黑恶犯罪作为专项斗争重点内容之一。广东高院对近年来全省审理的民间借贷案件及相关民事案件进行了专门调研，牵头公安厅、司法厅以及全省三级法院开展线索摸排，建立专门“套路贷”案件和线索台账，不断健全涉黑涉恶违法犯罪线索办理机制。依托司法大数据，部分法院已经建立涉“套路贷”案件当事人检索库。对于涉“套路贷”违法犯罪线索，法院及时核查并移送公安机关处置。

2018 年年底，广东高院与省检察院、省公安厅联合印发《关于办理黑恶势力犯罪案件的指导意见》，要求全省各级法院、检察院、公安机关对“套路贷”犯罪坚持全链条全方位打击，并就“套路贷”的定性、共同犯罪认定、犯罪数额认定和涉案财物处理给出了指导性意见。

来源：《人民法院报》

作者：全小晴　林婷

广东高院发布“套路贷”涉黑恶典型案例

（广东省高级人民法院 2019 年 5 月 12 日）

一、谭某等 20 人组织、领导、参加黑社会性质组织，非法拘禁、敲诈勒索案

将专业法律知识融入暴力讨债，妨害司法公正。

（一）基本案情

2007—2015 年，谭某等人依托担保公司，通过发放高利贷、采取非法手段追债等方式，多次在珠三角等地进行违法犯罪活动，逐渐形成黑社会性质组织。该组织对无法归还高利贷的借款人采取非法拘禁、敲诈勒索、恐吓、殴打等暴力手段追讨债务，并恶意叠加债务，借机侵吞房产、公司或其他财产。

2008 年 9 月，被害人刘某向谭某公司借贷 250 万元，月息 4.5%，期限 2 个月，谭某公司扣除首月利息后仅支付刘某人民币 239 万元。后该公司故意扣留刘某房产证，致使其无法向银行贷款，而未能按期归还欠款。而后，该组织多次实施恐吓、跟踪、喷红漆、打砸店铺等行为，刘某被迫签下空白合同。谭某遂以刘某欠债为由向法院提起民事诉讼。2010 年 1 月，在开完庭后，谭某指挥组织成员将走出法院门口的刘某强行掳上车至郊外进行威胁、殴打，并再次迫使其签下空白合同。该组织及部分成员还实施了非法拘禁、敲诈勒索、强迫交易、非法占用农用地、寻衅滋事、帮助伪造证据、伪造武装部队证件等违法犯罪，严重破坏社会治安和群众生活秩序。

（二）裁判结果

广州中院以组织、领导黑社会性质组织罪、非法拘禁罪、敲诈勒索罪、寻衅滋事罪、帮助伪造证据罪、非法占用农用地罪、单位行贿罪、重婚罪数罪并罚，判处谭某有期徒刑 17 年，并处没收财产人民币 2000 万元，罚金人民币 2.5 万元。其余被告人被判处有期徒刑 2 年 4 个月至 10 年，并处罚金。

（三）典型意义

本案属于“套路贷”涉黑组织借助民事诉讼、软暴力等非传统强制性手段实施的

新型黑恶犯罪，犯罪分子将专业法律知识融入暴力讨债，隐蔽性极强，严重侵害了人民群众的合法权益，妨害司法公正，社会危害性极大。对于“套路贷”违法犯罪团伙恶意提起的虚假诉讼，人民法院在审判中加大对借贷关系合法性的审查力度，严厉打击“套路贷”等违法犯罪活动，经审查后认为涉嫌刑事犯罪的，依法移送公安机关处置。

二、钟某波等 18 人组织、领导、参加黑社会性质组织，开设赌场、敲诈勒索、非法拘禁、寻衅滋事案

诱骗在校学生签订虚高借款合同，恶意叠加债务胁迫还债。

（一）基本案情

2014 年起，钟某波等人陆续成立多家投资公司，以高利放贷为依托，通过“套路贷”、签订高额利息或多倍本金的借款合同、诱使他人参与网络赌博等方式恶意叠加债务；并通过淋红油、张贴大头照、打砸门窗、拘禁威胁等方式非法讨债，实施敲诈勒索、寻衅滋事、非法拘禁等违法犯罪活动，获取非法高额利益，逐渐组成了以钟某波为组织、领导者，人数众多、层级分明、具有一定经济实力的黑社会性质组织。

该组织“套路贷”多名高中生、大学生，与其签订高额借贷合同。在读高中生刘某因创业需要向该组织控制的公司借款 6 万元，并签订借款合同。但该公司仅提供 3000 元的借款，口头约定月息 600 元，谎称会撕毁上述 6 万元借款合同。此后钟某波等人按 6 万元借款合同及相应利益向刘某追债，并以要上门催收、淋红油等方式威胁刘某多次签订新的借据以覆盖旧的借款及利息。最后，钟某波等人将上述新旧借据及利息累计后，称刘某欠款金额合计为 39 万元，迫使刘某提供商品房抵债。后刘某父亲被迫以 124.8 万元将该房买回。

（二）裁判结果

东莞市第二人民法院以组织、领导黑社会性质组织罪、开设赌场罪、敲诈勒索罪、非法拘禁罪、寻衅滋事罪，数罪并罚，判处钟某波有期徒刑 20 年，剥夺政治权利 4 年，并处没收个人全部财产。其余被告人分别判处有期徒刑 1 年 3 个月至 14 年。

（三）典型意义

本案中以钟某波为首的涉黑组织通过“小额贷款公司”，利用在校学生社会经验较少、经济能力较差而急需创业资金、进行高消费的情况，诱骗其签订“虚高借款合同”，制造民间借贷的假象，并恶意叠加债务，软硬兼施胁迫被害人还债。人民法院坚持从重惩处“套路贷”犯罪，尤其是对以老年人、未成年人、在校学生、丧失劳动能

力的人为对象实施“套路贷”的犯罪行为，加大财产刑的运用，强化“打财断血”，维护人民群众人身财产安全。

三、高某等 7 人诈骗案

诱骗名下有房产者贷款，制造虚假银行流水凭证。

（一）基本案情

2014 年，被告人高某在深圳市成立公司从事民间放贷金融服务。其先后纠集多人招揽贷款信用差、房产已多处作抵押及急需现金的借款人，通过派出“业务员”考察借款人房产、办理房产公证，并在“考察”通过后假扮出资方与借款人签订空白借款合同、承诺函、提前还款协议等骗取借款人的信任。该团伙通过交替转账的方式，给借款人账户转入远高于实际借款额的资金，并写进借款合同，制造已将全部借款交付被害人的银行流水痕迹；而后让借款人将高出实际借款额部分，即时转回给其指定的同伙账户，并以需先交付保证金、利息、手续费给公司做账为借口，诱骗借款人将刚收到的实际借款额中大部分资金取现交给同伙成员。之后该团伙又以各种理由不给借款人放贷。假扮“出资人”的团伙成员以借款人隐瞒负债情况为由认定借款人已经违约，要求提前还款，并以法院起诉、查封房产威胁借款人，从而勒索虚高过账金额的款项。该团伙利用此种手段作案达 12 起，涉案金额达人民币 555. 7 万元。

（二）裁判结果

深圳罗湖区人民法院以诈骗罪判处高某有期徒刑 10 年，并处罚金人民币 10 万元。对其余 6 名被告人判处有期徒刑 3 年 6 个月至 7 年，并处罚金。

（三）典型意义

本案中，“套路贷”犯罪团伙针对名下有房产的客户，诱骗其贷款，并制造出虚假的银行流水凭证，刻意造成被害人已经取得合同所借全部款项的假象。“套路贷”假借民间借贷之名，以非法侵害合法财产为实，而且伴随有抢劫、非法拘禁、敲诈勒索等侵害人身权利、破坏社会管理公共秩序等行为，扰乱金融市场秩序，社会危害性大。人民法院对“套路贷”案件坚持全链条全方位打击，依法从重惩处，坚决有效遏制“套路贷”犯罪活动，有效净化金融环境。

四、罗某涛等 3 人敲诈勒索案

以无质押车辆贷款为诱饵，肆意认定违约、强行拖车。

（一）基本案情

2017年11月，被害人黄某向被告人罗某涛公司进行汽车贷款4万元，约定贷款期限一年，每月利息人民币4000余元。罗某涛要求与黄某签订空白合同，在抵押车辆上安装GPS定位设置，扣留车辆备用钥匙，并收取贷款手续费及首月本息。2017年12月，黄某将车开回老家江西，次日罗某涛等人在未通知黄某的情况下，根据GPS定位信息，将黄某车辆开回深圳。2018年1月，黄某来到罗某涛公司协商，罗某涛以其违约要求终止合同为由，要求被害人赔偿高额违约赔偿金，否则变卖车辆。黄某被迫支付人民币8.5万元。罗某涛等人先后通过上述强行扣车行为，扣留多人车辆，并强行勒索财物逾10万元。

（二）裁判结果

深圳罗湖区人民法院以敲诈勒索罪判处罗某涛有期徒刑3年6个月，并处罚金人民币1万元。其余两名被告人分别判处有期徒刑11个月、8个月，并处罚金。

（三）典型意义

本案犯罪团伙通过无质押车辆贷款为诱饵吸引车主向其贷款，通过设置违约陷阱、肆意认定违约、强行拖车，以达到威胁他人钱财、侵占他人财物的目的，属于“套路贷”违法犯罪。“套路贷”违法犯罪屡屡得手反映部分受害群众防骗及维权意识较弱，需要进一步加强法律宣传教育，普及金融借贷政策知识。借贷要选择有贷款资质的正规金融机构，当遭遇不法侵害时要及时报警，用法律武器保护自己。

“杀猪盘”窝点藏边境被端！广东警方前8月破刑事案件近15万起

9月11日，南都记者从广东省公安厅召开的新闻发布会上获悉，2019年以来，全省公安机关紧紧围绕新中国成立70周年和澳门回归20周年“两大安保”主线，全方位部署推进“飓风2019”“云剑”专项行动，对各类侵害人民群众利益的违法犯罪活动持续发力、穷追猛打。2019年1—8月，全省刑事警情同比下降11.9%，刑事发案同比下降5.3%，共破获刑事案件14.9万起，刑拘犯罪嫌疑人15.2万人，逮捕8.9万人，移送起诉犯罪嫌疑人12.1万人，刑事打击效能稳步提升，社会治安形势不断向好。

据了解，针对“套路贷”等新型违法犯罪，广东省公安厅以成立新型犯罪研究中心为契机，以组建省市两级扫黑除恶攻坚队为抓手，加强组织部署，深化线索摸排，组织发起两轮集中收网行动，着力打造“省厅统筹、地市扫黑、县区除恶、基层治乱”的“广东样本”。全省1—8月共打掉一批涉黑组织、恶势力犯罪集团，刑拘、逮捕一大批涉黑恶犯罪嫌疑人。按照公安部统一部署，全省共打掉“套路贷”犯罪团伙95个，抓获998人，刑拘524人，逮捕306人，破案531起，查扣涉案资产20.47亿元，各项打击指标均名列全国前茅。

“随着科技的发展，‘套路贷’犯罪团伙日益藏身于互联网，犯罪手段更加隐蔽，欺骗性更强，受害人被侵害后甚至认为‘欠债还钱、天经地义’，鲜有报案。”广东省公安厅刑侦局黑社会犯罪侦查处处长阮福成向南都记者介绍道。针对“套路贷”犯罪行为，广东省公安机关将从事非法讨债、高利放贷以及“套路贷”的黑恶势力列为公安机关扫黑除恶专项斗争的打击重点，此外严格贯彻落实“两高两部”《关于办理黑恶势力犯罪案件若干问题的指导意见》《关于办理“套路贷”刑事案件若干问题的意见》，依法打击“套路贷”违法犯罪活动。

据了解，广东警方还专门组织开展集中统一收网行动。2019年以来，已先后开展2次集中收网行动，集中优势警力全力打击“套路贷”犯罪分子，并主动运用大数据信息化手段，对套路贷违法犯罪活动开展分析研判，及时发现套路贷线索，坚决打早打小。

电诈案件快侦快破，侦破中缅边境“杀猪盘”案

针对电信网络诈骗犯罪，广东公安密切监控各地发案态势，全力做好预警信息落地工作，最大限度止付挽损。坚持境内境外打击“双推进”，境内立足本地案件，加强线索研判，落实快打机制，全力以赴铲除本地犯罪窝点；境外强化要案攻坚，不断取得新的战果，有力震慑了犯罪分子嚣张气焰。全省1—8月电信网络诈骗发案数、财产损失数分别同比下降18.5%、26.9%；破案数、抓获人数分别同比上升19.6%、62.9%。

南都记者了解到，深圳公安机关侦破一起中缅边境“杀猪盘”类电信诈骗专案。2019年2月，深圳宝安事主胡女士报警称其在网上认识一名男子，对方自称陈某怡，后双方在网络上成了男女朋友关系，陈某怡让胡女士在某平台中充值，胡女士相信对方并按对方要求从多个网贷App借款充值至该平台，后发现被骗18.5万元。

案发后，深圳警方立即组织警力开展侦查，发现该犯罪团伙涉嫌“杀猪盘”式电信诈骗，即通过社交软件面向不特定群体进行交友聊天，以虚假身份通过“谈恋爱”方式逐渐取得对象信任，以虚假的所谓知晓网络赌博网站“漏洞”或高回报投资渠道，可以帮助对象赚钱为由，诱骗对象进行充值转账，在时机成熟时将网站关闭，将对象拉黑，俗称“切”，达到诈骗事主钱财的犯罪目的。

经排查，深圳警方发现该团伙作案窝点位于中缅边境某地区。案件逐级上报后，公安部、省公安厅高度重视，立即成立“5·10”专案组开展打击工作。缅方根据我方提供的线索，在缅甸该地区排查，确定了该“杀猪盘”诈骗窝点的具体位置。5月29日，中缅警方联合开展收网行动，在诈骗窝点内抓获正在作案的123名犯罪嫌疑人，现场缴获大量电脑、手机、话术等物证，犯罪嫌疑人全部被押回深圳接受处理。

针对“盗抢骗”多发性侵财犯罪，充分发挥“广东省多发性侵财犯罪大数据研判中心”作用，建立省市县三级盗抢骗犯罪合成研判体系，依托警务云和一体化平台资源，为各地破“小案”提供情报数据支撑。强力组织开展破小案专项行动，力求实现多破案、快破案，多追赃、多挽损，努力创造群众看得见、感受得到的平安环境。全省共打掉“两抢一盗”犯罪团伙382个，抓获犯罪嫌疑人2932名，破获现行盗抢案件3.5万余起，追缴涉盗抢赃款赃物价值人民币2.5亿余元。

多名公安部A级通缉犯广东落网

针对在逃犯罪嫌疑人，省市县三级刑侦部门捆绑作战，将集群作战模式积极运用到追逃工作中，想尽一切办法、调动一切力量、穷尽一切手段，坚决将犯罪嫌疑人绳之以法。全省逃犯存量同比大幅下降。

南都记者从发布会上了解到，多名公安部A级通缉令在逃人员在广东落网。

8 月 25 日，佛山市顺德区公安分局刑侦大队接到广西壮族自治区凌云县公安局发来线索，反映公安部 A 级通缉犯陈某发（男，30 岁，广西凌云县人）曾经在顺德区陈村镇一带活动。接到线索后，佛山市、区两级公安机关高度重视，立即成立追逃专班开展侦查，于 8 月 27 日 14 时在中山市古镇一出租房内抓获陈某发。经查，犯罪嫌疑人陈某发因涉嫌多次以民族资产解冻为名诈骗 500 余万元人民币，于 2019 年 5 月被广西壮族自治区凌云县公安局上网追逃，在“云剑”行动期间被列为公安部 A 级通缉犯。

8 月 27—28 日，在省公安厅组织开展的全省集中统一清查行动中，汕头市潮阳分局海门派出所发挥派出所人缘、地缘熟悉优势，围绕本地户籍的公安部 A 级通缉犯林某鹏重点开展工作，锁定林某鹏主要人际关系，研究抓捕突破口，派出精干力量上门对其家属、亲人进行反复的思想教育和法律宣传。8 月 29 日，在法律的震慑和亲友的感化下，潜逃 2 年的公安部 A 级通缉犯林某鹏（男，36 岁，汕头市潮阳区海门镇人）主动到汕头市公安局潮阳分局海门派出所投案自首。经查，犯罪嫌疑人林某鹏因涉嫌在网上诈骗他人 400 余万元人民币，于 2017 年 7 月被河北省南宫市公安局上网追逃，在“云剑”行动期间被列为公安部 A 级通缉犯。

广东省公安厅刑侦部门有关负责人表示，全省公安机关将始终坚持以人民为中心的工作理念，以最佳的状态、最实的作风，坚决打击各类侵害人民群众切身利益的刑事违法犯罪，努力创造群众看得见、感受得到的平安环境，为新中国成立 70 周年大庆保驾护航。

采写：南都记者　向雪妮

通讯员：张亮　黄桂林

广东“套路贷”案件主要集中在广深莞等地

为依法严惩“套路贷”违法犯罪，切实维护人民群众合法权益，今天（2019 年 5 月 12 日），广东省高级人民法院公布了四起“套路贷”犯罪典型案例，48 名被告人或上诉人分别被判处有期徒刑 8 个月至 20 年。其中，8 人被判处 10 年以上重刑，1 人被判处没收个人全部财产，1 人被判没收财产 2000 万元，最高判处罚金 80 万元。

“套路贷”假借民间借贷之名，非法侵害群众合法财产，而且伴随有抢劫、非法拘禁、敲诈勒索等侵害人身权利、破坏社会管理公共秩序等行为，社会危害性极大，已成为危害公共安全和社会稳定，影响金融市场秩序和司法权威公正的重大隐患风险。据了解，该类案件主要集中在广州、深圳、江门、东莞等经济发达、交易活跃和资金通融频繁地区，呈现出犯罪隐蔽性强、犯罪组织化团伙化、伪造完整“证据链”、讨债手段软硬兼施的特征。

自扫黑除恶专项斗争开展以来，广东法院把依法严厉打击“套路贷”涉黑恶犯罪，作为专项斗争重点内容之一。省高院对近年来全省审理的民间借贷案件及相关民事案件进行了专门调研，牵头公安厅、司法厅以及全省三级法院开展线索摸排，建立专门“套路贷”案件和线索台账，不断健全涉黑涉恶违法犯罪线索办理机制。依托司法大数据，部分法院已经建立涉“套路贷”案件当事人检索库。对于涉“套路贷”违法犯罪线索，法院及时核查并移送公安机关处置。

2018 年底，广东高院与省检察院、省公安厅联合印发《关于贯彻落实“两高两部”〈关于办理黑恶势力犯罪案件若干问题的指导意见〉的实施意见》，要求全省各级法院、检察院、公安机关对“套路贷”犯罪坚持全链条全方位打击，并就“套路贷”的定性、共同犯罪认定、犯罪数额认定和涉案财物处理给出了指导性意见。

广东法院在打击“套路贷”犯罪过程中，贯彻“两高两部”四个意见，准确认定、严厉打击“套路贷”违法犯罪，至今共审理涉“套路贷”刑事案件 30 起，涉案人数 139 人。

来源：金羊网
作者：董柳

第四部分

最高人民检察院发布指导性案例

最高检印发第二批民事检察跟进监督典型案例（节录）

近日，最高人民检察院印发第二批民事检察跟进监督典型案例。最高检第六检察厅有关负责人表示，典型案例体现了民事检察精准监督的理念，既有对常见高发虚假诉讼行为的跟进监督，又有聚焦公共利益保护的民事检察监督，还包括一些民事执行领域的新旧问题，具有较强的实践指导作用。

这 5 件典型案例分别是：利用挂靠经营便利，将个人债务转嫁为被挂靠单位债务的范某传与吴某某等九人虚假诉讼跟进监督案；阐述“刑民并行”办案理念的周某凤与林某辉、武夷山市华某大酒店有限公司民间借贷纠纷跟进监督案；聚焦公共利益，避免生态公益林遭滥伐的赵某章与康某勇、康某成买卖合同纠纷跟进监督案；网络司法拍卖文字说明严重失实导致竞买人权利受到严重损害的陈某振申请执行监督跟进监督案；对执行人员违法违纪行为处理过轻及时“亮剑”的张某伟与江某勇等民间借贷纠纷跟进监督案。

记者注意到，在格式上，典型案例分为关键词、基本案情、检察监督、典型意义等四部分内容。在检察监督部分，案例又进行了细分，分为初次监督和跟进监督两部分，清晰地还原了民事检察跟进监督工作的流程。

该负责人表示，在印发第一批民事检察跟进监督典型案例的基础上，再次印发案例旨在进一步明确法定性与必要性相结合的民事检察监督标准，培育权力监督与权利救济相结合的民事检察思维，做到敢于监督与善于监督相统一。

范某传与吴某某等九人虚假诉讼跟进监督案

【关键词】

虚假诉讼　再审检察建议　跟进抗诉　失信惩戒

【基本案情】

范某传是安徽某建设集团有限公司四分公司（以下简称某建设集团四分公司）负责人范某浩的侄子。范某浩、范某传于 1999—2008 年借用安徽某建设集团有限公司（以下简称某建设集团）施工资质和名义承揽工程建设项目。2008 年 12 月起，范某传也开始挂靠其他建筑公司从事项目承建。从 2009 年底开始，范某传不再以某建设集团名义承接工程。2010—2013年，范某传因工程建设需要周转资金，以个人名义从吴某某等人处借款。2014年7—8月，范某传因无力偿还个人借款，向吴某某等人出具私自加盖某建设集团四分公司财务专用章及公司负责人范某浩私章的新借据，借款金额、借款时间、借款利息等其他内容保持不变。随后，范某传委托代理律师、缴纳诉讼费用，指使吴某某、李某展、范某升等十一人持新借据以某建设集团四分公司、某建设集团为被告向法院起诉。

2014年12月，吴某某、李某展、范某升等十一人以民间借贷纠纷为由向安徽省合肥高新技术产业开发区人民法院（以下简称“高新区法院”）起诉，诉请法院判令某建设集团四分公司、某建设集团偿还借款本金及利息。理由是某建设集团四分公司因建设工程资金周转需要，从吴某某等十一名出借人处借款共计597万元，某建设集团四分公司分别向他们出具借支单或借条，借据上加盖有某建设集团四分公司财务专用章和负责人范某浩个人印章。2016年7月，上述十一名出借人中因李某展在一审审理中撤回起诉、范某升自认借款系范某传个人借款、吴某某提交证据存在矛盾，该三个案件一审被判败诉。除此之外，其他八名出借人一审均胜诉，某建设集团、某建设集团四分公司不服该八个案件的判决结果向安徽省合肥市中级人民法院（以下简称合肥市中院）提起上诉。出借人之一吴某某不服一审败诉结果亦提出上诉。2016年12月、2017年3月二审法院先后作出九份终审判决，维持八名出借人一审胜诉的判决结果，改判吴某某二审胜诉，驳回了某建设集团及其四分公司的上诉请求。

某建设集团收到一审民事诉状后，以上述十一起民间借贷自己毫不知情、相关民事诉讼涉嫌诈骗为由，向安徽省合肥市公安局经济开发区分局报案。2015年6月2日，该分局以范某传及相关债权人的行为属于民事欺诈为由，作出不予立案的决定。某建设集团向安徽省合肥高新技术产业开发区人民检察院（以下简称“高新区检察院”）申请立案监督。经检察机关监督，2017年7月28日公安机关决定立案侦查。2018年5月30日，高新区检察院以范某传涉嫌虚假诉讼罪向高新区法院提起公诉。2018年8月20日，一审法院判决范某传犯虚假诉讼罪，判处有期徒刑9个月并处罚金30000元。安徽省合肥市人民检察院（以下简称“合肥市检察院”）以一审判决量刑畸轻为由向合肥市中院提出抗诉。2018年12月19日，合肥市中院以虚假诉讼罪改判范某传有期徒刑四年，并处罚金50000元。

【检察监督】

（一）初次监督

1. 审查情况

在范某传涉嫌虚假诉讼罪一案提起公诉后，合肥市检察院依职权对相关民事案件进行了审查，确认存在虚假诉讼事实。

2. 监督意见

2018 年 9 月 14 日，合肥市检察院向合肥市中院提出再审检察建议，认为范某传因无力偿还个人借款，向十一名出借人出具了私自加盖某建设集团四分公司财务专用章及负责人私章的新借据，并以提供代理律师、缴纳诉讼费用等方式，指使上述十一人持捏造的借据向人民法院提起民事诉讼，诉请某建设集团及其四分公司偿还借款本金利息，涉及金额本金达 597 万元，致使人民法院作出九份错误的生效民事判决。范某传指使他人以捏造的借据提起民事诉讼，妨碍司法秩序并严重侵害某建设集团及其四分公司的合法权益，构成虚假诉讼，建议法院启动再审程序。

3. 监督结果

2018 年 11 月 7 日，合肥市中院向合肥市检察院复函，决定对上述民事案件按审判监督程序处理。再审审查过程中，吴某某等九人申请撤回起诉。合肥市中院认为，吴某某等人撤回起诉的请求，不损害国家利益、社会公共利益和他人合法权益，遂于 2018 年 12 月作出民事裁定，准许撤回起诉。

合肥市检察院认为准予撤诉处理明显不当，提请安徽省人民检察院抗诉。

（二）跟进监督

1. 审查情况

安徽省人民检察院查明，范某传指使吴某某等人持伪造的借据提起民事诉讼，致某建设集团为应诉支出律师代理费、案件受理费、鉴定费等费用合计 30 余万元。二审判决生效后，吴某某等人申请强制执行，某建设集团被列入中国执行信息公开网失信被执行人名单，长达一年多不能参与招投标活动，也不能申请金融贷款。此外，吴某某等人在原审法庭上作虚假陈述，误导法院作出错误判决。

2. 监督意见

2019 年 11 月 4 日，安徽省人民检察院就合肥市中院前述九份民事裁定书，向安徽省高级人民法院提出抗诉，认为吴某某等九人受范某传指使，以伪造的借据提起民事诉讼，妨碍司法秩序，侵害他人合法权益，损害了国家和社会公共利益，应该受到法律的否定性评价。对吴某某等人提出的撤诉申请，人民法院应严格审查，依法判决驳回其诉讼请求，并对参与虚假诉讼的违法行为人予以惩戒。原审法院作出准予撤诉的民事裁定，属适用法律明显错误。

3. 监督结果

2020年6月8日，安徽省高级人民法院作出再审判决，撤销了合肥市中院原审裁定及高新区法院原审判决，驳回吴某某等九人的诉讼请求，同时决定对吴某某等九名起诉人分别给予2000～20000元不等的罚款惩戒。对于代理律师焦某决定给予其罚款20000元的民事诉讼制裁措施，并就代理律师参与虚假诉讼的违法问题，向安徽省司法厅、安徽省律师协会发出司法建议。此外，吴某某等人还向某建设集团自愿赔偿律师费等直接经济损失45万元。

【典型意义】

（1）本案对建筑工程领域挂靠现象具有重要的警示意义，有利于规范建筑市场秩序。实践中，建筑工程领域借用资质承包工程、高息借用资金垫付工程款等违法违规现象较为普遍。一旦发生纠纷，有的行为人为转嫁债务或谋取非法利益，通过双方恶意串通或单方捏造事实等方式实施虚假诉讼，意图将个人债务转嫁给第三方。本案中，范某传利用之前挂靠某建设集团四分公司的便利条件，向吴某某等人出具私自加盖某建设集团四分公司财务专用章及公司负责人范某浩私章的新借据，将个人债务转嫁为公司债务，并企图通过司法程序将违法转嫁债务的行为合法化，属于典型的虚假诉讼行为。本案的处理，既是对虚假诉讼行为人的打击，也给被挂靠人一个警示——出借资质不但违反行政法规，还可能给违法行为人以可乘之机，最终得不偿失。对上述情况，一方面，检察机关应当加强监督，及时维护人民群众合法利益；另一方面，建筑工程领域从业者应当严格依法承揽工程、组织施工、加强对公章和资质的管理，防止不法行为人有机可乘。

（2）检察机关应当依法加大对虚假诉讼的惩治力度，对初次监督后，法院无正当理由不采纳或者处理不当的，可以依法跟进监督，及时惩治虚假诉讼行为。本案中，范某传利用之前挂靠某建设集团四分公司的便利条件，向吴某某等人出具私自加盖某建设集团四分公司财务专用章及公司负责人范某浩私章的新借据，将个人债务转嫁为第三方公司债务，并企图通过司法程序固化虚假债权，属于典型的虚假诉讼行为。对此，检察机关及时向法院发出了再审检察建议，指出范某传伪造证据、串通吴某某等人实施虚假诉讼，骗取法院生效民事判决的事实，应当予以严惩。在法院以不损害国家利益、社会公共利益和他人合法权益准许吴某某等人撤回起诉的情况下，检察机关依据《中华人民共和国民事诉讼法》第一百一十二条、第一百一十三条及《最高人民法院〈关于审理借贷案件适用法律若干问题的意见〉》第十九条关于“人民法院对当事人提出的撤诉申请应严格审查，查明涉案诉讼为虚假民间借贷诉讼，依法对撤诉申请不予准许，同时判决驳回其诉讼请求，对制造、参与虚假诉讼的违法行为人依法予以惩戒”的规定，依法跟进监督，通过抗诉促使上级法院再审判决驳回了吴某某等人的诉讼请求，并对相关当事人予以罚款惩戒，有力震慑了虚假诉讼行为。

周某凤与林某辉、武夷山市华某大酒店有限公司民间借贷纠纷跟进监督案

【关键词】

虚假调解　逃避债务　刑民交叉　跟进监督

【基本案情】

2017 年 8 月 11 日，周某凤向福建省武夷山市人民法院（以下简称“武夷山市法院”）起诉武夷山市华某大酒店有限公司（以下简称“华某大酒店”）及法定代表人林某辉。周某凤称华某大酒店、林某辉因资金周转需要，于 2014 年 9 月 29 日至 2016 年 5 月 31 日，多次向周某凤借款共计 1505 万元。2016 年 12 月 31 日，双方签订《还款确认书》，对借款金额、利息、还款时间以及实现债权费用等予以确认。周某凤诉请判令华某大酒店、林某辉偿还借款本金 1505 万元及利息，承担实现债权的律师代理费等其他费用，并于 2017 年 8 月 14 日申请诉中财产保全。2017 年 8 月 22 日，武夷山市法院依据周某凤提出的申请裁定查封华某大酒店房产。案件审理中，双方达成调解协议，被告认可原告全部诉讼请求。武夷山市法院遂作出民事调解书，对调解协议予以确认。周某凤随即向该法院申请执行，拍卖华某大酒店房产。

【检察监督】

（一）初次监督

1. 案件来源

案外人何某清系林某辉债权人，对林某辉享有 750 万元的债权。何某清得知上述情形后，向武夷山市法院反映周某凤与林某辉、华某大酒店恶意串通，虚构事实，骗取法院民事调解书，进而参与执行分配，侵犯了其合法利益。武夷山市法院以现有证据不足以证实该案系虚假诉讼为由，未予处理。2019 年 3 月 13 日，案外人何某清向福建省武夷山市人民检察院（以下简称“武夷山市检察院”）提出控告。

2. 审查情况

武夷山市检察院接到控告后，对上述案件进行审查，发现该案存在以下异常：一是诉讼时间节点异常。华某大酒店房产因与何某清等人民间借贷纠纷案，于 2016 年 8

月23日被武夷山市法院裁定查封，后经双方协商，2017年7月13日，法院裁定解封。同年8月11日，周某凤即向法院起诉华某大酒店、林某辉，并于8月14日申请查封华某大酒店房产，存在逃债嫌疑。二是原被告双方为亲属关系。林某辉系华某大酒店法定代表人，是周某凤的舅舅。三是涉案金额巨大，庭审却无对抗性，双方很快达成调解协议。针对上述疑点，武夷山市检察院随即开展调查核实工作，在对华某大酒店、周某凤、林某辉等人名下的银行账户调查时，发现周某凤账户有100万元流水异常。即周某凤通过其名下一个账户将100万元转给华某大酒店账户后不久，华某大酒店实际控制人林某辉利用其控制的其他人账户将100万元返回到周某凤名下同一账户。通过初步调查核实，2019年6月18日，武夷山市检察院认为周某凤与林某辉、华某大酒店涉嫌虚假诉讼违法犯罪，遂将案件线索移送至福建省武夷山市公安局。公安机关经过初查发现，本案所涉及的9笔借款中有8笔共计1405万元在短期内又通过其他主体的账户回流至周某凤银行账户。但公安机关初查后未予立案。武夷山市检察院向公安机关发出《要求说明不立案理由通知书》，福建省武夷山市公安局随后立案，查明了周某凤、华某大酒店、林某辉犯虚假诉讼罪的案件事实。

3. 监督意见

武夷山市检察院于2019年9月27日向武夷山市法院发出再审检察建议，认为：林某辉、华某大酒店与周某凤不存在真实债权债务关系。案涉《民事调解书》确认周某凤借款给华某大酒店共计1505万元，但经公安机关侦查，上述9笔借款中的8笔共计1405万元，均有证据证明林某辉通过其他主体不同的银行账户短期内打回给周某凤银行账户，林某辉、华某大酒店与周某凤虚构债权债务关系，并合谋诉至法院达成调解协议，上述虚假诉讼行为，旨在恶意串通损害第三人何某清的利益，同时损害了社会公共利益与国家利益。

4. 监督结果

再审检察建议发出后，2019年11月27日武夷山市法院作出《民事决定书》，按照“先刑后民”原则，认为本案的处理应当以刑事案件的最终处理结果为依据，决定对再审检察建议不予采纳。

武夷山市检察院认为，法院仅以“先刑后民”为由对人民检察院的再审检察建议不予采纳，显属不当。武夷山市检察院决定启动跟进监督程序，提请福建省南平市人民检察院（以下简称“南平市检察院”）抗诉。

（二）跟进监督

1. 监督意见

南平市检察院审查后向福建省南平市中级人民法院（以下简称“南平中院”）提出抗诉。理由是：周某凤向林某辉、武夷山市华某大酒店有限公司转账的1505万元款项，经公安机关后续侦查发现，在周某凤起诉前林某辉均已偿还。故周某凤起诉时双方之间不存在真实的债权债务关系；林某辉与周某凤虚构借贷事实，共谋提起虚假诉讼，双方恶意串通侵害了何某清的合法权益，致使何某清无法通过拍卖华某大酒店名下房产实现债权。周某凤、林某辉实施的虚假诉讼行为扰乱正常诉讼秩序，损害司法权威和司法公信力。在现有证据能够证明本案属于虚假诉讼的情形下，民事案件并非必须以刑事案件的处理结果为依据，不宜适用“先刑后民”原则。武夷山市法院收到再审检察建议后，应该对出具的本案调解书是否存在错误、本案是否属于虚假诉讼进行审查。至于再审后案件的事实认定是否要以刑事案件的调查结果为依据，应启动再审程序后法院再行决定，武夷山市法院直接决定不予再审不当。

2. 监督结果

2020年6月3日，南平中院裁定提审，中止原调解书的执行。2020年10月9日，武夷山市法院判决华某大酒店犯虚假诉讼罪，判处罚金人民币10万元；林某辉犯虚假诉讼罪，判处有期徒刑二年，缓刑三年，并处罚金人民币8万元；周某凤犯虚假诉讼罪，判处有期徒刑一年，缓刑二年，并处罚金人民币5万元。2021年2月20日，南平中院裁定撤销武夷山市法院民事调解书，驳回周某凤的起诉。

【典型意义】

实践中处理刑民交叉案件，存在如何准确适用“先刑后民”原则的认识分歧。根据《最高人民法院、最高人民检察院、公安部、司法部〈关于进一步加强虚假诉讼犯罪惩治工作的意见〉》第十四条规定，“刑事案件的审理结果不影响民事诉讼程序正常进行的，民事案件应当继续审理”。检察机关要在查清案件事实的基础上，对法院未予纠正的错误判决，持续跟进，综合运用多种监督方式，确保监督效果。特别是在虚假诉讼监督案件中，检察机关要敏锐察觉案件的异常特征并进行调查核实，如认定民事案件为虚假诉讼，对其处理不需要依赖刑事判决认定的事实和结果，也就不必机械按照“先刑后民”原则，而可以“刑民并行”，以利于及时保护相关民事主体的合法权益。本案中，武夷山市检察院发现周某凤100万元流水异常后，将案件线索移送公安机关，公安机关侦查发现9笔借款中的8笔共计1405万元，均有证据证明系林某辉通过其他不同主体的银行账户短期内快速汇款给周某凤。检察机关亦查明原、被告为亲属关系，庭审无对抗性等事实，据此综合认定本案为虚假诉讼。检察机关依法履行跟进监督职责，针对虚假诉讼案件接续运用再审检察建议、抗诉监督方式，打击了虚假诉讼行为，及时维护了当事人的合法权益。

来源：最高检公众号

作者：于潇

编辑：史红美

最高检印发4件民事检察跟进监督典型案例（节录）

监督后仍有明显错误和违法情形检察机关应跟进监督

10月29日，最高人民检察院印发4件民事检察跟进监督典型案例。最高检第六检察厅有关负责人表示，跟进监督是实现民事检察精准监督的重要手段，对于初次监督后仍然存在明显错误和违法情形的，检察机关应依法履职，通过跟进监督达到应有监督质效。

最高检近日发布的2021年1月至9月全国检察机关主要办案数据显示，民事检察办案呈现规模扩大，监督质效走势向好。据悉，2020年，全国检察机关共受理生效裁判结果监督的跟进监督案件1150件，同比上升1.2倍，审查后提出抗诉74件，同比上升2.5倍。2021年1月至9月，受理生效裁判结果监督的跟进监督案件1107件，同比上升79.4%，审查后提出抗诉60件。

该负责人介绍，此次发布的4件典型案例涉及司法实践中常见的民间借贷、金融借款、执行异议和虚假调解等领域的常见多发问题，对民事检察监督具有纠偏和引领价值。

2021年8月1日起施行的《人民检察院民事诉讼监督规则》明确规定了“跟进监督”这一民事检察监督机制——

有下列情形之一的，人民检察院可以按照有关规定再次监督或者提请上级人民检察院监督：人民法院审理民事抗诉案件作出的判决、裁定、调解书仍有明显错误的；人民法院对检察建议未在规定的期限内作出处理并书面回复的；人民法院对检察建议的处理结果错误的。

对此，该负责人表示，跟进监督不仅是实现民事检察精准监督、提升民事检察监督质效的重要手段，也是体现民事检察公权力监督和私权利救济双重效果、实现权力纠错和权利救济的重要机制。

对于下一步工作，该负责人表示，第六检察厅将以最高检发布前三季度主要办案数据为契机，积极贯彻落实《中共中央关于加强新时代检察机关法律监督工作的意见》中精准开展民事诉讼监督各项工作要求，继续强化民事检察跟进监督工作，通过制发案例、检察办案等方式进一步明确法定性与必要性相结合的民事检察监督标准，培育权力监督与权利救济相结合的民事检察思维，切实体现敢于监督、善于监督的能动司法理念。

民事检察跟进监督典型案例：某建筑公司与某置业公司建设工程施工合同纠纷跟进监督案

【关键词】

建设工程　虚假调解　调查核实　跟进监督

【基本案情】

2017 年 10 月 12 日，某建筑公司起诉某置业公司至浙江省金华市浦江县人民法院，诉称：2014 年 7 月 2 日，某建筑公司中标某置业公司开发的某小区二期工程项目，并于 2014 年 7 月 8 日签订建设工程施工合同，约定工程由某建筑公司承建，建筑总面积 102358 平方米，工程总造价约 35000 万元。承包方式为包工包料，工程量按实计处，按照 1994 年浙江省建筑工程预算定额作为计价依据，土建工程综合费率 31. 5%；水电安装工程综合费率 201. 8%，由某造价咨询公司进行跟踪审计，双方依据该跟踪审计结果结算工程进度款。所有工程验收合格后，20 天内支付已完成工程总造价款的 90%，审价报告确认后 15 天内支付至 97%，另有 3%作为工程质保金。2017 年 9 月 22 日，某小区二期工程通过竣工验收。同日，经某造价咨询公司审定工程造价为 25121 万元，某置业公司现已支付工程款 15800 万元，剩余工程款未能给付。故某建筑公司请求法院判令某置业公司支付工程欠款 9321 万元，并就案涉工程折价或变卖的价款优先受偿。某置业公司对某建筑公司诉称事实无异议，辩称因资金紧张未能按时给付。案件审理过程中，双方达成调解协议，约定：某置业公司欠某建筑公司工程款共 9321 万元，于 2017 年 12 月 16 日前付清，如某置业公司未按期履行，某建筑公司有权申请强制执行；某建筑公司就案涉工程折价或者拍卖的价款在 9321 万元的限额内享有优先受偿权。浦江县人民法院出具民事调解书对上述调解协议内容予以确认。

【检察监督】

1. 初次监督

2019 年 5 月，案外人某集团公司主张本案系虚假诉讼，向浙江省金华市浦江县人民检察院提出控告。浦江县人民检察院审查认为本案涉嫌虚假调解，遂依职权立案并开展调查核实。检察机关查明，2014 年 4 月某置业公司全部股份被某集团公司收购，法定代表人变更为潘某义；杜某春为某建筑公司法定代表人。检察机关赴浦江县公共资源交易中心调取了备案合同文本，发现备案施工合同签订日期为2014年6月13日（以下简称《六月合同》），而向法院提交的施工合同签订日期为2014年7月18日（以下简称《七月合同》），两份合同在工程综合费率、定额人工单价等方面有较大差异，浙江省早已按照2010年定额标准进行造价控制，双方却采用1994年定额标准，不符合市场行情。检察机关询问某置业公司的法定代表人潘某义得知，潘某义因融资需要多次以个人名义向杜某春等人借款，某小区二期工程完工后，杜某春为了让潘某义偿还欠款，跟潘某义合谋，将潘某义个人欠款计入工程款，编造《七月合同》提高综合费率和人工造价虚增工程价款，以期通过工程款优先受偿。工程监理、预决算、跟踪审计人员均证实工程实际均按照《六月协议》履行，某置业公司也是按照该协议支付相应阶段工程款，并提供了工程预决算报告、计量汇总表、工程费用汇总表等涉及工程款结算的基础材料，印证了上述人员的陈述。

浦江县人民检察院审查认为，潘某义与杜某春恶意串通，伪造建设工程施工合同，通过虚假诉讼手段骗取人民法院民事调解书，侵害了某置业公司合法权益，破坏了正常司法秩序，损害了国家利益和社会公共利益，遂于2019年6月28日向浦江县人民法院提出再审检察建议。2019年9月25日，浦江县人民法院函复浦江县人民检察院，认为现有证据不足以证实案涉民事调解书损害国家利益和社会公共利益，对再审检察建议不予采纳。

2. 跟进监督

浦江县人民检察院认为浦江县人民法院未予采纳再审检察建议确有错误，决定依法跟进监督。2019年9月29日，浦江县人民检察院向金华市人民检察院提请抗诉。金华市人民检察院抗诉认为：（1）有证据证明《七月合同》不符合常理，且在实际施工过程中并未依此结算工程款。工程监理、预决算、跟踪审计人员的询问笔录证实工程实际均是按照《六月合同》履行，《七月合同》将定额人工单价由“41.5元/工日”调增为“88.24元/工日”，土建工程综合费率由14%提高到31.5%，水电安装工程综合费率由77.58%提高到201.8%，明显不符合建筑市场行情。（2）案涉民事调解书是杜某春、潘某义相互串通形成。潘某义自认通过编造《七月合同》提交给某造价咨询公司，进而形成《工程造价审定单》，并向法院提起虚假诉讼的事实。杜某春虽予以否认，但相关工程管理人员的陈述均可以证实工程实际按《六月合同》约定的计价标准结算工程款。工程结算标准为施工实质性内容及核心条款，如双方合意更改，应有充分协商的痕迹，不可能在履行过程中没有通知其他管理人员且未留存工作记录。同时，二人均明知某置业公司实际控股人系某集团公司，将潘某义个人债务虚构混入公司债务，具有虚假诉讼故意，严重妨害司法秩序，损害国家利益和社会公共利益。

3. 监督结果

2019 年 10 月 30 日，金华市中级人民法院裁定提审本案，中止原调解书的执行。2020 年 2 月 20 日，金华市中级人民法院作出裁定，撤销原审民事调解书，将本案发回浦江县人民法院重审。2020 年 12 月 24 日，浦江县人民法院重审后作出民事判决，判令某置业公司支付某建筑公司工程款 2223 万元及相应利息，并据此确认某建筑公司优先受偿范围。

【典型意义】

1. 加强建设工程领域虚假诉讼监督，有利于净化建筑行业生态。建筑市场违法违规现象多发，屡禁不止，存在阴阳合同、虚增工程价款、层层转包挂靠等乱象，给司法机关查明事实真相、梳理法律关系增加了难度。伪造证据虚增工程量是建设工程领域虚假诉讼常见的表现形式，检察机关在办理建设工程领域相关案件时应保持办案敏锐性，充分行使调查核实权，发现违法违规线索。重点围绕案涉协议签订时间、协议内容差异、施工决算情况等关键问题，审查当事人不符常理或者行业惯例的异常行为，固定关键证据，查明伪造证据、虚假诉讼的事实，依法予以监督，进一步规范建筑市场行业秩序。

2. 加强跟进监督，有利于实现公权监督与私权救济有机统一。虚假诉讼非双方当事人之间的私权争议，而是违法犯罪行为，既损害了司法秩序，也损害了国家利益和社会公共利益，检察机关应当依法监督。《中华人民共和国民事诉讼法》规定，当事人企图通过诉讼、调解等方式，侵害他人合法权益或逃避履行义务的，应当根据情节轻重予以罚款、拘留；构成犯罪的，依法追究刑事责任。《中华人民共和国民事诉讼法》同时也赋予了遭受虚假诉讼侵害的案外人维护合法权益的救济渠道，第三人因不能归责于本人的事由未参加诉讼，但有证据证明发生法律效力的判决、裁定、调解书的部分或者全部内容错误，损害其民事权益的，可以提起第三人撤销之诉。由于虚假诉讼隐蔽性较强，第三人搜集证据证明相关事实存在客观困难，检察机关在发现线索后应依法调查核实取得虚假诉讼的充分证据并予以监督。本案中，检察机关依法跟进监督，通过抗诉促使上级法院撤销了虚假调解书，维护了司法权威，保护了相关当事人的合法权益。

来源：最高人民检察院
作者：于潇
编辑：史红美

加强民事检察跟进监督　实现公权监督与私权救济有效结合——最高人民检察院第六检察厅厅长冯小光就民事检察跟进监督典型案例答记者问

10月29日，最高检印发4件民事检察跟进监督典型案例。作为《人民检察院民事诉讼监督规则》施行后的一项重要民事检察监督方式，如何通过跟进监督来增强民事检察监督刚性？4件民事检察跟进监督典型案例在法律适用、民事检察监督方面又释放了哪些信号？就此话题，记者对最高检检委会委员、第六检察厅厅长冯小光进行了专访。

记者：这次发布的是民事检察的跟进监督典型案例。对于跟进监督，社会大众还比较陌生，请问什么是跟进监督？现在跟进监督的实践情况是什么样的？

冯小光：跟进监督来源于《人民检察院民事诉讼监督规则》的明确规定，针对人民法院审理民事抗诉案件作出的判决、裁定、调解书仍有明显错误的，人民法院对检察建议未在规定的期限内作出处理并书面回复的，人民法院对检察建议的处理结果错误的等三种情形，人民检察院可以按照有关规定再次监督或者提请上级人民检察院监督。

在民事检察实践中，跟进监督的主要表现形式有以下几种：一是再审检察建议未被采纳后，人民检察院提起抗诉；二是抗诉后作出的判决、裁定、调解书仍有明显错误的，再次提起抗诉；三是关于执行活动违法、审判活动违法监督的检察建议未被采纳或对检察建议的处理结果错误的，人民检察院再次制发检察建议。

近年来，跟进监督案件数量呈现逐步升高趋势。2020年，全国检察机关共受理生效裁判结果监督的跟进监督案件1150件，同比上升1.2倍，审查后提出抗诉74件，同比上升2.5倍。2021年1—9月，受理生效裁判结果监督的跟进监督案件1107件，同比上升79.4%，审查后提出抗诉60件。

记者：检察机关跟进监督的意义体现在哪些方面？

冯小光：一是跟进监督是实现民事检察精准监督的重要手段。精准监督注重选择适当的监督方式对有纠偏和引领价值的案件进行监督，从而促进解决一个领域、一个地方、一个时期司法理念、政策、导向问题，尤其是涉及公共价值或公共利益的问题。《中共中央关于加强新时代检察机关法律监督工作的意见》提出检察机关应当精准开展民事诉讼监督，增强监督的主动性、精准度和实效性。因此，对于民事检察履职过程发现的具有纠偏和引领价值的案件，如果监督后明显错误和违法的情形仍然存在，更要通过跟进监督达到应有的监督质效。

二是跟进监督是体现民事检察公权监督和私权救济双重效果的重要方式。民事检察监督是对民事审判权和民事执行权的监督，检察机关通过纠正法院在审判权和执行权行使过程中的违法行为及相关后果，保障国家法律统一正确实施，维护国家利益、社会公共利益，保护公民、法人和其他组织的合法权益。如果检察监督目的还未最终实现，检察机关有责任依职权再次监督，在对公权力行为纠错的同时也实现了对申请监督人的私权利救济。

记者：麻烦您介绍下这批案例的总体情况。

冯小光：经过多轮筛选，我们选出了 4 个案例，分别涉及实践中常见的民间借贷纠纷、金融借款纠纷、执行异议、虚假调解等领域的常见多发问题。例如李某莉与朱某文、朱某惠民间借贷纠纷跟进监督案涉及的焦点问题是抵押权设定和抵押合同成立生效的区分原则，检察机关通过跟进监督促进了物权法中这一基础性规范的正确统一适用。又如杨某、耿某强与天津某银行津南支行金融借款合同纠纷跟进监督案涉及的是对金融借款的保证合同的效力和法院的送达程序问题，检察机关调查核实发现案涉保证合同中保证人的签名系伪造，因法院送达不到位问题导致当事人未能参与诉讼，通过跟进监督认定伪造签名的合同不发生效力并从实体上改判，体现了民事检察公权力监督和私权利救济的双重效果。再如辽宁某集团公司第四分公司申请执行跟进监督案是关于涉第三人的诉讼保全异议和执行异议的问题，检察机关通过三次监督，促使法院纠正民事执行违法行为，厘清了民事执行领域长期存在的一些具有代表性的问题，如在诉讼保全中审判权要发挥应有的作用等。最后的某建筑公司与某置业公司建设工程施工合同纠纷跟进监督案涉及的是建设工程领域中当事人通过虚假诉讼形成民事调解书，检察机关调查核实查明了原被告双方虚假调解的事实并通过跟进监督，最终促使上级法院撤销了虚假调解书。由于虚假诉讼损害的是司法秩序等国家利益及社会公共利益，检察机关作为保护“两益”的重要力量，在此类案件中应当加强跟进监督的能动性。

记者：我们看到辽宁某集团公司第四分公司申请执行跟进监督案一共进行了三次监督，该案有什么特色吗？

冯小光：本案的基本案情是某木材销售公司起诉李某江支付货款等款项，申请诉讼保全。诉讼保全中，法院向第三人辽宁某集团公司第四分公司发出协助执行通知书，要求该公司停止向李某江支付在另案法律关系中的工程款 536 万元。该公司没有提出异议，履行了不向李某江支付的通知义务。生效裁判作出后，某木材销售公司申请强制执行，因李某江无其他财产，执行法院向辽宁某集团公司第四分公司发出裁定扣留被执行人李某江在该公司的工程款536万元。辽宁某集团公司第四分公司不服，提出执行异议，执行法院和上级复议法院皆以该公司在诉讼保全阶段未提出异议为由，驳回执行异议。辽宁某集团公司第四分公司向检察机关申请监督，区市两级人民检察院发出的检察建议都未被采纳，最终辽宁省人民检察院发出检察建议书，被辽宁省高级人民法院采纳。

本案中三级检察机关通过三次执行监督，对民事执行领域的一些普遍性问题提供了指导意义，如第三人在诉讼保全阶段的协助义务是一种消极不作为义务，第三人只要不履行其对被执行的债务即可，不能因为在诉讼保全阶段未提出异议，就否定其在执行程序中提出执行异议的权利；执行异议审查中不能“以执代审”，当第三人在执行阶段提出异议后，第三人和被执行人之间的实体法律关系应交由审判部门进行审理，执行部门不应进行实体判断。

来源：《检察日报》

作者：于潇

编辑：史红美

揭穿亿元调解书中的猫腻

一起标的额近亿元的合同纠纷案，双方迅速达成调解协议，前后两份《补充协议》，约定综合费率为何大相径庭？诉讼疑点重重，调查层层深入，监督持续推进……

建筑公司将置业公司起诉至法院，要求支付工程款近亿元，双方迅速达成调解协议。检察官审查发现，这份民事调解书有猫腻！启动监督后，再审检察建议却没被采纳。检察机关跟进监督，虚假的民事调解书被撤销，案件也被发回重审。

2021 年 10 月 29 日，最高人民检察院印发 4 件民事检察跟进监督典型案例，这起由浙江省浦江县检察院办理的某建筑公司与某置业公司建设工程施工合同纠纷跟进监督案位列其中。

“目前这起案件发回重审后还在审理中，我们将持续跟进，监督到底!”近日，记者对此案进行采访时，参与办案的浙江省金华市检察院第四检察部副主任金全表示。

大有文章的《七月合同》

2014 年 4 月，浦江某置业公司（以下简称“置业公司”）因经营不善导致资金周转困难，在当地搞房地产投资的潘某有意接手该公司开发的楼盘，但未能筹措到资金。后来，潘某经人介绍向某集团公司（以下简称“集团公司”）借款。集团公司对置业公司资产及楼盘的后期销售前景进行充分评估后，认为该楼盘项目可实现盈利。

经过一番商议，各方最终确定由集团公司全额出资入股置业公司，资金通过某信托公司（以下简称“信托公司”）投入；确定信托公司为置业公司独资法人，占有100%股权。置业公司聘请潘某为公司总经理兼法定代表人，同时由集团公司派驻一名财务人员，监管公司印章及公司账户。

此后不久，经公开招投标，某建筑公司（以下简称“建筑公司”）中标承建置业公司的楼盘开发项目。潘某作为置业公司法定代表人，与建筑公司签订了建设工程施工合同。与此同时，双方另行签订了一份补充协议（以下简称《六月合同》），明确了土建工程综合费率、水电安装工程综合费率的取费标准，以及定额人工单价。随后，双方将上述两份合同一并提交给建设部门进行备案。

2017 年 5—6 月，潘某与建筑公司负责人洪某、实际施工经理杜某串通，准备通过提高综合费率的方式，将自己欠洪某、杜某的钱计入工程款中进行结算。于是，潘某在未取得信托公司同意的情况下，擅自与建筑公司又重新签订了一份补充协议（以下简称《七月合同》）。

为避免被人发现，双方将《七月合同》的签订时间倒签至2014年7月18日。此后，双方以《七月合同》作为审计依据，交给一家造价咨询公司。2017年9月22日，造价咨询公司出具了工程造价审定单，审定金额为2.63亿余元。

同年10月12日，建筑公司依据《七月合同》及工程造价审定单，将置业公司起诉至浦江县法院，要求支付剩余工程款9520万余元。

一个月不到，双方就顺利达成了调解协议，浦江县法院据此作出了民事调解书。

突然冒出个职务侵占案

2018年1月3日，建筑公司以置业公司不能清偿到期债务，而且明显缺乏清偿能力为由，向浦江县法院申请对置业公司进行破产清算。同月15日，该院裁定受理置业公司破产清算案，置业公司随即进入破产清算程序。

顺利的话，根据调解协议书规定，建筑公司就能从楼盘折价或者拍卖价款中优先受偿全部工程款。而洪某和杜某，也自然能够不动声色地收回潘某的欠款。可人算不如天算，眼看大功告成之时，潘某"翻车"了。

2018年3月4日，浦江县公安局将一起职务侵占案移送浦江县检察院审查起诉。该案的犯罪嫌疑人正是潘某。

出于职业敏感，公司财务人员整理了置业公司与建筑公司的民事调解书等材料，发现潘某可能存在通过虚假诉讼侵害公司利益的行为，于是立即向浦江县检察院申请民事裁判监督。

"这里面很可能有问题!"受理申请后，承办检察官经调查发现，置业公司和建筑公司存在两份《补充协议》，即在建设部门备案的《六月合同》和后来的《七月合同》。

通过仔细比对，检察官发现，双方后来签署的这份《七月合同》存在诸多不合常理之处，比如，《七月合同》较《六月合同》大幅提高了定额人工单价、土建工程综合费率、水电安装综合费率等，数额均明显不符合建筑市场行情；工程监理、预决算、跟踪审计人员所提供的原始结算基础资料也证实，工程实际是按照《六月合同》履行，置业公司也是按照该合同支付相应阶段工程款。更让人大跌眼镜的是，这份2014年7月8日签署的《七月合同》上，盖的竟是置业公司在2015年9月28日才启用的印章……

潘某作为置业公司的法定代表人，为何要签署这份远高于市场价、完全不利于置业公司的《七月合同》?

冲破迷雾揪出虚假诉讼

为尽快查明真相、固定相关证据，浦江县人民检察院整合内部办案力量组成专班，并立即向金华市人民检察院汇报案情，请求支持和指导。金华市人民检察院当即派出民事检察业务骨干参与案件调查。

“虚假调解通常隐蔽性较强，通过单纯的书面审查虽然可以作出初步判断与识别，但这最多能达到合理怀疑诉争案件涉嫌虚假诉讼的程度，对诉争案件是否确实存在虚假诉讼，还需要通过后期的调查取证工作予以认定。”办案人员很快达成充分行使调查核实权提升监督质效的共识。

为此，办案人员重点围绕涉案协议签订的时间、协议内容差异、施工决算情况等关键问题，审查当事人不符常理或者行业惯例的异常行为，固定关键证据。通过对中标合同、建设施工备案合同、工程预决算报告、工程进度款结算、支付情况及竣工结算报告等书证进行全面审查，最终将《七月合同》中的诸多疑点逐个击破。

鉴于该案涉案人员多、人员之间又存在利益关系，一旦串供，很难突破，办案人员认真研判案情后，制定了周密翔实的询问提纲和询问策略，通过上下联动，一体化办案，将项目经理、监理、预决算制作人员、跟踪审计人员等相关人员同时通知到位，分组进行询问，避免了当事人之间的串供。

另外，办案人员通过查询银行往来账目，搜集与潘某相关的所有民事判决情况，审查相关的所有裁判文书，查明潘某在2014年3月曾向建筑公司总经理洪某借款1000万元，约定借款利息为月利率2.5%，而且在2016年分多次通过支付工程款的方式，已支付给洪某个人利息500万元。

在查明潘某与洪某之间存在上述利益关系后，办案人员顺利找到了潘某参与虚假诉讼的动机。在事实证据面前，潘某如实向检察官供述了参与虚假诉讼情况。同时，针对检察机关在调查取证过程中存在刚性措施不足、相关人员不愿配合等现实情况，办案人员还采取上门取证方式，面对面进行释法说理，消除当事人的心理顾虑。在取证过程中，办案人员专门请技术人员配合，通过同步录音录像的方式将证人证言予以固定，以防止证人证言出现反复。

跟进监督撤销调解书

经过全面深入的调查核实，浦江县人民检察院查明，潘某与建筑公司为自身利益，恶意串通伪造《七月合同》，虚增工程款，骗取民事调解书，并凭借该民事调解书申请置业公司破产，从而达到使自己虚增的部分建筑工程款优先受偿的非法目的。双方的行为严重扰乱了正常的司法秩序，损害了国家利益和社会公共利益。据此，2019年6月28日，该院依法向浦江县人民法院发出再审检察建议。

同年9月25日，浦江县人民法院复函认为现有证据不足以证实民事调解书损害国家利益和社会公共利益，没有采纳再审检察建议。对此，浦江县人民检察院当即召开检察委员会会议，讨论后续处理方案。

“当事人这种以调解形式达到非法目的或获取非法利益的行为，利用了法院的审判权，从实质上突破了调解各方私益的范畴，所处分和损害的利益已不仅仅是当事人的私益，还妨害了司法秩序，损害了司法权威，侵害了国家和社会公共利益，对社会主义核心价值观具有典型的破坏性，检察机关应当加强监督。”

“虚假诉讼损害的是司法秩序等国家利益及社会公共利益，检察机关作为保护‘两益’的重要力量，在此类案件中应当加强跟进监督的能动性。”

“根据虚假诉讼民事检察监督证明标准的‘高度盖然性’原则，本案事实证据足以证实这份民事调解书存在虚假诉讼，侵害了国家利益和社会公共利益，针对当事人不法行为，检察机关必须监督到底！”

……

会上，该院检委会委员一致同意启动跟进监督程序，提请金华市人民检察院抗诉。

金华市人民检察院受理该案后，强化了对民事抗诉书的说理，果断精准地提出了抗诉。承办检察官在开庭过程中，就检察机关调查取证情况进行了详细说明，阐述了抗诉理由，最大限度还原了该案的真实情况。

2020年2月20日，金华市中级人民法院采纳了金华市人民检察院的抗诉理由，裁定撤销浦江县法院作出的民事调解书，并对建筑公司与置业公司的建筑合同纠纷案发回重审。目前，案件正在审理中。

实现公权监督和私权救济的有机统一

伪造证据虚增工程款是建设工程领域虚假诉讼常见的表现形式之一。司法机关对于建设工程施工合同纠纷案件，尤其是能迅速达成和解协议的案件应保持足够的警惕。

《民事诉讼法》第九十三条规定调解的原则是：人民法院审理民事案件，根据当事人自愿的原则，在事实清楚的基础上，分清是非，进行调解。该案中，建筑公司于2017年10月12日将置业公司起诉至法院，建筑公司和置业公司法定代表人潘某又迅速达成和解协议。在和解协议中，潘某代表置业公司作出了巨大让步，不但全盘同意了对方的诉请，还同意对方保留对千万余元利息起诉的权利，调整了质保金，从而使得建筑公司规避了诉讼标的近1亿元需要有上一级法院管辖的规定，迅速获得了全额优先受偿权，这一系列行为殊为异常。

由于虚假诉讼，特别是虚假调解的隐蔽性很强，受到利益侵害的第三人很难收集确实证据证明相关事实，检察机关在发现线索后应依法行使调查核实权取得虚假诉讼的充分证据并予以监督。

本案中，检察机关运用“调查、侦查、审查”三查融合机制，重点围绕《七月合同》和《六月合同》的签订时间、协议内容、施工决算情况进行调查比对，查明了《七月合同》中存在的种种不合理之处。在扎实的证据面前，潘某不得不承认，其和建筑公司合谋，将其个人欠款计入工程款，从而编造《七月合同》来虚增工程款，以达到通过工程款优先受偿的目的。

虚假诉讼并非双方当事人的私权争议，可能涉及违法犯罪行为，既损害了司法秩序，也损害了国家利益和社会公共利益。检察机关在收集查明虚假诉讼的证据后，应当依法采用适合的方式予以监督。在法院未予纠正的情况下，检察机关采取跟进监督措施，既是落实精准监督理念，也是增强检察监督刚性的重要方式。本案中，检察机关正是通过跟进监督，经抗诉促使上级法院撤销了虚假调解书，维护了司法权威，保护了相关当事人的合法权益，实现了公权监督和私权救济的有机统一。

（浙江省金华市检察院第四检察部副主任 金全）

来源：《检察日报》

作者：范跃红　金倩如

编辑：吴鹏瑶

民事检察类案监督典型案例（节录）

关于印发民事检察类案监督典型案例的通知

各级人民检察院：

为进一步贯彻落实《中共中央关于加强新时代检察机关法律监督工作的意见》中关于加强民事检察工作、健全法律监督方式的要求，发挥类案监督在统一法律适用、增强精准监督质效方面的优势，现将涉公民代理类案监督案等4件民事检察类案监督典型案例印发你们，供办案时参考借鉴。

最高人民检察院

2021年9月27日

涉农村“三资” 领域虚假诉讼类案监督案

【关键词】

农村“三资”虚假诉讼类案检察建议

【类案问题】

黑龙江省是农业大省，承担着维护国家粮食安全“压舱石”的重任。然而，一些不法分子利用农村村集体在财务管理上存在的漏洞，恶意串通或者单方采取伪造证据、虚假陈述等手段捏造事实，虚构与农村集体组织之间的民事纠纷，通过虚假诉讼非法牟取农村集体“资金、资产、资源”（以下简称农村“三资”）。针对当地农村“三资”领域虚假诉讼恶性蔓延滋长的态势，齐齐哈尔市两级检察机关主动开展农村“三资”领域虚假诉讼专项监督活动，对齐齐哈尔两级法院近5年涉农村“三资”纠纷诉讼案件进行集中审查，建立台账，逐案跟踪，特别是对以调解方式结案，案件立、审、执过于迅速，诉讼均由代理人操办，缺席判决等反常现象案件，进行重点审查。齐齐哈尔市两级检察机关共调阅涉农村“三资”领域案件卷宗1917册，确定重点排查案件1283件。

经对齐齐哈尔市涉农村“三资”案件中发现的问题进行全面系统梳理后，发现法院在审理该类案件中存在以下主要问题：一是部分法院对单方牟利型案件防范意识不强。对于一方当事人明显通过虚构事实、隐瞒真相或伪造证据等手段，提起民事诉讼侵害村集体利益的案件，部分法院防范、规制意识不强。二是部分法院存在审查不充分的问题。部分案件未对案件事实和证据进行实质审查，就以调解形式结案。三是部分法院审判、执行程序不规范。部分案件不严格执行法定送达程序、条件，留置送达、公告送达不规范；部分案件缺席判决；部分执行案件不当划扣村委会资金。四是部分法院惩戒力度不够。部分法院对发现的涉农村“三资”虚假诉讼裁定准予撤回起诉，不作出否定性评价，未依法采取民事制裁措施，较少移送违法犯罪线索。

【检察机关履职情况】

齐齐哈尔市检察机关共梳理出涉农村“三资”管理类不规范问题57个，审判人员违法情形9类26个。齐齐哈尔市检察机关就农村“三资”虚假诉讼案件分别发出再审检察建议36件、审判程序违法检察建议10件、执行违法检察建议4件。

2021年1月，齐齐哈尔市两级检察机关分别与同级法院召开系列座谈会，建议法院采取完善涉农村“三资”案件审查流程、对涉农村“三资”案件强化证据实质性审查、建立诉讼失信人档案、对曾参与虚假诉讼的当事人提起的民事诉讼案件从严审查等措施，切实防范、规制虚假诉讼。

对齐齐哈尔市检察机关提出的监督意见，齐齐哈尔市两级法院采取措施，加大防范和打击农村“三资”虚假诉讼案件力度，完善流程、规范机制。一是建立涉农村“三资”案件立案后通报当地乡镇党委、政府制度，引导、协助进行诉讼外化解纠纷；二是实行诉讼当事人签订诚信诉讼承诺书制度；三是涉农村“三资”案件村委会负责人拒签传票、不出庭应诉、不答辩等不履职行为的，实行通告乡镇政府负责人制度；四是要求法官审理涉农村“三资”案件必须进行实质性审查；五是要求法官对发现的违法违纪线索及时移送相关部门进行处理。

【典型意义】

开展农村“三资”领域民事虚假诉讼类案监督活动，是检察机关贯彻落实中央有关大力促进社会主义新农村建设精神的重要体现。农村“三资”领域虚假诉讼案件多为诉讼双方恶意串通损害国家、集体利益，极少侵犯个体利益，举报线索模糊，发现和查处难度大。检察机关应当充分发挥检察职能，树立服务大局意识，针对当地存在的农村“三资”问题，以民事检察监督部门为主导，防范和制裁农村“三资”领域违法行为，为推进农村基层治理贡献检察智慧、检察力量。检察机关通过开展专项监督工作，集中时间和力量进行突破，系统梳理、排查、纠正农村“三资”虚假诉讼，积极支持法院完善机制、加强管理，促使法官提高甄别、规制虚假诉讼的意识和能力，促进法院加强对农村“三资”虚假诉讼的防范和惩治，切实提高司法公信力，维护司法秩序。通过开展专项类案监督活动，深化类案监督效果，给农民群众一本“明白账”，让农民群众吃上“安心丸”，有利于促进农村矛盾化解，密切干群关系，维护农村社会和谐稳定。

来源：《检察日报》

编辑：李梦欣

最高检发布第二十三批指导性案例，聚焦检察机关依法履职促进社会治理（节录）

最高检发布5件依法履职促进社会治理指导性案例　助力国家治理体系和治理能力现代化建设

12月14日，最高人民检察院以“检察机关依法履职促进社会治理”为主题发布第二十三批指导性案例，指导全国各级检察机关通过依法履行检察职能，促进社会治理创新，推进国家治理体系和治理能力现代化。

此次发布的指导性案例共5件，分别为刘远鹏（化名）涉嫌生产、销售伪劣产品（不起诉）案，盛开（化名）水务公司污染环境刑事附带民事公益诉讼案，李卫俊（化名）等“套路贷”虚假诉讼案，北京市海淀区检察院督促落实未成年人禁烟保护案，黑龙江省检察机关督促治理二次供水安全公益诉讼案。

最高检法律政策研究室主任高景峰介绍，社会治理创新是国家治理现代化的重要体现。依托司法办案促进社会治理创新，是检察机关助力国家治理体系和治理能力现代化建设的重要举措。社会治理涉及经济、环境、文化等各方面，第二十三批指导性案例涉及的供水安全、科技创新、生态环境保护、金融安全、未成年人保护等，都是社会治理的重要领域。案件的发生，反映了当前社会治理中的短板和弱项。检察机关在履行“四大检察”职能过程中，综合运用法律赋予的提起公诉、不起诉、提起公益诉讼、开展调查核实、发出检察建议等手段，结合案件办理，查找社会治理漏洞，督促完善社会治理制度机制，能够有效促进社会治理创新，进一步彰显检察机关在服务保障大局中的积极作用。

高景峰指出，进入新时代，检察机关办案不仅要做到案结事了人和，而且要立足法律监督职能，更好履行政治责任和社会责任，实现政治效果、法律效果、社会效果的有机统一，要通过办案促进社会治理创新。检察机关结合办案开展社会治理创新，涉及的很多问题和领域与人民群众切身利益密切相关，通过发布指导性案例，旨在回应社会关切，以案释法，发挥案例在法治宣传教育中的特殊作用。第二十三批指导性案例选取的长江经济带保护、套路贷虚假诉讼、未成年人保护等案例，都是各界比较关注的热点问题，选取这些案例作为指导性案例发布，是检察机关落实“谁执法谁普法”的责任制要求，结合办案开展普法的具体举措，必将有利于凝聚社会共识，助力提升社会治理现代化水平，共同打造共建共治共享的社会治理格局。

高景峰表示，下一步，各级检察机关要积极发挥刑事、民事、行政、公益诉讼检察职能，发扬“工匠精神”，提升检察办案质量，坚持问题导向，聚力解决突出问题，依法规范履职，提升工作质效，强化协作配合，增强社会治理合力，以促进国家治理效能得到新提升，服务推进全面建设社会主义现代化国家新目标。

关于印发最高人民检察院第二十三批指导性案例的通知

各级人民检察院：

经2020年11月6日最高人民检察院第十三届检察委员会第五十四次会议决定，现将刘远鹏涉嫌生产、销售“伪劣产品”（不起诉）案等五件案例（检例第85—89号）作为第二十三批指导性案例（检察机关依法履职促进社会治理主题）发布，供参照适用。

最高人民检察院

2020年12月3日

李卫俊等“套路贷”虚假诉讼案（检例第87号）

【关键词】

虚假诉讼　套路贷　刑民检察协同　类案监督　金融监管

【要旨】

检察机关办理涉及“套路贷”案件时，应当查清是否存在通过虚假诉讼行为实现非法利益的情形。对虚假诉讼中涉及的民事判决、裁定、调解协议书等，应当依法开展监督。针对办案中发现的非法金融活动和监管漏洞，应当运用检察建议等方式，促进依法整治并及时堵塞行业监管漏洞。

【基本案情】

被告人李卫俊，男，1979年10月出生，无业。

2015年10月以来，李卫俊以其开设的江苏省常州市金坛区汇丰金融小额贷款公司为载体，纠集冯小陶、王岩、陆云波、丁众等多名社会闲散人员，实施高利放贷活动，逐步形成以李卫俊为首要分子的恶势力犯罪集团。该集团长期以欺骗、利诱等手段，让借款人虚写远高于本金的借条、签订虚假房屋租赁合同等，并要求借款人提供抵押物、担保人，制造虚假给付事实。随后，采用电话骚扰、言语恐吓、堵锁换锁等“软暴力”手段，向借款人、担保人及其家人索要高额利息，或者以收取利息为名让其虚写借条。在借款人无法给付时，又以虚假的借条、租赁合同等向法院提起民事诉讼，欺骗法院作出民事判决或者主持签订调解协议。李卫俊等通过申请法院强制执行，逼迫借款人、担保人及其家人偿还债务，造成5人被司法拘留，26人被限制高消费，21人被纳入失信被执行人名单，11名被害人名下房产6处、车辆7辆被查封。

【检察机关履职过程】

（一）提起公诉追究刑事责任

2018年3月，被害人吴某向公安机关报警，称其在李卫俊等人开办的小额贷款公司借款被骗。公安机关对李卫俊等人以涉嫌诈骗罪立案侦查。经侦查终结，2018年8月20日，公安机关以李卫俊等涉嫌诈骗罪移送江苏省常州市金坛区人民检察院审查起诉。金坛区人民检察院审查发现，李卫俊等人长期从事职业放贷活动，具有“套路贷”典型特征，有涉嫌黑恶犯罪嫌疑。办案检察官随即向人民法院调取李卫俊等人提起的民事诉讼情况，发现2015—2018年，李卫俊等人提起民事诉讼上百起，多为民间借贷纠纷，且借条均为格式合同，多数案件被人民法院缺席判决。经初步判断，金坛区人民检察院认为该犯罪集团存在通过虚假诉讼的方式实施“套路贷”犯罪活动的情形。检察机关遂将案件退回公安机关补充侦查。经公安机关补充侦查，查清“套路贷”犯罪事实后，2018年12月13日，公安机关以李卫俊等涉嫌诈骗罪、敲诈勒索罪、虚假诉讼罪、寻衅滋事罪再次移送审查起诉。

2019年1月25日，金坛区人民检察院对本案刑事部分提起公诉，金坛区人民法院于2019年1—10月四次开庭审理。经审理查明李卫俊等人犯罪事实后，金坛区人民法院依法认定其为恶势力犯罪集团。2019年11月1日，金坛区人民法院以诈骗罪、敲诈勒索罪、虚假诉讼罪、寻衅滋事罪判处李卫俊有期徒刑12年，并处罚金人民币28万元；其余被告人分别被判处有期徒刑3年6个月至8年不等，并处罚金。

（二）开展虚假诉讼案件民事监督

针对审查起诉中发现的李卫俊等人套路贷中可能存在虚假诉讼问题，常州市金坛区人民检察院在做好审查起诉追究刑事责任的同时，依职权启动民事诉讼监督程序，并重点开展了以下调查核实工作：一是对李卫俊等人提起民事诉讼的案件进行摸底排查，查明李卫俊等人共向当地法院提起民间借贷、房屋租赁、买卖合同纠纷等民事诉讼113件，申请民事执行案件80件，涉案金额共计400余万元。二是向相关民事诉讼当事人进行调查核实，查明相关民间借贷案件借贷事实不清，金额虚高，当事人因李卫俊等实施“软暴力”催债，被迫还款。三是对民事判决中的主要证据进行核实，查明作出相关民事判决、裁定、调解确无合法证据。四是对案件是否存在重大金融风险隐患进行核实，查明包括本案在内的小额贷款公司、商贸公司均存在无资质经营、团伙性放贷等问题，金融监管缺位，存在重大风险隐患。

经调查核实，检察机关认为李卫俊等人主要采取签写虚高借条、肆意制造违约、隐瞒抵押事实等手段，假借诉讼侵占他人合法财产。人民法院在相关民事判决中，认定案件基本事实所依据的证据虚假，相关民事判决应予纠正；对于李卫俊等与其他当事人的民事调解书，因李卫俊等人的犯罪行为属于利用法院审判活动，非法侵占他人合法财产，严重妨害司法秩序，损害国家利益与社会公共利益，也应当予以纠正。2019 年 6—7 月，金坛区人民检察院对该批 50 件涉虚假诉讼案件向人民法院提出再审检察建议 42 件，对具有典型意义的 8 件案件提请常州市人民检察院抗诉。2019 年 7 月，常州市人民检察院向常州市中级人民法院提出抗诉，同年 8 月，常州市中级人民法院裁定将 8 件案件指令金坛区人民法院再审。9 月，金坛区人民法院对 42 件案件裁定再审。10 月，金坛区人民法院对该批 50 件案件一并作出民事裁定，撤销原审判决。案件办结后，经调查，2020 年 1 月，金坛区纪委监委对系列民事案件中存在失职问题的涉案审判人员作出了相应的党纪政纪处分。

（三）结合办案参与社会治理

针对办案中发现的社会治理问题，检察机关立足法律监督职能，开展了以下工作。一是推动全市开展集中打击虚假诉讼的专项活动，共办理虚假诉讼案件 103 件，移送犯罪线索 12 件 15 人；与人民法院协商建立民事案件正副卷一并调阅制度及民事案件再审信息共享机制，与纪委监委、公安、司法等相关部门建立线索移送、案件协作机制，有效形成社会治理合力。二是针对发现的小微金融行业无证照开展金融服务等管理漏洞，向行政主管部门发出检察建议 7 份；联合公安、金融监管、市场监管等部门，在全市范围内开展金融整治专项活动，对重点区域进行清理整顿，对非法金融活动集中的写字楼开展“扫楼”行动，清理取缔 133 家非法理财公司，查办 6 起非法经营犯罪案件。三是向常州市人大常委会专题报告民事虚假诉讼检察监督工作情况，推动出台《常州市人大常委会关于全市民事虚假诉讼法律监督工作情况的审议意见》，要求全市相关职能部门加强协作配合，推动政法机关信息大平台建设、实施虚假诉讼联防联惩等 9 条举措。四是针对办案中发现的律师违规代理和公民违法代理的行为，分别向常州市律师协会和相关法院发出检察建议并获采纳。常州市律师协会由此开展专项教育整顿，规范全市律师执业行为，推进加强社会诚信体系建设。

【指导意义】

（一）刑民检察协同，加强涉黑涉恶犯罪中“套路贷”行为的审查。检察机关在办理涉黑涉恶案件存在“套路贷”行为时，应当注重强化刑事检察和民事检察职能协同。既充分发挥刑事检察职能，严格审查追诉犯罪，又发挥民事检察职能，以发现的异常案件线索为基础，开展关联案件的研判分析，并予以精准监督。刑事检察和民事检察联动，形成监督合力，加大打击黑恶犯罪力度，提升法律监督质效。

（二）办理“套路贷”案件要注重审查是否存在虚假诉讼行为。对涉黑涉恶案件中存在“套路贷”行为的，检察机关应当注重审查是否存在通过虚假诉讼手段实现“套路贷”非法利益的情形。对此，可围绕案件中是否存在疑似职业放贷人，借贷合同是否为统一格式，原告提供的证据形式是否不合常理，被告是否缺席判决等方面进行审查。发现虚假诉讼严重损害当事人利益、妨害司法秩序的，应当依职权启动监督，及时纠正错误判决、裁定和调解协议书。

（三）综合运用多种手段促进金融行业治理。针对办案中发现的非法金融活动、行业监管漏洞、诚信机制建设等问题，检察机关应当分析监管缺位的深层次原因，注重运用检察建议等方式，促进行业监管部门建章立制、堵塞管理漏洞。同时，还应当积极会同纪委监委、法院、公安、金融监管、市场监管等单位建立金融风险联防联惩体系，形成监管合力和打击共识。对所发现的倾向性、苗头性问题，可以通过联席会议的方式，加强研判，建立健全信息共享、线索移送、案件协查等工作机制，促进从源头上铲除非法金融活动的滋生土壤。

【相关规定】

《中华人民共和国民事诉讼法》第二百零八条

《中华人民共和国刑法》第二百三十八条、第二百六十六条、第二百七十四条、第二百九十三条、第三百零七条之一

《最高人民法院关于审理民间借贷案件适用法律若干问题的规定》第十九条

来源：最高人民检察院

作者：戴佳

编辑：胡仲涛

从“检例第 87 号”指导性案例看
刑民检察协同互动　遏制“套路贷”虚假诉讼

编者按：

近年来，“套路贷”犯罪引发的新型虚假诉讼时有发生，其不仅侵害被害人的合法权益，而且严重妨害司法秩序。《检察日报》“观点·案例”聚焦最高检第二十三批指导性案例中的李卫俊等“套路贷”虚假诉讼案（检例第 87 号），邀请法学专家、办案检察官就如何强化刑事检察、民事检察职能协同，如何参与社会治理等问题进行探讨，敬请关注。

最高检第二十三批指导性案例——李卫俊等“套路贷”虚假诉讼案（检例第 87 号）

【基本案情】

2015 年 10 月以来，李卫俊以其开设的江苏省常州市金坛区汇丰金融小额贷款公司为载体，纠集冯小陶、王岩、陆云波、丁众等多名社会闲散人员，实施高利放贷活动，逐步形成以李卫俊为首要分子的恶势力犯罪集团。该集团长期以欺骗、利诱等手段，让借款人虚写远高于本金的借条、签订虚假房屋租赁合同等，并要求借款人提供抵押物、担保人，制造虚假给付事实。随后，采用电话骚扰、言语恐吓、堵锁换锁等“软暴力”手段，向借款人、担保人及其家人索要高额利息，或者以收取利息为名让其虚写借条。在借款人无法给付时，又以虚假的借条、租赁合同等向法院提起民事诉讼，欺骗法院作出民事判决或者主持签订调解协议。李卫俊等通过申请法院强制执行，逼迫借款人、担保人及其家人偿还债务，造成 5 人被司法拘留，26 人被限制高消费，21 人被纳入失信被执行人名单，11 名被害人名下房产 6 处、车辆 7 辆被查封。

2018 年 12 月 13 日，公安机关以李卫俊等涉嫌诈骗罪、敲诈勒索罪、虚假诉讼罪、寻衅滋事罪移送审查起诉。2019 年 1 月 25 日，金坛区检察院对本案刑事部分提起公诉。2019 年 11 月 1 日，金坛区法院以诈骗罪、敲诈勒索罪、虚假诉讼罪、寻衅滋事罪分别判处李卫俊等人有期徒刑，并处罚金。2019 年 6 月至 7 月，金坛区检察院对该批 50 件涉虚假诉讼案件向法院提出再审检察建议 42 件，对具有典型意义的 8 件案件提请常州市人民检察院抗诉。9月，金坛区法院对42件案件裁定再审。10月，金坛区法院对该批50件案件一并作出民事裁定，撤销原审判决。

“套路贷”案件监督样本

1. 积极行使调查核实权，调取犯罪嫌疑人所有相关案件、关联证据等，进行综合审查、判断、比对分析。

2. 发现存在金额较大的“套路贷”，将案件退回公安机关补充侦查。

3. 引导公安机关开展侦查：

一是查关联案件；

二是查关联人员；

三是查关联证据；

四是查其他关联因素。

建立查证虚假诉讼犯罪联动机制

内部：检察机关刑事检察部门与民事检察部门实行工作联动。

外部：建立公安、检察、法院、仲裁机构甚至银保监会、市场监督管理部门相互之间的联动机制，共建信息平台，促进社会治理。

对“套路贷”案件进行实质性审查判断

一是综合分析关联民事案卷，对行为人是否是职业放贷人、提供书面交付凭证是否符合常理、是否属于缺席判决等方面进行审查；

二是调查相关当事人、利害关系人，从借款原因、款项交付与归还等方面对当事人进行询问，综合判断案件事实；

三是对交付凭证、银行流水等进行核实，结合当事人陈述，对该部分证据的真实性予以判断；

四是从放贷目的、行为手段、社会危害性上进一步综合判断。

建立惩治虚假诉讼犯罪联动机制

“在履行职责过程中，能否发现以及如何发现民事案件当事人存在虚假诉讼行为，是新时期检察监督工作面临的新情况新任务。”

近年来，虚假诉讼行为引起社会广泛关注，其既严重侵害公民和企业合法财产权益，也严重扰乱司法秩序。刑法修正案（九）专门设立虚假诉讼罪，将“以捏造的事实提起民事诉讼，妨害司法秩序或者严重侵害他人合法权益”的行为确认为犯罪，并规定，实施此类行为，“非法占有他人财产或者逃避合法债务，又构成其他犯罪的，依照处罚较重的规定定罪从重处罚”。

“套路贷”虚假诉讼现状

目前，针对“套路贷”虚假诉讼案件，司法实践中存在一种尴尬局面：一方面，有些虚假诉讼行为接受法院审判，得到了应有惩罚；另一方面，有的虚假诉讼行为没有被及时立案查处。究其原因，主要有两点：一是虚假诉讼罪是刑法新增加的罪名，司法人员对其概念、犯罪构成还有一个熟悉过程；二是法律虽然规定此类犯罪由公安机关管辖，但对于正在审理中的民事案件而言，由谁启动虚假诉讼的认定机制，法律并无明确规定。受“公安机关不得插手经济纠纷”的要求，基层公安机关立案侦查此类案件十分慎重；基于居中裁判和民事诉讼靠优势证据定案的认识，法院也难以深入调查核实；检察机关则因除公益诉讼外较难介入正在审理中的民事案件，往往只能在民事判决已生效的情况下进行监督。

李卫俊等“套路贷”虚假诉讼案作为指导性案例，揭示了一个重要事实：虽然“套路贷”不等于虚假诉讼，但可能隐藏着虚假诉讼；虽然“套路贷”不等于诈骗，但往往交织着诈骗犯罪。“套路贷”中的虚假诉讼，可能掩盖着为掩饰、隐瞒非法所得而实施的洗钱犯罪，为非法占有他人财产而实施的诈骗犯罪，甚至可能伴随着黑恶势力犯罪。

“套路贷”是对以民间借贷为名、以非法占有他人财物为实的不法行为的泛称。所谓“套路”，泛指设置陷阱、巧立名目等非正常手段。“套路贷”行为人放贷后，除了采用敲诈勒索、软暴力追讨债务外，还会欺骗或者胁迫借款人签订名不副实的借款协议、担保合同、债权债务转让协议等，利用民事诉讼、仲裁、调解等方式将非法债务合法化。可见，这一系列行为有可能构成敲诈勒索罪、虚假诉讼罪、诈骗罪等。

虚假诉讼行为之“虚假”，核心在于行为人赖以提起诉讼的债权债务关系实际上是不存在的，诉讼结果之所以能够蒙蔽司法人员，关键在于行为人捏造了事实，伪造了相关证据。这些证据中有些达到了民事诉讼所要求的优势证据的证明标准；有些证据稍加调查，也能发现问题，比如行为人将贷款打入借款人银行账户，又要求借款人将贷款打入其关联公司或者关联人员的银行账户，最后回到行为人银行账户或者其实际控制的其他银行账户，诉讼时行为人仅提供第一过程的转账凭证、银行流水和借款协议；有些证据不经公安机关侦查，就很难发现真相，比如被害人亲笔书写过借条，借款时通过银行转账，还款时却是交付现金，此时如无证人证明，又未要回借条，对被害人极其不利。一般来说，被虚假诉讼侵害权益的一方甚至多方，在诉讼过程中通常会提出抗辩，除非当事人合谋串通欺骗司法机关，或者被告公司没有法定代表人出庭应诉，只有代理人持特别授权委托书出庭，待形成不利的诉讼结果后，被告方才会提出被骗主张。后一情形，特别是存在多个被告而多个被告都委托同一代理人出庭应诉的情况下，被告无实质性抗辩，诉讼极为反常，检察机关就应当敢于监督、善于监督。

“检例第87号”指导性案例的监督样本意义

李卫俊等“套路贷”虚假诉讼案成功办理，被评为指导性案例，其重要意义在于该案例提供了一个敢于监督、善于监督的样本。其监督模式和机制是：在对一起涉嫌诈骗犯罪案件审查起诉过程中，检察人员发现案件背后可能隐藏着“套路贷”，于是积极行使调查核实权，调取犯罪嫌疑人所有相关案件，综合运用询问双方当事人或者案外人、调取关联证据等措施，全面、客观收集证据，并进行综合审查、判断、比对分析，审查借贷行为的合法性、真实性。一旦发现有证据证明存在金额较大的“套路贷”，即将案件退回公安机关补充侦查。同时，检察机关还引导公安机关开展侦查工作：一是查关联案件，即通过裁判文书网或者向法院调取卷宗的方式，查询并调取行为人及其关联关系人提起的所有类似诉讼、执行案件；二是查关联人员，即通过调查相关当事人、利害关系人，着重从借贷发生的原因、借贷双方的关系、借贷合意、款项来源、资金流向、款项归还等方面对当事人进行询问，综合判断案件事实；三是查关联证据，即调取相关当事人银行转账流水、支付凭证、借据等，对借款、还款等情况进行详细分析比对；四是查其他关联因素，比如，民事诉讼案件被告本人没有到庭或者形式上有人到庭，但面对巨额债务却没有实质性抗辩的，应当加大审查力度。常州市检察机关发现问题和解决问题的整个过程，充分说明检察院作为法律监督机关，做到敢于监督、善于监督，定能取得良好效果。

由于“套路贷”往往伴随着诈骗犯罪，行为人为了掩盖诈骗犯罪，通常又会实施虚假诉讼犯罪，这就是这类案件可能存在的关联关系。相对于其他部门而言，敢于监督和善于监督，体现在检察机关对可能存在上述情况的案件要敢于行使诉讼监督权力。在民事诉讼监督过程中，因为有被害人主张权利受到侵害，检察人员应注重开展关联调查，发现有其他证据能证明存在虚假诉讼可能时，主动将案件移送公安机关侦查并提出相关意见和建议。换言之，民事诉讼检察监督应当打破过去那种单纯的民事检察监督观念和做法，增强与刑事检察监督协同发展的意识。应当注意的是，在以往的民事诉讼检察监督中，由于受案件线索等方面的影响，检察机关往往处于被动监督的状态。2021年8月1日施行的《人民检察院民事诉讼监督规则》规定，检察院在履行职责中发现民事案件当事人存在虚假诉讼等妨害司法秩序行为的，应当依职权启动监督程序，不受当事人是否申请再审的限制。在履行职责过程中，能否发现以及如何发现民事案件当事人存在虚假诉讼行为，是新时期检察监督工作面临的新情况新任务。

建立查证虚假诉讼犯罪联动机制

基于上述案件的内在联系，笔者认为应建立查证虚假诉讼犯罪联动机制。该机制可以分为内外两个方面：就内部而言，是检察机关刑事检察部门与民事检察部门的联动。当刑事检察部门发现关联案件存在“套路贷”或者虚假诉讼可能时，要及时通报民事检察部门；反之，当民事检察部门发现上述可能性时，要主动通报刑事检察部门，双方共同商定解决问题的措施。就外部而言，需要建立公安、检察、法院、仲裁机构，甚至银保监会、市场监督管理部门相互之间的联动机制，共建信息平台，共同促进社会治理。如果外部联动机制有效运行，形成任何一个机构发现疑似虚假诉讼或“套路贷”案件线索即相互通报，公安机关能够主动进行初步调查，检察机关能够及时监督公安机关立案侦查，法院或者仲裁机构能够及时中止案件审理或仲裁，将案件移送公安机关侦查，就能彻底扭转虚假诉讼查处困难的被动局面，真正实现办理一起案件、治理一个行业、促进一方平安的良好效果。

作者：北京理工大学法学院教授、博士生导师　曾粤兴

刑民检察协同审查甄别“以非法占有为目的”

“在办理‘套路贷’案件时，应注重强化刑事检察和民事检察职能协同：除应发挥刑事检察职能作用外，还应当充分发挥民事检察职能作用，查清是否存在通过虚假诉讼谋取非法利益的情形，并予以精准监督。”

近年来，“套路贷”虚假诉讼已逐渐成为严重侵害人民群众人身财产安全，扰乱金融市场秩序，影响社会稳定的毒瘤。此类虚假诉讼是典型的刑民交叉案件，具有职业化、预谋性、隐蔽性等特点，给检察机关监督带来困难和挑战。最高检第二十三批指导性案例中的李卫俊等“套路贷”虚假诉讼案（检例第87号），就是检察机关对虚假诉讼加强法律监督的典型。在李卫俊等“套路贷”虚假诉讼案件办理中，检察机关办案人员在刑事检察与民事检察职能协同、“套路贷”虚假诉讼实质性审查等方面进行了积极探索，具有很好的实务指导价值。

以异常案件为线索，加强刑事检察与民事检察协同

刑事检察和民事检察协同主要是从人员力量、证据审查、引导侦查等方面进行充分协作，并对关联类案展开研判分析。检察机关在办理“套路贷”案件时，应注重强化刑事检察和民事检察职能协同：除应发挥刑事检察职能作用，严格追诉犯罪外，还应当充分发挥民事检察职能作用，查清是否存在通过虚假诉讼谋取非法利益的情形，并予以精准监督。江苏省常州市金坛区检察院在办理李卫俊等“套路贷”虚假诉讼案过程中，刑事检察与民事检察密切联动，形成监督合力，提升了法律监督质效。具体来说：一是以机制保障协同。金坛区检察院出台了《关于在扫黑除恶专项斗争中开展

集中打击虚假诉讼专项活动的工作方案》，在全院范围内，从线索移送、信息共享、协同办理等方面作出规定，明确打击“套路贷”虚假诉讼全院一盘棋的思路。二是成立刑民交叉案件办案小组。金坛区检察院成立由刑事检察、民事检察办案人员共同组成的刑民交叉案件专案小组，民事检察同步参与刑事检察检察官联席会议，及时了解案情，从民事角度分析本案需要进一步侦破的方向及调取的证据。三是从证据审查上相互交融。从一起普通诈骗案中发现的异常现象出发，刑事检察办案人员向法院调取李卫俊等人提起的所有民事诉讼相关材料，民事检察办案人员也同步补充调取这些案件的民事执行相关卷宗，双方互相分工，分别从格式借条、转账记录、已执行财产情况等方面表格式列出重点，梳理关联民事诉讼 113 件和执行案件 80 件，并分析其中相似点和可疑点。四是从刑事检察、民事检察双项监督角度，合理引导公安机关侦查。一方面，要求进一步补充证明李卫俊等人涉黑恶犯罪的组织特征、行为特征、危害特征等证据；另一方面，针对上述百起关联案件可能涉及的“套路贷”犯罪情况，要求公安机关从借款、转账、讨债等环节进行补充侦查。

以实质性审查方式甄别“套路贷”本质

在“套路贷”虚假诉讼案件中，行为人为达到非法占有被害人财物的目的，往往会在诉讼中提供具有较高证明力的“借款合同”及与之相对应的“交付凭证”等证据，形成形式上完备的“证据链条”。对此，检察机关在审查识别上，不能被“套路贷”披着的合法外衣所迷惑，应紧扣“以非法占有为目的”这一侵财犯罪的核心，通过实质性审查予以判断。一是综合分析关联民事案卷，对行为人是否是职业放贷人、借贷合同是否为统一格式、提供书面交付凭证是否符合常理、是否属于缺席判决等方面进行审查。本案中，李卫俊从 2015—2018 年，在法院提起民间借贷诉讼上百起，借条均是格式合同，一些案卷中出现了被告手捧现金照片作为已交付的证据，多数案件是被告缺席判决，有的被告出席庭审抗辩自己实际收到的钱款远小于借条上反映的借贷数额等，办案人员通过关联案件的比对分析发现，借款合同反映的借款的真实性、合法性存疑。二是调查相关当事人、利害关系人，从借款发生的原因、借贷双方的关系、借贷的合意、款项归还、如何讨债等方面对当事人进行询问，综合判断案件事实。本案中，通过对被害人、证人、李卫俊等的综合调查发现，有关案件借贷事实明显与借款合同反映的情况不一致，借款合同反映的金额虚高，借款存在“砍头息”“上门费”“违约金”等情形，且被害人存在因李卫俊实施“软暴力”催债，被迫还款、离家出走、不敢出席庭审等情况。三是对交付凭证、银行流水等进行核实，结合当事人陈述，对该部分证据的真实性予以实质判断。本案中存在李卫俊打款给被害人后，随即让被害人从银行取出现金并返还部分现金的情况，因此，该部分书证反映的借款事实部分虚假，揭示了李卫俊以表面合法化证据非法侵占他人财产的故意。此外，有证据反映李卫俊以虚假房屋租赁合同纠纷起诉至法院，证据显示房屋租赁合同期限为十年，且十年租金为现金一次性支付，被害人出具已收到租金收条，导致其后李卫俊以被害人未实际交付出租房屋，起诉至法院要求被害人返还已支付的十年租金。从形式证据看，有租赁合同和租金收条，表面上合理，被害人又躲债在外未出庭，法院遂判决李卫俊胜诉。检察机关通过调查分析认为，十年租金一次性支付，且均为现金不合常理，遂找被害人进行核实，证实被害人确未收到租金，该租赁协议、收条为李卫俊提供借款给被害人的保证。李卫俊在被讯问时也承认，其在借款给被害人时，除从正常的翻倍借条中获利，还从虚构的房屋租赁协议、车辆买卖协议等中再次谋取高额非法利益。四是从放贷目的、行为手段、社会危害性上进一步综合判断。“套路贷”虚假诉讼行为人意在通过设计各种套路，制造债权债务假象和违约情形，达到其非法强占他人财物的目的。在手段上，存在签订虚高借条、制造走账流水、恶意抬高债务、“软暴力”催债等情况，严重扰乱司法秩序，破坏社会稳定。可见，针对类似李卫俊等“套路贷”案件，仅依据民事证据、民事审判规则，通过形式审查难以查明案情。民事检察办案人员与刑事检察办案人员充分协作，对案件事实进行实质调查，对查明案件事实、有效打击虚假诉讼犯罪具有重要意义。

以个案为切入点，积极参与社会治理

检察机关在履行职能过程中，结合案件办理，查找社会治理漏洞，督促完善社会治理制度机制，有效促进社会治理创新，是检察机关助力国家治理体系和治理能力现代化的重要举措，彰显了检察机关在服务大局中的重要作用。“检例第87号”指导性案例针对“套路贷”虚假诉讼中发现的社会诚信机制问题，小额贷款公司、商贸公司存在的无资质经营、团伙性放贷，金融监管缺位等问题，形成专题调研报告，并自下而上推动对虚假诉讼、律师违规代理开展专项行动，推动检察机关与公安、金融监管、市场监管等部门联合开展金融整治专项活动。通过个案办理，以“小切口”解决“大问题”，找准参与社会治理“切入点”，是检察机关探索主动融入共建共治共享社会治理格局的新路径。

来源：《检察日报》

作者：李莉　邹慧娟

编辑：薛永利

最高人民检察院举行以“打击虚假诉讼　共筑司法诚信”为主题的新闻发布会

5月22日，最高人民检察院举行以“打击虚假诉讼　共筑司法诚信”为主题的新闻发布会，通报近年来检察机关加强虚假诉讼监督工作情况，发布最高检第十四批指导性案例，并回答记者提问。

新闻发布会两个“首次”值得关注！

一是相关主题首次发布。围绕人民群众关注的法治热点问题，以加强民事虚假诉讼法律监督为主题，发布五件检察机关查办民事虚假诉讼指导性案例，及时回应社会关切，尚属首次。

二是第六检察厅首次亮相。自去年底内设机构改革，专门负责民事检察工作的最高检第六检察厅首次亮相最高检新闻发布会。

虚假诉讼损害公平公正公信

虚假诉讼俗称“打假官司”。当前，司法实践中虚假诉讼时有发生，表现为，当事人或虚构案件事实，或捏造法律关系，或伪造诉讼证据，炮制出假案子、假讼争。

从表面上看，大多数虚假诉讼案件是当事人通过民事诉讼来获取非法利益，但就其实质而言，虚假诉讼行为人恶意地利用国家司法制度实现个人目的，不仅侵害了他人的合法权益，而且严重破坏了社会诚信，损害了司法的公平、公正和公信。

检察机关监督虚假诉讼民事案件5455件

近年来，全国各级检察机关依法积极开展对虚假诉讼的监督工作，办理了一批典型案件。2017年至2019年3月，全国检察机关共监督虚假诉讼民事案件5455件，其中提出抗诉1140件，提出再审检察建议2786件，提出检察建议1529件，移送犯罪线索497件。

自2018年10月《最高人民法院、最高人民检察院关于办理虚假诉讼刑事案件适用法律若干问题的解释》实施至2019年3月，全国检察机关对虚假诉讼刑事犯罪案件共批捕206件319人，决定起诉138件315人，法院已作出生效判决87件157人，均为有罪判决。

民事监督和刑事惩治双管齐下，防范打击虚假诉讼，有效维护了人民群众合法权益，捍卫了司法权威公正。

立足职能定位将虚假诉讼监督抓紧抓实

在全国各级检察机关的共同努力下，虚假诉讼监督工作取得了明显成效。据最高检副检察长张雪樵介绍，检察机关主要做法有：

1. 提高政治站位，立足经济社会发展大局谋划推进虚假诉讼监督工作

2015 年以来，最高检民事检察部门连续多年将虚假诉讼监督列入工作要点部署落实。2018 年 6 月，最高检在河南召开虚假诉讼和审判人员违法监督现场会，总结交流经验，研究部署加强工作的举措。江苏、浙江、湖北、山东、重庆、江西等地开展了全省（市）范围的虚假诉讼监督专项活动。

2. 立足职能定位，将虚假诉讼监督融入中心工作抓紧抓实

检察机关加强与各部门协作配合，积极发现、查处涉及黑恶势力的虚假民事诉讼案件。江苏南通检察机关 2017 年起部署开展“套路贷”民事虚假诉讼专项监督，共监督 90 件案件，涉案金额高达 3. 09 亿元。各地检察机关着力发现欠薪讨薪案件中的虚假诉讼线索，依法保障劳动者、用工企业和其他单位合法权益。同时，加大对侵害民营企业财产权虚假诉讼的惩治力度，构建良好营商环境。

3. 聚焦重点领域，深入开展精准监督

针对虚假诉讼发案集中领域，各地结合本地实际，抓住重点领域的突出问题深入开展精准监督。浙江省检察院会同六部门联合出台纪要，加大对民间借贷领域虚假诉讼的惩治力度。江苏检察机关结合当地热点问题，重点打击农村土地承包经营权、拆迁安置等领域的虚假诉讼。

4. 坚持问题导向，多措并举着力破解虚假诉讼监督瓶颈

针对虚假诉讼隐蔽性强，案件线索发现难、查证难、追责难等突出问题。检察机关采取有效措施，取得了一定成效：①加大对虚假诉讼监督的宣传力度。②用足用好调查核实权，综合运用查询、调取证据材料、询问当事人或案外人以及委托鉴定等调查措施。③强化内外联动，有效整合监督资源。

5. 依托信息技术，通过数据共享共治提升监督质效

最高检明确部署了加快人工智能、大数据在发现虚假诉讼线索方面的研发应用，各地也结合自身优势积极探索实践，取得了良好效果。浙江省绍兴市检察院自主研发了“民事裁判文书智慧监督系统”，江苏省常州市检察院建立“常检云”大数据平台，以信息化手段发现虚假诉讼案件线索。

民间借贷纠纷是虚假诉讼“重灾区”

最高检第六检察厅厅长元明在答问时说，近年来，虚假诉讼在民商事审判多领域

频发，主要集中在民间借贷纠纷、房地产权属纠纷、离婚涉财纠纷、追索劳动报酬等几类。其中，民间借贷纠纷是虚假诉讼的“重灾区”。

随着虚假诉讼案件监督工作的深入开展，检察机关涉足的案件类型不断增多，监督领域也在不断扩展，在以下方面有新变化、新花样：

（1）积极发现、查处涉及黑恶势力的虚假民事诉讼案件。

（2）加大对农村土地承包经营权、道路交通事故等虚假诉讼案件监督力度。

（3）着力查办制约当地经济社会发展的拆迁安置、房地产权属、建设工程合同等领域虚假诉讼案件。

此外，对于机动车保险、医疗保险、企业财险等保险理赔类虚假诉讼案件，涉及虚假仲裁、虚假债权公证、虚假公示催告、虚假司法确认等领域的虚假诉讼案件，加大发现与查处力度。

调查难如何破解？检察官现场分享“三步法”

广东省广州市检察院民事行政检察处三级高级检察官李征表示，查办虚假诉讼案件最大的难点是——“调查难”。因为，虚假诉讼行为人的手段往往都非常隐蔽。检察机关办理虚假诉讼案件关键在于，必须充分进行调查核实，获取真实证据，揭露假象，挖掘出案件的真实面目。以广州置业公司案件为例，这是一起涉及民间借贷的虚假诉讼，案件的突破点就是证明这是一笔假借款。针对此类案件，我们总结出了“调查核实三步法”：①查阅大量的原审诉讼资料；②向多部门调查核实；③向当事人询问确认。该案件于2018年成功结案，为国家挽回了1.09亿余元的财产损失。

发布最高人民检察院第十四批指导性案例

发布会上，元明通报了最高人民检察院第十四批指导性案例。这批指导性案例共包括5个虚假诉讼民事监督案例，分别是：广州乙置业公司等骗取支付令执行虚假诉讼监督案、武汉乙投资公司等骗取调解书虚假诉讼监督案、陕西甲实业公司等公证执行虚假诉讼监督案、福建王某兴等人劳动仲裁执行虚假诉讼监督案、江西熊某等交通事故保险理赔虚假诉讼监督案。

来源：最高人民检察院

作者：薛永利

关于印发最高人民检察院第十四批指导性案例的通知

各省、自治区、直辖市人民检察院，解放军军事检察院，新疆生产建设兵团人民检察院：

经2019年4月22日最高人民检察院第十三届检察委员会第十七次会议决定，现将广州乙置业公司等骗取支付令执行虚假诉讼监督案等五件指导性案例（检例第52—56号）作为第十四批指导性案例发布，供参照适用。

最高人民检察院

2019年5月21日

广州乙置业公司等骗取支付令执行虚假诉讼监督案（检例第52号）

【关键词】

骗取支付令　侵吞国有资产　检察建议

【要旨】

当事人恶意串通、虚构债务，骗取法院支付令，并在执行过程中通谋达成和解协议，通过以物抵债的方式侵占国有资产，损害司法秩序，构成虚假诉讼。检察机关对此类案件应当依法进行监督，充分发挥法律监督职能，维护司法秩序，保护国有资产。

【基本案情】

2003年起，国有企业甲农工商公司因未按期偿还银行贷款被诉至法院，银行账户被查封。为转移甲农工商公司及其下属公司的资产，甲农工商公司班子成员以个人名义出资，于2003年5月26日成立广州乙置业公司，甲农工商公司经理张某任乙置业公司董事长，其他班子成员任乙置业公司股东兼管理人员。

2004年6月23日和2005年2月20日，乙置业公司分别与借款人甲农工商公司下属丙实业公司和丁果园场签订金额为251.846万元和1600万元的借款协议，丙实业公司以自有房产为借款提供抵押担保。乙置业公司没有自有流动运营资金和自有业务，其出借的资金主要来源于甲农工商公司委托其代管的资金。

丙实业公司借款时，甲农工商公司在乙置业公司已经存放有13893401.67元理财资金可以调拨，但甲农工商公司未调拨理财资金，反而由下属的丙实业公司以房产抵押的方式借款。丁果园场借款时，在1600万元借款到账的1～3天内便以“往来款”名义划付到案外人账户，案外人又在5天内通过银行转账方式将等额资金划还给乙置业公司。

上述借款到期后，乙置业公司立即向广州市白云区人民法院申请支付令，要求偿还借款。2004年9月6日，法院作出（2004）云法民二督字第23号支付令，责令丙实业公司履行付款义务；2005年11月9日，法院作出（2005）云法民二督字第16号支付令，责令丁果园场履行付款义务。丙实业公司与丁果园场未提出异议，并在执行过程中迅速与乙置业公司达成以房抵债的和解协议。2004年10月11日，丙实业公司与乙置业公司签署和解协议，以自有房产抵偿251.846万元债务。丙实业公司还主动以自有的36栋房产为丁果园场借款提供执行担保。2006年2月、4月，法院先后裁定将丁果园场的房产作价611.7212万元、丙实业公司担保房产作价396.9387万元以物抵债给乙置业公司。

案发后，甲农工商公司的主管单位于2013年9月10日委托评估，评估报告显示，以法院裁定抵债日为评估基准日，涉案房产评估价值合计1.09亿余元，比法院裁定以物抵债的价格高出9640万余元，国有资产受到严重损害。

【检察监督】

1. 线索发现

2016年4月，广东省人民检察院在办理甲农工商公司经理张某贪污、受贿刑事案件的过程中，发现乙置业公司可能存在骗取支付令、侵吞国有资产的行为，遂将案件线索交广州市人民检察院办理。广州市人民检察院依职权启动监督程序，与白云区人民检察院组成办案组共同办理该案。

2. 调查核实

办案组调取法院支付令与执行案件卷宗，经审查发现，乙置业公司与丙实业公司、丁果园场在诉讼过程中对借款事实等问题的陈述高度一致；三方在执行过程中主动、迅速达成以物抵债的和解协议，而缺乏通常诉讼所具有的对抗性；经审查张某贪污、受贿案的刑事卷宗，发现甲农工商公司、乙置业公司的班子成员存在合谋串通、侵吞国有资产的主观故意；经审查工商登记资料，发现乙置业公司没有自有资金，其资金来源于代管的甲农工商公司资金；经调取银行流水清单，核实了借款资金流转情况。办案组沿涉案资金、房产的转移路径，逐步厘清案情脉络，并重新询问相关涉案人员，最终获取张某等人的证言，进一步夯实证据。

3. 监督意见

2016年10月8日，白云区人民检察院就白云区人民法院前述两份支付令分别发出穗云检民（行）违监（2016）4号、5号检察建议书，指出乙置业公司与丙实业公司、丁果园场恶意串通、虚构债务，骗取法院支付令，借执行和解程序侵吞国有资产，损害了正常司法秩序，建议法院撤销涉案支付令。

4. 监督结果

2018年5月15日，白云区人民法院作出（2018）粤0111民督监1号、2号民事裁定书，分别确认前述涉案支付令错误，裁定予以撤销，驳回乙置业公司的支付令申请。同年10月，白云区人民法院依据生效裁定执行回转，至此，1.09亿余元的国有资产损失得以挽回。甲农工商公司原班子成员张某等人因涉嫌犯贪污罪、受贿罪，已被广州市人民检察院提起公诉。

【指导意义】

（1）虚构债务骗取支付令成为民事虚假诉讼的一种表现形式，应当加强法律监督。民事诉讼法规定的督促程序，旨在使债权人便捷高效地获得强制执行依据，解决纠纷。司法实践中，有的当事人正是利用法院发出支付令以形式审查为主、实质问题不易被发现的特点，恶意串通、虚构债务骗取支付令并获得执行，侵害其他民事主体的合法权益。本案乙置业公司与丙实业公司、丁果园场恶意串通、虚构债务申请支付令，构成虚假诉讼。由于法院在发出支付令时无须经过诉讼程序，仅对当事人提供的事实、证据进行形式审查，因此，骗取支付令的虚假诉讼案件通常具有一定的隐蔽性，检察机关应当加强对此类案件的监督，充分发挥法律监督职能。

（2）办理虚假诉讼案件重点围绕捏造事实行为进行审查。虚假诉讼通常以捏造的事实启动民事诉讼程序，检察机关应当以此为重点内容开展调查核实工作。本案办理过程中，办案组通过调阅张某刑事案件卷宗材料掌握案情，以刑事案件中固定的证据作为本案办理的突破口；通过重点审查涉案公司的企业法人营业执照、公司章程、公司登记申请书、股东会决议等工商资料，确认丙实业公司和丁果园场均由甲农工商公司设立，均系全民所有制企业，名下房产属于国有财产，上述公司的主要班子成员存在交叉任职等事实；通过调取报税资料、会计账册、资金代管协议等档案材料发现，乙置业公司没有自有流动运营资金和业务，其资金来源于代管的甲农工商公司资金；通过调取银行流水清单，发现丁果园场在借款到账后即以“往来款”名义划付至案外人账户，案外人随即将等额资金划还至乙置业公司，查明了借款资金流转的情况。一系列事实和证据均指向当事人存在恶意串通、虚构债务骗取支付令的行为。

（3）发现和办理虚假诉讼案件，检察机关应当形成整体合力。虚假诉讼不仅侵害其他民事主体的合法权益，影响经济社会生活秩序，更对司法公信力、司法秩序造成严重侵害，检察机关应当形成整体合力，加大法律监督力度。检察机关各业务部门在履行职责过程中发现民事虚假诉讼线索的，均应及时向民事检察部门移送；并积极探索建立各业务部门之间的线索双向移送、反馈机制，线索共享、信息互联机制。本案即是检察机关在办理刑事案件过程中发现可能存在民事虚假诉讼线索，民事检察部门由此进行深入调查的典型案例。

【相关规定】

《中华人民共和国民事诉讼法》第十四条、第二百一十六条

《最高人民法院关于适用〈中华人民共和国民事诉讼法〉的解释》第四百一十四条

《人民检察院民事诉讼监督规则（试行）》第九十九条

武汉乙投资公司等骗取调解书虚假诉讼监督案
（检例第53号）

【关键词】

虚假调解　逃避债务　民事抗诉

【要旨】

伪造证据、虚构事实提起诉讼，骗取人民法院调解书，妨害司法秩序、损害司法权威，不仅可能损害他人合法权益，而且损害国家和社会公共利益的，构成虚假诉讼。检察机关办理此类虚假诉讼监督案件，应当从交易和诉讼中的异常现象出发，追踪利益流向，查明当事人之间的通谋行为，确认是否构成虚假诉讼，依法予以监督。

【基本案情】

2010年4月26日，甲商贸公司以商品房预售合同纠纷为由向武汉市蔡甸区人民法院起诉乙投资公司，称双方于2008年4月30日签订《商品房订购协议书》，约定甲商贸公司购买乙投资公司天润工业园项目约4万平方米的商品房，总价款人民币7375万元，甲公司支付1475万元定金，乙投资公司于收到定金后30日内完成上述项目地块的抵押登记注销，双方再签订正式《商品房买卖合同》。协议签订后，甲商贸公司依约支付定金，但乙投资公司未解除土地抵押登记，甲商贸公司遂提出四起商品房预售合同纠纷诉讼，诉请判令乙投资公司双倍返还定金，诉讼标的额分别为700万元、700万元、750万元、800万元，共计2950万元。武汉市蔡甸区人民法院受理后，适用简易程序审理，以调解方式结案，作出（2010）蔡民二初字第79号、第80号、第81号、第82号民事调解书，分别确认乙投资公司双倍返还定金700万元、700万元、750万元、

800 万元，合计 2950 万元。甲商贸公司随即向该法院申请执行，领取可供执行的款项 2065 万元。

【检察监督】

1. 线索发现

2015 年，武汉市人民检察院接到案外人相关举报，经对上述案件进行审查，初步梳理出如下案件线索：一是法院受理异常。双方只签订有一份《商品房订购协议书》，甲商贸公司却拆分提出四起诉讼；甲商贸公司已支付定金为 1475 万元，依据当时湖北省法院案件级别管辖规定，基层法院受理标的额在 800 万元以下的案件，本案明显属于为回避级别管辖规定而拆分起诉，法院受理异常。二是均适用简易程序由同一名审判人员审结，从受理到审理、制发调解书在 5 天内全部完成。三是庭审无对抗性，乙投资公司对甲商贸公司主张的事实、证据及诉讼请求全部认可，双方当事人及代理人在整个诉讼过程中陈述高度一致。四是均快速进入执行程序、快速执结。

2. 调查核实

针对初步梳理的案件线索，武汉市人民检察院随即开展调查核实。第一步，通过裁判文书网查询到乙投资公司作为被告或被执行人的案件在武汉市蔡甸区人民法院已有 40 余件，总标的额 1.3 亿余元，乙投资公司已经资不抵债；第二步，通过银行查询执行款流向，发现甲商贸公司收到 2065 万元执行款后，将其中 1600 万元转账至乙投资公司法定代表人方某的个人账户，320 万元转账至丙公司、丁公司；第三步，通过查询工商信息，发现方某系乙投资公司法定代表人，而甲、乙、丙、丁四公司系关联公司，实际控制人均为成某某；第四步，调阅法院卷宗，发现方某本人参加了四起案件的全部诉讼过程；第五步，经进一步调查方某个人银行账户，发现方某在本案诉讼前后与武汉市蔡甸区人民法院民二庭原庭长杨某某之间存在金额达 100 余万元的资金往来。检察人员据此判断该四起案件可能是乙投资公司串通关联公司提起的虚假诉讼。经进一步审查发现，甲商贸公司、乙投资公司的实际控制人成某某通过受让债权取得乙投资公司 80%的股权，后因经营不善产生巨额债务，遂指使甲商贸公司伪造了以上《商品房订购协议书》，并将甲商贸公司其他业务的银行资金往来明细作为支付定金 1475 万元的证据，由甲商贸公司向武汉市蔡甸区人民法院提起诉讼，请求“被告乙投资公司双倍返还定金 2950 万元”，企图达到转移公司资产、逃避公司债务的非法目的。该院民二庭庭长杨某某在明知甲、乙投资公司的实际控制人为同一人，且该院对案件无管辖权的情况下，主动建议甲商贸公司将一案拆分为 4 个案件起诉；案件转审判庭后，杨某某向承办法官隐瞒上述情况，指示其按照简易程序快速调解结案；进入执行后，杨某某又将该案原、被告公司的实际控制人为同一人的情况告知法院执行二庭原庭长童某，希望快速执行。在杨某某、童某的参与下，案件迅速执行结案。

3. 监督意见

2016 年 10 月 21 日，武汉市人民检察院就（2010）蔡民二初字第 79 号、第 80 号、第 81 号、第 82 号民事调解书，向武汉市中级人民法院提出抗诉，认为本案调解书认定的事实与案件真实情况明显不符，四起诉讼均系双方当事人恶意串通为逃避公司债务提起的虚假诉讼，应当依法纠正。首先，从《商品房订购协议书》的表面形式来看，明显与正常的商品房买卖交易惯例不符，连所订购房屋的具体位置、房号都没有约定；其次，乙投资公司法定代表人方某在刑事侦查中供述双方不存在真实的商品房买卖合同关系，四份商品房订购协议书系伪造，目的是通过双倍返还购房定金的方式转移公司资产，逃避公司债务；最后，在双方无房屋买卖交易的情况下，不存在支付及返还“定金”之说。证明甲商贸公司支付 1475 万元定金的证据是 7 张银行凭证，其中一笔 600 万元的汇款人为戊公司；甲商贸公司陆续汇入乙投资公司 875 万元后，乙投资公司又向甲商贸公司汇回 175 万元，甲商贸公司汇入乙投资公司账户的金额实际仅有 700 万元，且属于公司内部的调度款。

4. 监督结果

2018 年 1 月 16 日，武汉市中级人民法院对武汉市人民检察院抗诉的四起案件作出民事裁定，指令武汉市蔡甸区人民法院再审。2018 年 11 月 19 日，武汉市蔡甸区人民法院分别作出再审判决：撤销武汉市蔡甸区人民法院（2010）蔡民二初字第 79 号、第 80 号、第 81 号、第 82 号四份民事调解书；驳回甲商贸公司全部诉讼请求。2017 年，武汉市蔡甸区人民法院民二庭原庭长杨某某、执行二庭原庭长童某被以受贿罪追究刑事责任。

【指导意义】

（1）对于虚假诉讼形成的民事调解书，检察机关应当依法监督。虚假诉讼的民事调解有其特殊性，此类案件以调解书形式出现，从外表看是当事人在处分自己的民事权利义务，与他人无关。但其实质是当事人利用调解书形式达到了某种非法目的，获得了某种非法利益，或者损害了他人的合法权益。当事人这种以调解形式达到非法目的或获取非法利益的行为，利用了人民法院的审判权，从实质上突破了调解各方私益的范畴，所处分和损害的利益已不仅是当事人的私益，还妨碍司法秩序，损害司法权威，侵害国家和社会公共利益，应当依法监督。对于此类虚假民事调解，检察机关可以依照民事诉讼法的相关规定提出抗诉。

（2）注重对案件中异常现象的调查核实，查明虚假诉讼的真相。检察机关对办案中发现的异于常理的现象要进行调查，这些异常既包括交易的异常，也包括诉讼的异常。例如，合同约定和合同履行明显不符合交易惯例和常识，可能存在通谋的；案件的立、审、执较之同地区同类型案件异常迅速的；庭审过程明显缺乏对抗性，双方当事人在诉讼过程对主张的案件事实和证据高度一致等。检察机关要敏锐捕捉异常现象，有针对性运用调查核实措施，还案件事实以本来面目。

【相关规定】

《中华人民共和国民事诉讼法》第一百一十二条、第一百一十三条、第二百零八条、第二百一十条

《中华人民共和国刑法》第三百零七条之一

陕西甲实业公司等公证执行虚假诉讼监督案
（检例第54号）

【关键词】

虚假公证　非诉执行监督　检察建议

【要旨】

当事人恶意串通、捏造事实，骗取公证文书并申请法院强制执行，侵害他人合法权益，损害司法秩序和司法权威，构成虚假诉讼。检察机关对此类虚假诉讼应当依法监督，规范非诉执行行为，维护司法秩序和社会诚信。

【基本案情】

2011年，陕西甲实业公司董事长高某因非法吸收公众存款罪被追究刑事责任；2012年年底，甲实业公司名下资产陕西某酒店被西安市中级人民法院查封拍卖，拍卖所得用于退赔集资款和偿还债务。

2013年11月，高某保外就医期间与郗某、高某萍、高某云、王某、杜某、唐某、耿某等人商议，由高某以甲实业公司名义出具借条，虚构甲实业公司曾于2006年、2007年向郗某等七人借款的事实，并分别签订还款协议书。2013年12月，甲实业公司委托代理人与郗某等七人前往西安市莲湖区公证处，对涉案还款协议书分别办理《具有强制执行效力的债权文书公证书》，莲湖区公证处向郗某等七人出具《执行证书》。2013年12月，郗某等七人依据《执行证书》，向西安市雁塔区人民法院申请执行。2014年3月，西安市雁塔区人民法院作出执行裁定书，以甲实业公司名下财产被西安市中级人民法院拍卖，尚需等待分配方案确定后再恢复执行为由，裁定本案执行程序终结。西安市中级人民法院确定分配方案后，雁塔区人民法院恢复执行并向西安市中级人民法院上报郗某等七人债权请求分配。

【检察监督】

1. 线索发现

2015 年 11 月，检察机关接到债权人不服西安市中级人民法院制定的债权分配方案，提出高某所涉部分债务涉嫌虚构的举报。雁塔区人民检察院接到举报后，根据债权人提供的线索对高某所涉债务进行清查，发现该七起虚假公证案件线索。

2. 调查核实

雁塔区人民检察院对案件线索依法进行调查核实。首先，到高某服刑的监狱和保外就医的医院对其行踪进行调查，并随即询问了王某、郗某、耿某，郗某等人承认了基于利益因素配合高某虚构甲实业公司借款的事实；其次，雁塔区人民检察院到公证机关调取公证卷宗，向西安市中级人民法院了解甲实业公司执行案件相关情况。经调查核实发现，高某与郗某等七人为套取执行款、逃避债务，虚构甲实业公司向郗某等七人借款 1180 万元的事实，伪造还款协议书等证据，并对虚构的借款事实进行公证，向西安市雁塔区人民法院申请强制执行该公证债权文书。

3. 监督意见

在查明相关案件事实的基础上，2015 年 11 月，雁塔区人民检察院将涉嫌虚假诉讼刑事案件的线索移交西安市公安局雁塔分局立案侦查。2016 年 9 月 23 日，雁塔区人民检察院针对雁塔区人民法院的执行活动发出检察建议，指出甲实业公司与郗某等七人恶意串通，伪造借款凭据和还款协议，《执行证书》中的内容与事实不符，由于公证债权文书确有错误，建议依法不予执行。

4. 监督结果

2016 年 10 月 24 日，雁塔区人民法院回函称，经调取刑事卷宗中郗某等人涉嫌虚假诉讼犯罪的相关证据材料，确认相关公证内容确系捏造，经合议庭合议决定，对相关执行证书裁定不予执行。2017 年 7 月 16 日，雁塔区人民法院作出（2017）陕 0113 执异 153 号至 159 号七份执行裁定书，认定郗某等申请执行人在公证活动进行期间存在虚假行为，公证债权文书的内容与事实不符，裁定对相关公证书及执行证书不予执行。后高某等四人因构成虚假诉讼罪被追究刑事责任。

【指导意义】

（1）利用虚假公证申请法院强制执行是民事虚假诉讼的一种表现形式，应当加强检察监督。对债权文书赋予强制执行效力是法律赋予公证机关的特殊职能，经赋强公证的债权文书，可以不经诉讼直接成为人民法院的执行依据。近年来，对虚假债权文书进行公证的行为时有发生，一些当事人与他人恶意串通，对虚假的赠与合同、买卖合同，或抵偿债务协议进行公证，并申请法院强制执行，以达到转移财产、逃避债务的目的。本案中，甲实业公司与郗某等七人捏造虚假借款事实申请公证，并向人民法院申请强制执行、参与执行财产分配就属于此类情形，不仅损害了案外人的合法债权，同时也损害了诉讼秩序和司法公正，影响社会诚信。本案中，检察机关和公安机关已经查实系虚假公证，由检察机关建议人民法院不予执行较之利害关系人申请公证机关撤销公证更有利于保护债权人合法权益。

（2）加强对执行公证债权文书等非诉执行行为的监督，促进公证活动依法有序开展。根据《公证法》规定，公证机关应当对当事人的身份、申请办理该项公证的资格以及相应的权利；提供的文书内容是否完备，含义是否清晰，签名、印鉴是否齐全；提供的证明材料是否真实、合法、充分；申请公证的事项是否真实、合法等内容进行审查。检察机关在对人民法院执行公证债权文书等非诉执行行为进行监督时，如果发现公证机关未依照法律规定程序和要求进行公证，应当建议公证机关予以纠正。

【相关规定】

《中华人民共和国民事诉讼法》第二百三十五条

最高人民法院、最高人民检察院《关于民事执行活动法律监督若干问题的规定》第三条

《中华人民共和国公证法》第二十八条

福建王某兴等人劳动仲裁执行虚假诉讼监督案
（检例第55号）

【关键词】

虚假劳动仲裁　仲裁执行监督　检察建议

【要旨】

为从执行款项中优先受偿，当事人伪造证据将普通债权债务关系虚构为劳动争议申请劳动仲裁，获取仲裁裁决或调解书，据此向人民法院申请强制执行，构成虚假诉讼。检察机关对此类虚假诉讼行为应当依法进行监督。

【基本案情】

2014年，王某兴借款339500元给甲茶叶公司原法定代表人王某贵，多次催讨未果。2017年5月，甲茶叶公司因所欠到期债务未偿还，厂房和土地被武平县人民法院拍卖。2017年7月下旬，王某兴为实现其出借给王某贵个人的借款能从甲茶叶公司资产拍卖款中优先受偿的目的，与甲茶叶公司新法定代表人王某福（王某贵之子）商议申请仲裁事宜。双方共同编造甲茶叶公司拖欠王某兴、王某兴妻子及女儿等13人414700元工资款的书面材料，并向武平县劳动人事争议仲裁委员会申请劳动仲裁。

2017年7月31日，仲裁员曾某明在明知该13人不是甲茶叶公司员工的情况下，作出武劳仲案（2017）19号仲裁调解书，确认甲茶叶公司应支付给王某兴等13人工资款合计414700元，由武平县人民法院在甲茶叶公司土地拍卖款中直接支付到武平县人力资源和社会保障局农民工工资账户，限于2017年7月31日履行完毕。同年8月1日，王某兴以另外12人委托代理人的身份向武平县人民法院申请强制执行。同月4日，武平县人民法院立案执行，裁定：①冻结、划拨甲茶叶公司在银行的存款；②查封、扣押、拍卖、变卖甲茶叶公司的所有财产；③扣留、提取甲茶叶公司的收入。

【检察监督】

1. 线索发现

2017年8月初，武平县人民检察院在开展执行监督专项活动中发现，在武平县人民法院对被执行人甲茶叶公司的拍卖款进行分配时，突然新增多名自称甲茶叶公司员工的申请执行人，以仲裁调解书为依据申请参与执行款分配。鉴于甲茶叶公司2014年就已停产，本案存在虚假仲裁的可能性。

2. 调查核实

首先，检察人员调取了法院的执行卷宗，从13个申请执行人的住址、年龄和性别等身份信息初步判断，他们可能存在夫妻关系或其他亲戚关系，随后至公安机关查询户籍信息证实了申请执行人之间的上述亲属关系；其次，经查询工商登记信息，2013年至2015年底，王某兴独资经营一家汽车修配公司，2015年以后在广东佛山经营不锈钢制品，王某兴之女一直在外地居住，王某兴一家在甲茶叶公司工作的可能性不存在；再次，检察人员经对申请人执行人李某林、曾某秀夫妇进行调查询问，发现其长期经营百货商店，亦未在甲茶叶公司工作过，仲裁员曾某明与其有亲属关系；最后，经检察人员对王某福进行说服教育，王某福交代了其与王某兴合谋提起虚假仲裁的事实，王某兴亦承认其与另外12人均与甲茶叶公司不存在劳动关系，“授权委托书”上的签名系伪造，仲裁员曾某明清楚申请人与甲茶叶公司之间不存在劳动关系但仍出具了仲裁调解书。

3. 监督意见

2017年8月24日，武平县人民检察院向武平县劳动人事争议仲裁委员会发出检察建议书，指出王某兴、王某福虚构事实申请劳动仲裁，仲裁员在明知的情况下仍作出虚假仲裁调解书，使得王某贵的个人借款变成了甲茶业公司的劳动报酬债务，损害了甲茶业公司其他债权人的合法权益，建议撤销该案仲裁调解书。仲裁委撤销仲裁调解书后，2017年8月28日，武平县人民检察院向武平县人民法院发出检察建议书，指出王某兴与王某福共同虚构事实获取仲裁调解书后向法院申请执行，法院据此裁定执行，损害了甲茶业公司其他债权人的合法权益，妨碍民事诉讼秩序，损害司法权威，且据以执行的仲裁调解书已被撤销，建议法院终结执行。

4. 监督结果

2017年8月24日，武平县劳动人事争议仲裁委员会作出武劳仲决（2017）1号决定书，撤销武劳仲案（2017）19号仲裁调解书。2017年8月29日，武平县人民法院裁定终结（2017）闽0824执888号执行案件的执行，并于同年9月25日书面回复武平县人民检察院。王某兴、王某福因构成虚假诉讼罪被追究刑事责任，曾某明因构成枉法仲裁罪被追究刑事责任。

【指导意义】

（1）以虚假劳动仲裁申请执行是民事虚假诉讼的一种情形，应当加强检察监督。在清算、破产和执行程序中，立法和司法对职工工资债权给予了优先保护。在公司清算程序中职工工资优先支付；在破产程序中职工工资属于优先受偿债权；在执行程序中追索劳动报酬优先考虑。正是由于立法和司法的优先保护，有的债权人为实现自身普通债权优先受偿的目的，与债务人甚至仲裁员恶意串通，伪造证据，捏造拖欠劳动报酬的事实申请劳动仲裁，获取仲裁文书向人民法院申请执行。检察机关在对人民法院执行仲裁裁决书、调解书的活动进行法律监督时，应重点审查是否存在虚假仲裁行为，对查实为虚假仲裁的，应建议法院终结执行，防止执行款错误分配。注重加强与仲裁机构及其主管部门的沟通，共同防范虚假仲裁行为。

（2）办理虚假诉讼监督案件，应当保持对线索的高度敏感性。虚假诉讼案件的表面事实和证据与真实情况往往具有较大差距，当事人之间利益纠葛复杂，多存在通谋，检察机关要敏于发现案件线索，充分做好调查核实工作。本案中，检察人员在执行监督活动中发现虚假仲裁线索，及时开展调查核实工作，认真审查当事人之间的身份关系、户籍信息、经济往来等事项，分析当事人的从业、居住等情况，有步骤地开展调查工作，夯实证据基础，最终查清虚假劳动仲裁的事实。

（3）检察机关在办理虚假诉讼案件中，发现仲裁活动违法的，应当依法进行监督。根据《仲裁法》及《劳动争议调解仲裁法》的规定，仲裁裁决被撤销的法定情形包括：仲裁庭组成或者仲裁程序违反法定程序，裁决所根据的证据系伪造，对方当事人隐瞒了足以影响公正裁决的证据，仲裁员在仲裁该案时有索贿受贿、徇私舞弊、枉法裁决行为等。根据《人民检察院检察建议工作规定》，人民检察院可以直接向法院所办理案件的涉案单位、本级有关主管机关以及其他有关单位提出检察建议。检察机关在办理虚假诉讼案件中，发现仲裁裁决虚假的，应当依法发出检察建议要求纠正；发现仲裁员涉嫌枉法仲裁犯罪的，依法移送犯罪线索。

【相关规定】

《中华人民共和国民事诉讼法》第二百三十五条

最高人民法院、最高人民检察院《关于民事执行活动法律监督若干问题的规定》第一条

最高人民法院、最高人民检察院《关于办理虚假诉讼刑事案件适用法律若干问题的解释》第一条第三款、第二条第一款

最高人民法院《关于防范和制裁虚假诉讼的指导意见》第八条

《中华人民共和国仲裁法》第五十八条、第五十九条

《中华人民共和国劳动争议调解仲裁法》第四十九条

《人民检察院检察建议工作规定》第三条

江西熊某等交通事故保险理赔虚假诉讼监督案
（检例第56号）

【关键词】

保险理赔　伪造证据　民事抗诉

【要旨】

假冒原告名义提起诉讼，采取伪造证据、虚假陈述等手段，取得法院生效裁判文书，非法获取保险理赔款，构成虚假诉讼。检察机关在履行职责过程中发现虚假诉讼案件线索，应当强化线索发现和调查核实的能力，查明违法事实，纠正错误裁判。

【基本案情】

2012年10月21日，张某驾驶轿车与熊某驾驶摩托车发生碰撞，致使熊某受伤、车辆受损，交通事故责任认定书认定张某负事故全部责任，熊某无责任。熊某伤情经司法鉴定为九级伤残。张某驾驶的轿车在甲保险公司投保交强险和商业第三者责任险。

事故发生后，熊某经他人介绍同意由周某与保险公司交涉该案保险理赔事宜，但并未委托其提起诉讼，周某为此向熊某支付了5万元。张某亦经同一人介绍同意将该案保险赔偿事宜交周某处理，并出具了委托代理诉讼的《特别授权委托书》。2013年3月18日，周某冒用熊某的名义向上饶市信州区人民法院提起诉讼，并签署起诉状和授权委托书，冒用委托代理人的名义签署庭审笔录、宣判笔录和送达回证，熊某及被冒用的"委托代理人"对此均不知情。该案中，周某还作为张某的诉讼代理人参加诉讼。

此外，本案事故发生时，熊某为农村户籍，从事钢筋工工作，居住上饶县某某村家中，而周某为达到牟取高额保险赔偿金的目的，伪造公司证明和工资表，并利用虚假材料到公安机关开具证明，证明熊某在2011年9月至2012年10月在县城工作并居

住。2013 年 6 月 17 日，上饶市信州区人民法院作出（2013）信民一初字第 470 号民事判决，判令甲保险公司在保险限额内向原告熊某赔偿医疗费、伤残赔偿金、被抚养人生活费等共计 118723.33 元。甲保险公司不服一审判决，上诉至上饶市中级人民法院。2013 年 10 月 18 日，上饶市中级人民法院作出（2013）饶中民一终字第 573 号民事调解书，确认甲保险公司赔偿熊某医疗费、残疾赔偿金、被抚养人生活费等共计 106723 元。

【检察监督】

1. 线索发现

2016 年 3 月，上饶市检察机关在履行职责中发现，熊某在人民法院作出生效裁判后又提起诉讼，经调阅相关卷宗，发现周某近两年来代理十余件道路交通事故责任涉保险索赔案件，相关案件中存在当事人本人未出庭、委托代理手续不全、熊某的工作证明与个人基本情况明显不符等疑点，初步判断有虚假诉讼嫌疑。

2. 调查核实

根据案件线索，检察机关重点开展了以下调查核实工作：一是向熊某本人了解情况，查明 2013 年 3 月 18 日的民事起诉状非熊某本人的意思表示，起诉状中签名也非熊某本人所签，熊某本人对该起诉讼毫不知情，并不认识起诉状中所载原告委托代理人，亦未委托其参加诉讼；二是向有关单位核实熊某出险前的经常居住地和工作地，查明周某为套用城镇居民人均可支配收入的赔偿标准获取非法利益，指使某汽车服务公司伪造了熊某工作证明和居住证明；三是对周某代理的 13 件道路交通事故保险理赔案件进行梳理，发现均涉嫌虚假诉讼，本案最为典型；四是及时将线索移送公安机关，进一步查实了周某通过冒用他人名义虚构诉讼主体、伪造授权委托书、伪造工作证明以及利用虚假证据材料骗取公安机关证明文件等事实。

3. 监督意见

2016 年 6 月 26 日，上饶市人民检察院提请抗诉。2016 年 11 月 5 日，江西省人民检察院提出抗诉，认为上饶市中级人民法院（2013）饶中民一终字第 573 号民事调解书系虚假调解，周某伪造原告起诉状，假冒原告及其诉讼代理人提起虚假诉讼，非法套取高额保险赔偿金，扰乱诉讼秩序，损害社会公共利益和他人合法权益。

4. 监督结果

2017 年 8 月 1 日，江西省高级人民法院作出（2017）赣民再第 45 号民事裁定书，认为本案是一起由周某假冒熊某诉讼代理人向法院提起的虚假诉讼案件，熊某本人及被冒用的诉讼代理人并未提起和参加诉讼，原一审判决和原二审调解书均有错误，裁定撤销，终结本案审理程序。同时，江西省高级人民法院还作出（2017）赣民再第 45

号民事制裁决定书，对周某进行民事制裁。2019 年 1 月，上饶市中级人民法院决定对一审法官、信州区人民法院立案庭副庭长戴某给予撤职处分。

【指导意义】

检察机关办理民事虚假诉讼监督案件，应当强化线索发现和调查核实的能力。虚假诉讼具有较强的隐蔽性和欺骗性，仅从诉讼活动表面难以甄别，要求检察人员在履职过程中有敏锐的线索发现意识。本案中，就线索发现而言，检察人员注重把握了以下几个方面：一是庭审过程的异常，“原告代理人”或无法发表意见，或陈述、抗辩前后矛盾；二是案件材料和证据异常，熊某工作证明与其基本情况、履历明显不符；三是调解结案异常，甲保险公司二审中并未提交新的证据，“原告代理人”为了迅速达成调解协议，主动提出减少保险赔偿数额，不符合常理。以发现的异常情况为线索，开展深入的调查核实工作，是突破案件瓶颈的关键。根据案件具体情况，可以综合运用询问有关当事人或者知情人，查阅、调取、复制相关法律文书或者证据材料、案卷材料，查询财务账目、银行存款记录，勘验、鉴定、审计以及向有关部门进行专业咨询等调查措施。同时，应主动加强与公安机关、人民法院、司法行政部门的沟通协作。本案中，检察机关及时移送刑事犯罪案件线索，通过公安机关侦查取证手段，查实了周某虚假诉讼的事实。

【相关规定】

《中华人民共和国民事诉讼法》第二百零八条

《人民检察院民事诉讼监督规则（试行）》第二十三条

最高检举行检察机关加强虚假诉讼监督新闻发布会

各位记者朋友，大家上午好！欢迎参加最高人民检察院新闻发布会。

今天发布会的主题是“打击虚假诉讼　共筑司法诚信”。主要有三项议程：一是通报近年来检察机关加强虚假诉讼监督工作情况；二是发布最高人民检察院第十四批指导性案例；三是回答记者提问。出席发布会的嘉宾是：最高人民检察院副检察长张雪樵，最高人民检察院第六检察厅厅长元明，广东省广州市人民检察院民事行政检察处三级高级检察官李征。

虚假诉讼俗称“打假官司”。当前，司法实践中虚假诉讼时有发生，表现为，当事人或虚构案件事实，或捏造法律关系，或伪造诉讼证据，炮制出假案子、假讼争。从表面上看，大多数虚假诉讼案件是当事人通过民事诉讼来获取非法利益，但就其实质而言，虚假诉讼行为人恶意地利用国家司法制度实现个人目的，不仅侵害了他人的合法权益，而且严重破坏了社会诚信，损害了司法的公平、公正和公信。

鉴于此，2014 年党的十八届四中全会通过的《中共中央关于全面推进依法治国若干重大问题的决定》要求加大对虚假诉讼的惩治力度；2015 年全国人大常委会通过刑法修正案（九），决定增设虚假诉讼罪。

近年来，全国各级检察机关依法积极开展对虚假诉讼的监督工作，办理了一批典型案件。2017—2019 年 3 月，全国检察机关共监督虚假诉讼民事案件 5455 件，其中，提出抗诉 1140 件，提出再审检察建议 2786 件，提出检察建议 1529 件，移送犯罪线索 497 件。这里向记者朋友简单解释一下“再审检察建议”和“检察建议”的区别：在民事诉讼监督中，对于法院的生效民事判决、裁定、调解书，检察机关一般以发出再审检察建议或抗诉的形式进行监督；对于民事执行和民事审判程序违法等，检察机关一般以发出检察建议的形式进行监督。

自 2018 年 10 月《最高人民法院、最高人民检察院关于办理虚假诉讼刑事案件适用法律若干问题的解释》实施至 2019 年 3 月，近半年时间，全国检察机关对虚假诉讼刑事犯罪案件共批捕 206 件 319 人，决定起诉 138 件 315 人，法院已作出生效判决 87 件 157 人，均为有罪判决。民事监督和刑事惩治双管齐下，防范打击虚假诉讼，有效维护了人民群众合法权益，有力捍卫了司法权威公正。

为充分体现检察机关监督虚假诉讼的力度与效果，同时也为了更好地指导各级检察机关依法办理虚假诉讼民事监督案件，最高检决定召开这次发布会。

今天的发布会有以下几个特点：一是相关主题首次发布。围绕人民群众关注的法治热点问题，以加强民事虚假诉讼法律监督为主题，发布最高人民检察院检察委员会讨论通过的五件检察机关查办民事虚假诉讼指导性案例，及时回应社会关切，这还是首次。二是发布部门首次亮相。这是自去年底检察机关启动内设机构改革以来，专门负责民事检察工作的第六检察厅首次亮相最高检新闻发布会。三是相关人员现场释法。今天发布会特别邀请了广州市人民检察院办案检察官李征同志，主要是想通过承办检察官“现场说法”，让记者朋友们对民事虚假诉讼检察监督工作有更直观深入的了解。

现在，首先请张雪樵副检察长通报近年来检察机关加强虚假诉讼监督工作情况。

各位记者朋友，大家好。虚假诉讼，俗称“打假官司”，不仅侵害他人的合法权益，有违诚实信用原则，而且扰乱司法秩序，损害司法权威和司法公信力。

近年来，随着虚假诉讼案件的增多，其危害性也为社会群众所关注。党的十八届四中全会明确提出要加大对虚假诉讼的惩治力度，全国各级检察机关立足职能定位，积极开展对虚假诉讼的监督，与人民法院、公安机关协调配合，不断加大防范打击力度。检察机关虚假诉讼监督工作得到了最高人民法院的大力支持，2018 年“两高”联合下发了《关于办理虚假诉讼刑事案件适用法律若干问题的解释》，有力增强了对虚假诉讼犯罪案件的查办力度。

此次发布的五件检察机关查办民事虚假诉讼的指导性案例，是最高检近年来第一次发布民事检察指导性案件。下面，我主要就 2017 年以来全国检察机关开展虚假诉讼监督的工作情况向大家作通报。

一、基本办案情况及成效。2017—2019 年 3 月，全国检察机关共监督虚假诉讼民事案件 5455 件，其中 2017 年办理 1920 件，2018 年办理 2883 件，2019 年第一季度办理 652 件。所办理的生效判决、裁定、调解书监督案件主要集中在民间借贷纠纷、房地产权属纠纷、追索劳动报酬等领域，在提出抗诉和再审检察建议的 3927 件案件中，借款纠纷 2199 件，占全部监督案件的 56%；劳动合同纠纷 474 件，占 12%；房屋买卖合同纠纷 169 件，占 4. 3%。检察机关在防范打击虚假诉讼中的作用日益彰显，取得了一定成效。

（一）坚持以办案为中心，为人民群众提供更好更优更实检察产品。各级检察机关坚持以人民为中心的发展思想，在办案中监督，在监督中办案，以为人民群众、为社会和新时代提供更好更优更实检察产品为目标，依法办理了一批虚假诉讼案件，特别是在虚假诉讼集中的领域开展精准监督，维护了司法公正和司法权威，为经济社会发展提供了法治保障。

（二）积极参与社会治理，促进社会诚信体系建设。虚假诉讼的根本成因在于诚信缺失，加强虚假诉讼监督的主要目的也是助力社会诚信体系建设。检察机关一方面加大对虚假诉讼的打击力度，有效遏制其增长势头；另一方面通过个案的办理引领司法理念和社会价值，促进社会诚信、道德体系建设。对办案中发现的倾向性、趋势性问题，及时加强与相关职能部门的沟通协调，提出检察建议，堵塞管理漏洞，促进社会治理能力的提升。

（三）建立健全监督体系，做强民事检察工作。最高检新一届党组从新时代检察工作谋篇布局的高度，强调刑事、民事、行政及公益诉讼检察职能要全面、协调、充分发展。民事检察部门加大对虚假诉讼的监督力度，随着监督效果日渐凸显，社会认知度显著提升，虚假诉讼监督已逐渐成为“做强”民事检察工作的着力点。

二、主要做法。

（一）提高政治站位，立足经济社会发展大局谋划推进虚假诉讼监督工作。2015年以来，最高检民事检察部门连续多年将虚假诉讼监督列入工作要点部署落实。2018年6月，最高检在河南召开虚假诉讼和审判人员违法监督现场会，总结交流经验，研究部署加强工作的举措。江苏、浙江、湖北、山东、重庆、江西等地开展了全省（市）范围的虚假诉讼监督专项活动。

（二）立足职能定位，将虚假诉讼监督融入中心工作抓紧抓实。各地检察机关加强与人民法院、公安机关等部门协作配合，积极发现、查处涉及黑恶势力的虚假民事诉讼案件。福建省检察院下发了《关于在全省民事检察案件中排查涉黑涉恶违法犯罪线索的紧急通知》，深入排查涉黑恶案件背后的虚假诉讼线索。江苏南通市检察机关2017年起部署开展“套路贷”民事虚假诉讼专项监督，共监督90件案件，涉案金额高达3.09亿元。各地检察机关着力发现欠薪讨薪案件中的虚假诉讼线索，依法保障劳动者、用工企业和其他单位合法权益。同时，加大对侵害民营企业财产权虚假诉讼的惩治力度，构建良好营商环境。

（三）聚焦重点领域，深入开展精准监督。针对虚假诉讼发案集中领域，其中民间借贷纠纷领域的问题最为突出。各地结合本地实际，抓住重点领域的突出问题深入开展精准监督。浙江省检察院会同省高级人民法院、省公安厅等六部门联合出台《关于依法严厉打击民间借贷相关刑事犯罪强化民间借贷协同治理的会议纪要》，加大对民间借贷领域虚假诉讼的惩治力度。江苏省检察机关结合当地热点问题，重点打击农村土地承包经营权、拆迁安置等领域的虚假诉讼。

（四）坚持问题导向，多措并举着力破解虚假诉讼监督瓶颈。针对虚假诉讼隐蔽性强，案件线索发现难、查证难、追责难等突出问题，检察机关采取有效措施，取得了一定成效。①加大对虚假诉讼监督的宣传力度。依托12309检察服务热线以及“两微一端”、传统媒体等平台，通过“举报宣传周”“检察开放日”等多种形式，加大宣传力度，引导群众依法维权，提供案件线索。②用足用好调查核实权。检察机关综合运用查询、调取证据材料、询问当事人或案外人以及委托鉴定等调查措施，形成了各具特色的经验做法。③强化内外联动，有效整合监督资源。一是加强检察机关各业务部门之间的分工协作，健全信息共享、案件移送等机制，形成监督合力。吉林省检察院组建了民事检察调查指挥中心，集中指挥虚假诉讼、民事执行监督、法官违法行为调查等方面的监督案件。二是强化上下联动，优势互补，逐步形成省、市、基层三级院分工负责、各有侧重、联动配合的工作格局。三是强化外部协作，形成打击防范合力。各地检察机关注重加强与法院、公安、司法行政等部门的沟通协调，形成打击防范虚假诉讼监督合力。江苏、浙江、福建、重庆等省级检察机关与省法院、省公安厅、司法厅联合发文，共同防范和查办虚假诉讼。

（五）依托信息技术，通过数据共享共治提升监督质效。最高检明确部署了加快人工智能、大数据在发现虚假诉讼线索方面的研发应用，各地也结合自身优势积极探索实践，取得了良好效果。浙江省绍兴市检察院自主研发了“民事裁判文书智慧监督系统”，江苏省常州市检察院建立“常检云”大数据平台，以信息化手段发现虚假诉讼案件线索。

总体来看，在全国检察机关的共同努力下，虚假诉讼监督工作取得了明显成效，但与党和国家的要求、人民群众的期待相比仍有不小的差距，“发现难”“查证难”“监督难”问题仍未得到根本解决，监督能力偏弱、监督手段不足等因素仍不同程度制约检察监督职能作用的充分发挥。下一步，检察机关将继续把虚假诉讼监督工作作为深入贯彻落实习近平新时代中国特色社会主义思想的重要抓手，更加突出问题导向，努力实现政治效果、法律效果和社会效果的有机统一，为切实维护司法权威和司法公正作出更大贡献。

谢谢雪樵副检察长。下面进行第二项议程，请元明厅长发布最高人民检察院第十四批指导性案例。

为充分发挥指导性案例的引领作用，加大对虚假诉讼的打击力度，2018年11月初，我们着手围绕虚假诉讼类监督案件制发指导性案例。经广泛征集、严格筛选，并反复征求有关方面意见，最终筛选出五个案例。2019 年 4 月 22 日，经最高检第十三届检察委员会第十七次会议审议通过，今天正式发布。

第十四批指导性案例包括检察机关办理的五个虚假诉讼民事监督案例（检例第 52—56 号）。分别是：

（一）广州乙置业公司等骗取支付令执行虚假诉讼监督案（检例第 52 号）。广州乙置业公司为侵占国有资产，分别与国有企业甲农工商公司下属企业签订金额为 251.846 万元和 1600 万元的借款协议，虚构债务，骗取法院生效支付令，迅速达成和解协议，在执行过程中低价评估，以物抵债，造成价值 1 亿余元的国有资产流失。经检察机关监督，挽回了国有资产损失。该案的监督，旨在明确：当事人恶意串通、虚构债务，骗取法院支付令，在执行过程中通过以物抵债的方式侵占国有资产，构成虚假诉讼，检察机关对此类案件应当依法进行监督。

（二）武汉乙投资公司等骗取调解书虚假诉讼监督案（检例第 53 号）。甲商贸公司与乙投资公司合谋，伪造《商品房订购协议书》，并将其他业务的银行资金往来明细作为支付定金 1475 万元的证据，由甲商贸公司向人民法院提起诉讼，请求乙投资公司双倍返还定金 2950 万元，企图达到转移公司资产、逃避公司债务的非法目的。后又与承办法官合谋取得调解书并快速执行完毕。检察机关抗诉后，法院撤销了调解书，涉案法官被追究刑事责任。该案的监督，旨在明确：伪造证据、虚构事实提起诉讼，骗取人民法院调解书，不仅损害他人合法权益，而且损害国家和社会公共利益，检察机关应当依法提出抗诉。

（三）陕西甲实业公司等公证执行虚假诉讼监督案（检例第 54 号）。甲实业公司董事长高某为逃避债务，与郗某等七人合谋，虚构甲实业公司向郗某等七人借款的事实，分别签订还款协议书，并对虚构的借款事实进行公证，向人民法院申请强制执行该公证债权文书，参与债权分配。检察机关发出检察建议后，法院裁定对案涉公证债权文书不予执行，高某等四人因构成虚假诉讼罪被追究刑事责任。该案的监督，旨在明确：当事人恶意串通、捏造事实，骗取公证文书并申请法院强制执行，此种行为构成虚假诉讼，检察机关应当依法监督。

（四）福建王某兴等人劳动仲裁执行虚假诉讼监督案（检例第 55 号）。王某兴为实现其出借给王某贵个人的借款能优先受偿的目的，与甲茶叶公司新法定代表人王某福（王某贵之子）共同伪造甲茶叶公司拖欠王某兴及其妻子、女儿等 414700 元工资款的证据，并申请劳动仲裁。仲裁员罔顾事实，作出虚假仲裁调解书，损害了甲茶业公司其他债权人的合法权益。检察机关发现该虚假诉讼案后，分别向劳动人事争议仲裁委员会、人民法院提出检察建议，劳动人事争议仲裁委员会撤销了仲裁调解书，人民法院裁定终结案件执行。王某兴、王某福因构成虚假诉讼罪被追究刑事责任，曾某明因构成枉法仲裁罪被追究刑事责任。该案的监督，旨在明确：为从执行款项中优先受偿，当事人伪造证据将普通债权债务关系虚构为劳动争议申请劳动仲裁，获取仲裁裁决或调解书，据此向人民法院申请强制执行的行为，构成虚假诉讼，检察机关应当依法监督。

（五）江西熊某等交通事故保险理赔虚假诉讼监督案（检例第56号）。熊某与张某道路交通事故保险理赔案件中，被告张某的诉讼代理人周某伪造原告熊某诉状、假冒熊某及其诉讼代理人提起本案虚假诉讼，并伪造证据材料非法套取高额保险赔偿金。检察机关抗诉后，人民法院撤销了一审判决、二审调解书，终结本案审理程序，同时决定对周某予以民事制裁，并对一审法官给予撤职处分。该案的监督，旨在明确：假冒原告名义提起诉讼，采取伪造证据、虚假陈述等手段，取得法院生效裁判文书，非法获取保险理赔款，构成虚假诉讼，检察机关应当依法监督。

谢谢元明厅长。下面进行第三项议程，请各位记者朋友提问。

请通俗地解释一下什么是民事“虚假诉讼”？虚假诉讼有何特点？有什么危害？

民事“虚假诉讼”俗称“打假官司”，指当事人单方或者与他人恶意串通，采取伪造证据、虚假陈述等手段，捏造民事法律关系，虚构民事纠纷，向人民法院提起民事诉讼，企图通过诉讼、仲裁、调解等方式，侵害国家利益、社会公共利益或他人合法权益，妨害司法秩序的行为。

虚假诉讼的特点和危害主要有：

（一）侵害利益多元化，严重妨害司法秩序。虚假诉讼行为人通过各种方式手段达到获取不法财产利益的目的。这种虚设债权债务、伪造变造证据等行为不仅损害第三人利益，还损害国家利益、社会公共利益，妨害司法秩序和国家治理，损害司法权威和司法公信，破坏社会诚信和公序良俗，浪费司法资源和诉讼成本，人民群众对此反应强烈。

（二）方式隐蔽多样，发现查处难度大。一是虚假诉讼主体之间通常具有特殊利益关系，隐蔽性强。虚假诉讼案件一般由当事人双方合谋制造，通常具有特殊的利益关系，多表现为亲戚、朋友或关联企业、上下级单位等密切关系，双方表面对立，但实质相互串通，往往采取隐瞒事实、异地起诉、伪造代理手续等方式，在诉讼过程中配合默契，一个巴掌拍不响，双方勾结进行虚假诉讼，从而逃过法官的审查。二是虚假诉讼手段隐蔽，难以识别。虚假诉讼行为人一般具备丰富的法律专业知识，具有一定的造假能力。个别律师充当司法掮客，“勾兑”当事人和承办法官，成了虚假诉讼的“智囊”，为虚假诉讼的顺利进行出谋划策，有的法官收受当事人贿赂后，充当虚假诉讼的“保护伞”。

（三）表现形式往往缺乏对抗性，以调解结案居多。在双方串通型虚假诉讼中，当事人双方具有共同的利益，对抗性明显不足，举证、质证流于形式，往往采取自认、和解、放弃答辩等方式进行，以迅速结束诉讼程序，取得法院法律文书，达成非法目的。调解结案居多，一审以判决结案的，当事人通常也不会上诉。不像一般案件针锋相对，火药味十足。

（四）案件数量仍然处于高发阶段，类型集中为涉财型纠纷。近年，虚假诉讼案件量整体呈上升趋势，仍处于高发阶段。从案件领域情况看，财产性纠纷成为发生虚假诉讼的多发领域，从以民间借贷为主，逐步扩展到房地产纠纷、离婚析产纠纷、追索劳动报酬纠纷以及保险理赔、仲裁、公证等领域。

司法实践中，虚假诉讼集中在哪些领域？近年来有哪些新变化、新花样？

近年来，虚假诉讼在民商事审判多领域频发，主要集中在民间借贷纠纷、房地产权属纠纷、离婚涉财纠纷、追索劳动报酬等几类案件。其中，因民间借贷纠纷案件的事实简单，合同履行的路线短，成诉的证据要求低，除借据外，汇款凭证可通过银行交易后将款项返回打款者的形式轻松获取，尤其是在诉讼经验丰富、深谙技巧的高手策划包装下，虚假诉讼的证据形式在外观上更加规范、真实而不易被觉察，致使民间借贷纠纷成为虚假诉讼的“重灾区”。

随着虚假诉讼案件监督工作的深入开展，检察机关涉足的案件类型不断增多，监督领域也在不断扩展。在以下方面有新变化、新花样：积极发现、查处涉及黑恶势力的虚假民事诉讼案件；加大对农村土地承包经营权、道路交通事故等虚假诉讼案件监督力度；着力查办制约当地经济社会发展的拆迁安置、房地产权属、建设工程合同等领域虚假诉讼案件。

此外，对于机动车保险、医疗保险、企业财险等保险理赔类虚假诉讼案件，涉及虚假仲裁、虚假债权公证、虚假公示催告、虚假司法确认等领域的虚假诉讼案件，加大发现与查处力度。

虚假诉讼主要是财产纠纷，跟债有关，双方恶意串通，虚构债务，主要要达到两个目的：一是逃避按照法律规定应当要归还的债务。如张三欠王五 10 万元，他不想归还，就让李四来起诉他，虚构欠李四 20 万元的债务。张三家里有 10 万元，通过虚假诉讼给了李四，王五的债权就无法实现。即使打官司赢了也执行不了。二是通过虚假诉讼去拿到按照正常的法律规定或者程序拿不到的钱。比如说国家为保障农民工工资建立了绿色通道，农民工的工资要优先清偿，有的普通债权按照正常途径不能全部拿到，可能打三折、两折，而通过伪造劳动关系，利用工资优先受偿程序能拿到所有的债权，这也是规避法律。所以，虚假诉讼的目的主要一是获取不正当利益，二是规避法律。

办理监督虚假诉讼案件与办理其他民事检察案件有什么不一样的地方？工作中是否遇到一些难题，又是如何破解的？能否请李检察官结合自己的办案经历谈谈。

我们平时办理的民事案件，法律关系和证据一般都是真实的，我们只需要审查法院的判决是不是正确，在认定事实和适用法律等方面是不是有错误。但虚假诉讼案件不同，虚假诉讼的案件事实和法律关系往往是假的，证据也往往是伪造的。这是两类案件的根本区别。

我来自广州市检察院，广州市检察机关近年来办理了一些虚假诉讼案件。在办理这些案件的过程中，我深刻地感受到，查办虚假诉讼案件最大的难点是——“调查难”。因为，虚假诉讼行为人的手段往往都非常隐蔽。他们习惯采用捏造事实、伪造证据的方式，来掩盖其非法目的。检察机关办理此类案件的关键就在于，必须充分进行调查核实，获取真实证据，揭露假象，挖掘出案件的真实面目。

以广州置业公司案件为例，这是一起涉及民间借贷的虚假诉讼，案件的突破点就是证明这是一笔假借款。针对此类案件，我们总结出了“调查核实三步法”。第一步，查阅大量的诉讼资料。通过调阅法院民事诉讼和张某刑案卷宗，确认当事人在诉讼中全无对抗性，发现张某等人早有侵吞国有资产的打算，引起了我们高度重视。第二步，向多部门调查核实。确定突破方向后，我们分别从工商、税务、银行等部门调查取证。在工商方面，我们审查涉案公司的企业法人营业执照等资料后，确认借款的几个公司之间存在关联关系。在财税方面，我们调取报税资料、会计账册等发现，乙公司没有自有资金和自有业务，其资金来源于代管的甲公司资金。在银行方面，我们通过调取银行流水清单，证明借款没有真实发生。第三步，向当事人询问确认。基于以上证据，我们制定了详细的询问方案，询问当事人后确认他们的确存在造假的故意。通过上述调查核实工作，我们获取了大量的证据材料，确保了检察监督的实效。该案件于2018年成功结案，这是我们广州市检察机关办理的第一起涉及支付令的虚假诉讼案件，为国家挽回了1.09亿余元的财产损失。

在依法惩治民事虚假诉讼活动，维护司法秩序，保护公民、法人和其他组织合法权益方面，检察机关采取了哪些有力监督举措？今年最高检在监督纠正“假官司”上会有哪些举措？将在哪些领域重点发力？

最高人民检察院为促进虚假诉讼监督工作的开展，作了以下考虑：第一，对现阶段取得的工作经验进行总结、宣传、推广，把“盆景”变成“风景”。用今天发布的五个指导性案例来指导各级检察机关依法开展对虚假诉讼的监督，提高监督质效，“魔高八尺，道高一丈”。第二，针对线索发现难问题，部署各地检察机关积极运用人工智能、大数据技术，研发办案辅助软件，对法院已经公布的生效裁判文书进行检索。从虚假诉讼文书存在规律性的特点出发发现线索，比如虚假民间借贷有这么几个特点：一是债务是假的，有的案件是没有通过银行转账。二是大多数是调解结案，并且从案件的起诉到法院的立案、开庭、庭审再到形成调解的时间短，没有对抗性，没有你来我往的那种交锋，不符合真实诉讼的特点。我们根据这些虚假诉讼存在的特点运用大数据、人工智能去发现现有裁判文书存在的共同特点，找线索，提高发现线索的能力。第三，我们本着双赢、多赢、共赢的理念，积极探索开展溯源治理。目前，我们办理的虚假诉讼案件都是法院已经作出生效裁判的，我们是事后监督。现在，我们按照习近平总书记提出的加快社会治理现代化的要求，要尽量将虚假诉讼案件消灭在萌芽状态，防患未然。检察机关是事后监督，比检察机关更有经验或者更有机会来防范虚假诉讼案件的应该是在审判一线的审判工作人员。我们要通过监督促使有关司法人员加强对虚假诉讼的识别和预防，就像中医扁鹊所说的“防患于未病”。

刚才记者问的第二个问题，我们今年将在哪个领域重点发力，检察机关办案要服务于大局，结合中央部署的三大攻坚战，如在脱贫攻坚战中涉及农民工工资领域的虚假诉讼，我们要继续办理，防止虚假诉讼恶意挤占，保障农民工工资的绿色通道，不能让虚假诉讼影响农民工工资的发放；再如中央提出的扫黑除恶专项工作，要在与黑恶势力相关的“套路贷”的领域，充分发挥监督作用。

还有，我们将通过对虚假诉讼的监督，服务好污染防治攻坚战、防范金融风险攻坚战。虚假诉讼有很多案件来自金融领域，有的数额非常高，这个问题不解决会带来金融风险。

检察机关开展虚假诉讼检察监督中还存在哪些难点？针对民事法律监督“短板”，检察机关在力量配备、能力建设上采取了哪些新措施？

我们检察机关在查办民事虚假诉讼案件过程中，要依法办案。目前办案当中存在的突出问题之一是法律供给不足。

刑事诉讼法对检察机关办理虚假诉讼刑事案件，规定得很详细。但是虚假诉讼主要是在民事诉讼中，而民事诉讼法对检察机关办案的程序只有原则性规定，没有像刑事诉讼法规定得那么详细。如民事诉讼法规定检察机关在办理民事监督案件中有权进行调查核实，但是没有规定调查核实的手段、程序和保障措施等问题。

公安机关有办案的侦查权，我们很多案件通过案件移送，与公安机关配合侦查和调查，往往就有利于查清案件的事实。与人民法院也应加强协作配合，通过外部协作和内部配合，加大对虚假诉讼的查办力度。

程序法没有相应的规定，检察机关办案时面临法律依据不足的问题，法律概括性太强，缺乏可操作性的具体规定。如当事人不配合调查，我们也没有相应的制裁措施。这个问题制约了检察机关的办案，是一个制度性的欠缺。法律规定虽然不充分，但是我们不能等到法律修改了再去办案，要不等、不靠，主动积极作为。人民群众的需求就是我们的办案方向。要用足用好现有法律规定，通过工作机制建立，通过与公安机关、人民法院协调配合办好案件。

还要强调一点，虚假诉讼这个毒瘤要想得到根本解决，不是靠检察机关一家，甚至不是靠法院、检察院两家，或者司法机关就能够解决的，这是一个社会治理的综合工程。真正的原因在于有些当事人诚信缺失，法律意识淡薄。对此问题我们要完善法律制度，通过现代科学技术的应用，行政机关加强监管，司法机关公正执法，通过法律的修改提高虚假诉讼的违法成本，加大对违法造假者的制裁力度。

最终需要通过科学立法、严格执法、公正司法、全民守法，实现法律可信赖、司法可信赖、正义可期待、权利可保障，让老百姓在每一个案件中都能感受到公平正义。检察机关要以人民为中心，为民办案，让人民群众有更多的获得感和幸福感，这是我们工作的方向和努力的目标。

在建设有中国特色的社会主义法治国家进程中，惩治虚假诉讼的法律规定有何变化？最高法、最高检《关于办理虚假诉讼刑事案件适用法律若干问题的解释》实施后，对于打击遏制虚假诉讼成效如何？

党的十八大之前，只有《民事诉讼法》规定了虚假诉讼法律责任的承担。《民事诉讼法》第一百一十二条、第一百一十三条规定，当事人之间恶意串通，企图通过诉讼、调解等方式侵害他人合法权益或逃避履行法律文书确定的义务的，人民法院应当驳回其请求，并根据情节轻重予以罚款、拘留；构成犯罪的，依法追究刑事责任。

党的十八大以来，随着全面依法治国深入推进，对于惩治虚假诉讼的立法和司法解释也不断加强，立法机关和司法机关共同行动，织密打击虚假诉讼活动的“法律之网”。2014 年 10 月，党的十八届四中全会通过《关于全面推进依法治国若干重大问题的决定》，明确提出要加大对虚假诉讼的惩治力度。2015 年 8 月，全国人大常委会通过《刑法修正案（九）》，决定在《刑法》第三百零七条后增加一条，作为第三百零七条之一，增设虚假诉讼罪，加强对虚假诉讼的刑事打击。2016 年 6 月，最高人民法院下发《关于防范和制裁虚假诉讼的指导意见》，要求各级法院努力探索通过多种有效措施防范和制裁虚假诉讼行为。2018 年 9 月，最高人民法院、最高人民检察院联合下发《关于办理虚假诉讼刑事案件适用法律若干问题的解释》，进一步明确了惩治虚假诉讼犯罪的一些问题。

法律和司法解释的不断健全与发展，为检察机关扎实开展对虚假诉讼的监督，积极防范和打击虚假诉讼违法犯罪行为提供了有力武器。最高法、最高检《关于办理虚假诉讼刑事案件适用法律若干问题的解释》实施后，2018 年 10 月至 2019 年 3 月，全国检察机关办理虚假诉讼犯罪案件，共批捕 206 件 319 人，决定起诉 138 件 315 人，法院作出生效判决 87 件 157 人，均为有罪生效判决。公检法机关相互配合，打击虚假诉讼犯罪成效显著。

因为时间关系，提问就到这里。各位记者朋友，随着全面依法治国深入推进，各级检察机关坚持以人民为中心，聚焦人民群众关心关切的重点领域和法治热点，不断加强对虚假诉讼的监督，持续“做强”民事检察工作，目的只有一个，就是维护司法公正，共筑司法诚信，努力让人民群众在每一个案件中都能感受到公平正义。

希望大家继续关注关心这项工作，广泛宣传检察机关亮剑虚假诉讼，推进民事检察监督的新举措、新作为，形成增强惩治虚假诉讼的合力，动员全社会力量共同参与“诉讼打假”，让打“假官司”者无处遁形。今天的发布会到此结束。谢谢大家！

民事虚假诉讼指导性案例首发布：打击虚假诉讼挽回一亿余元国有资产损失

央广网北京5月22日消息（记者高艺宁） “虚假诉讼不仅侵害他人合法权益，有违诚实信用原则，且扰乱司法秩序，损害司法权威和司法公信力。”22日，最高人民检察院副检察长张雪樵在以“打击虚假诉讼共筑司法诚信”为主题的新闻发布会上如是说。

发布会上，围绕群众关注的民事案件“打假官司”问题，最高人民检察院首次以加强民事虚假诉讼法律监督为主题，发布最高人民检察院检察委员会讨论通过的五件检察机关查办民事虚假诉讼指导性案例，及时回应社会关切。

记者了解到，此次发布的五件检察机关查办民事虚假诉讼的指导性案例，是最高检近年来第一次发布民事检察指导性案件。

广州乙置业公司等骗取支付令执行虚假诉讼监督案是五个虚假诉讼民事监督案例之一。最高人民检察院第六检察厅厅长元明向记者介绍，该案中，广州乙置业公司为侵占国有资产，分别与国有企业甲农工商公司下属企业签订金额为251.846万元和1600万元的借款协议，虚构债务，骗取法院生效支付令，迅速达成和解协议，在执行过程中低价评估，以物抵债，造成价值1亿余元的国有资产流失。经检察机关监督，挽回了国有资产损失。

“该案的监督，旨在明确：当事人恶意串通、虚构债务，骗取法院支付令，在执行过程中通过以物抵债的方式侵占国有资产，构成虚假诉讼，检察机关对此类案件应当依法进行监督。”元明告诉记者。

在武汉乙投资公司等骗取调解书虚假诉讼监督案中，甲商贸公司与乙投资公司合谋，伪造《商品房订购协议书》，并将其他业务的银行资金往来明细作为支付定金1475万元的证据，由甲商贸公司向人民法院提起诉讼，请求乙投资公司双倍返还定金2950万元，企图达到转移公司资产、逃避公司债务的非法目的。后又与承办法官合谋取得调解书并快速执行完毕。检察机关抗诉后，法院撤销了调解书，涉案法官被追究刑事责任。

元明透露，该案的监督，旨在明确：伪造证据、虚构事实提起诉讼，骗取人民法院调解书，不仅损害他人合法权益，而且损害国家和社会公共利益，检察机关应当依法提出抗诉。

记者注意到，在陕西甲实业公司等公证执行虚假诉讼监督案中，法院裁定对案涉公证债权文书不予执行，高某等四人因构成虚假诉讼罪被追究刑事责任。该案的监督，旨在明确：当事人恶意串通、捏造事实，骗取公证文书并申请法院强制执行，此种行为构成虚假诉讼，检察机关应当依法监督。

在福建王某兴等人劳动仲裁执行虚假诉讼监督案中，仲裁员罔顾事实，作出虚假仲裁调解书，损害了甲茶业公司其他债权人的合法权益。检察机关发现该虚假诉讼案后，分别向劳动人事争议仲裁委员会、人民法院提出检察建议，劳动人事争议仲裁委员会撤销了仲裁调解书，人民法院裁定终结案件执行。王某兴、王某福因构成虚假诉讼罪被追究刑事责任，曾某明因构成枉法仲裁罪被追究刑事责任。

据记者了解，该案的监督，旨在明确：为从执行款项中优先受偿，当事人伪造证据将普通债权债务关系虚构为劳动争议申请劳动仲裁，获取仲裁裁决或调解书，据此向人民法院申请强制执行的行为，构成虚假诉讼，检察机关应当依法监督。

此外，还有江西熊某等交通事故保险理赔虚假诉讼监督案，熊某与张某道路交通事故保险理赔案件中，被告张某的诉讼代理人周某伪造原告熊某诉状、假冒熊某及其诉讼代理人提起本案虚假诉讼，并伪造证据材料非法套取高额保险赔偿金。检察机关抗诉后，人民法院撤销了一审判决、二审调解书，终结本案审理程序，同时决定对周某予以民事制裁，并对一审法官给予撤职处分。

“该案的监督，旨在明确：假冒原告名义提起诉讼，采取伪造证据、虚假陈述等手段，取得法院生效裁判文书，非法获取保险理赔款，构成虚假诉讼，检察机关应当依法监督。”元明介绍说。

虚假诉讼也有“保护伞”和“智囊团”！速览最高检发布会干货

虚假诉讼俗称“打假官司”，在咱们身边并不少见当事人选择“打假官司”，有的虚构案件事实，有的捏造法律关系，有的伪造诉讼证据，炮制出假案子、假讼争，只为获取非法利益。这种行为恶意利用国家司法制度实现个人目的，还侵害了他人的合法权益，严重破坏了社会诚信，损害了司法的公平、公正和公信。

2019 年 5 月 22 日，最高检召开“打击虚假诉讼共筑司法诚信”新闻发布会，通报近年来检察机关加强虚假诉讼监督工作情况，发布最高检第十四批指导性案例，干货众多。

全国检察机关 27 个月共监督 5455 件“假官司”

22 日，最高人民检察院副检察长张雪樵在“打击虚假诉讼共筑司法诚信”新闻发布会上披露，2017 年至 2019 年 3 月，全国检察机关共监督虚假诉讼民事案件 5455 件，其中 2017 年办理 1920 件，2018 年办理 2883 件，2019 年第一季度办理 652 件，上升趋势明显。在提出抗诉和再审检察建议的 3927 件案件中，56%为借款纠纷，其次是劳动合同纠纷（12%）和房屋买卖合同纠纷（4.3%）。

虚假诉讼方式隐蔽查处难度大，集中于涉财型纠纷

最高检第六检察厅厅长元明在“打击虚假诉讼共筑司法诚信”新闻发布会上表示，虚假诉讼的特点和危害主要有：①侵害利益多元化，严重妨害司法秩序；②方式隐蔽多样，发现查处难度大（主体之间通常具有特殊利益关系；手段隐蔽，难以识别）；③往往缺乏对抗性，调解结案居多；④案件数量仍然处于高发阶段，类型集中于涉财型纠纷。

虚假诉讼也有“保护伞”和“智囊团”

虚假诉讼隐蔽性强，尤其虚假诉讼手段隐蔽，难以识别。元明表示，虚假诉讼行为人一般具备丰富的法律专业知识，具有一定的造假能力。个别律师充当司法掮客，“勾兑”当事人和承办法官，成了虚假诉讼的“智囊”，为虚假诉讼的顺利进行出谋划策，有的法官收受当事人贿赂后，充当虚假诉讼的“保护伞”。

张雪樵介绍，针对案件线索发现难、查证难、追责难等突出问题，检察机关采取有效措施，取得一定成效。如加大对虚假诉讼监督的宣传力度；用足用好调查核实权，夯实监督查证基础等。同时，检察机关综合运用查询、调取证据材料、询问当事人或案外人以及委托鉴定等调查措施，形成了各具特色的经验做法。

民间借贷纠纷成为虚假诉讼的“重灾区”

元明表示，近年来，虚假诉讼主要集中在民间借贷纠纷、房地产权属纠纷、离婚涉财纠纷、追索劳动报酬等几类。因虚假诉讼的证据形式在外观上更真实而不易被觉察，致使民间借贷纠纷成为虚假诉讼的“重灾区”。

严打涉及黑恶势力的“套路贷”等领域虚假民事诉讼

张雪樵表示，针对民间借贷、保险理赔、涉及黑恶势力的“套路贷”等领域的虚假民事诉讼，最高检第六检察厅引导各地检察机关开展专项监督活动。对涉嫌犯罪的，及时向公安机关移送，追究其刑事责任，不断加大对民事虚假诉讼的查办和惩治力度。

“近年来，各地检察机关加强与人民法院、公安机关等部门协作配合，积极发现、查处涉及黑恶势力的虚假民事诉讼案件。”张雪樵举例，如福建省检察院下发了《关于在全省民事检察案件中排查涉黑涉恶违法犯罪线索的紧急通知》，深入排查涉黑恶案件背后的虚假诉讼线索。江苏南通市检察机关 2017 年起部署开展“套路贷”民事虚假诉讼专项监督，共监督 90 件案件，涉案金额高达 3. 09 亿元。

一公司假借款骗取法院支付令造成上亿元国资流失

在“打击虚假诉讼共筑司法诚信”新闻发布会上，最高检发布 5 起虚假诉讼类监督案件制发指导性案例。其中提到，广州一置业公司分别与一国有企业公司下属企业虚构 251. 846 万元和 1600 万元的借款协议，骗取法院生效支付令，迅速达成和解协议，在执行中低价评估，以物抵债，造成价值 1 亿余元的国有资产流失。最终经检察机关监督，挽回了国有资产损失。

董事长虚构借款事实申请债权分配涉虚假诉讼罪被追刑责

最高检发布的指导性案例中还提到一起案件。陕西一实业公司董事长高某为逃避债务，与 7 人合谋虚构该公司借款事实，并向法院申请强制执行债权文书，参与债权分配。检察机关发出检察建议后，法院裁定高某等 4 人因构成虚假诉讼罪被追究刑事责任。

来源：正义网

作者：平安吉林

最高检：有法官受贿赂充当“虚假诉讼”保护伞，民间借贷纠纷成“重灾区”

5月22日，最高人民检察院通报近年来检察机关加强虚假诉讼监督工作情况。负责民事检察的最高检第六检察厅厅长元明直言，虚假诉讼手段隐蔽，难以识别，个别律师充当司法掮客，“勾兑”当事人和承办法官，为虚假诉讼出谋划策，有的法官收受当事人贿赂后，充当“保护伞”。

民事“虚假诉讼”俗称“打假官司”，指当事人单方或者与他人恶意串通，采取伪造证据、虚假陈述等手段，捏造民事法律关系，虚构民事纠纷，向人民法院提起民事诉讼，企图通过诉讼、仲裁、调解等方式，侵害国家利益、社会公共利益或他人合法权益，妨害司法秩序的行为。

“虚假诉讼方式隐蔽多样，发现查处难度大。”谈及虚假诉讼特点和危害时，元明坦言，虚假诉讼主体之间通常具有特殊利益关系，隐蔽性强。虚假诉讼案件一般由当事人双方合谋制造，通常具有特殊的利益关系，多表现为亲戚、朋友或关联企业、上下级单位等密切关系，双方表面对立，但实质相互串通，往往采取隐瞒事实、异地起诉、伪造代理手续等方式，在诉讼过程中默契配合，从而逃过法官的审查。

此外，虚假诉讼还表现出手段隐蔽，难以识别的特点。元明表示，虚假诉讼行为人一般具备丰富的法律专业知识，具有一定的造假能力。个别律师充当司法掮客，“勾兑”当事人和承办法官，成了虚假诉讼的“智囊”，为虚假诉讼的顺利进行出谋划策，有的法官收受当事人贿赂后，充当虚假诉讼的“保护伞”。

在表现形式上，虚假诉讼还缺乏对抗性，以调解结案居多。元明透露，在双方串通型虚假诉讼中，当事人双方具有共同的利益，对抗性明显不足，举证、质证流于形式，往往采取自认、和解、放弃答辩等方式进行，以迅速结束诉讼程序，取得法院法律文书，达成非法目的，“调解结案居多，一审以判决结案的，当事人通常也不会上诉”。

民间借贷纠纷成“重灾区”，难追责

通报指出，近年来，虚假诉讼在民商事审判多领域频发，主要集中在民间借贷纠纷、房地产权属纠纷、离婚涉财纠纷、追索劳动报酬等。

“当前的虚假诉讼案仍然处于高发阶段，类型集中于涉财型纠纷。”通报显示，从案件领域情况看，财产性纠纷案件成为发生虚假诉讼的多发领域，从以民间借贷为主，逐步扩展到房地产纠纷、离婚析产纠纷、追索劳动报酬纠纷以及保险理赔、仲裁、公证等领域。

其中，民间借贷纠纷成为虚假诉讼的“重灾区”。元明直言，因民间借贷纠纷案件的事实简单，合同履行的路线短，成诉的证据要求低，除借据外，汇款凭证可通过银行交易后将款项返回打款者的形式轻松获取，尤其是在诉讼经验丰富、深谙技巧的高手策划包装下，虚假诉讼的证据形式在外观上更加规范、真实而不易被觉察。

“案件线索发现难、案件调查取证难、监督能力有待加强、惩处力度不够。”最高检副检察长张雪樵指出了虚假诉讼检察监督存在的待解难点。

此外，在实践中，对于虚假诉讼的构成与认定标准尚不统一，公检法各司法机关之间形成合力不够，导致对虚假诉讼“追责难”。张雪樵认为，提起虚假诉讼所能获得的非法利益和可能付出的法律代价存在失衡，不断有人为了“利益”铤而走险。

来源：澎湃新闻

作者：林平

【厅局长访谈】冯小光：诉讼打假如何做到火眼金睛

“在民事检察工作中，我们讲精准监督，这并不是说我们的工作是选择性地监督。”5月11日，最高人民检察院第六检察厅厅长冯小光在接受记者专访时表示，只要符合法律规定，均应予以监督，这是民事检察监督的原则和底线。

精准监督，是民事检察工作创新发展的新理念，旨在补齐质效不高等工作短板。理念一新天地宽。冯小光表示，新理念给民事检察监督标准、方式以及程序带来变革与重塑。“这需要我们在实践中认真研究和把握。”他说。

新格局——民事检察如何做强？

记者：过去的一年，是“四大检察”全面协调充分发展的起步之年，在“做强民事检察”的布局要求下，我们的开局如何？

冯小光：2019年，我们坚持“讲政治、顾大局、谋发展、重自强”的总体要求，把握“稳进、落实、提升”的工作主题，扎实开展各项工作，可以说，新时代民事检察工作是稳步推进的。

一是以精准监督理念为指引，不断优化生效裁判结果监督，切实提高监督的精准性和权威性。生效裁判结果监督是民事检察的传统业务和基础性工作，是加大民事检察工作力度的重要着力点。我们优先选择在司法理念方面有纠偏、创新、进步、引领价值的典型案件，力争抗诉一件促进解决一个领域、一个地方、一个时期司法理念、政策、导向的问题。

二是以深化监督为目标，不断加强审判人员违法行为监督，着力破解深层次违法行为监督不足难题。全国检察机关民事检察部门积极完善审判人员深层次违法行为线索发现机制，努力探索与违法审判责任追究相衔接的审判人员违法行为监督机制。

三是以双赢多赢共赢理念为指引，强化民事执行监督，推动解决“执行难”问题。全国检察机关民事检察部门认真履行执行监督职能，监督、支持法院依法执行；督促法院针对执行中存在的违法问题，反向审视立案、审判环节中有无源头性违法问题，实现检察监督与审判机关内部预防、纠错机制的良性互动。

新理念——精准监督如何贯彻到位？

记者：在民事检察工作中，经常提及精准监督工作理念，如何理解？在实践中又是如何贯彻落实的？

冯小光：针对当前民事检察监督质效不高、权威不足的情况，最高检党组和张军检察长明确提出，民事检察要树立精准监督的理念，在精准监督上下功夫，通过优化监督实现强化监督。民事检察理念的变革必然带来监督标准、监督方式、监督程序的变革与重塑。

精准监督应当坚持法定性标准与必要性标准相结合。法定性标准主要是指检察机关应当依据《民事诉讼法》第二百条的相关规定，来审查民事裁判结果和民事审判活动的违法性；必要性标准主要是指检察机关应当结合监督的社会效果、裁判作出时的司法政策和社会背景等因素对监督的必要性进行审查，综合考量后再作出是否予以监督的决定。

民事检察办案，要适当偏重办案的社会效果和政治效果，以能否实现监督的目的来判断，其着眼点不应局限于个案公正，而应立足于整体法律价值的实现。需要特别注意的是，对于法官行使自由裁量权有一定的合理依据，但在比例分配方面稍有不当的案件，一般不宜进行监督。

应当注意，精准监督不是选择性监督，只要案件符合法律规定的监督条件，均应予以监督，这是民事检察监督的原则和底线。

记者：在监督方式和监督程序上，精准监督理念又给具体办案带来了哪些影响？

冯小光：精准监督要求合理设置民事检察监督方式。对于在司法理念方面有纠偏、创新、进步、引领价值的典型案件，一般选择提请抗诉的监督方式；对不具有典型性但依法应予监督的案件，一般选择再审检察建议的方式；对无须改变裁判结果的瑕疵类案件，一般选择检察建议的方式进行监督。

在程序上，精准监督要求对相关程序进行优化设计。目前，我们要求省级院对提请最高检抗诉的民事诉讼监督案件，必须经过本院检察委员会讨论和专家咨询委员会咨询论证。此外，我们先后出台了《关于实行案件繁简分流暂行工作办法》《关于民事诉讼监督案件简化办理程序的若干规定（试行）》，明确规定了案件繁简分流的工作机制。

新期待——诉讼打假如何做到火眼金睛？

记者：2019 年 5 月最高检召开新闻发布会，并发布第十四批指导性案例。为何将虚假诉讼作为民事检察办案的重点？实践中又有哪些具体部署？

冯小光：虚假诉讼俗称“打假官司”，不仅侵害了他人合法权益，而且严重破坏社会诚信，损害司法的公平、公正和公信，对于此类行为，受害人苦不堪言，人民群众也是深恶痛绝。

为此，我们全面梳理全国检察机关 2017 年以来开展民事虚假诉讼监督工作情况，筛选出 5 件具有指导意义的案例作为指导性案例，这也是最高检首次发布民事检察指导性案例。为了进一步形成合力，我们还将案例发送最高法、司法部、人力资源和社会保障部，促进实现双赢多赢共赢的法律效果和社会效果。

此外，我们还编辑出版图书，对 5 件指导性案例和 53 件典型案例进行详细解读。可以说，一系列的部署安排推进措施有力地指导了各地的司法实践。

来源：《检察日报》

作者：于潇

编辑：薛永利

【检答网集萃—65】民事检察监督的虚假诉讼具体包括哪些情形

根据基层院检察官的建议，最高人民检察院建设运行的检答网，自 2018 年 10 月“上线”以来，以其内容涉及面广、专业性强、解答及时权威而深受各地检察人员青睐。作为提供法律政策运用、业务咨询、答疑服务的信息共享平台，检答网而今已成为检察人员探讨业务、提升素养的园地和良师益友。“检答网集萃”第 65 期，敬请关注。

民事检察监督的虚假诉讼具体包括哪些情形

咨询类别：民事检察

咨询人：四川省检察院　陈泽勇

咨询内容：当前，民事诉讼法与刑法界定的虚假诉讼范围并不一致，检察机关和人民法院对民事诉讼中的虚假诉讼界定亦不一致。在实践中，一种观点认为只有当事人恶意串通或符合刑法上的虚假诉讼，才属于虚假诉讼，检察机关才能进行监督；另一种观点认为只要诉的构成要素之一虚假即可认定为虚假诉讼，即只要民事诉讼中诉讼主体、诉讼标的、诉讼请求是虚假的、捏造的，即属于虚假诉讼，其中也包括了虚构、虚增、隐瞒部分事实等。此外，民事诉讼中的虚假诉讼是否限于双方当事人恶意串通？一方当事人虚构诉的要素是否构成民事诉讼中的虚假诉讼？因民事检察部门对虚假诉讼的监督均为依职权启动监督程序，故该问题还需明确。

最高检专家组解答意见：《民事诉讼法》第一百一十二条、第一百一十三条及《最高人民法院关于防范和制裁虚假诉讼的指导意见》主要基于双方当事人恶意串通、虚构事实提起虚假诉讼大幅上升的背景，仅对合谋型虚假诉讼和恶意串通逃避执行型虚假诉讼作出了规制。而《刑法修正案（九）》以及“两高”《关于办理虚假诉讼刑事案件适用法律若干问题的解释》则是对虚假诉讼的广义理解，强调事实本身的虚假性，即虚假诉讼也包括单方伪造证据、事实的行为。民事诉讼法与刑法对虚假诉讼的界定，本质上均是对虚假诉讼的规制，只是侧重点不同。

综观虚假诉讼审判及检察监督实践，在具体办案中法官、检察官更多的是以广义的理解进行把握。如一方以虚构债务、伪造证据、冒用他人身份等手段骗取法院作出有利判决的行为，一般就会被认定为构成虚假诉讼。2021 年 3 月 10 日起施行的“两高两部”《关于进一步加强虚假诉讼犯罪惩治工作的意见》第二条进一步明确规定，虚假诉讼犯罪不仅包括行为人与他人恶意串通，还包括一方单独实施的行为。该意见不仅对虚假诉讼犯罪甄别、查办具有指导意义，还对民事虚假诉讼检察监督中的线索来源、案件发现、调查核实、监督方式、犯罪线索移送等作出了具体规定，为统一界定虚假诉讼治理范围、确保检察机关在虚假诉讼监督中履行各项职能提供制度保障。

党的十八届四中全会作出的《中共中央关于全面推进依法治国若干重大问题的决定》中明确要求“加大对虚假诉讼、恶意诉讼、无理缠诉行为的惩治力度”。检察机关要坚决贯彻落实中央决定部署，认清自身在查办虚假诉讼中的角色定位，重点关注案件的虚假性，主动、依职权纠正和打击虚假诉讼行为，维护司法权威、保护人民利益，助力社会诚信体系建设。

来源：《检察日报》

编辑：吴鹏瑶

向虚假诉讼说不！敢于监督、善于监督、精准监督
——走近人民检察系列视频

2018年年底，最高人民检察院内设机构经历了系统性、重塑性、重构性改革，检察职能被系统地划分为刑事、民事、行政、公益诉讼检察“四大检察”，与之相对应的“十大检察厅”也崭新亮相！

各个检察厅的职能是如何划分的？它们如何围绕主责主业履职尽责？最高检新媒体推出系列视频，带您走近十大检察厅，敬请关注！

职能介绍

最高人民检察院第六检察厅，负责办理对最高法院民事生效裁判监督、民事审判程序和审判人员违法监督、民事执行活动监督案件以及省级人民检察院提请抗诉等民事诉讼监督案件，指导地方各级检察机关民事检察工作。

民事检察是中国特色社会主义检察制度的重要组成部分，是检察机关法律监督职责在民事诉讼领域的具体体现。最高人民检察院张军检察长指出：“中国特色社会主义进入新时代，人民群众对民主、法治、公平、正义、安全、环境等方面的更高需求，不仅体现在刑事案件中，而且更多体现在民事案件里。”第六检察厅紧紧围绕经济社会发展大局，不断做强民事检察，维护司法公正和司法权威，努力让人民群众在每一个民事检察案件中都能感受到公平正义。

一、以精准监督理念为指引，优化生效裁判监督

生效裁判监督是就法院作出的判决书、裁定书、调解书所进行的监督。“监督必须考虑政治效果、社会效果和法律效果的有机统一，通过个案的公平正义引领司法进步、促进社会进步。”第六检察厅始终以精准监督理念为指引，积极引导全国民事检察部门优先选择在司法理念方面有纠偏、创新、进步、引领价值的典型案件，力争抗诉一件促进解决一个领域、一个地方、一个时期司法理念、政策、导向的问题，发挥对类案的案例指导作用。2019年，全国民事检察部门精准提出抗诉约5000件，同比上升28.9%，法院同期再审改变3053件；提出再审检察建议7800余件，同比上升93.6%，法院同期采纳4536件。在提出抗诉和再审检察建议的案件中，涉及虚假诉讼监督共计

6300余件，真正做到了敢于监督、善于监督。

二、以深层次监督为目标，强化审判违法监督

审判违法监督是就法院在诉讼过程中的程序违法和人员违法所进行的监督。第六检察厅积极引导全国民事检察部门从裁判结果监督向诉讼过程监督延伸，从实体违法监督向程序违法监督拓展，在对民事审判中违法送达、违法采取保全措施、适用审判程序错误等违法行为加强监督的同时，积极开展深层次违法监督。各地民事检察部门优先加强对虚假诉讼领域深层次违法行为监督，成效显著。浙江检察机关依托“民事裁判智慧监督系统”，发现分布全省的涉套路贷虚假诉讼监督线索6000余件，查实后进行监督500余件并向公安机关移送犯罪线索达40余人次。

三、以双赢多赢共赢为原则，深化执行监督

执行监督是就法院在执行活动中存在的违法行为所进行的监督。“监督不是你错我对的零和博弈，也不是高人一等。监督机关与被监督机关责任是共同的，目标是一致的，赢则共赢，损则同损。”第六检察厅注重引导全国民事检察部门与法院形成良性、互动、积极的工作关系，使法律监督在出发点和落脚点上、在主观和客观方面都发挥促进法院规范司法的作用，共同维护司法公正、提高司法公信力。2020年2月11日，江苏省淮安市淮安区检察院收到红阳建工公司来信，反映淮安区法院超标的查封其银行资金1349万元。淮安区检察院立案后克服疫情防控时期不利因素，突出强调办案效率，仅用两日即向淮安区法院发出检察建议，并督促法院对超标的查封资金予以解封，与法院共同为红阳建工公司复工复产提供法治保障。

最高人民检察院第六检察厅厅长冯小光：

自1988年，民事检察已经走过了30年的历程。民事检察从无到有、从小到大，平稳发展，取得了很大的成就。自最高检党组提出“四大检察”理念以来，又为民事检察的下一步发展奠定了坚实的基础。精准监督就应该在某一时段、针对某一类案件，在某一地区，实现以点带面的监督效果，扩大监督的效应，以实现双赢、多赢和共赢。

回望过去，民事检察成绩斐然。展望未来，民事检察责任重大。民事检察官将以“永不懈怠的精神状态和一往无前的奋斗姿态”，积极推动新时代民事检察工作创新发展，为建设法治中国和实现伟大复兴中国梦贡献智慧和力量！

来源：最高人民检察院

编辑：要怡东

虚假诉讼罪具体适用中的两个问题

2015年11月11日施行的《刑法修正案（九）》增设了虚假诉讼罪。最高人民法院、最高人民检察院2018年9月26日公布了《关于办理虚假诉讼刑事案件适用法律若干问题的解释》（以下简称《解释》），明确了虚假诉讼罪的行为特征和定罪量刑标准等方面问题，为司法实践中准确适用本罪提供了依据，公布施行后收到了良好效果。但是，我们发现，司法实践中仍然存在对虚假诉讼犯罪行为特征认识不清、对某些行为的法律性质认识不够深入等情况，导致部分同类型案件的处理结果不一致，甚至与《解释》的规定内容存在偏差。为确保正确适用本罪，有必要对下列两个重点问题进行进一步明确。

一、“部分篡改型”行为不构成虚假诉讼罪

关于虚假诉讼罪的行为方式，刑法理论上存在两种观点。“狭义说”认为，虚假诉讼罪仅限于行为人与他人之间不存在民事法律关系和民事纠纷，为达到非法目的，凭空捏造民事法律关系和民事纠纷并提起民事诉讼的行为，即所谓“无中生有型”行为；“广义说”认为，除上述“无中生有型”行为外，行为人在与他人存在真实的民事法律关系的情况下，采取伪造证据、虚假陈述等手段篡改部分案件事实，骗取人民法院裁判文书的行为，即所谓“部分篡改型”行为，也可认定为虚假诉讼罪。

《解释》研究起草过程中，对于“无中生有型”行为应当认定为虚假诉讼罪，各方意见比较一致。但是，对于“部分篡改型”行为是否可以本罪论处，各方争议很大。有意见提出，“部分篡改型”行为的社会危害性可能比“无中生有型”行为更大，将“部分篡改型”行为排除在虚假诉讼罪之外，既无充足理由，也不利于严惩刑事犯罪。经过慎重研究、充分论证，广泛听取包括立法机关在内的多方面意见，《解释》将虚假诉讼罪限定为“无中生有型”行为，未采纳将“部分篡改型”行为纳入本罪的意见。主要有以下几个方面考虑：

第一，将“部分篡改型”行为排除在虚假诉讼罪之外是对刑法进行文义解释和体系解释的结果。

对刑法的解释应当以条文的文义为基础，并注意与其他刑法条文间的相互协调，

否则可能违反罪刑法定原则。根据《刑法》第三百零七条之一的规定，虚假诉讼罪的行为方式是“以捏造的事实提起民事诉讼”。从文义上理解，“捏造”一般是指无中生有、凭空虚构，完全没有依据、仅靠自己的主观想象臆造事物，与“杜撰”“虚构”等属于同义词。从文义解释的角度出发，虚假诉讼犯罪行为原则上应当限定为使民事法律关系从无到有的情形。另外，《刑法》第二百四十三条关于诬告陷害罪的规定、第二百四十六条关于诽谤罪的规定等多个条文均使用了“捏造”一词，理论和实践中均认为，上述刑法条文中的“捏造”均是指无中生有、凭空虚构特定事实。根据体系解释原则，除有特殊理由外，不同刑法条文中的同一词语的含义应当尽量保持一致，因此，虚假诉讼罪中的“捏造”也应限定为无中生有、凭空虚构。对既有民事法律关系进行部分篡改的行为，不应认定为虚假诉讼罪。

第二，将“部分篡改型”行为排除在虚假诉讼罪之外符合立法原意。

《刑法修正案（九）》（草案）对虚假诉讼罪的罪状规定为，为谋取不正当利益，以捏造的事实为案由，向人民法院提起民事诉讼，骗取法院裁判文书的行为，即将虚假诉讼罪限定为捏造案由事实的行为。案由是诉权的载体，行为人捏造案由事实的目的，是意图制造自己具有合法诉权的假象。因此，从立法原意来看，《刑法》增设虚假诉讼罪的目的，是依法惩治不具有合法诉权的行为人故意捏造案由事实，制造自己具有诉权的假象，意图骗取人民法院裁判文书，从而达到个人非法目的的行为。换句话说，对于虚假诉讼中的“诉讼”一词而言，行为人行使诉权、提交诉状为“诉”，人民法院立案受理为“讼”，而“讼”是“诉”的逻辑结果。所谓虚假诉讼，重点是其中“诉”的虚假性，刑法惩治的对象是行为人行使虚假诉权的行为，即原本不存在民事法律关系和民事纠纷，而行为人予以虚构并提起民事诉讼的“无中生有型”行为。如果行为人与他人之间确实存在真实的民事法律关系和民事纠纷，则其依法享有诉权，即使其篡改部分案件事实，亦不能认定为虚假诉讼罪，否则不符合立法原意。

第三，将“部分篡改型”行为排除在虚假诉讼罪之外符合司法实际情况。

从司法实践中的实际情况看，现阶段在民事诉讼过程中，当事人通过伪造证据、虚假陈述等手段篡改部分案件事实的情况比较复杂，有的是因为缺乏法律常识，有的是因为对法律规定的内容理解不当，有的则是出于诉讼策略的考虑。对于“部分篡改型”行为，一般可以通过判决其败诉、依照民事诉讼法的规定给予司法处罚等方式，使行为人承担不利法律后果。如果对此类行为不加区别，一律认定为虚假诉讼罪，可能会侵害人民群众的诉权，不当扩大刑事打击面。

第四，将“部分篡改型”行为认定为虚假诉讼罪缺乏可操作性。

司法实践中存在的“部分篡改型”行为的具体实施方式各不相同，行为人对案件事实的篡改程度亦存在差异，导致此类行为的社会危害性差别很大。如果将“部分篡改型”行为纳入虚假诉讼罪，那么如何合理确定罪与非罪的判断标准？司法实践中恐难以操作。

第五，将“部分篡改型”行为排除在虚假诉讼罪之外不会导致放纵犯罪。

对于在实施“部分篡改型”行为过程中伪造公司、企业、事业单位、人民团体印章或者以暴力、威胁、贿买等方法阻止证人作证的，可以伪造公司、企业、事业单位、人民团体印章罪或者妨害作证罪等罪名定罪处罚；对于通过“部分篡改型”行为非法占有公私财产的，可以诈骗罪等侵财型罪名追究其刑事责任。

二、正确理解虚假诉讼罪中“无中生有”的内涵

在《解释》将虚假诉讼罪限定为“无中生有型”行为的情况下，司法实践中需要正确理解本罪中“无中生有”的内涵，充分运用刑事手段有效惩治各类虚假诉讼犯罪，既不能不当限缩规制对象，也不可盲目扩大打击范围。

第一，具体案件处理过程中，对于是否属于“无中生有”捏造民事法律关系，应当坚持实质性判断，不能进行形式化、机械化认定。

根据《民事案件案由规定》的规定，行为人起诉的法律关系与实际诉争的法律关系不一致的，人民法院结案时应当根据法庭查明的当事人之间实际存在的法律关系的性质，相应变更案件的案由。因此，在双方存在A民事法律关系的情况下，一方行为人因对法律理解不当或者出于诉讼策略的考虑，以B民事法律关系为案由提起民事诉讼的，应当适用《民事案件案由规定》的相关规定处理，一般不能以该行为人“无中生有”捏造B民事法律关系为由，认定其构成虚假诉讼罪。

第二，将普通债权捏造为优先权的，可以认定为“无中生有”捏造民事法律关系。

优先权是民事法律基于特殊政策性考虑，赋予某些特定的债权一种特殊效力，以保障其较之普通债权可得以优先实现的权利。优先权散见于多个民商事法律之中，如《合同法》第二百八十六条规定的建筑工程价款优先受偿权、《企业破产法》第一百一十三条规定的破产企业职工工资优先受偿权等。行为人在对他人仅享有普通债权的情况下，为达到优先受偿的目的，采用伪造证据等手段将普通债权捏造成优先权的，由于其从根本上改变了该债权债务关系的性质，可以认定为“无中生有”捏造民事法律关系。《解释》第一条第一款第六项将“与被执行人恶意串通，捏造债权或者对查封、扣押、冻结财产的优先权、担保物权”的行为明确规定为虚假诉讼犯罪行为，已经表明了上述考虑。实践中，应当比照《解释》第一条第一款第六项的规定精神，正确认定此类行为的性质。

第三，捏造可分之诉中部分诉讼标的的，可以就该部分行为认定为“无中生有”捏造民事法律关系。

民事诉讼中存在可分之诉与不可分之诉的区分。在不可分之诉中，当事人之间具有共同的诉讼标的，该诉讼标的对应的民事法律关系是唯一的，因此，应当对行为人实施的行为进行整体判断，确定是不是属于“无中生有”捏造民事法律关系。在可分之诉中，当事人之间具有同一种类的多个诉讼标的，但并不具有共同的权利或者义务关系，人民法院既可以作为共同诉讼合并审理，也可以作为多个独立的诉讼分别审理；即使合并审理，也需要分别作出确认各自民事权利义务的裁判。因此，在可分之诉中，应当对其中涉及的多个诉讼标的和诉讼标的所对应的多个民事法律关系分别进行判断，行为人仅对其中部分诉讼标的进行捏造的，可以就该部分诉讼标的对应的民事法律关系认定为虚假诉讼罪，否则就是放纵了犯罪人，并可能导致部分行为人恶意通过共同诉讼的方式逃避刑事处罚。举例来讲，甲欠乙 70 万元并出具了借条，后两人恶意串通，由甲再向乙出具 1 张金额为 30 万元的借条，将总借款金额增加至 100 万元，由乙持两个借条向人民法院提起民事诉讼骗取裁判文书，以达到使乙多分配甲被查封财产之目的。本案民事诉讼属于可分之诉，其中每一个借条承载的债权债务关系均可以独立区分开来分别进行法律评价，甲、乙恶意串通，捏造原本不存在的 30 万元债权的行为，属于“无中生有”捏造民事法律关系，对于捏造的这部分债权债务关系，可以虚假诉讼罪定罪处罚。

来源：《人民法院报》2019 年 9 月 12 日

作者：周峰　李加玺

假官司行将败露，当事人想“一撤了之”

通过移花接木的方式将个人借款无端“转嫁”给自己原来所在的公司，还撺掇11名出借人利用所谓的“新借据”起诉“老东家”，导致法院作出错误的民事裁判。眼看“假官司”行将败露，相关出借人又主动撤诉，试图“一撤了之”，原审法院竟裁定均准许其撤诉。

这9起充斥着谎言与欺骗、伪证与失信的民间借贷纠纷案，被安徽省检察院公布为2019年民事虚假诉讼监督典型案例之首。而检察机关抽丝剥茧、拨开迷雾的监督过程，又交织着刑事立案监督、提起公诉、刑事抗诉和再审检察建议、民事抗诉等多种诉讼监督元素，生动诠释了“在办案中监督、在监督中办案”的检察工作新理念。

2020年4月29日，安徽省检察院针对原审法院准许撤诉的错误裁定所提出的系列抗诉案，在安徽省高级法院公开开庭合并审理。出庭依法履职的安徽省检察院副检察长李卫东说，检察机关就是要通过这样典型个案的办理，明确民事虚假诉讼的概念、内涵、范围和处理规则，争取抗诉一件，促进一个领域、一个地方、一个时期司法理念、政策、导向问题的解决，以充分发挥对类案的案例指导作用。

提起11起虚假诉讼　意图转嫁个人借款

这起系列民事虚假诉讼案的始作俑者叫范某传，原系安徽合肥甲建设集团有限公司四分公司（以下简称“甲四分公司”）副经理兼公司现金会计，并负责具体施工。甲四分公司的经理范某是范某传的叔叔，2008年以前，范某叔侄二人长期以甲建设集团有限公司（以下简称“甲建设集团”）的名义，合伙承接工程项目。自2008年12月起，范某传开始挂靠其他建筑公司从事项目建设，至2009年年底，范某传未再以甲建设集团名义承接过任何建筑工程。

2010—2013年，范某传以工程项目需要资金周转等理由，以个人名义向郑某斌等11人借款597万元。2014年7—8月，因无力偿还个人借款，范某传向上述11名出借人出具了私自加盖甲四分公司公章及公司负责人范某私章的新借据，借款金额、借款时间、借款利息等其他内容保持不变。随后，范某传通过提供代理律师、缴纳诉讼费用等方式，指使11名出借人持新借据分别向法院提起民事诉讼，诉请判令甲四分公司、甲建设集团偿还其借款本金及利息，涉及本息金额达900万元。

2016年7月，合肥高新技术产业开发区法院经审理，支持了其中8名出借人的诉讼请求。一审法院审理期间，11名出借人中，一名出借人主动撤诉，而另两名出借人则被判败诉。一审宣判后，甲建设集团、甲四分公司不服提起上诉，被判败诉的出借人吴某也提出上诉。2016年12月至2017年3月，合肥市中级人民法院陆续作出驳回甲建设集团和甲四分公司上诉、维持原判的民事判决，同时改判甲建设集团偿还吴某的借款本息。这样一来，二审结束后，共有9名出借人的诉讼请求获得法院支持。

后据公安机关查明，郑某斌等9人在明知甲建设集团、甲四分公司不是其借款直接债务人的情况下，仍受范某传的指使，以伪造的借据提起民事诉讼，并在法庭上作虚假陈述，误导法院作出了对他们有利的错误民事判决。

综合运用多种监督手段严惩犯罪、撤销民事判决

甲建设集团是合肥市一家民营建筑企业，在收到一审民事起诉状后，深感“丈二和尚摸不着头脑”，认为上述11起民间借贷自己毫不知情，相关民事诉讼涉嫌诈骗，遂于2015年4月向合肥市公安局经济开发区分局报案，该分局经过调查作出不立案的决定。同年6月，甲建设集团向合肥市高新技术产业开发区检察院申请立案监督，检察机关随即要求公安机关说明不立案理由。

此后，在安徽省、合肥市及合肥市高新区三级检察机关的持续跟踪和联动监督下，2017年7月，公安机关以涉嫌虚假诉讼犯罪对范某传立案侦查。检察机关同时提前介入，引导公安机关继续调取证据。案件侦查终结后，2018年5月，合肥高新技术产业开发区检察院就范某传涉嫌虚假诉讼一案提起公诉。同年8月，合肥高新技术产业开发区法院作出一审判决，以虚假诉讼罪判处范某传有期徒刑九个月，并处罚金3万元。

一审宣判后，合肥高新技术产业开发区检察院经审查认为，原判事实认定错误，且存在诸多影响量刑的情节，对范某传量刑明显不当，遂提出抗诉。合肥市检察院支持这一抗诉意见，并且认为范某传的行为属情节严重，应在3年以上7年以下有期徒刑范围内量刑。范某传也同时提出上诉。

2018年12月，合肥市中级人民法院经审理认为，范某传多次指使他人以捏造的事实提起民事诉讼，致使法院开庭审理，并基于捏造的事实作出裁判文书、制作财产分配方案，且进入执行阶段，严重干扰正常的司法活动，同时造成被害单位甲建设集团为应诉支出约30万元的经济损失；截至案发，多起案件历经一审、二审程序，目前又处再审程序，严重损害司法公信力，其行为构成虚假诉讼罪，属情节严重，故对抗诉机关及合肥市检察院的意见予以支持，遂撤销原一审判决，改判范某传有期徒刑4年，并处罚金5万元。

就在合肥高新技术产业开发区检察院对范某传涉嫌虚假诉讼罪一案提起公诉的同

时，合肥市检察院民事检察部门密切跟踪案件进展，及时启动系列民事生效裁判案件的监督工作。在范某传被一审以虚假诉讼罪判刑后，合肥市检察院民事检察部门即以此案案涉相关民事判决已全部丧失事实基础为由，于2018年9月分别向合肥市中级人民法院提出再审检察建议，建议法院启动再审程序，撤销案涉的所有民事判决。

在此期间，甲建设集团和甲四分公司亦向安徽省高级法院申请再审。2018年10月，鉴于范某传虚假诉讼行为已被定罪判刑，安徽省高级法院作出民事裁定，指令合肥市中级人民法院再审本案。约一个月后，合肥市中级人民法院复函检察机关称，将对检察机关提出再审检察建议的上述民事案件按审判监督程序处理。

惩戒监督虚假诉讼　需司法机关携手并进

就在合肥市中级人民法院再审期间，2018年12月，郑某斌等9人分别向该院提出撤回一审起诉申请。合肥市中级人民法院随即作出民事裁定，认为郑某斌等9人撤回一审起诉的请求，已经其他当事人同意，且不损害国家、社会公共利益及他人合法权益，遂裁定准许撤回起诉，并同时撤销原一审、二审民事判决。

至此，范某传骗取判决书系列虚假诉讼案似乎可以画上句号，但检察机关的监督并未止步。2019年6月，合肥市检察院经对法院上述准许撤回起诉的再审民事裁定进行审查认为，该系列再审民事裁定未确认虚假诉讼的事实明显不当，且适用法律确有错误，遂分别提请安徽省检察院向安徽省高级人民法院提出抗诉。

2019年11月，安徽省检察院经审查，认为合肥市中级人民法院上述系列再审民事裁定适用法律确有明显错误，且损害了国家利益和社会公共利益，遂决定就9起再审民事裁定分别提出抗诉。

2020年4月29日，这起系列抗诉案在安徽省高级人民法院合并开庭审理，安徽省检察院副检察长李卫东出庭履行职责。法庭调查阶段，李卫东宣读民事抗诉书，围绕本案三个焦点问题逐一进行了论证。这三个焦点问题分别是：郑某斌等人的原审民事诉讼是否损害国家利益、社会公共利益及他人合法权益；郑某斌等人在再审期间申请撤回损害国家利益、社会公共利益的起诉，法院能否准许；法院对损害国家利益、社会公共利益的起诉作出撤回裁定，检察机关能否进行监督。

抗诉书指出，郑某斌等人的虚假诉讼行为，违反了民事诉讼的诚实信用原则，扰乱了司法秩序，破坏了司法权威和司法诚信，直接损害国家利益、社会公共利益及他人合法权益，应该受到法律的否定性评价，并依法予以惩戒。原审法院置明确的强制性法律规定于不顾，怠于履行惩戒虚假诉讼的裁判义务，不合理劝导对方当事人同意郑某斌等人撤诉申请，进而错误认定本案的撤诉行为“不损害国家利益、社会公共利益、他人合法权益”，作出准予撤诉的民事裁定，属于适用法律明显错误，应予纠正。

根据《民事诉讼法》和相关司法解释，对于制造、参与虚假诉讼的当事人作出准予撤诉的生效民事裁定，检察机关有权进行监督。唯有如此，法律关于虚假诉讼的规定才能得以统一正确实施，法律的权威和司法公信力才能在审判机关和检察机关的共同守护下得以坚定维系。

“你们在公安机关陈述范某传借款的有关情况是否属实?”“为何要在法庭上作虚假陈述？怎么看待自己的起诉行为和庭审中的虚假陈述行为?”庭审中，检察官对郑某斌等原审原告进行了询问。各原审原告均当庭表示认错悔错和歉意，愿意赔偿因自己的虚假诉讼行为而给甲集团公司、甲四分公司造成的损失。法庭没有当庭作出判决。

在已认定民事案件属于虚假诉讼的情况下，法院会如何处理当事人的诉讼请求？如何对制造、参与虚假诉讼的人员进行惩戒？安徽省检察院第六检察部主任杨会友告诉记者，根据《民事诉讼法》第一百一十二条的规定，当事人之间恶意串通，企图通过诉讼、调解等方式侵害他人合法权益的，人民法院应当驳回其请求，并根据情节轻重予以罚款、拘留；构成犯罪的，依法追究刑事责任。他表示，对于此起系列虚假诉讼案，检察机关将继续关注其进展情况。

据了解，2017 年以来，安徽省检察机关主动作为，通过专项引领、重点推进、个案督办等方式，不断加大对涉虚假诉讼民事生效裁判监督力度，取得了积极成效。截至 2020 年 4 月，安徽省检察机关三年共办理民事虚假诉讼监督案件 1175 件。这些虚假诉讼案件具有隐蔽性强、发生领域集中、系列案件较多、法律从业人员时有参与等四大特点。

从安徽省检察机关三年来的办案实践看，虚假诉讼类型不只限于双方恶意通谋逃避债务履行或谋取非法利益，还包括单方捏造事实谋取非法利益。范某传骗取判决书系列虚假诉讼案，就是单方捏造事实谋取非法利益的典型。

让诉讼失信者得到应有惩戒

安徽省检察院副检察长　李卫东：

虚假诉讼不同于一般的欺诈行为，它骗取的是法院的法律文书，实际上是以司法机关为欺骗对象而实施的欺诈，实质上已明显突破了诉讼各方私人利益的范畴，所处分和损害的利益已不仅是当事人的私益，还妨碍司法秩序，损害司法权威，侵害国家法益。可以说，一件虚假的民事诉讼案件造成的负面影响和危害是全方位的、辐射性的。基于此，不管民事法律还是刑事法律都对虚假诉讼的相关行为持否定态度，明确一经查实，就应根据情节轻重，坚决予以民事惩戒和刑事处罚。

在民事诉讼过程中，查实存在捏造事实、虚假陈述、隐瞒真相等失信行为，不能视而不见、放任不管，而应该是一经发现，及时认定，依法处理，确保“法不能向不法让步”，让诉讼失信者得到应有惩戒，同时以鲜明立场告诉大家，司法机关是我们合法权益的“守护神”，理应得到每一个参与诉讼的人的充分尊重，始终秉承诚实守信原则。

检察机关作为国家的法律监督机关，负有维护法律统一正确实施的职责使命，既要保护诉讼当事人的合法权益，更要维护司法权威和国家利益。民事诉讼中，对于有人逾越红线，利用司法之“公器”和损害国家利益的方式谋取私利等行为，必须加强监督，使其得到应有的惩罚。我们希望通过检察监督，纠正错误裁判，明确虚假诉讼确已损害国家和社会公共利益，及时修复受损的司法秩序和公信力。同时，通过依法惩戒有关违法行为，促使违法行为人认错悔错，并向受害单位赔偿经济损失。

来源：最高人民检察院

作者：吴贻伙

编辑：薛永利

让“假官司”无处遁形！一纸检察建议催生虚假诉讼共治新格局

“上千起案例，数万字良言，他们在追寻真相中提供善治之策；触类旁通，破解难题，首发‘三号建议’，为全国惩防实践提供‘安徽检察样本’。”

上面的话来自安徽省2020年度“十大法治人物”评审委员会为该省检察院监督系列“假官司”案促进虚假诉讼治理检察官群体拟定的推荐词。2020年11月27日，该检察官群体荣获年度“十大法治人物”提名奖。推荐词讲述了他们从对一起虚假诉讼个案的监督拓展至对类案的监督，进而推动虚假诉讼惩防治理机制建立健全的精彩故事。

个案监督引发类案治理新思路

精彩故事要从被安徽省检察院列为2019年民事虚假诉讼监督典型案例之首的范某传虚假诉讼系列案说起。

范某传原系安徽合肥甲建设集团四分公司（以下简称“四分公司”）的副经理兼公司现金会计。2010—2013年，范某传因工程项目需要资金周转，以个人名义从郑某斌等人处借款。2014年7—8月，因无力偿还个人借款，范某传向郑某斌等11名出借人出具私自加盖的四分公司公章及公司负责人私章的新借据，并指使郑某斌等人持新借据向法院提起民事诉讼，诉请本息达900余万元，导致法院错误判决郑某斌等9人胜诉，甲建设集团因此无故承担了巨额债务。

甲建设集团、四分公司不服，向检察机关申诉，经合肥市两级检察机关刑事检察部门立案监督、提起公诉和刑事抗诉，范某传最终因犯虚假诉讼罪被判处有期徒刑4年，并处罚金5万元。

与此同时，在安徽省人民检察院的指导下，合肥市人民检察院民事检察部门依职权对涉案民事裁判进行同步审查，并向合肥市中级人民法院提出再审检察建议。然而在法院采纳检察建议予以再审期间，郑某斌等9人提出撤回一审起诉申请，法院随即作出民事裁定，准许撤回起诉，并同时撤销原一审、二审民事判决。2019年6月，合肥市人民检察院经审查，以该系列再审民事裁定未确认虚假诉讼的事实明显不当，且适用法律确有错误为由，分别提请安徽省人民检察院向安徽省高级人民法院提出抗诉。

2019年11月，安徽省人民检察院决定，分别就此9起再审民事裁定提出抗诉，指出原审法院作出准予撤诉的民事裁定属适用法律明显错误，同时强调郑某斌等9人的虚假诉讼行为，违反了民事诉讼的诚实信用原则，扰乱了司法秩序，破坏了司法权威和司法诚信，直接损害国家利益、社会公共利益及他人合法权益，应该受到法律的否定性评价，并依法予以惩戒。

2020年6月，安徽省高级人民法院分别作出再审判决，全部采纳抗诉意见，并鉴于郑某斌等9名虚假起诉人在诉讼过程中实施了虚假陈述等妨害民事诉讼秩序的行为，决定对其分别给予2000～20000元的罚款惩戒。同时决定对于与范某传恶意串通，实际参与了上述9起虚假诉讼，误导原审法院作出与客观事实不一致判决的某律师给予罚款20000元的制裁，并就该律师参与虚假诉讼的违法问题，向安徽省司法厅、省律师协会发出司法建议。

在范某传虚假诉讼系列案办理期间，安徽省人民检察院民事检察部门便通过初步排查发现，全省同期共有20多件虚假诉讼案件存在类似处理方式，即通过检察监督启动再审程序后，违法行为人提出撤诉申请，有关法院未能充分认识虚假诉讼对司法秩序和社会诚信的危害性，均作出准许撤诉的裁定，也未对违法行为人采取针对性的民事惩戒措施。有鉴于此，安徽省人民检察院决定，对2017—2019年全省检察机关办理的1000余件虚假诉讼监督案件进行逐案梳理分析，剖析原因，提出建议。最终形成的专题报告，得到了安徽省委政法委书记等多位领导的肯定。

针对此类案件办理过程中全省人民法院需要关注和解决的共性问题，推动深层次违法问题源头治理，2019年12月26日，安徽省人民检察院向安徽省高级人民法院发出皖检建（2019）3号检察建议（以下简称安徽“三号检察建议”），建议其采取有效措施，协同推进相关工作。

据了解，安徽“三号检察建议”是全国首例由省级人民检察院制发的虚假诉讼治理性检察建议，其创新做法受到最高人民检察院的充分肯定。

一纸建议打开共同防治新局面

安徽“三号检察建议”在充分肯定该省法院系统在防范和惩戒虚假诉讼方面所付出的努力的同时，实事求是地指出了仍需关注和解决的五个方面的问题，并有针对性地建议安徽省高级人民法院指导全省各级法院进一步提高防治虚假诉讼的思想认识，压实防治虚假诉讼的司法责任，加强审判管理、强化对虚假诉讼行为的全方位甄别审查力度，严格落实法律、司法解释关于虚假诉讼认定和处理规定，完善协作机制、形成防范打击虚假诉讼合力。

收到“三号检察建议”后，安徽省高级人民法院高度重视，院长董开军当即作出批示，感谢省人民检察院发来的这份有分量的检察建议书，认为建议书针对性强，对增强法院司法公信力有助力，要求“认真对待，认真反馈，关键在吸纳意见、抓好防范上见效果”。在正式复函前，安徽省高级人民法院还组织召开检察建议对接会暨虚假诉讼研讨会，法检双方就如何落实检察建议、推动防范和惩治虚假诉讼工作达成多项共识。

在该检察建议的推动下，2020 年 5 月 20 日，安徽省高级人民法院专门制定出台《关于在民事诉讼中防范与制裁虚假诉讼的工作指引（试行）》，从虚假诉讼的认定、虚假诉讼高发领域案件类型、强化虚假诉讼案件审查及处理、对虚假诉讼当事人及诉讼参与人的制裁等方面，为审判工作中防范和制裁虚假诉讼提供了精细指导。

为推动“三号检察建议”落到实处、做到刚性，安徽省人民检察院检察长薛江武专门要求有关部门继续跟进，适时对虚假诉讼进行再分析，比较检察建议前后案件发生处理情况，看有无改观、有无成效，确保检察建议落实见效。

2020 年 6 月，安徽省人民检察院就“三号检察建议”监督落实工作下发通知，明确提出将虚假诉讼监督作为做强民事检察工作的重要抓手和突破口，及时将本地开展虚假诉讼监督工作情况、存在的困难和问题向党委、党委政法委、人大等领导机关请示报告，并将“三号检察建议”和有关情况抄送同级法院。同时决定建立检察建议跟进落实情况年度报告制度，要求各地自 2021 年起，每年报送虚假诉讼监督工作情况，发现、整改有关问题，研判虚假诉讼产生原因，提出相应对策。

一纸建议激起千层浪，安徽各级党委对此高度重视和大力支持。“公平正义是衡量一个国家或社会文明发展的标准，也是我国构建和谐社会的重要特征之一。请市检察院继续深入抓好‘三号检察建议’的落实，并梳理一些典型案例，提高相关人员业务能力和水平，为提升法治化营商环境多作贡献。”这是安徽省铜陵市委主要领导在该市人民检察院报送的关于认真做好省检察院“三号检察建议”监督落实工作情况的报告上作出的批示。

在安徽阜阳，该市人民检察院通过对所办理的虚假诉讼监督案件及其关联案件的分析，发现地方金融组织存在不少金融风险后，及时向有关方面发出检察建议，并向市委专题报告，引发市委、市政府主要负责人的关注。安徽省副省长、阜阳市委书记杨光荣，市委副书记、市长孙正东相继作出批示，要求有关方面研究制定教育预防和惩治地方性金融、类金融组织不规范制度，从源头上加强防范、从化解上加强协调、从惩治上加强配合，认真吸纳检察建议。

防范和打击虚假诉讼是一项系统工程，需要各方形成合力。在安徽省委政法委的支持下，目前，安徽省人民检察院已牵头起草了有关防范和惩治虚假诉讼的“指导意见”，近期即将与该省高级人民法院、省公安厅、省司法厅共同会签，以期从制度机制上明确虚假诉讼认定范围和处理规则，细化协同防范和惩治虚假诉讼的举措，促进精准有效打击，并推动社会诚信、司法诚信体系建设，提升司法治理能力。

内外协作让“假官司”无处遁形

在落实“三号检察建议”过程中，安徽各级检察机关聚焦关键领域、重点对象，强化“一案三查”，发挥一体化优势，用足用好调查核实权，加强内外协作，精准办理了一批虚假诉讼监督案件。自 2019 年 6 月开展虚假诉讼领域深层次违法行为监督专项活动以来，安徽省检察机关共办理虚假诉讼监督案件 1053 件，移送虚假诉讼案件违法违纪线索 57 件 61 人，21 名司法人员已被有关机关立案查处。2020 年 1—9 月，共就虚假诉讼提出抗诉和再审检察建议 734 件，同比上升 83.4%。

黑恶势力犯罪的一个重要手段就是以民间借贷为外衣、以打“假官司”为手段，获取不法经济利益。安徽各地民事检察部门注意加强与刑事检察部门的对接，深挖涉黑涉恶刑事案件中的虚假民事诉讼线索。

利辛县检察机关刑事检察部门在办理武某某等人涉黑涉恶案件时，及时将发现的虚假诉讼线索移送民事检察部门，民事检察部门通过排查梳理，共挖掘涉虚假诉讼案件 80 余件，目前已向法院提出再审检察建议 6 件，提出抗诉 72 件，发出的审判程序违法建议和执行程序违法建议均得到采纳。同时，将办案中发现的审判人员违法违纪线索移交该县纪委监委后，8 名审执人员受到纪律处分，其中 3 人被追究刑事责任。

阜阳市检察机关在办理杨某军黑恶势力虚假诉讼案过程中，两级院民事检察部门成立专案组，与刑事检察部门密切协作，同步启动民事监督程序，共办理虚假诉讼案件 220 件，现已提出抗诉 76 件，提出再审检察建议 54 件，发出审判程序违法检察建议 68 件。同时向公安机关移送犯罪线索 5 件 8 人，向纪委监委移送案件线索 8 件 9 人，其中 7 人已被立案调查。

虚假诉讼案件往往隐蔽性、欺骗性都很强，只有用足、用好调查核实权才能去伪存真，查明证据真伪。蚌埠市蚌山区检察院在办理张某林通过虚假诉讼侵犯 103 名农民工合法权益一案期间，专门派员前往辽宁、四川等地调查取证，多次询问当事人和案外人，调取银行账户资金信息等书证，并委托技术鉴定、咨询专家援疆，从而全面还原了事实和诉讼过程，最终查实张某林冒用或盗用 103 名农民工身份，意图将工程款虚构为农民工工资获得优先受偿，制造了大量虚假调解。经蚌山区检察院提请、蚌埠市检察院提出抗诉，法院采纳了检察机关的监督意见，裁定启动再审。2020 年 8 月 27 日，法院判决撤销了 29 份民事调解书、13 份民事判决书，另有 73 份虚假诉讼案件目前正在审理中。该案办理过程中，检察机关与公安、法院等部门加强协作，实现了刑事检察、民事检察的同步推进监督。蚌山区检察院将张某林涉嫌虚假诉讼犯罪线索移送公安机关后，公安机关已对其立案侦查。对于该案涉及的有关法律工作人员违法行为线索，蚌山区检察院则分别移送有关地方的检察机关。

强化部门间联动，及时互通信息、通报案情、移送案件线索，安徽检察机关进一步优化内部配合，促进虚假诉讼监督取得实效。在推进“三号检察建议”落地见效上，安徽各地检察机关自觉承担起主导责任，积极主动与公安、法院、司法行政机关沟通联系，在线索移送、案件协查、认定标准、惩戒治理等协作配合上建立相关机制。安徽亳州、滁州、阜阳等地检察院相继联合法院、公安局、司法局等单位会签《关于防范和打击虚假诉讼的若干意见》，就公检法司分工负责、各司其职、互相配合协作，合力查处虚假诉讼案件形成共识，从而织密了法律监督之网。

让正义不缺席，让诚信满人间，在双赢多赢共赢理念的指导下，“三号检察建议”在安徽的持续推进，必将成为促进社会治理的新动能。

来源：《检察日报》

作者：吴贻伙

编辑：张奕

最高检解密：虚假诉讼那些“隐秘的角落”

虚假诉讼，俗称“打假官司”，严重妨害司法秩序，损害司法权威和司法公信力，侵害他人合法权益，破坏社会诚信体系，老百姓对此反映强烈。

记者日前从最高人民检察院采访了解到，近年来，全国检察机关办理民事虚假诉讼监督案件呈逐年上升趋势。2020 年上半年，各级检察院共办理虚假诉讼监督案件 1105 件，同比上升 22.8%。随着检察监督效果日渐凸显，虚假诉讼监督已逐渐成为做强民事检察工作的着力点。

目前虚假诉讼案件有哪些新变化？检察机关在开展虚假诉讼检察监督中面临哪些困难？检察机关如何应对？就这些相关问题，记者进行了深入采访。

企业破产清算，检察机关提前介入，揭开“债主”真面目

法治是最好的营商环境。7 月 28 日，最高检发布第二十一批指导性案例，为民营经济司法保护提供办案指导。

“民商事领域存在的虚假诉讼现象，不仅严重侵害案外人合法权益，破坏社会诚信，也扰乱正常的诉讼秩序。”最高检副检察长张雪樵出席新闻发布会时，以浙江省检察机关办案情况为例介绍说，检察机关积极发挥民事检察职能，依法查办了一批涉民营企业的虚假诉讼案件，特别是在虚假诉讼集中的领域开展精准监督，维护司法公正和司法权威，助力社会诚信体系建设。

最高检第六检察厅检察官刘玉强告诉记者，在企业破产清算程序中，当事人恶意串通骗取法院判决或调解书，并以法院生效文书认定的虚假债权申报破产债权，是一类典型的虚假诉讼，也是检察机关近年来的监督重点。浙江省检察机关办理的徐某等与杭州 L 置业有限公司（以下简称“L 公司”）借贷纠纷民事抗诉案，就是该领域的典型案例。

浙江 Z 集团有限公司（以下简称“Z 公司”）是首批具有国家施工总承包特级资质的大型建筑施工企业，在企业经营、质量安全、科技创新和企业综合实力等方面一直走在浙江省建筑业的前列。

2006—2010 年，Z 公司先后承建了 L 公司名下某住宅小区一期、二期工程。经决算，L 公司欠 Z 公司工程价款 4371.541 万元。2012 年，L 公司因经营不善等导致严重亏损，其公司账户已无流动资金可供使用。2018 年 3 月 19 日，杭州市萧山区法院裁定受理 L 公司破产清算一案。

2018 年 5 月 18 日，破产管理人浙江某律师事务所召开 L 公司破产清算案第一次债权人会议，确认王某、徐某、马某的债权本金、利息累计为 1.6 亿余元，确认 Z 公司债权本金、利息累计为 8046.9 万余元。同年 7 月，Z 公司怀疑王某、徐某、马某三人存在虚假债权，遂向检察机关反映，并向公安部门举报。

涉案金额巨大、涉案人员较多、存在串供风险……办案难度可想而知。作为案件承办单位，绍兴市柯桥区检察院迅速成立由民事检察、刑事检察检察官组成的联合办案组，提前介入案件，引导公安机关调查取证。

在检察机关的引导下，侦查人员对该案涉案人员的主体身份信息进行调查，确定 L 公司董事长阮某与徐某、王某、马某存在亲友关系，同时查明徐某、王某、马某的职业和经济状况，确定三人并无出借大额资金的能力。同时，检察官从借款事实方面指导侦查人员对涉案银行流水资料进行溯源式分析研判，确定了王某、徐某、马某三人与 L 公司存在伪造借款往来银行资金流水的事实。随后，检察人员从民事诉讼监督角度协助制定审讯提纲，提供审讯思路，明确审讯要点，助推案件顺利办理。

真相终于浮出水面。经调查，2012 年 5 月，阮某串通亲戚王某、徐某、马某，虚构该三人与 L 公司存在借贷关系的事实，伪造《借款协议书》，同时，阮某指使 L 公司财务人员以多次循环转账方式伪造银行资金流水。2012 年 8 月 31 日，阮某指使徐某以自己名义并作为王某和马某的委托代理人，持伪造的借款协议书和银行流水记录为主要证据向绍兴市柯桥区法院提起民事诉讼，请求法院判令 L 公司归还三人借款。法院以调解方式结案，调解协议约定 L 公司应归还三人借款本金合计 6510 万余元，并支付相应利息。

2019 年 8 月 27 日，经绍兴市人民检察院提出抗诉，绍兴市中级人民法院作出再审裁定，撤销柯桥区人民法院有关阮某与王某等三人的民事调解书，驳回原告王某等三人的起诉。2019 年 10 月 18 日，绍兴市柯桥区人民检察院以虚假诉讼罪对阮某、徐某、王某提起公诉。目前该案尚在法院审理过程中。

办案检察官表示，检察机关通过查明虚假诉讼事实，依法提出抗诉，促使法院再审纠正，同时告知破产管理人撤销虚假债权的认定，有利于保障破产程序的正确实施，提高债权清偿率，为企业发展提供良好的营商环境，维护正常市场经济秩序，推进社会诚信体系建设。

虚假仲裁　易被忽视的“法外之地”

“近年来，涉仲裁领域的虚假诉讼问题比较突出。”刘玉强告诉记者。

据了解，仲裁实行一裁终局制度，仲裁文书一经作出即具有终局效力，可直接成为法院执行依据。然而，这一仲裁制度却被虚假仲裁者利用，恶意串通仲裁损害案外人利益的情形时有发生，不仅侵害了案外人的合法权益，也损害了司法公信力。

虚假仲裁是如何实现暗箱操作的？从办案检察官对广东东莞蔡某等人虚假仲裁非诉执行监督案的剖析中可见一斑。

案外人许某、曾某对蔡某分别享有500万元、195万元经生效法律文书确认的债权。蔡某为了逃避这些债务，与邓某恶意串通，先后伪造《债权债务确认书》《还款协议书》，确认蔡某欠邓某3700万元，应于2018年12月底还清欠款。

2017年7月7日，邓某向广东省湛江仲裁委员会申请仲裁。仲裁过程中，邓某与蔡某达成调解协议：蔡某分期向邓某清偿3700万元及相应利息，蔡某不履行协议，邓某可申请法院强制执行。2017年7月10日，湛江仲裁委员会作出〔2017〕湛仲字第977号仲裁调解书。随后，邓某向东莞市中级人民法院申请强制执行，东莞市中级人民法院指令东莞市第一法院执行。执行过程中，东莞市第一法院还就该执行案件向深圳市中级人民法院（蔡某主要财产的执行法院）发出《申报债权函》，要求参与该院处理蔡某财产的分配，申报债权金额约为4362万元。案外人许某、曾某发现后，分别向东莞市中级人民法院申请不予执行〔2017〕湛仲字第977号仲裁调解书。

2019年10月，许某不服东莞市第一法院发出的《申报债权函》，向东莞市人民检察院控告蔡某与邓某虚构巨额债务，逃避执行。

东莞市人民检察院民事检察部门对案件依法进行调查核实，发现案件存在的四大疑点：一是邓某与蔡某在仲裁过程中一致选定仲裁员李某；二是蔡某与邓某在仲裁庭审中不存在任何抗辩，蔡某对邓某提供的证据全部予以确认且没有提供任何反证，双方仅用2个工作日就达成调解协议；三是从邓某提交的银行转账流水来看，蔡某向邓某转账的数额要远超过邓某主张的还款数额，无法证实蔡某欠款未还；四是邓某与蔡某之间存在密切交往的痕迹。

东莞市人民检察院承办人在查明案件事实的基础上及时向东莞市中级人民法院的执行法官通报了这些异常情况。东莞市中级人民法院认定，该仲裁调解书系由邓某与蔡某恶意串通进行虚假仲裁而获取的，裁定对该仲裁调解书不予执行。

承办检察官分析认为，相较于民事诉讼，民事仲裁活动在机构、人员、管辖、程序等方面都有其独立的特性。基于对仲裁协议和当事人意愿的依赖，再加上一裁终局的设定，仲裁对实体权利义务的处理突出的是“效率”价值取向。在这种情况下，仲裁的“程序封闭性”容易被违法行为人用来制造虚假仲裁结果，进而损害案外人的合法权益。

虚假仲裁的主要表现形式有：被执行人通过虚假仲裁转移财产，逃避法院强制执行；通过虚假仲裁获取执行依据；获取诉讼中无须查证的证据或者直接完成所有权的变更等。

记者采访了解到，根据《中华人民共和国仲裁法》《中华人民共和国民事诉讼法》相关规定，对虚假仲裁的防治，主要集中在法院强制执行环节。对此，东莞市人民检察院探索监督路径，就上述案件反映的仲裁程序问题，向湛江仲裁委发出了改进工作的检察建议，湛江仲裁委予以采纳。

打掉一个恶势力集团　牵出50起“套路贷”虚假诉讼

2019年，随着全国扫黑除恶专项斗争工作的深入开展，“套路贷”作为新型黑恶势力犯罪活动逐渐进入公众视野，成为执法司法部门重点打击的对象。

刘玉强告诉记者，涉“套路贷”虚假诉讼隐蔽性强、社会危害大，检察机关应紧密结合扫黑除恶专项斗争，适当加大依职权监督力度，综合运用刑事、民事手段依法惩治。

记者注意到，最高检日前下发的《关于充分发挥检察职能服务保障“六稳”“六保”的意见》也特别强调，要对“职业放贷人”采取非法手段催收高利放贷债务及其他法律不予保护的债务以及不法分子通过虚增借贷金额、恶意制造违约、肆意认定违约、毁匿还款证据等方式制造“套路贷”等违法犯罪行为从严追诉，加大打击力度。

“套路贷”与虚假诉讼到底有着怎样的关联？江苏省常州市金坛区人民检察院办理的一起涉“套路贷”虚假诉讼案件就为公众清晰地厘清了该类犯罪的“套路”：

2015年10月，李某依托自己经营的金融小贷公司，纠结冯某、王某、陆某、丁某等多名社会闲散人员，通过聘用员工、借钱笼络、发放中介费等方式，逐步形成以李某为首要分子，以冯某、王某、陆某、丁某等为组织成员的恶势力犯罪集团。

2015年10月21日，李某向张某放贷28.5万元。张某应李某要求写了一张30万元借条。

2016年2月，面对李某频繁的“催债”，张某无力归还，迫不得已将自己的房子折价转让给于某，并委托于某将18万元房款还给李某。在于某无法一次性给付18万元的情况下，李某让于某写了三张分别为4万元、6万元、8万元的借条。令于某没想到的是，当他将18万元欠款如数奉还后，李某却未将借条销毁。

2017年4月12日，李某手持一张4万元的借条向法院提起诉讼，要求于某返还借款本金4万元及利息。2017年8月19日，原审法院判决于某夫妇返还借款本金4万元及利息，并在诉讼过程中裁定查封了于某名下的一辆车。后经李某向法院申请强制执行，于某夫妇的银行卡被冻结，李某得到“欠款”16235元。与此同时，于某夫妇被限制高消费并纳入失信被执行人名单。

常州市金坛区人民检察院民事检察部门依据刑事检察部门提供的线索，依职权启动民事监督程序，对李某“套路贷”虚假诉讼线索展开调查。调查发现，李某与于某民间借贷纠纷案只是该起“套路贷”虚假诉讼案的冰山一角。

“李某等人在借款人、担保人无力还本付息情况下，以虚假的借条、租赁合同等向法院提起民事诉讼共计50件，涉及金额140余万元。收债期间，在被害人无力偿还时，他们就会以威胁、滋扰等‘软暴力’方式向被害人或其亲属催收，或恶意垒高被害人债务，诈骗、敲诈被害人财物。”金坛区人民检察院第五检察部主任李莉介绍道。

“直到银行卡被冻结，当事人才知道自己摊上了官司。民事起诉状中手机联系方式是正确的，居住地址也无误，但当事人从未接到、收到来自法院的电话和诉讼材料。”在审查李某与于某民间借贷纠纷案中，办案检察官发现，案件承办法官直接采取公告送达方式向被告于某送达文书，张贴公告中写明“因采用其他方式无法向你们送达”，并在相关民事判决书中注明二被告“下落不明”。

2019年6月21日，金坛区检察院就上述案件提请常州市人民检察院抗诉。同年7月15日，常州市人民检察院就向常州市中级人民法院提出抗诉。后该案由常州市中级人民法院指令常州市金坛区人民法院再审。2019年10月11日，常州市金坛区人民法院作出再审裁定，撤销原审民事判决，驳回原审原告李某起诉。其余49件案件法院亦均已撤销原审原判，驳回原审原告李某等人的起诉。截至2019年12月，常州市金坛区人民法院已对该批执行案件中查封汽车、限制高消费、纳入失信名单等执行措施全部予以纠正。

记者采访了解到，就本案中发现的承办法官公告送达的问题，检察机关调取查阅该法官同期办理的其他案件，发现有10件案件均存在同样情形，遂向法院发出类案检察建议，指出该院公告送达中存在的问题，建议法院予以纠正。

“涉‘套路贷’虚假诉讼案件不同于普通的民间借贷案件。”刘玉强分析说，“套路贷”出借人通过虚增借贷金额、伪造支付痕迹、恶意制造违约、隐匿还款证据等手段，假借民间借贷之名提起民事诉讼，意图非法占有他人财产，不仅妨害司法秩序、侵害他人合法权益，还破坏金融管理秩序。

“办案中应充分加强刑民协作，并围绕‘套路贷’制造民间借贷假象、恶意垒高借款金额、制造虚假给付事实、肆意认定违约等特点展开调查，依法通过提出再审检察建议进行监督。”李莉表示。

据了解，为进一步加强对扫黑除恶专项斗争中发现的“套路贷”虚假诉讼的监督力度，2019年11月起，江苏省人民检察院部署开展为期两个月的“套路贷”虚假诉讼监督专项行动。专项活动期间，该省检察机关共受理涉嫌“套路贷”虚假诉讼生效裁判监督案件171件，提出抗诉4件，提出再审检察建议112件，涉及金额近6000万元，收到了良好的监督效果。

虚假诉讼办案“三难”如何破

“虚假诉讼案件类型化特征明显，监督案件主要集中在民间借贷纠纷、劳动合同纠纷、房屋买卖合同纠纷等领域。诉讼过程异常，案件外部特征明显，如案件立、审迅速；庭审过程缺乏对抗性，双方当事人诉讼过程配合默契；多通过调解结案或者对虚假仲裁、公证申请强制执行等。”刘玉强分析指出。

刘玉强告诉记者，虚假诉讼检察监督工作主要有三大难题。一是发现难。主要是难以从海量民事诉讼案件中有效甄别出虚假诉讼案件线索，这是由虚假诉讼的隐蔽性所决定的。二是查证难。主要是对于发现的虚假诉讼案件线索难以核实。受调查核实手段、能力等限制，检察机关在虚假诉讼查证方面存在薄弱环节。三是监督难。主要是对于已经查明的虚假诉讼案件，难以保障监督效果。

为了破解办案难题，补强监督短板，近年来，各地检察机关多措并举，不断加大虚假诉讼防范打击力度：

注重向科技要“战斗力”，畅通虚假诉讼监督渠道。近年来，最高检积极推动人工智能、大数据在虚假诉讼监督方面的研发应用，各地也结合自身优势积极探索实践，取得了良好效果。

以绍兴市人民检察院为例。2018年，该院自主研发了“民事裁判智慧监督系统”，针对案件数量占比较大、出现虚假诉讼概率较高的民间借贷纠纷、劳动争议纠纷、婚姻财产纠纷和道路交通事故损害赔偿纠纷等四类案由，采取“智能排查+人工审查+深入调查（移送侦查）+判决监督”的工作模式，对虚假诉讼进行筛查甄别，监督质效大幅提升。

据统计，2018年6月至今，绍兴市检察机关将使用该系统发现的虚假诉讼等线索移送侦查机关立案侦查，公安机关抓捕犯罪嫌疑人68人，其中涉“套路贷”黑恶势力犯罪64人。民事检察部门结合上述民事案件当事人涉嫌虚假诉讼等犯罪的事实向法院提出抗诉或再审检察建议542件，法院已再审改判241件，是前六年改判案件数量的总和。

“目前，最高检正在就‘民事案件虚假诉讼智慧监督系统’开展测试验证工作。进一步总结经验，梳理数据碰撞规则，补齐‘两法衔接平台’和‘侦查信息查询平台’短板，提升虚假诉讼线索发现和识别能力。”刘玉强介绍道。

办案离不开一支专业的办案队伍。近年来，广东省人民检察院专门成立虚假诉讼办案组，构建全省统一指挥办案平台，强化上下联动，及时共享案件信息，逐步形成省、市、基层三级院分工负责、各有侧重、联动配合的工作格局。

记者注意到，2019 年 4 月，最高检发布的第十四批指导性案例之一——广州乙置业公司等骗取支付令执行虚假诉讼监督案中，即广东省人民检察院发现乙置业公司可能存在骗取支付令、侵吞国有资产的行为，遂将案件交予广州市人民检察院办理。广州市检察院依职权启动监督程序，与白云区人民检察院组成办案组共同办理该案，取得良好办案效果。

打击虚假诉讼毒瘤，不能靠单打独斗。针对虚假诉讼存在的问题，安徽省人民检察院于 2019 年 12 月 26 日向安徽高级人民法院发出虚假诉讼监督检察建议。收到检察建议当日，安徽省高级人民法院负责人作出批示：检察建议书针对性强，对增强人民法院司法公信力起促进作用。随后，两院专门召开落实检察建议对接会暨虚假诉讼研讨会，进一步就虚假诉讼对社会诚信的危害性及其防范和惩治达成共识。

另据记者了解，重庆、江苏、浙江、福建、广西等多地公检法司等部门积极沟通协调，凝聚防范制裁虚假诉讼共识，通过联合调研、会签文件、信息共享等方式，建立虚假诉讼案件线索移送、联合查办、结果反馈等合作机制，加大对虚假诉讼的惩治力度，努力实现双赢、多赢、共赢。

来源：检察日报客户端

作者：徐日丹

编辑：薛永利

最高检：加强多部门沟通　加大对虚假诉讼惩治力度

中新网2月18日电　最高检第六检察厅厅长冯小光今日在最高检厅长网络访谈中表示，最高检针对虚假诉讼深化专项监督，加强与人民法院、公安机关、司法部等部门的沟通，建立虚假诉讼案件线索移送、联合查办、结果反馈等合作机制，加大对虚假诉讼的惩治力度，维护司法权威和司法公信力，共同营造诚实守信的诉讼环境。

冯小光透露，近年来，检察机关受理民事申诉持续上升，最高检坚持以精准监督为指引，用心用情办好各类民事检察监督案件。2020年，全国民事检察部门共办结生效裁判、调解书监督案件共74800余件，其中，经审查提出抗诉4800余件，抗诉改变率达80.7%。

第六检察厅共办理省级院提请抗诉、复查、最高法生效裁判监督等各类案件，共计600余件。其中，经审查，对在司法理念、政策导向、法律适用方面有创新、引领价值的案件提出抗诉40余件。

冯小光表示，检察机关在加强全面监督的同时，要求注重通过类案深化研究，努力做到精准监督，促进解决更多面上、类似问题。

一是针对虚假诉讼进一步深化专项监督。虚假诉讼妨害公正司法秩序、侵害他人合法权益。2020年7月，为切实加强对人民法院民事虚假诉讼的监督，最高检向最高法发送“五号检察建议”。接下来，最高检将持续跟踪督促，强化沟通协作，抓好“五号检察建议”的落实。用好最高检部署的民事案件虚假诉讼智慧监督系统，提升运用科技手段发现线索的能力。进一步加强与人民法院、公安机关、司法部等部门的沟通，建立虚假诉讼案件线索移送、联合查办、结果反馈等合作机制，加大对虚假诉讼的惩治力度，维护司法权威和司法公信力，共同营造诚实守信的诉讼环境。

二是坚持双赢多赢共赢，共同维护司法公信力。共建全国执行与法律监督工作平台。针对人民法院存在的执行难、执行乱问题，共建全国执行与法律监督工作平台，架起信息高速路。“两高”会签《关于建立全国执行与法律监督工作平台　进一步完善协作配合工作机制的意见》，就工作平台建设、加强协作配合、完善工作机制、实现信息共享等达成共识，进一步促进法检两家在破解执行难、执行乱工作中形成合力，不断提高执行工作与法律监督的信息化、规范化水平，填补监督规则漏洞，增强检察监督质效，推动形成中国特色在线执行检察监督体系。

三是充分发挥支持起诉职能，注重对特殊群体的保护。2020 年全国民事检察部门共办理支持起诉 24100 余件，其中支持农民工起诉 15700 余件。召开“依法惩治恶意欠薪　让劳动者劳有所得”新闻发布会，向社会介绍了检察机关支持起诉职能以及通过支持起诉保护农民工等特殊群体的工作情况，传递了检察机关肩负的社会责任和保护农民工合法权益的决心。

四是平等保护民营经济，着力营造法治化营商环境。为深入开展关于服务保障民营经济的以案释法工作，第六检察厅围绕“加强民事检察监督，精准服务民企发展”这一主题，牵头发布最高检第二十一批指导性案例并召开新闻发布会，向社会传达了民事检察部门依法监督、坚决维护民营企业及企业家合法权益的坚定信念。

来源：中国新闻网（2021 年 2 月 18 日）

盯准“七寸”，让更多虚假诉讼现出原形！
——民事监督盯准虚假诉讼“七寸”

“民事主体从事民事活动，应当遵循诚信原则，秉持诚实，恪守承诺。”民法典回应百姓对美好生活的向往，规定了平等、自愿、公平、诚信、守法和公序良俗等民事活动基本原则。这些原则维护着社会法治秩序。然而近年来，虚假诉讼这一侵入法治肌体的“毒瘤”，一度成为实现公平正义的“绊脚石”，社会公众反映强烈。

打蛇要打七寸。过去一年，检察机关民事检察部门以打击虚假诉讼作为做强民事检察的突破口，聚焦民间借贷、“套路贷”等虚假诉讼重点领域，“提档升级”监督手段，办理了一批典型案件，有力维护了司法权威，回应了百姓关切。

靶向发力，虚假诉讼监督成为做强民事检察硬核增长点

虚假诉讼俗称“打假官司”，指当事人单方或者与他人恶意串通，采取伪造证据、虚假陈述等手段，以捏造的事实提起民事诉讼，使法院作出错误裁判，侵害国家利益、社会公共利益或他人合法权益的行为。长期以来，检察机关把打击虚假诉讼作为工作重点。

检察机关既是司法机关，也是法律监督机关，是防范、惩治虚假诉讼的重要力量。在四川省检察院副检察长朱先琼看来，民事诉讼检察监督处于民事诉讼最末端，相对于民事审判而言，具有发现、监督虚假诉讼的天然优势。

“民事检察部门肩负的重要使命，就是要揭穿虚假诉讼的恶意，揭穿其损害国家、集体、第三人权益的真实面目，制裁、打击这种违法行为。”中国人民大学教授杨立新如是说。

记者采访了解到，虚假诉讼在民商事审判多领域频发，主要集中在民间借贷纠纷、房地产权属纠纷、离婚涉财纠纷、追索劳动报酬等方面。2019 年以来，随着虚假诉讼案件监督工作的深入开展，查办的案件类型也随之增多。扫黑除恶专项斗争中的“套路贷”虚假诉讼就是其中一种。

2020 年 8 月 31 日，四川省绵阳市检察机关民事检察部门从韩某等人组织、领导、参加黑社会性质组织等刑事案件中梳理虚假诉讼线索，最终查明韩某等人假借民间借贷名义，伪造证据、隐瞒事实，提起虚假诉讼 69 件，涉案金额近亿元。检察机关依法发出再审检察建议 69 份，执行监督检察建议 62 份，法院全部予以采纳。

2020 年，四川检察机关通过筛查涉黑恶刑事犯罪案件，反向查找并依法监督与“套路贷”、非法高利放贷、暴力催收等案件犯罪嫌疑人、被害人相关的虚假诉讼案件 197 件，同比增长 8.3 倍。其中，法院采纳监督意见 142 件，同比增长 5.8 倍。

2020 年 1—11 月，受理虚假诉讼监督案件 296 件，同比上升 98.66%；提出抗诉 10 件，同比增长 4 倍；提出再审检察建议 235 件，同比上升 97.48%；提出检察建议 93 件，同比上升 190.63%；法院采纳监督意见 288 件，同比上升 294.52%……从四川检察机关打击虚假诉讼犯罪的成绩单不难看出，虚假诉讼监督工作既是加强民事裁判结果监督的重要抓手，也成为做强民事检察新的硬核增长点。

“对于利用司法‘公器’打假官司谋取私利的行为，应当给予应有的惩罚，不能让恶意打假官司者非法获利还‘全身而退’。”安徽省检察院副检察长李卫东特别介绍，2020 年安徽检察机关注重从“对案监督”向“对人监督”延伸，深入开展虚假诉讼领域深层次违法行为监督，重点监督司法工作人员、有关中介组织等参与的虚假诉讼行为，深挖虚假诉讼背后违纪违法问题，向公安机关、纪委监委移送违纪违法线索 56 件。

内协外联，凝智聚力打“歼灭战”

监督不是高人一等，而是要技高一筹。

发布指导性案例、典型案例，制发检察建议，指导地方检察机关办理重大疑难复杂案件，开展条线业务培训……据了解，最高检第六检察厅早在 2018 年底就专设第一办案组，主攻虚假诉讼监督办理，成为检察机关打击虚假诉讼的“领头羊”。2020 年以来，四川、安徽、湖北、辽宁等地检察机关也纷纷成立虚假诉讼监督办案组，推动办案质效最大化。

对重大、复杂的虚假诉讼线索，各地检察机关按照最高检《关于规范上级人民检察院统一调用辖区检察人员办理案件工作的通知》要求，统一调配使用辖区内的民事检察办案力量，切实提升办案水平。广东省广州市两级检察机关连续开展惩治防范虚假诉讼和虚假仲裁专项行动，组建了以分管院领导为组长、民事检察部门负责人为副组长的领导小组。广州市检察院以统一管理案件线索、统一研判监督策略、统一调配办案力量、统一指挥办案工作的“四统一”标准构建全市虚假诉讼监督一体化办案模式，确保形成上下联动、密切配合的“一盘棋”监督格局。

“要建立公安、检察、法院、司法等部门防范和打击虚假诉讼联动机制，就虚假诉讼认定、惩戒标准等方面达成共识。此外，还要开展多种形式的法治宣传教育，解析司法机关成功防范和打击虚假诉讼的典型案例，强化公民守法守信意识，形成全社会防范和打击虚假诉讼的合力。”南京师范大学教授李浩认为，防范和打击虚假诉讼是一项系统工程，需要多方协作配合。

记者注意到，在办理李某俊等“套路贷”虚假诉讼案过程中，江苏省常州市金坛区人民检察院积极会同纪委监委、法院、公安、金融监管、市场监管等部门建立金融风险联防联惩体系，建立健全信息共享、线索移送、案件协查等工作机制，促进从源头上铲除滋生非法金融活动的土壤。该案也因其刑民检察协同、促进金融行业治理等典型意义入选最高检第二十三批指导性案例。

为推动完善系统治理虚假诉讼，安徽省人民检察院在 2019 年 12 月就该省人民法院在审理虚假诉讼案件中存在问题，向省高级人民法院提出检察建议，受到法院高度重视。2020 年 5 月，安徽省高级人民法院印发相关工作指引，要求该省人民法院在立案阶段加强警示提醒，依法加大对虚假诉讼当事人的制裁力度。

值得一提的是，在安徽省人民委政法委的支持下，安徽省检察院日前牵头起草并推动公、检、法、司等部门会签《关于防范和惩治虚假诉讼的指导意见》，明确虚假诉讼认定范围和处理规则，细化协同防范和惩治举措，凝聚打击虚假诉讼的共识。

据悉，2020 年 7 月 9 日，针对制裁虚假诉讼、强化沟通协作等问题，最高检向最高法发出“五号检察建议”。对此，最高检第六检察厅厅长冯小光表示，最高检将进一步加强与法院、公安机关、司法行政机关等部门的沟通，通过联合调研、会签文件、信息共享等方式，建立虚假诉讼案件线索移送、联合查办、结果反馈等合作机制，加大对虚假诉讼的惩治力度，维护司法权威和司法公信力，共同营造诚实守信的诉讼环境，实现双赢、多赢、共赢。

科技赋能，让裁判文书“开口说话”

传统民事检察监督以当事人申请为案件主要来源，但虚假诉讼隐蔽性强，检察监督一度陷入线索“发现难”的困境。如何让更多的虚假诉讼行为现出原形，化“被动式”为“主动式”监督？检察机关给出的答案是：向科技要生产力！

近年来，最高检多次部署各地检察机关积极运用人工智能、大数据技术，研发办案辅助软件，对法院已经公布的生效裁判文书进行检索，从诉讼文书中发现虚假诉讼线索，提高发现线索的能力。

“民事裁判文书是汇集民事诉讼信息的主要载体，虚假诉讼往往在裁判文书中留下蛛丝马迹。”浙江省绍兴市人民检察院第四检察部主任曾于生介绍，2018 年以来，绍兴市检察院着力研发民事裁判智慧监督系统（以下简称“智慧系统”）。

用心的探索总会带来惊喜。经过反复系统升级和实践，绍兴市人民检察院借助智慧系统逐步形成了“智能排查+人工初查+深入调查+引导侦查+裁判监督”的“五步式”虚假诉讼监督新方法，有效破解此类案件线索发现、案件突破、证据固定等方面的难题。

依托智慧系统，绍兴检察机关民事检察监督正从被动、个案、碎片化的传统监督模式向主动、全面、系统化的智慧监督模式转变，越来越多的虚假诉讼暴露在阳光之下。智慧系统 2019 年在浙江推广使用后，该省虚假诉讼监督案件办理量涨幅明显，2019 年办理 1667 件，同比增长 283%；2020 年 1—10 月办理 1809 件虚假诉讼监督案件，超过 2019 年全年总和。与此同时，两年多来，该省检察机关还通过大数据筛查移送“套路贷”虚假诉讼犯罪线索 377 件，公安机关据此查办多批虚假诉讼、寻衅滋事、敲诈勒索、诈骗犯罪案件。

“这是一场由技术创新带来的司法监督变革。智慧系统将传统监督无法发现的漏洞给补上，使得以往冗杂的文书数据成了‘活库’，随时调取，快速排查，大大提高了监督质效，扩大了监督广度和深度。”全国人大代表，浙江省温州市文化艺术研究院编剧、市文联副主席蒋胜男为智慧系统点赞。

2020 年 9 月，最高检在全国部署推广了智慧系统。同月，最高检和最高法联合出台了《关于建立全国执行与法律监督工作平台进一步完善协作配合工作机制的意见》，就建立全国执行与法律监督工作平台、加强协作配合等事项提出要求。

“法检同步开展的共享平台建设，将实现执行检察监督信息共享，加大对执行领域虚假诉讼行为的打击力度。”最高检第六检察厅第一办案组主办检察官李萍告诉记者，在全国检察机关的共同努力下，虚假诉讼监督工作取得了明显成效，但与党和国家的要求、人民群众的期待相比仍有不小的差距，民事检察部门将不断淬炼监督能力，压缩虚假诉讼空间，净化法治环境，真正让人民群众在每一个司法案件中感受到公平正义。

惩治虚假诉讼，维护司法公信力

2020 年上半年，针对虚假诉讼深化专项监督，全国各级检察机关共办理虚假诉讼监督案件 1105 件，同比上升 22. 8%。

2020 年 7 月，针对制裁虚假诉讼、强化沟通协作等问题，最高检发出“五号检察建议”。

最高检下发《关于充分发挥检察职能服务保障“六稳”“六保”的意见》，强调对通过虚增借贷金额等方式制造“套路贷”等违法犯罪行为，要从严追诉。

2020年9月，最高检在全国部署推广民事裁判智慧监督系统，推动对虚假诉讼线索进行筛查甄别。

最高检和最高法联合出台《关于建立全国执行与法律监督工作平台 进一步完善协作配合工作机制的意见》，推动建立虚假诉讼案件办理相关合作机制。

2020年11月，最高检民事检察研究基地（东南大学民事检察研究中心）与江苏省检察院联合举办民法典实施背景下破产案件及虚假诉讼检察监督相关问题研讨会。

2020年12月，最高检下发第二十三批指导性案例，提出办理“套路贷”要注重审查是否存在虚假诉讼行为。

为了破解办案难题，补强监督短板，各地检察机关多措并举，加大虚假诉讼防范打击力度。

针对发现难，注重向科技要“战斗力”，积极推动人工智能、大数据在虚假诉讼监督方面的研发应用。

针对查证难，成立专业的办案队伍，构建联动配合的工作格局，形成统一指挥办案平台，强化上下联动，共享案件信息。

针对监督难，公检法司等部门积极沟通协调，建立虚假诉讼案件线索移送、联合查办、结果反馈等合作机制，加大对虚假诉讼的惩治力度。

深挖根源，推动社会治理法治化水平

虚假诉讼干扰司法审判，浪费司法资源，危害诚信建设，社会危害性极大，群众十分关注。2020年底，笔者参加江苏省常州市检察工作通报会时，了解到常州检察机关部署开展为期一年的集中打击虚假诉讼专项活动，留下了很深的印象。

新一年，希望检察机关深入贯彻习近平法治思想，始终保持对虚假诉讼的高压态势，及时回应人民群众关注。在办理虚假诉讼监督案件的同时，要深挖背后的深层次违法犯罪问题，加强对虚假诉讼特别是“套路贷”案件的分析研判，对高发领域、重点地区要深挖根源、提出建议，切实推动社会治理法治化水平。此外，检察机关要加大法治宣传力度，切实发挥这些典型案例的警示教育作用，提升人民群众法治意识。

怪！6名债权人的签名出自一人之手

近日，经浙江省宁波市鄞州区人民检察院抗诉，法院对一起假官司再审后作出改判。

2016年7月，许某向法院起诉，要求A公司归还借款150万元以及从杨先生等6人处受让的债权200万元，并支付利息、律师费等，共计550余万元。A公司法定代表人包某认可原告诉求，在双方承诺所述属实并签署诚信诉讼保证书的前提下，双方迅速达成调解协议，由 A 公司返还许某本息等合计 550 余万元。案件进入执行程序后，许某通过参与分配获得 A 公司的厂房拍卖执行款 300 余万元。

2019 年 11 月，A 公司另一债权人向鄞州区人民检察院举报称，涉案的债权转让系捏造事实。该院受理后，迅速启动调查核实程序。检察官经调查发现多个疑点：该案主要证据为一份有杨先生等 6 名债权转让人签名的《债权转让协议》，经辨认 6 人签名笔迹多有雷同；证明该 6 名债权转让人对 A 公司合计 200 万元债权的收据和借条为包某一人手写；开庭时，原被告双方无实质对抗，且对债权成立及还款情况回答细节模糊。

为找到案件突破口，办案检察官发函至宁波市公安局鄞州分局，由其协助查明涉案人员之间的关系，确定重点调查人员，同时梳理了该案的法律关系，对杨先生等 6 人与许某的债权转让关系、许某出借给 A 公司的 150 万元债权共 7 个债权债务关系，一一调查核实。

最终查明，杨先生与 A 公司的 30 万元债权已经其他法院调解并执行完毕。杨先生表示其从未签署过《债权转让协议》，更不认识许某。其他 5 名债权转让人也均未向许某转让债权。至此，该案获得完整证据链，足以证明涉案《债权转让协议》为虚假协议。

那么，原审时许某主张出借给 A 公司 150 万元是真是假？检察官调查发现，许某虽提供了有 A 公司盖章的借条，但银行转账记录显示，这 150 万元是汇至包某个人账户。

2020 年 9 月，该案再审开庭，包某和许某交代，许某与杨先生等 6 人之间并无 200 万元债权转让的事实，涉案《债权转让协议》系包某虚构。A 公司经营不善，对外有高额负债，包某考虑到 A 公司的资产一定会被拍卖，为能参与分配拿回自己之前出借给公司的款项，便伪造《债权转让协议》，指使亲戚许某以债权人身份起诉。

2020 年 12 月 30 日，法院再审认定许某与杨先生等 6 人无债权转让事实，涉案《债权转让协议》系虚构，现有证据不足以认定 A 公司向许某借款 150 万元未还，判决撤销原民事调解书，驳回许某诉讼请求，对两人虚假诉讼行为分别作出拘留 10 日、罚款的处罚决定。

“五号检察建议”与惩治虚假诉讼

2020 年 7 月，最高检发出“五号检察建议”，针对人民法院防范与制裁虚假诉讼工作中存在的问题，提出了改进工作的建议。

最高检第六检察厅厅长冯小光表示，最高检将持续跟踪督促，强化沟通协作，抓好“五号检察建议”的落实。同时，以此为契机，检察机关将进一步加强与法院、公安机关、司法行政机关等部门的沟通，通过联合调研、会签文件、信息共享等方式，建立虚假诉讼案件线索移送、联合查办、结果反馈等合作机制，加大对虚假诉讼的惩治力度，维护司法权威和司法公信力，共同营造诚实守信的诉讼环境，实现双赢多赢共赢。

来源：《检察日报》

作者：徐日丹　卢志坚　蔡俊杰　吴贻伙

李立峰　王晴　关兰　胡婷婷　吴杰　王文灿

编辑：薛永利

严惩虚假诉讼　维护司法权威

近年来，虚假诉讼案件数量逐年增加，类型日趋广泛。这在民间借贷、以物抵债、破产、第三人撤销之诉和执行异议之诉中反映尤为明显。

虚假诉讼现象不仅严重侵害当事人及案外人的合法权益，而且扰乱了正常的诉讼秩序，损害司法权威和司法公信力，破坏了社会诚信，人民群众反映强烈。

为治理虚假诉讼乱象，最高人民法院出台司法文件和司法解释，构建防范和打击虚假诉讼的长效机制。各地法院采取多种措施，保障当事人合法权益，维护司法权威，助力社会诚信体系建设。

摸清虚假诉讼的现状：民间借贷诉讼中发案最多，涉暴力催收、高利放贷、虚构债务等“套路贷”手段

2020年12月11日，最高人民法院和黑龙江省高级人民法院同时对鸿基米兰开发公司涉及虚假诉讼的系列案件作出宣判。认定63件案件系虚假诉讼，对鸿基米兰开发公司罚款6300万元，并将各案涉嫌犯罪线索移送公安机关依法查处。这是近年来人民法院针对虚假诉讼行为开出的最大“罚单”。

“这充分体现了人民法院对虚假诉讼行为‘零容忍’的态度和重拳出击的决心。”北京师范大学法学院教授卢建平说。

据了解，虚假诉讼已经在民商事审判的各个领域中出现，其中发案量最高的是在民间借贷诉讼之中。2015年至2020年上半年共有6142件民间借贷纠纷案件涉虚假诉讼，在虚假诉讼中占比达46.36%。从民事案由发案量的年均增速上看，涉虚假诉讼的商品房销售合同纠纷、追索劳动报酬纠纷、案外人执行异议之诉案件年均增长较快，均超100%。

“当前全国虚假诉讼的金额增长较快，上千万元的案件已经并不少见。涉虚假诉讼民事案件中，涉及财产的案件共计1.21万件，占比91.35%，涉案总额1166.81亿元，平均每案涉案金额为964.07万元。”最高法立案庭庭长钱晓晨说，涉案金额超千万元的涉虚假诉讼民事案件，集中分布在广东、江苏、浙江等经济大省。

虚假诉讼行为形式多样，具有较强的隐蔽性，既有当事人利用现有证据，捏造事实，提起虚假诉讼；也有当事人之间恶意串通，损害案外第三人的利益；还有当事人与案外人之间恶意串通，提起虚假诉讼，损害另一当事人的合法权益；等等。“这造成人民法院在审理中准确识别虚假诉讼存在难度，出现‘错判’，严重影响司法公信力。”卢建平说。

实施虚假诉讼行为，有的是为了追求非法的财产利益，有的是为了逃避国家政策的规制。据统计，从虚假诉讼的动机上看，53.84%的案件中被告人为非法取得债权、公积金、保险金等经济利益，29.65%的案件中被告人的目的是逃避债务履行义务，8.45%案件中被告人企图通过法院查封或冻结以阻止他人分割资产。还有部分案件中被告人意图通过虚假诉讼掩盖赌博等非法债务，或利用法院裁决获得资产的优先分配。

虚假诉讼的危害还表现在它往往与刑事犯罪紧密相连。据统计，虚假诉讼中有24.65%的案件涉暴力催收、高利放贷、虚构债务等“套路贷”手段，有19.05%的案件为恶势力或犯罪集团团伙作案。涉虚假诉讼刑事案件被告人的关联罪名主要为参加黑社会性质组织罪和寻衅滋事罪，分别占比21.97%和11.92%。

出台司法解释推进诚信诉讼：综合运用罚款、拘留措施并通过责令赔偿、再审纠错及时救济受害人

党的十八届四中全会通过的《中共中央关于全面推进依法治国若干重大问题的决定》明确提出要加大对虚假诉讼的惩治力度。

近年来，最高人民法院先后制定及联合出台《最高人民法院关于房地产调控政策下人民法院严格审查各类虚假诉讼的紧急通知》《最高人民法院关于防范和制裁虚假诉讼的指导意见》等司法文件和司法解释，不断加强审查甄别力度，推行诚信诉讼制度建设。

2015年，最高法第二巡回法庭成立不久，在审理上海欧宝与辽宁特莱维借款纠纷案时，法官发现证据疑点，经过缜密审查，查明当事双方恶意串通，侵害他人合法权益，当庭认定双方当事人构成虚假诉讼，在驳回上诉请求的同时，对双方当事人各罚款50万元。该案是最高人民法院认定的第一起虚假民事诉讼案，被确定为最高人民法院指导性案例。

2015年12月29日，在审查新民市人民政府申请再审一案中，最高法第二巡回法庭又查明评估机构出具虚假证明材料，决定对该评估机构依法罚款1万元，对其法定代表人及2名直接责任人员各罚款2000元。

“这些案例体现了最高法一以贯之倡导当事人诚信诉讼、维护诉讼案件程序正义的态度，坚决让不守诚信、不遵守规则的当事人自食其果。”卢建平说。

近年来，最高法根据大数据分析的情况，要求各审判单位加强对虚假诉讼高发案件领域的研究，按照当事人实施虚假诉讼行为的特点，寻找虚假诉讼行为的规律，确定识别虚假诉讼行为的方法，指导各级人民法院准确识别虚假诉讼，为规制虚假诉讼提供有效的指引，以加大打击虚假诉讼的工作力度。

“治理虚假诉讼，要严格依法办理，惩治救济并重。对于实施虚假诉讼经查证属实的，根据情节和后果施以罚款、拘留等妨碍民事诉讼强制措施。”最高法第二巡回法庭副庭长王富博说，要积极研究虚假诉讼受害人救济途径，虚假诉讼侵害他人民事权益的，责令虚假诉讼参与人承担相应的赔偿责任。对虚假诉讼受害人提出的再审申请、第三人撤销之诉、检察机关提起的抗诉案件，依法及时立案审查审理；确有错误的，依法坚决纠正。

开展专项行动打击虚假诉讼：对律师、律所、鉴定机构等存在的问题，发出司法建议，将关口前移

近日，浙江省台州市中级人民法院二审宣判一起虚假诉讼案件，章某方等 4 名被告人均因虚假诉讼罪获刑，其中有一人是从业多年的法律工作者。

2017 年，为审批“零土地技改”项目，章某方需将名下针织厂的土地使用权过户至章某名下的塑料厂，于是伙同王某青伪造了制衣厂与塑料厂的《土地买卖协议》及一张制衣厂已收到塑料厂支付的土地款的收条。

案件进入执行阶段后，法官从土地产权过户中发现蹊跷之处：《土地买卖协议》和收条的落款时间均为 1998 年，但参与协议签订的塑料厂于 2013 年才成立；协议和收条的纸张是“高桥街道文书稿纸”，而该街道于 2001 年才撤乡建街道。据此，可以认定两份证据均为伪造。

浙江高院副院长陈志君介绍，为加强虚假诉讼的防范与甄别，浙江法院要求，在立案环节，让当事人、诉讼代理人签署《诚信诉讼承诺书》。对于涉嫌虚假诉讼的案件，法官应尽到合理审查义务，该调查的调查，该传唤的传唤。法官未尽到合理审查义务的，应当按照司法责任制要求进行追责。

近日，四川省成都市新都区人民法院作出决定，对在一起建设工程施工合同纠纷案中，提供虚假授权委托书冒充他人参加诉讼，妨害民事诉讼的第三人廖某及一律师事务所分别罚款 1 万元、5 万元。法院认为，廖某及该律师事务所在明知未得到建筑公司真实授权的情况下，向法院提交未经授权的委托书，其主观上存在明显过错，客观上造成扰乱诉讼正常秩序、妨碍人民法院审理案件的不良后果，应予处罚。

“应积极探索建立虚假诉讼人名单制度和公职人员、律师参与虚假诉讼行为通报制度，在立案、审判、执行各环节将虚假诉讼拒之门外。”王富博说，对律师事务所、司法鉴定机构及相关从业人员等在制度上、工作上存在的问题及时发出司法建议，努力将防范虚假诉讼的关口前移。

江苏省高级人民法院于2020年8月发布《江苏省高级人民法院关于健全完善防范与打击“套路贷”及虚假诉讼长效机制的指导意见》。江苏高院民五庭相关负责人介绍，凡涉嫌“套路贷”、非法集资犯罪、非法经营犯罪的网络借贷纠纷，应裁定不予受理；进入审理环节的，应裁定驳回起诉，并将有关材料移送公安机关；判决书、调解书已经生效的，应依法提起再审，予以纠正。

“实现对虚假诉讼的源头治理，需要大力开展法治宣传，不断提高人民群众对虚假诉讼危害的认知，引导教育人民群众依法诉讼，弘扬诚信的社会风气。”王富博说。

来源：《人民日报》2021年2月18日（第19版）海外网

记者：徐隽

业内人士建议完善虚假诉讼检察监督调查核实机制

近年来，最高法、最高检陆续出台多个规范性法律文件，加大对虚假诉讼的规制力度。地方检察机关也主动发力，提升检察监督质效。最高人民检察院检察长张军在今年全国“两会”工作报告中提到，检察机关持续深化专项监督，纠正虚假诉讼10090件，同比增长27.9%。

不过，在虚假诉讼这一“隐秘的角落”，线索发现难、查证难等问题仍然困扰着很多民事检察工作人员。

3月10日起施行的“两高两部”《关于进一步加强虚假诉讼犯罪惩治工作的意见》（以下简称《意见》）对虚假诉讼检察监督的“痛点”给予了回应。在多位业内人士看来，虚假诉讼检察监督的调查核实权仍需加强。

数据共享解决发现难

来自吉林的许凤（化名）已经被一系列的借款纠纷案件困扰了近十年，在她看来，这些发生于离婚前一年的借款皆是其前夫与他人串通合谋的，意在通过虚假诉讼让其承担债务。多年来，她频繁来往于各级法院试图提起再审，还曾多次到公安部门报案。不过，在谈到检察机关提起检察监督时，她却显得有些茫然。

在检察工作实践中，虚假诉讼案件发现难已经成为共识。据了解，地方检察机关虚假诉讼监督案件主要的线索来源系权利被侵害的案外第三人提起的监督申请，但这一途径尚未被完全知晓和认可。

北京市京师律师事务所虚假诉讼法律事务部主任王朝勇向记者解释说，虚假诉讼当事人倾向于向法院或公安机关主张权利，有着多方面的原因。“受害人本着‘谁出具错误文书，谁来负责’的想法，更加倾向找法院反映情况。”“虚假诉讼涉及刑事犯罪，当事人自然能想到通过公安机关报案追究行为人刑事责任这一途径。”他分析说。

在他看来，随着普法力度的不断增强和虚假诉讼打击工作的深入推进，“检察机关一定会作为虚假诉讼打击主力进入大众视野”。

王朝勇介绍，从他接触的当事人情况来看则比较乐观，这些当事人会主动检索相关法律，对检察机关的职能也比较了解。在提供法律服务的过程中，律师也会向客户进行普法说明，阐述公安局、检察院、法院的职能和作用，并以此为基础策划相应案件办理方案，全方面打击虚假诉讼犯罪。

2021 年初，最高检第六检察厅厅长冯小光曾在访谈中透露，“两高”正会同公安部、司法部编制政法跨部门大数据办案平台业务协同信息化系列标准，规范案件信息跨部门流转和业务协同，积极运用人工智能、大数据监督虚假诉讼。据了解，此前已有地方检察院开始这方面的实践：浙江省绍兴市检察院自主研发“智慧民行监督系统”，江苏省常州市检察院建立“常检云”大数据平台，以信息化手段发现虚假诉讼案件线索，检察质效大幅提升。3 月 10 日起实施的《意见》强调，探索建立民事裁判文书信息共享机制和信息互通数据平台，综合运用信息化手段发掘虚假诉讼违法犯罪线索。

《意见》还规定了虚假诉讼案件线索移送机制，其中第八条列明了人民法院、人民检察院、公安机关发现虚假诉讼犯罪的线索来源。最高检第六检察厅的颜良伟和赵多丽娜在其联合撰写的文章《〈关于进一步加强虚假诉讼犯罪惩治工作的意见〉中有关民事检察条款的解读》中表示，《意见》第八条虽然规定的是政法机关发现虚假诉讼犯罪的线索来源，但该条规定对检察机关获得民事虚假诉讼监督案件线索也具有指导意义。

扩大依职权监督范围

福建省福州市台江区人民检察院检察官陈沁曾对中国裁判文书网上的虚假诉讼案件进行研究发现，在整理出的 197 个虚假诉讼案件中，151 个案件进入再审程序后确认为虚假诉讼，其中，110 件系检察机关介入而启动。陈沁在《虚假诉讼检察监督的困境与机制完善建议》中指出，在梳理出的 197 个案件中，有 82% 的案件以民事调解书结案。

然而，对损害案外人利益的虚假调解书，检察机关能否依职权提起抗诉或者给出检察建议，很长时间以来一直是悬而未决的问题。

按照民事诉讼法规定，调解书损害国家利益、社会公共利益的，检察院依法提起抗诉或提出检察建议。但什么情形才是“损害国家利益、社会公共利益”并未给出清晰界定。据北京市的一位检察官介绍，“实际工作中，有的办案人员会认为虚假调解和‘两益’的概念在法律上均没有清晰界定，难以判断虚假调解是否损害了‘两益’，从而对相关案件未能监督”。另外，界定不清还会导致执法标准不一，给办案带来困扰。

《意见》第十八条解决了这一难题。该条规定，人民检察院发现已经发生法律效力的判决、裁定、调解书系民事诉讼当事人通过虚假诉讼获得的，应当依照民事诉讼法和司法解释的相关规定，向人民法院提出再审检察建议或者抗诉。

西南大学法学院讲师范卫国在接受记者采访时表示，当事人以向法院提起虚假诉讼的方式获得生效裁判文书既损害了相关权利人的合法权益，同时也扰乱了司法秩序、损害了司法权威，属于兼具损害公益与私权的行为。“《意见》第十八条赋予检察机关对当事人通过虚假诉讼获得调解书的行为提出检察建议或者抗诉的权力，其实质是将虚假诉讼行为界定为‘损害国家利益、社会公共利益的行为’。”范卫国说。

据北京天同律师事务所合伙人王真介绍，通过司法实践来看，对于虚假调解，检察院监督相比法院再审更具优势。因此，《意见》对这一实践予以确认。通过这一规定，对侵害案外人利益的虚假调解，检察机关“可以不经再审前置依职权监督，并且可以通过再审检察建议或者抗诉方式进行监督。”颜良伟和赵多丽娜在其文章中作出了相同解读，认为“对于查实的民事虚假调解书，可以依照《民事诉讼法》第二百零八条第一款、第二款有关‘调解书损害国家利益、社会公共利益的’规定提出再审检察建议或者抗诉”。

范卫国建议，将《意见》这部分内容补充进民事诉讼法的相关司法解释之中，以便于实践操作依法规范实施。

完善调查核实工作机制

北京市人民检察院第一分院检察官庞涛在自媒体上介绍其办理的一件虚假诉讼案件时表示，公安机关的调查笔录成为该案抗诉成功的原因之一。原来，在检察机关介入监督该案件前，申请人曾向公安机关报案，在公安机关刑事侦查中，形成了对相关人员的笔录。相关人员在笔录中承认虚构了债权债务关系。庞涛认为，“正是在核实了上述笔录真实性的基础上，以此为据对本案抗诉，并被法院再审予以采信”。

据了解，虚假诉讼民事检察监督的证明标准高于普通民事诉讼的“高度盖然性”原则，与刑事案件类似，接近于客观真实。在虚假诉讼案件中，诉讼主体串通合谋，案件具有一定的隐蔽性，调查取证存在一定难度。2012 年修订的民事诉讼法对检察机关的调查核实权作出了法律授权，2013 年最高人民检察院《人民检察院民事诉讼监督规则（试行）》（以下简称《监督规则》）明确了调查核实权的适用条件、具体措施、行使方式、具体流程、协助义务等。“但由于存在虚假诉讼识别困难、有关单位和个人不配合等原因，出现了虚假诉讼检察监督调查核实权的适用困难。”范卫国表示。

《监督规则》第六十六条规定：“人民检察院调查核实，不得采取限制人身自由和查封、扣押、冻结财产等强制性措施。”实践中，检察机关调查核实时常常遭遇拒不配合、找理由搪塞躲避等情况。一些调研文章明确指出，在检察机关针对疑似虚假诉讼案件开展调查核实时，会面对来自审判机关的不同阻力。

王朝勇建议，强化虚假诉讼检察监督的调查核实权，以夯实监督查证基础。“通过制度探索以及实践总结，不断强化检察院对虚假诉讼的监督职能，检察院在这一领域将大有作为。”王朝勇说。

范卫国曾有过丰富的检察工作经验，他建议通过强化惩罚措施、建立失信制裁机制等方式，确保检察机关在办理虚假诉讼过程中调查核实权力的顺畅运行。

他建议，未来在修订《民事诉讼法》时，将拒绝和妨碍检察机关调查核实的行为纳入妨害民事诉讼的行为，并赋予检察机关运用训诫、罚款等强制措施予以惩戒的权力。

他还建议，参照法院设置的“失信被执行人名单”机制，对检察机关在办理虚假诉讼案件中有关单位和个人拒不配合调查核实或者故意逃避调查核实的，赋予检察机关将相关单位与个人的信息通过适当途径予以发布的权力，并对这些单位和个人的出行、就业、贷款等予以限制，以此督促其积极配合检察机关的调查核实工作。

来源：《法治参考》

记者：徐明皎

编辑：王占平

虚假诉讼犯罪及律师涉案情况大数据研究报告

本报告由重庆律协刑民交叉专业委员会组织委员组成课题组完成，力求客观反映2015—2020年全国关于虚假诉讼罪审判的基本现状，揭示律师在律师服务过程中可能遭受的虚假诉讼刑事法律风险，为律师服务行业健康发展、律师有效防范虚假诉讼风险提供参考。

案例来源和收集原则

案例为课题组从“中国裁判文书网”司法案例数据库公开发布的关于“虚假诉讼罪”的判决书、裁定书等实体文书中收集整理而成。案件收集的时间跨度为2015年11月1日至2020年12月31日，有效案件共1081件，其中包含一审案件1017件、二审案件63件、再审案件1件，不包含决定书等纯程序性文书，案件类别包括公诉案件和自诉案件，案件审级包括一审、二审和再审，基本上涵盖了2015—2020年度全国关于虚假诉讼罪的案件。凡是能确认实际发生并能够反映出基本统计信息的案例一律收集。

报告的统计指标

为了准确揭示案例的统计特征，课题组从犯罪行为和犯罪人两方面考量，共设定了多项测量指标，包括裁判时间、案发地域、案发领域、涉案罪名、罪名数量、犯罪事实、犯罪主体、强制措施、案件参与情况、涉案数额、案件线索来源、处罚方式等。

报告术语及其说明

1. 本报告中的“律师”，包括执业律师、实习律师、法律工作者以及其他司法工作人员等。

2. 本报告中的“犯罪”是指，在刑法评价意义上为“罪名认定成立”的情形。

3. 本报告中的“虚假诉讼罪”，包括与律师从业活动相关的类罪，也包括律师并未参与的虚假诉讼犯罪。

第一部分　2015—2020年全国虚假诉讼罪裁判情况

“中国裁判文书网”司法案例数据库的大数据显示：2015年11月至2020年12月全国虚假诉讼罪案件共计1081件，其中包含一审案件1017件、二审案件63件、再审案件1件，案件类别包括公诉案件与自诉案件，案件审级包括一审、二审和再审。各年份虚假诉讼案件数量分别为2015年1件、2016年39件、2017年105件、2018年

206件、2019年341件、2020年389件（见表1、图1）。

表1　2015—2020年虚假诉讼案件情况

年份	数量（件）	占案件总数（1081件）的百分比（%）
2015	1	0.09
2016	39	3.60
2017	105	9.71
2018	206	19.05
2019	341	31.54
2020	389	35.98

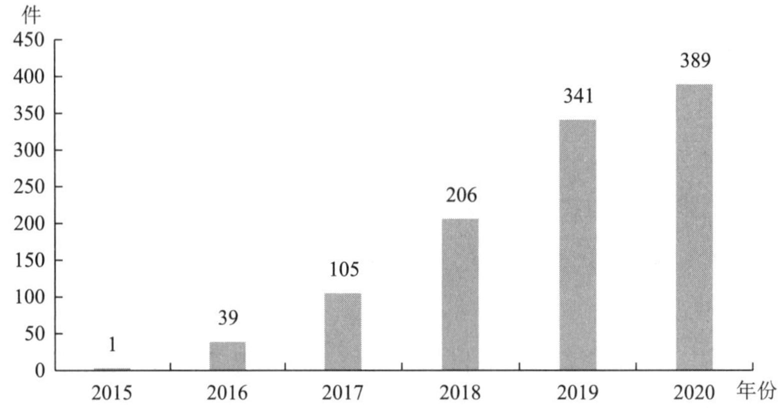

图1　2015—2020年全国虚假诉讼罪案发趋势

一、案发领域分析

2015—2020年全国虚假诉讼罪案件中，民间借贷、建设工程及劳动劳务是本罪发生的主要领域，其余领域为房屋买卖、婚姻、租赁、征地拆迁、股权纠纷、担保纠纷、继承等（见表2、图2）。

表2　2015—2020年全国虚假诉讼罪案发领域数量及占比

案发领域	数量（件）	占案件总数（956件）的白分比（%）
民间借贷	618	64.64
建设工程	77	8.05
劳动劳务	65	6.80
房屋买卖	38	3.97
合同纠纷	27	2.82
买卖合同	22	2.30

续表

案发领域	数量（件）	占案件总数（956 件）的百分比（%）
非法借贷	19	1.99
婚姻	15	1.57
租赁	14	1.46
征地拆迁	10	1.04
股权纠纷	10	1.04
担保纠纷	9	0.94
车牌拍卖	9	0.94
继承	8	0.83
赌博	7	0.73
夫妻债务	4	0.42
公积金提取	2	0.21
赠与	1	0.10
物权确认	1	0.10

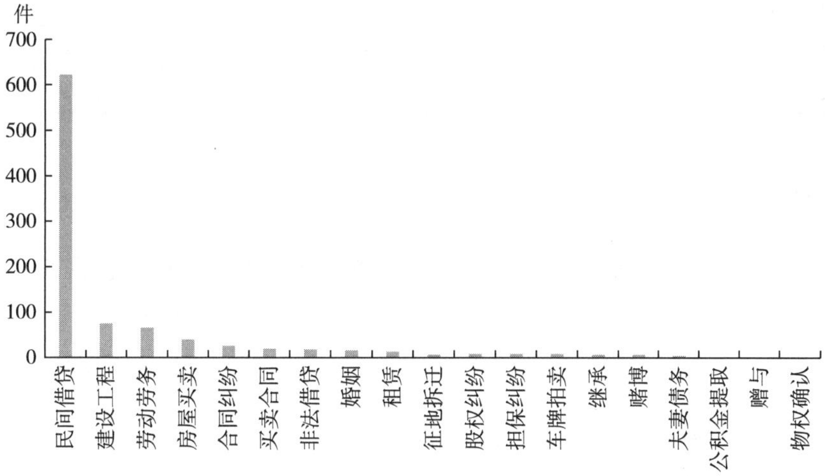

图 2　2015—2020 年全国虚假诉讼罪案发领域

二、地域分布分析

在虚假诉讼罪案件地域分布情况中，前十个省占案件总数 70%以上，其中，浙江省 219 件、江苏省 112 件、山东省 77 件、上海市 65 件、辽宁省 61 件、河南省 58 件、福建省 51 件、广东省 48 件、安徽省 43 件、黑龙江省 39 件。

三、涉案金额分析

2015—2020年虚假诉讼罪案件中，涉案金额在1万元以下的4件、1万元（含）到5万元的50件、5万元（含）到10万元的125件、10万元（含）到100万元的373件、100万元（含）到1000万元的290件、1000万元（含）到5000万元的78件、5000万元及以上的5件，涉案金额不详的206件（见表3）。

表3　2015—2020年虚假诉讼案金额情况

案涉金额（元）	数量（件）	占案件（1081件）总数的百分比（%）
1万以下	4	0.37
1万（含）~5万	50	4.62
5万（含）~10万	125	6.93
10万（含）~100万	373	34.50
100万（含）~1000万	290	26.83
1000万（含）~5000万	78	7.21
5000万及以上	5	0.46
不详	206	19.06

四、强制措施分析

全国虚假诉讼罪案件强制措施情况中，采取取保候审的案件数量占55.8%、采取逮捕的案件数量占44%、采取监视居住的案件数量占0.2%（见图3）。

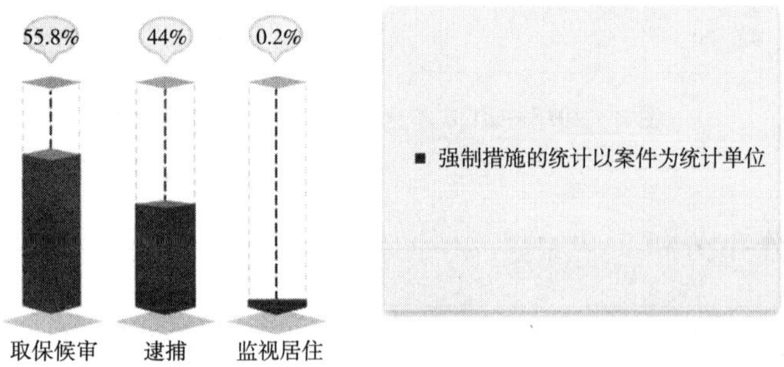

图3　全国虚假诉讼罪案件强制措施情况

五、犯罪主体分析

全国虚假诉讼犯罪主体情况中，自然人犯罪案件数量占98%、单位犯罪占2%（见图4）。

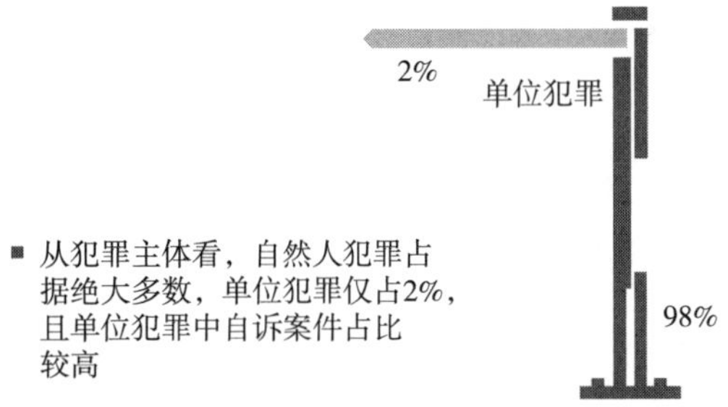

图4　2015—2020年全国虚假诉讼犯罪主体情况

六、线索来源分析

全国虚假诉讼罪犯罪线索来源情况中，法院发现的案件占案件数量的53%、举报报案的案件占案件数量的34%、检察院发现的案件占案件数量的11%、纪委发现的案件占案件数量的1%、庭审时提出的案件占案件数量的1%（见图5）。

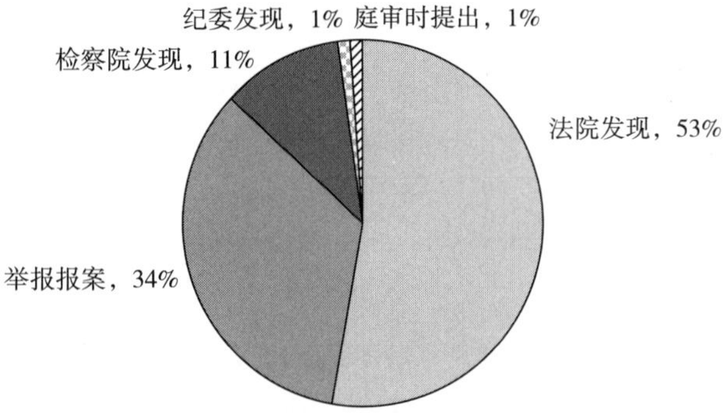

图5　全国虚假诉讼罪犯罪线索来源情况

七、重罪率、无罪率分析

全国虚假诉讼罪案件中，对犯罪人处3年以上有期徒刑的案件占案件数量的5.5%；因证据不稳定、争议较大，无罪率相对其他案件较高，占案件数量的6%（见图6、图7）。

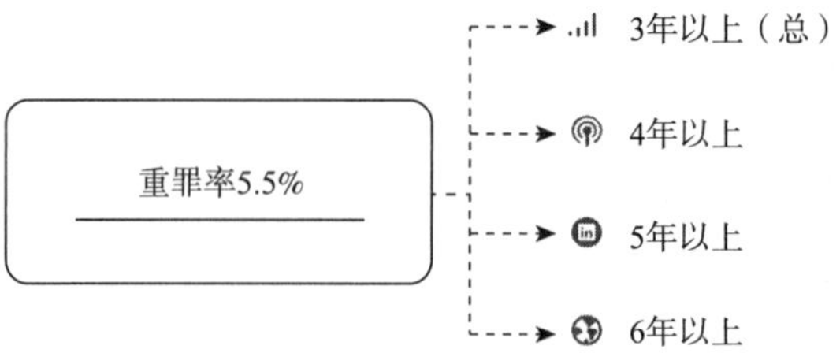

图6　全国虚假诉讼罪案件中重罪率情况

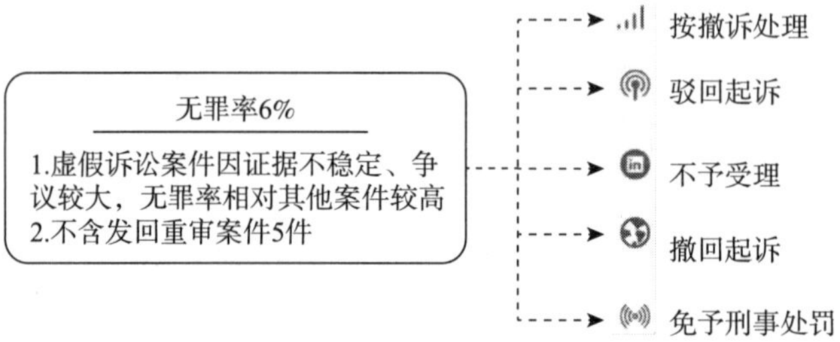

图7　全国虚假诉讼罪案件中无罪率情况

八、律师涉案分析

虚假诉讼案件中，有律师参与的案件共30件，其中包含律师9人、法律工作者8人、实习律师1人、司法工作人员1人（见图8）。

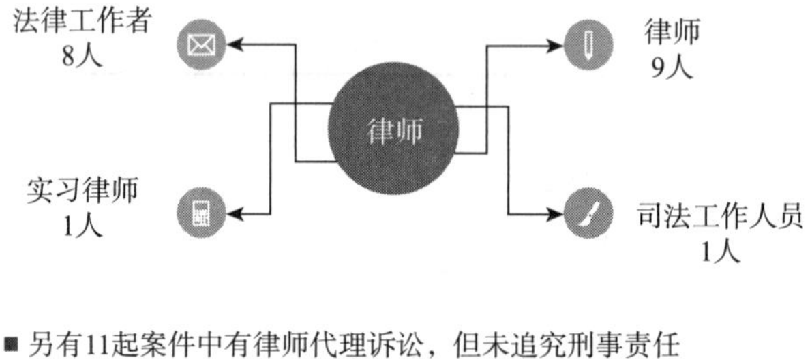

图8　虚假诉讼罪案件中律师涉案情况

（一）律师参与虚假诉讼案件的动机

在有律师参与的虚假诉讼案件中，涉案律师或者当事人存在不同的诉讼动机。例如，索要欠款（借款）、非法占有（含“套路贷”）、逃避债务（含逃避执法）、解除冻结等（见图9）。

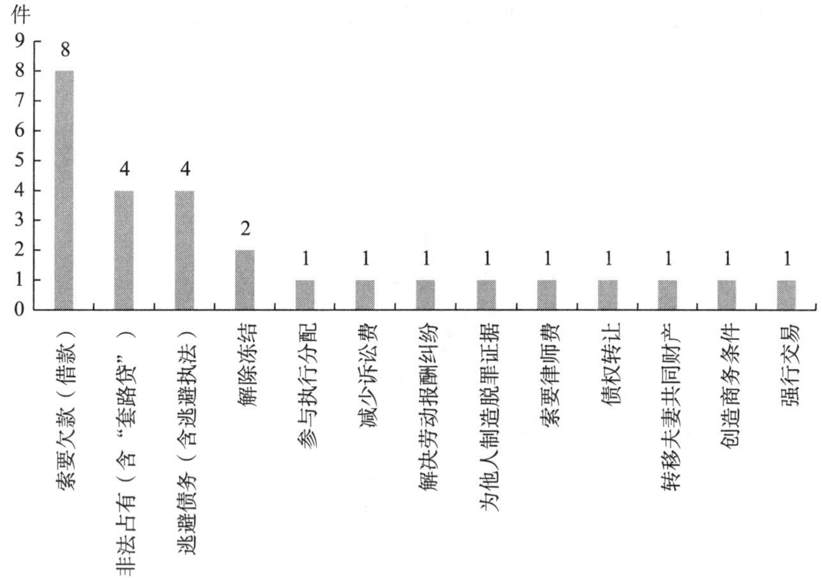

图 9　律师涉案动机

（二）律师参与虚假诉讼案件的核心手段

在有律师参与的虚假诉讼案件中，涉案律师与当事人采用了多种手段虚构事实、隐瞒真相。其中包括虚构民间借贷、虚构建设工程、虚构劳动劳务关系、虚构房屋买卖等（见图 10）。

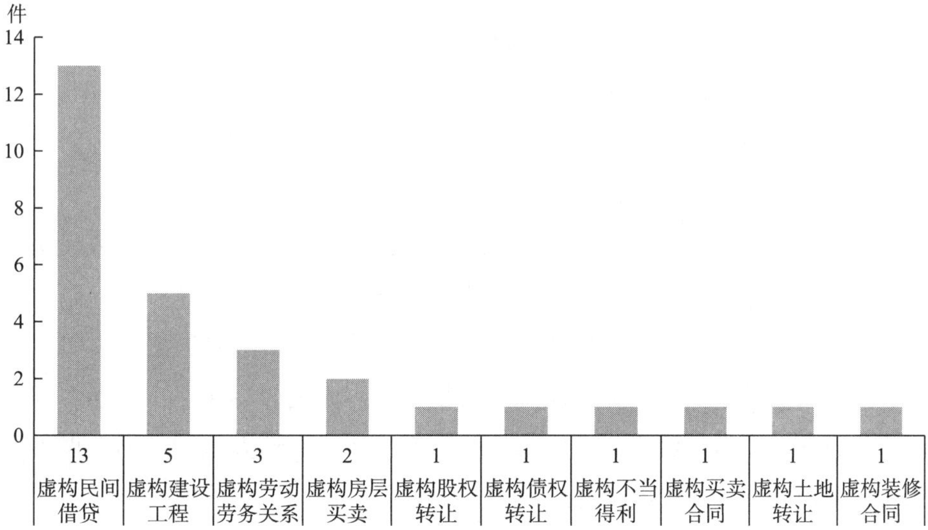

图 10　律师涉案采取的手段

（三）律师参与虚假诉讼案件较多适用调解结案

律师参与的虚假诉讼案件调解率高（见图11），对于当事人异常调解案件，应当予以高度重视和警惕。

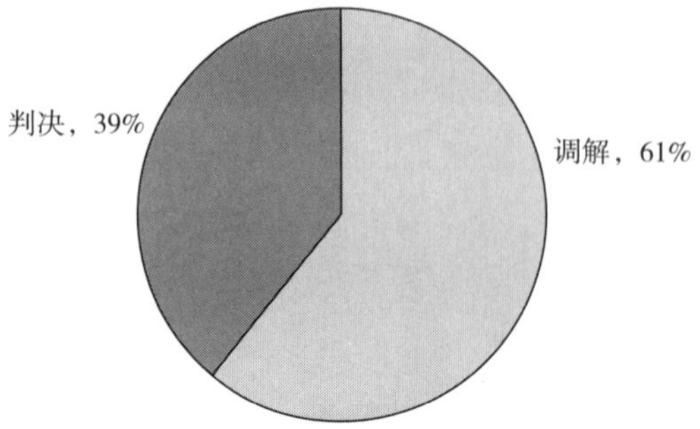

图11　律师涉案的案件结案方式

第二部分　律师涉虚假诉讼罪代表案例及评析

律师参与的虚假诉讼案件呈现以下三个特征：涉及多个领域、出于不同的虚假诉讼动机以及采取具有欺骗性的犯罪手段。下面将针对律师涉虚假诉讼罪的代表案件进行案例评析，律师应重点关注以下案件，在从业过程中规避虚假诉讼的法律风险。

【白某虚假诉讼罪一案〔2017〕豫0323刑初323号】

2015年12月10日，欲达到执行李某甲案件判决给徐某相关资金的目的，白某指使张某、李某、徐某、张某甲之间签订债权转让协议（该协议由白某亲自书写），且指使李某、张某、张某甲捏造虚假书证、虚假证人证言向新安县法院提交，在新安县法院立案当天，白某提出对该案件进行调解，新安县法院于立案当日对该案件进行调解，并于次日下发了河南省新安县法院民事调解书（〔2015〕新民处字2732号）。

判决结果：被告人白某犯虚假诉讼罪，免予刑事处罚。

案例评析：根据《中华人民共和国刑法》第三百零七条之一，《最高人民法院、最高人民检察院关于办理虚假诉讼刑事案件适用法律若干问题的解释》第一条、第二条等规定，该案属律师指使他人虚构债权转让协议，致使人民法院依据该事实下发民事调解书，妨害司法秩序并严重侵害他人合法权益，构成虚假诉讼罪。根据本案，即使当事人之间存在民间借贷关系，虚构事实并向人民法院申请人民调解书，也属于捏造事实向人民法院起诉，构成虚假诉讼罪。

【熊某文、王某英等虚假诉讼罪一案〔2018〕沪02刑终466号】

王某英安排原依风公司员工严某某充当虚假诉讼的原告，其子即被告人郑某充当虚假诉讼的被告；熊某文则指派君泽君律所律师即被告人杨某草拟《借款合同》及民事诉讼状，经其修改后由杨某打印并交给王某英。共同虚构了郑某因经营需要向江某某借款480万元未归还、依风公司自愿为该借款及利息提供连带责任担保的事实。同年2月4日，杨某陪同王某英、江某某向原闸北法院提起民间借贷纠纷诉讼并申请财产保全，请求法院冻结郑某、依风公司银行存款400万元或查封、扣押其相等价值的财产或财产性权益。

2017年4月12日，民警至王某英及郑某居住地传唤两人，郑某到案后如实供述基本犯罪事实，外出的王某英到案后未能作如实供述，之后供述了基本犯罪事实。同日，民警至江某某居住地将其传唤到案，其到案后如实供述基本犯罪事实。同年4月26日，民警电话通知杨某至公安机关接受调查，但杨某未供述主要犯罪事实，在被刑事拘留后才如实供述了基本犯罪事实。2017年5月10日，在民警至君泽君律所调查取证期间，熊某文主动联系民警要求说明案件情况，后在民警陪同下至成都市跳伞塔派出所投案，但未能作如实供述，之后才供述了基本犯罪事实。

判决结果：被告人熊某文犯虚假诉讼罪，判处有期徒刑一年，并处罚金人民一万元。（仅列明涉案律师判决结果）

案例评析：根据《中华人民共和国刑法》第三百零七条之一，《最高人民法院、最高人民检察院关于办理虚假诉讼刑事案件适用法律若干问题的解释》第一条、第二条等规定，该案属律师与公司、企业的法定代表人捏造公司、企业债务以及担保义务，致使人民法院基于捏造的事实采取财产保全或者行为保全措施，妨害司法秩序并严重侵害他人合法权益，构成虚假诉讼罪。

【艾某生虚假诉讼罪一案〔2019〕冀0225刑初105号】

艾某生告知河北杰大律师事务所的执业律师，即本案被告人姚某，艾某军干工程时从艾某生处借款100余万元，艾某生让艾某军书写了欠李某、王某山、王某方、艾某平钱的四份虚假欠条。艾某生请姚某代理起诉事宜。2017年8月3日，被告人姚某持具状人分别为李某、王某山、王某方、艾某平的虚假民事起诉状和委托书等文书材料在滦县人民法院分别申请立案。在民事案件审理过程中艾某军、艾某平、姚某分别在上述法院作了虚假陈述。

判决结果：被告人姚某犯虚假诉讼罪，免予刑事处罚。（仅列明涉案律师判决结果）

案例评析：根据《中华人民共和国刑法》第三百零七条之一，《最高人民法院、最高人民检察院关于办理虚假诉讼刑事案件适用法律若干问题的解释》第一条、第二条等规定，该案属律师与他人恶意串通，捏造债权债务关系，致使人民法院开庭审理，干扰正常司法活动的，妨害司法秩序并严重侵害他人合法权益，构成虚假诉讼罪。人民法院往往基于被告人在共同犯罪中所起的作用、犯罪结果，对参与虚假诉讼的律师予以减轻、免除处罚。

【石某柱、张某敲诈勒索、虚假诉讼一案〔2019〕鲁0921刑初36号】

2017年4月份，石某柱找到柳某三将自己出具的收条撕毁。2017年9月，石某柱在养殖场工程款已经全部收到的情况下，仍然隐瞒事实，利用自己手中保留的欠条向宁阳县人民法院提起民事诉讼，要求花园村委支付工程款共计256501元。被告人张某为收取高额的法律服务费用（约定标准为按照法律文书确定金额的8%计算），在明知石某柱已经收到全部养殖场工程款、收条已经撕毁等情况后，仍然作为石某柱的代理人为其提供法律服务并参加诉讼，指示石某柱隐瞒事实，向法庭作虚假的陈述。宁阳县公安局于2018年9月17日对石某柱涉嫌虚假诉讼案立案侦查，并于2018年9月19日对石某柱采取刑事拘留强制措施。

判决结果：被告人张某犯虚假诉讼罪，判处有期徒刑一年六个月，并处罚金人民币一万元。（仅列明涉案律师判决结果）

案例评析：根据《中华人民共和国刑法》第三百零七条之一，《最高人民法院、最高人民检察院关于办理虚假诉讼刑事案件适用法律若干问题的解释》第一条、第二条等规定，该案属律师与当事人隐瞒债务已经全部清偿的事实，向人民法院提起民事诉讼，要求他人履行债务，妨害司法秩序并且严重侵害他人合法权益，构成虚假诉讼罪。

【张某伟、闵某庆不当得利一案〔2019〕辽1081刑初271号】

2018年10月19日，原审被告人闵某庆欲将其被冻结在中国建设银62×××67-156-1账户的人民币29万元取出，遂与案外人田某鑫共谋，征得原审原告张某伟同意后捏造事实，张某伟以其朋友闵某方向其借款29万元，于2018年9月21日误转到闵某庆银行卡为由，向本院提起民事诉讼（即张某伟诉闵某庆不当得利一案，田某鑫为其代理人），导致灯塔市人民法院在2018年11月5日作出（2018）辽1081民初3490号判决闵某庆返还张某伟29万元的错误判决。

判决结果：被告人田某鑫犯虚假诉讼罪，判处有期徒刑十个月，缓刑一年，并处罚金人民币一万元。（仅列明涉案律师判决结果）

案例评析：根据《中华人民共和国刑法》第三百零七条之一，《最高人民法院、最高人民检察院关于办理虚假诉讼刑事案件适用法律若干问题的解释》第一条、第二条等规定，该案属法律工作人员与他人恶意串通，捏造不当得利的法律关系，致使人民法院基于捏造的事实作出裁判文书，妨害司法秩序并且严重侵害他人合法权益，构成虚假诉讼罪。

【冯某、张某礼虚假诉讼一案〔2020〕豫08刑终275号】

原判认定，2018年9月4日，泌阳市人民法院立案受理刘某月起诉冯某民间借贷案，2018年8月16日，刘某月向法院申请诉前财产保全，2018年8月22日法院作出〔2018〕豫0882财保199号民事裁定书，裁定查封冯某位于泌阳市建设路玫瑰公馆房产一套，期限三年。2018年12月4日，泌阳市人民法院作出〔2018〕豫0882民初2657号民事判决，判决冯某于判决生效之日起十日内偿还刘某月借款本金801000元及利息等。被告人冯某为了参与分配其被泌阳市人民法院拍卖的房产，经与被告人张某礼、杨某昊共谋，由冯某捏造虚假的借款，提起民事诉讼。

判决结果：被告人杨某昊犯虚假诉讼罪，判处有期徒刑一年一个月，并处罚金人民币1.3万元。（仅列明涉案律师判决结果）

案例评析：根据《中华人民共和国刑法》第三百零七条之一，《最高人民法院、最高人民检察院关于办理虚假诉讼刑事案件适用法律若干问题的解释》第一条、第二条等规定，该案属法律服务工作者与被执行人恶意串通，捏造债权，向人民法院起诉，妨害司法秩序并且严重侵害他人合法权益，构成虚假诉讼罪。

【余某林、杨某芬虚假诉讼一案〔2019〕云2328刑初230号】

由余某林操作，将任某志于2014年3月24日转让的、位于元谋县的土地及房屋转让给杨某芬抵债，剩余部分优先支付任某志差欠余某林的10万元借款及诉讼费。后由余某林伪造《房屋买卖合同书》、《房地产交付确认书》、收条等相关材料，于2016年4月6日向元谋县人民法院提起诉讼，收取了杨某芬7万元律师费，元谋县人民法院于同日受理该案，于2016年4月20日作出（2016）云2328民初281号民事调解书，协议由杨某芬于2016年4月30日前支付任某志20万元尾款，5月20日前任某志协助杨某芬办理相关过户手续，双方如期履行。

判决结果：被告人余某林犯虚假诉讼罪，判处有期徒刑二年，并处罚金人民币三万元。（仅列明涉案律师判决结果）

案例评析：根据《中华人民共和国刑法》第三百零七条之一，《最高人民法院、最高人民检察院关于办理虚假诉讼刑事案件适用法律若干问题的解释》第一条、第二条等规定，本案属律师与他人恶意串通，捏造以物抵债协议，致使人民法院基于捏造事实作出裁判文书，妨害司法秩序并且严重侵害他人合法权益，构成虚假诉讼罪。

第三部分　律师涉虚假诉讼犯罪风险防控建议

虚假诉讼不同于一般的诉讼不诚信、虚假陈述等情形，一旦构成虚假诉讼罪，将给当事人带来民事、刑事的双重风险。律师参与其中的，不仅存在执业风险，甚至可能被追究刑事责任。因此，执业律师应当牢固树立杜绝虚假诉讼的理念，在接待当事人、分析研讨案件时有意识地对当事人进行提醒、告诫。律师执业过程中可以从以下几个方面加以防范。

一、全面掌握案件信息，增强风险防范能力

在代理民事诉讼案件时，律师应当全面了解当事人委托事项及其相关信息。

认真做好接待笔录，并由当事人签名确认。

可以《法律风险告知书》或委托合同中的相应条款充分提示虚假诉讼的法律责任。

核实证据并登记造册，由当事人确定其真实性、合法性。对于当事人提供的民事合同、借条、劳务工程清单、相关票据、银行流水等证据材料，代理律师接收证据时应要求当事人提供原件核对，再由律师复印后，同时填写《接收证据登记表》，载明证据的来源、种类、数量、形式等内容，并让当事人在该表上签名捺印，该表可备注“律师提示：当事人确认并告知律师其提交给律师的资料具有真实性、合法性”。

注重核对当事人的陈述，排除合理怀疑，对于不符合常情、常理的证据材料和陈述，应当要求当事人进行合理解释或者进一步核实证据来源的真实性和合法性。例如，根据当事人提供的证据具体内容，认定是否存在当事人之间恶意串通、伪造债权债务的情形；根据当事人对案件的陈述，对异常事项提出疑问，在存在合理解释的情况下，确保案件事实的真实性。

二、坚定拒绝利益诱惑，严守律师职业道德和执业底线

律师从业过程中，应当培养良好的律师职业道德，坚守职业操守，如果所委托的案件涉嫌虚假诉讼，面对委托人的利益诱惑，应当坚守底线，拒绝代理。例如，当事人指使律师帮助其实施虚假诉讼并许以丰厚的报酬的情形下，律师应当坚守职业操守，明知具有虚假诉讼的犯罪风险时，敢于拒绝委托人的委托事项，防控相关法律风险。

三、善于识别虚假诉讼，正确处理案件代理过程中发现的虚假诉讼

律师在代理诉讼过程中，如发现可能存在虚假诉讼，应当利用各种工具对当事人及其相关诉讼行为进行关联检索，特别是对民间借贷、离婚析产、以物抵债、劳动争议、企业破产等重点案件进行关联检索，查询相关案件的损失、执行情况。如果有证据或者线索显示为虚假诉讼的，应当通过书面方式告知当事人，当事人拒绝纠正的，应当依法依约终止代理。

四、增强律师刑事风险敏感性，加强对律师的虚假诉讼识别和防范能力的培训

虚假诉讼往往发生在民商事案件代理过程中，对其进行识别防范，不仅需要刑事法律相关知识的储备及洞察刑事风险的敏感性，还可能涉及刑民交叉问题。并非每一位律师都当然具备虚假诉讼的识别、发现和处置等能力。因此，律师事务所可以将虚假诉讼的防范、识别和处置纳入培训范畴，增强律师刑事风险的敏感性，从思想、业务技能等方面进行培训，规范律师执业行为，保障律师执业权利。

来源：重庆市律师协会

市律协刑民交叉专业委员会

【新闻发布会】河北：通报民事虚假诉讼监督专项活动情况

10月21日，河北省检察院通过省政府新闻办平台召开新闻发布会，通报河北检察机关民事虚假诉讼监督专项活动情况，并回答记者提问。

民事虚假诉讼，俗称“打假官司”，主要是指在民事诉讼活动中当事人、其他诉讼参与人之间恶意串通或者单方采取虚构法律关系、捏造事实、伪造证据等手段，妨害司法秩序，损害国家、社会公共利益或他人合法权益，或逃避履行法律文书确定的义务的行为。

发布会通报，河北省检察院自2019年4月起，持续开展“民事虚假诉讼监督专项活动”，不断加大对民事虚假诉讼的监督力度，探索完善法院、检察院、公安机关、司法行政机关共同防范和惩治民事虚假诉讼的工作机制，形成防范和惩治虚假诉讼的合力。专项活动以来共摸排虚假诉讼线索860余件，受理虚假诉讼监督案件441件，办结318件，提出监督意见254件，移送案件线索48件。

专项活动开展以来，河北省办理民事虚假诉讼监督案件数量稳步上升，社会效果不断显现，有效维护了正常的社会经济秩序，有力回应了新时代人民群众的司法新需求。为进一步拓展线索发现渠道，河北检察机关充分依托门户网站、“两微一端”等新媒体积极开展职能宣传，畅通12309热线等渠道接受控告举报，并开展检察机关内部信息共享，积极运用信息化辅助手段，努力加大虚假诉讼发现力度。在完善检察机关内部“检察一体化”办案机制的同时，河北省检察院与河北省高级法院、河北省公安厅、河北省司法厅联合出台了《关于防范和惩治民事虚假诉讼的规定》，形成打击防范虚假诉讼合力。

此外，河北省各级检察机关落实精准监督理念，紧紧抓住调查核实这一虚假诉讼监督工作核心环节，加大虚假诉讼查证力度，有效提升监督质量。落实“一案三查”，突出对民事虚假诉讼领域深层次监督，在依法对虚假诉讼案件结果进行监督纠错的基础上，加大对虚假诉讼行为人的惩治和打击力度，积极督促法院落实对虚假诉讼行为人的司法惩戒，同时深挖虚假诉讼案件背后司法人员违法问题，通过“以案盯人”的方式同步审查司法人员履行法定职责情况，发现并查处民事虚假诉讼背后隐藏的司法人员违法违纪问题。活动中，河北检察机关移送司法人员违法违纪案件线索 12 件、普通刑事犯罪案件线索 14 件，相关人员被追究刑事责任 3 人。

来源：河北省检察院微信公众号

作者：曹娟

编辑：李梦欣

河北：通报民事虚假诉讼专项监督成效

日前，河北省政府新闻办举行新闻发布会，邀请河北省检察院党组成员、副检察长梁红继介绍该省检察机关开展民事虚假诉讼监督专项活动的有关情况。

据悉，自 2019 年 4 月起，河北省检察院持续开展“民事虚假诉讼监督专项活动”，不断加大对民事虚假诉讼的监督力度，探索完善法院、检察院、公安机关、司法行政机关共同防范和惩治民事虚假诉讼的工作机制，形成防范和惩治虚假诉讼的合力。专项活动开展以来，共摸排虚假诉讼线索 860 余件，受理虚假诉讼监督案件 441 件，办结 318 件，提出监督意见 254 件，移送案件线索 48 件；法院给出处理结果 176 件，采纳监督意见 138 件；督促法院对相关人员作出处罚 45 件。

近年来，河北省检察机关充分依托门户网站、“两微一端”等新媒体平台开展宣传，畅通 12309 检察服务热线等渠道接受控告举报，积极走访纪委监委、党政机关信访部门、律师事务所、行业协会、中介机构等单位，主动收集案件线索。2020 年，河北检察机关共摸排线索 403 件，同比增长了近 10 倍，2021 年 1—8 月已摸排线索 367 件。同时，河北省检察机关注重加强检察机关内部的协作配合。专项活动开展以来，河北省检察机关通过刑事检察部门取得的案件线索占全部案件线索的 23.3%，专项活动成为获取民事虚假诉讼案件线索的重要途径之一。

来源：《检察日报》

作者：肖俊林

编辑：赵楚榕

法官提示：虚假诉讼，是在给自己挖坑埋雷！

自2015年5月立案登记制实施以来，法院对依法应当受理的案件，做到有案必立、有诉必理，当事人的诉权得到全面保障。但与此同时，少数当事人和代理人却借依法诉讼之名，行不诚信诉讼之实。

为提升当事人的合法维权意识，切实保护案外人及相对人利益，北京二中院就涉不诚信诉讼现象进行了专题调研，并于5月23日召开新闻通报会。

不诚信诉讼案件有哪些特点？

二中院审理的案件中，不诚信诉讼案件呈现如下特点：

1. 不诚信诉讼立、审、执阶段形式多样

立案阶段表现为主体资格或委托代理手续造假、隐瞒仲裁协议或协议管辖约定等，其目的是规避管辖、成功立案。审判阶段主要有原被告虚构债务“手拉手”调解、提供被告虚假地址以促成缺席审判或当事人隐匿、伪造证据，此外，滥用管辖权异议、申请非必要评估鉴定也是当事人恶意拖延诉讼的主要方式。执行阶段主要表现为被执行人通过离婚、变更不动产登记等各种途径隐匿和转移财产，弱化履行能力，或通过假意执行和解等拖延执行时间等。

2. 不诚信诉讼案件标的额普遍较大

在二中院处理过的涉不诚信诉讼案件中，涉及虚假调解、伪造证据的案件标的额从几百万元到上亿元不等，标的额普遍较大。具体而言，大标的额不诚信诉讼案件主要有两类：一类是涉案标的物本身价值较高的大标的额案件，如房屋买卖合同案件；另一类为当事人虚构高标的额案件，如原被告为实现转移财产的目的，恶意串通转移财产时，签订的股权转让、民间借贷等各类合同。

3. 不诚信诉讼呈区域性、主体性集中多发

不诚信诉讼在某一时间段内围绕某一特定区域或某一当事人集中发生，是该类案件的较常见现象。如：涉区域性拆迁案件中，大量拆迁区域当事人向法院提起分家析产等诉讼，此类诉讼中当事人家庭成员间没有实质争议，仅希望通过判决得以分户，从而多得拆迁补偿款。又如：某一当事人债务状况恶化时，法院通常会收到与之有关的大量诉讼，其中可能会有部分案件存在双方恶意串通，以帮助债务人转移财产。

不诚信诉讼发生有哪些原因？

1. 当事人谋取不正当利益

随着经济的发展，“诚信危机”时有发生，道德失范和契约精神的缺失使得利益成为行为人唯一的追求，谋取不正当利益是不诚信诉讼行为人的主观动机。

2. 代理人滥用诉讼制度

部分诉讼中，案件代理人运用自己对法律的精确掌握，采取提出管辖权异议、寻找案外人提出执行异议等途径拖延诉讼和执行，甚至出现代理人帮助当事人捏造虚假诉讼案件的情况。

3. 法院对不诚信诉讼认定存在困难

由于不诚信当事人多为有备而来，尤其在恶意串通情形下，法院发现虚假诉讼存在一定困难，即使发现也有一定滞后性，且获得的利益远高于被发现后受到的惩罚。因此，部分当事人受“低风险，高回报”的驱使，铤而走险。

二中院立案阶段应对不诚信诉讼有哪些机制？

立案审查环节中对案件的筛查过滤，是识别与防范不诚信诉讼的首要核心环节。二中院在立案阶段主要采取以下措施应对不诚信诉讼。

1. 通过引导提示发挥筛查功能

诚信引导和信息共享是二中院应对不诚信诉讼的两项主要措施。诚信引导是就在立案、审判、执行等诉讼活动中可能遇到的诚信风险对当事人进行提示，列明相应法律后果。要求起诉人签署诚信诉讼承诺书，部分案件以接待笔录的形式将当事人陈述予以书面记录，防止当事人在立案和审判中作出矛盾陈述。

信息共享是立案人员在立案阶段发现不诚信诉讼问题后，第一时间向涉案庭室通报进行提示。对于在其他法院存在相关诉讼以及在不同法院重复诉讼类案件，及时与相关法院沟通联系，充分发挥信息共享效用。

2. 通过关键节点审查识别案件风险

对于当事人提交的材料，二中院在立案环节着重从三个关键节点进行审查：①审查当事人主体资格及委托代理手续的真实性，防止假冒他人进行虚假诉讼。②询问和释明纠纷的法律关系性质，避免部分当事人故意混淆法律关系，以规避级别管辖或地域管辖。③关注主管和管辖证据的真实性，防范当事人伪造证明案件管辖连接点证据、隐瞒仲裁条款等的情形。

3. 其他建议

防止不诚信诉讼，需要法院、当事人和代理人各方的共同努力，为此，二中院提出如下建议：

（1）莫存侥幸心理。打击虚假诉讼，是人民法院案件审理工作中始终重视的工作。根据民事诉讼法规定，伪造、毁灭证据，恶意串通侵害他人合法权益或逃避法律文书确定的义务时，人民法院有权视情节轻重予以罚款、拘留；构成犯罪的，依法应当追究刑事责任。2018 年 9 月，最高人民法院和最高人民检察院联合出台了《关于办理虚假诉讼刑事案件适用法律若干问题的解释》，将实践中常见的民事虚假诉讼手段均纳入了刑法调整范畴，加大了对虚假诉讼的打击力度。司法实践中，不诚信诉讼可能构成的罪名有虚假诉讼罪，帮助毁灭、伪造证据罪，诈骗罪，拒不执行判决、裁定罪等。伴随司法公开力度的加大和社会诚信体系的完善，不诚信诉讼除可能造成金钱损失和自由丧失外，还可能会在诚信记录上永远留下污点，影响日后正常生活。为自己和家人考虑，切莫对不诚信诉讼手段抱有侥幸期待。

（2）莫轻信他人承诺。当事人在寻求帮助过程中，如遇见有人称“我可以帮你赢”“我在法院有人”等类似情况，切莫轻信，以免上当受骗。此外，如果“代理人”有造假意愿，并称可以通过造假胜诉，当事人一定要明白诉讼中假证据、假陈述很难与其他证据相互印证，一经发现，必受处罚。

（3）按时参与诉讼。法院在发现案件可能侵害案外人利益时，往往会寻找案外人并传唤其到庭参加诉讼，但有些人传统地认为被传唤就是“被告了”，存在抵触情绪，进而拒绝到庭，或者到庭后只顾发泄情绪而忽略陈述案件事实，导致机会丧失。对此，建议如遇传唤，及时了解案情，积极参与诉讼，理性表达意见。

（4）依法及时寻求合法救济途径。目前，民事诉讼法为了保护案外人利益，设置了案外人申请再审程序、第三人撤销之诉程序、执行异议程序等。对于不动产，法律还设置了异议登记程序。如发现生效法律文书导致自身利益被侵害，或案件已经进入执行阶段，可通过上述途径维护自身权益，避免遭受更大损失。

对于诚信诉讼一方当事人，在对方债务状况恶化的情形下，及时跟进了解其涉诉信息及关联方动作，及时提起诉讼并申请保全，避免对方通过各种途径拖延诉讼、转移资产。在发现对方伪造证据或恶意串通情形时，及时向法院反馈，便于法院更为全面地掌握案件情况，及时采取措施。

相关链接：

不诚信诉讼，是指当事人出于谋求不正当利益的主观动机，以合法形式掩盖非法目的，弄虚作假、滥用诉权，骗取法院有关司法文书，蒙蔽法官采取某种司法措施，或逃避生效文书确定义务的行为，包括虚假诉讼和恶意诉讼。

不诚信诉讼危害：民事商事审判领域存在的不诚信诉讼现象，不仅严重侵害案外人及相对人合法权益，破坏社会诚信，也扰乱了正常的诉讼秩序，损害司法权威和司法公信力。

北京市第二中级人民法院涉不诚信诉讼典型案例

［案例一］赵某等恶意串通签订协议转移破产财产案

2017 年某日，二中院收到赵某诉北京某公司及其关联方共五人的股东出资纠纷诉讼，要求解除各方签订的《增资扩股协议》并返还赵某的投资款约 1 亿元。

立案阶段赵某即提出双方有调解意愿，希望诉前调解。应原告请求，二中院将案件导入相应机构进行调解，调解过程中，五被告均委托了同一位代理人，并称该代理人为五被告实际控制人的亲属。调解结果为被告对原告所提诉讼请求全部认可，并承诺还款。调解协议达成后，法院依职权进行了审查，发现五被告的所谓代理人不符合法律规定的代理条件，且被告之一的北京某公司已在其他法院进入破产清算阶段。经与该公司破产管理人联系，管理人称该公司账目多有问题，存在多笔虚假债权，管理状况恶劣。经反复询问，赵某表示如不能出具调解书，其放弃诉讼途径。

据此，二中院依法对其案件不予出具调解书。

［案例二］张某伪造、编造银行结算凭证及个人银行卡交易明细被罚款案

2017 年某日，二中院接到骆某与张某等返还原物纠纷上诉案件。该案中，骆某起诉张某要求其返还涉案房屋并支付房屋占用费等。张某为虚构涉案房屋系自己购买所得的事实，伪造了银行结算凭证及交易流水明细，并请李某出庭作证，以达到占有房屋的非法目的。

二审庭审阶段，应骆某申请，法院向相关银行调取了张某的账户交易明细，并查询了涉案汇款业务凭证，发现交易明细中不存在当事人所提交的汇款业务，另有张某于证人李某出庭作证当天向李某转账 25 万元的转账记录。经法庭询问，证人李某改口称其对案件事实记不清楚了，对于 25 万元的转账，李某解释为系为其母治病而向张某借款。最终二中院就查明的事实和证据，对证人李某予以训诫并在生效判决书中予以记录，对当事人张某作出罚款 5 万元的决定。

［案例三］证人苗某虚假陈述案件关键事实被罚款案

2018 年，二中院在审理一劳动争议案件中，发现证人苗某在一审、二审庭审阶段对于案件关键事实的陈述存在矛盾，一审中的陈述系虚假陈述。

证人证言系我国民事诉讼法规定的证据类型，苗某作伪证的行为属于诉讼参与人伪造、毁灭重要证据的情形。苗某违反民事诉讼的诚实信用原则，严重妨碍人民法院审理案件，浪费司法资源，并给其他诉讼参加人造成诉累。据此，二中院依照民事诉讼法相关规定，对苗某作出罚款 1 万元的决定。

来源：京法网事
北京二中院
作者：祁哲洋　涂浩

京师律师学院举行“套路贷——虚假诉讼等相关司法解释”学习研讨会

2019 年 4 月 15 日，京师律师学院举行“套路贷——虚假诉讼等相关司法解释”学习研讨会。

会议上，京师律师学院执行院长王朝勇向与会人员介绍了 4 月 9 日全国扫黑办举办新闻发布会，公开发布最高人民法院、最高人民检察院、公安部和司法部联合印发的《关于办理“套路贷”刑事案件若干问题的意见》《关于办理恶势力刑事案件若干问题的意见》《关于办理实施“软暴力”的刑事案件若干问题的意见》《关于办理黑恶势力刑事案件中财产处置若干问题的意见》等四个意见。与会人员围绕以下几个方面展开讨论与学习：

“套路贷”包含多个罪名

“套路贷”不是一个新罪名，其包含以下多个罪名：

1. 诈骗罪；
2. 敲诈勒索罪；
3. 虚假诉讼罪；
4. 寻衅滋事罪；
5. 侵犯公民个人信息罪；
6. 侮辱罪；
7. 传播淫秽物品罪；
8. 传播淫秽物品牟利罪；
9. 非法拘禁罪；
10. 非法吸收公众存款罪；
11. 聚众扰乱社会秩序罪；
12. 组织、领导、参加黑社会性质组织罪；
13. 高利转贷罪；
14. 骗取贷款罪；
15. 强迫交易罪；

16. 集资诈骗罪；

17. 擅自设立金融机构罪等罪名。

“套路贷”违法犯罪活动隐蔽性强、获利快、收益高且易于复制传播，危害极大。近年来，“套路贷”衍生出多种刑事犯罪，犯罪嫌疑人为催收债务，一般采取辱骂、恐吓、威胁等“软暴力”手段，有时还伴有暴力型犯罪行为，涉嫌非法拘禁、敲诈勒索、寻衅滋事等多种违法犯罪。一些“套路贷”借助网络平台，从线下向线上蔓延，由传统的接触式犯罪转变为新型非接触式犯罪，侵害的群体人数更多、范围更广，社会危害大。

虚假诉讼可以转化为诈骗罪等多种罪名

根据《最高人民法院、最高人民检察院关于办理虚假诉讼刑事案件适用法律若干问题的解释》第四条的规定，实施《刑法》第三百零七条之一第一款行为，非法占有他人财产或者逃避合法债务，又构成诈骗罪，职务侵占罪，拒不执行判决、裁定罪，贪污罪等犯罪的，依照处罚较重的规定定罪从重处罚。由此可见，以捏造的事实提起民事诉讼，妨害司法秩序或者严重侵害他人合法权益的，同时非法占有他人财产或者逃避合法债务，可以转化为诈骗罪、职务侵占罪等罪名，依照处罚较重的规定定罪从重处罚。

最高检开展虚假诉讼专项监督活动打击虚假诉讼

最高检部署在全国检察机关开展虚假诉讼专项监督活动，发布《最高人民检察院关于充分发挥检察职能为打好“三大攻坚战”提供司法保障的意见》，强调要加强对涉“三大攻坚战”虚假诉讼的监督和惩治；“两高”联合发布《关于办理虚假诉讼刑事案件适用法律若干问题的解释》。最高检还开展了一项为期一年半的民事和行政非诉执行监督专项活动，以此来加强打击虚假诉讼的力度。“我们通过全面梳理人民法院在非诉执行中存在的问题及各仲裁机构、公证机关在出具非诉执行法律文书中存在的问题，加强对虚假仲裁和违法公证的监督，加大调查和追责力度；加强与同级法院的沟通交流，召开联席会议，通报专项活动开展情况，积极争取人民法院的支持和配合，充分发挥人民法院依法对仲裁、公证案件进行司法审查等功能作用，共同防范虚假诉讼行为向仲裁、公证环节蔓延，进一步增强惩治虚假诉讼的合力。在具体的行动上，全国检察机关充分发挥检察一体化工作机制的优势和作用，采取检察长牵头带领刑事、民事检察部门资深检察官组成专案组办理虚假诉讼监督案件，逐步在省、市两级检察院建立虚假诉讼监督指挥协调中心。”在强化办案的同时，检察机关也加强普法宣传，共建崇尚诚实信用、遵守公序良俗的法治文化，动员全社会力量共同参与“诉讼打假”。

“套路贷”是一种新型黑恶犯罪

公安部新闻发言人郭林在主持发布会时表示，“套路贷”是新型黑恶犯罪的一种。黑恶势力是社会毒瘤，严重破坏经济社会秩序，侵蚀党的执政根基。在全国开展为期三年的扫黑除恶专项斗争，是以习近平同志为核心的党中央作出的重大决策部署。2月19日，中共中央政治局委员、中央政法委书记、全国扫黑除恶专项斗争领导小组组长郭声琨主持召开领导小组会议，强调2019年是专项斗争承上启下的关键之年，要始终保持强大攻势，全力侦办涉黑涉恶重大案件和群众反映强烈的案件，推动专项斗争不断实现新突破。公安机关在这场专项斗争中始终坚持突出重点、主动出击，注重从新业态、新领域中发现新型黑恶犯罪，及时依法打击，推动标本兼治。

“这种新业态的黑恶犯罪为什么群众反映强烈？社会危害很大?”郭林表示，主要是它具有很强的欺骗性，一般以民间借贷为幌子，通过骗取受害人签订虚假合同虚增债务，伪造资金流水等虚假证据，并以审核费、管理费、服务费等名义收取高额费用，恶意制造违约迫使受害人继续借贷平账，不断垒高债务，最后通过滋扰、纠缠、非法拘禁、敲诈勒索等暴力或“软暴力”手段催讨债务，达到非法侵占受害人财物的目的。这类新型黑恶犯罪不仅严重侵害当事人的合法权益，也扰乱金融市场秩序，影响社会和谐稳定。

目前，公安部已部署采取了一系列措施，严打“套路贷”违法犯罪活动。一是将从事非法讨债、高利放贷以及“套路贷”的黑恶势力列为公安机关扫黑除恶专项斗争的打击重点；二是积极推动最高人民法院、最高人民检察院、司法部出台了《关于办理黑恶势力犯罪案件若干问题的指导意见》，对依法打击“套路贷”违法犯罪活动进行了具体、明确的规定；三是挂牌督办一批“套路贷”黑恶案件，派出十余个专家组赴多地实地督导案件侦办工作；四是主动运用大数据、信息化的手段，对“套路贷”违法犯罪活动开展分析研判，及时发现“套路贷”线索、部署各地进行打击。

六位法学专家对“扫黑除恶”指导意见作出深层次的解读

4月9日，全国扫黑办首次举办新闻发布会，公开发布最高人民法院、最高人民检察院、公安部和司法部联合印发的《关于办理恶势力刑事案件若干问题的意见》等四个意见。

6位法学专家一致认为，出台关于办理扫黑除恶案件的四个意见，积极回应了社会关切和精准办案、依法严惩之需，有助于统一执法办案标准，推动各地各部门更好运用法治思维和法治方式打击黑恶势力，确保扫黑除恶专项斗争始终在法治轨道上健康发展。

“两高两部”《关于办理恶势力刑事案件若干问题的意见》等四个意见清晰地确定了恶势力犯罪的特征、范围，排除了一般纠纷所引发的普通刑事案件成立恶势力的可能，避免了因为恶势力这一概念本身内在隐含的模糊性而扩大打击范围的倾向。同时，与以往相关法律文件相比，此次意见对恶势力增加了“为非作恶，欺压百姓”的表述。这要求恶势力所涉及的违法犯罪行为具有特定的主观动机，对普通民众的人身财产安全，安宁生活产生直接的危害。

——中国社科院大学副校长　林维教授

“黑恶势力犯罪呈现出明显的日常活动向‘软暴力’发展变化的特点。这种‘大错误不犯，小错误不断’的‘软暴力’行为，往往在司法执法中形成了‘气死公安局，法院没法办，群众有意见’的局面。”此次“两高两部”出台《关于办理实施“软暴力”的刑事案件若干问题的意见》，首次明确将‘软暴力’这一类违法犯罪形式界定为“违法犯罪手段”，系构成黑恶势力犯罪诸多犯罪种类的手段形式之一，在法治轨道上回应了‘软暴力’这一新型黑恶势力犯罪主要行为模式带来的挑战。

——中国人民公安大学　靳高风教授

“鉴于信息社会背景下，近年来利用互联网等各种新型信息工具实施‘软暴力’违法犯罪行为的案件快速增加的司法实践状况，意见作出相应规定，实现了网上与网下‘软暴力’的全面打击、一体规范。摆放花圈、断水断电等行为，应如何与‘软暴力’画等号”？意见规定了“量”，即两个“足以”——足以使他人产生恐惧、恐慌进而形成心理强制，或者足以影响、限制人身自由，危及人身财产安全，影响正常生活、工作、生产、经营。并规定了6种达到“足以”的情形，其中包括“以黑恶势力名义实施的”。

——中国人民大学法学院　程雷教授

“两高两部”出台《关于办理“套路贷”刑事案件若干问题的意见》，明确了“套路贷”的概念和认定标准，并列举了常见的犯罪手法和步骤。此次意见的出台，有助于准确认定“套路贷”违法犯罪行为，统一司法适用标准，提升案件办理质量的同时，提高司法效率。“套路贷”是近年新出现的非法占有型侵财类犯罪，是传统高利贷与其他违法犯罪活动结合后的升级版。对于“套路贷”犯罪所涉及的财产问题，意见规定犯罪嫌疑人、被告人实施“套路贷”违法所得的一切财物，应当予以追缴或者责令退赔；对被害人的合法财产，应当及时返还。有证据证明是犯罪嫌疑人、被告人为实施“套路贷”而交付给被害人的本金，赔偿被害人的损失后如有剩余，应依法予以没收。

对“套路贷”犯罪与黑恶势力犯罪之间的交叉关系进行界定，坚持了罪刑法定的立场，既避免了人为降格，更避免了人为拔高，即为完成任务而不加区别地将所有“套路贷”犯罪都认定为黑恶势力犯罪的现象。

——北京师范大学刑事法律科学研究院副院长　卢建平教授

“意见从制度上重视并加大了对涉案财物的处置力度，以保证从经济上遏制黑恶势力死灰复燃的可能性。”如意见明确规定了关于第三人非善意取得涉案财物应当依法追缴的情形，对于“收益”的界定中，也将聚敛、获取的财产投资、置业形成的财产及其收益列在其中，对于涉案财物的追缴力度不可谓不大。另外，黑恶势力犯罪往往会衍生、牵连、依托于其他犯罪行为，因此在打击黑恶势力犯罪的策略上必须“以点带面”。意见对深挖打击黑恶势力犯罪相关经济犯罪，例如洗钱及掩饰、隐瞒犯罪所得、犯罪收益等作出了规定，不可谓不全面。

——武汉大学法学院　莫洪宪教授、四川大学法学院　万毅教授

“假官司”数量逐年攀升，民间借贷领域高发

日前，最高人民法院、最高人民检察院、公安部、司法部印发《关于进一步加强虚假诉讼犯罪惩治工作的意见》（以下简称《意见》），再一次全面加强对虚假诉讼的制裁力度。

虚假诉讼俗称“打假官司”，一般表现为当事人或虚构案件事实，或捏造法律关系，或伪造诉讼证据，炮制出假案子、假讼争，意图利用法院裁判权和执行权实现非法目的的诉讼行为。

虚假诉讼主要分为“单方欺诈”和“双方串通”两种类型。由于虚假诉讼手段隐蔽，实践中难以甄别，不仅侵害他人合法权益，损害司法权威和公信力，还扰乱市场经济秩序和司法秩序。如何有效打击虚假诉讼引发社会关注。

本期议事厅邀请法学教授、律师，以及民间借贷活跃地区的法官与检察官，围绕虚假诉讼治理展开探讨。

策划主持

新华每日电讯记者　完颜文豪

访谈嘉宾

汤维建　中国人民大学法学院教授

洪道德　中国政法大学刑事诉讼法教授

王朝勇　京师律师事务所总部投资合伙人

李道演　京衡律师事务所副主任、管理合伙人

李　红　广东佛山市顺德区人民法院副院长

程小国　浙江台州市中级人民法院刑一庭庭长

许光勇　浙江台州市检察院第四检察部主任

为何“假官司”数量逐年攀升

一些人将诉讼当成商战，企图通过不正当手段非法获益。

最高检数据显示，2018—2020 年，全国检察机关纠正的虚假诉讼案数为 1484 件、3300 件和 10090 件，呈现逐年攀升趋势。

许光勇：早在 2005 年前，司法实践中就已出现虚假诉讼，近年来数量逐渐攀升。

主要是违法分子受利益驱动钻法律空子，通过虚假诉讼牟取非法利益。

洪道德：随着经济快速发展，一些人将诉讼当成商战，企图通过不诚实、不正当的手段非法获益，使社会诚信受到很大破坏。

过去也有虚假诉讼，由于法律不健全、标准不清晰，这类案件基本上按伪证罪、诈骗罪等处理。但这些罪名的构成要件有时跟虚假诉讼不匹配，即使作为妨害民事诉讼行为处理也不准确，所以虚假诉讼很少被当作犯罪处理。

李道演：2015 年施行的《刑法修正案（九）》增设了虚假诉讼罪，2018 年和今年分别出台的司法解释和《意见》，对这类案件审查更加严格，惩治力度逐渐加大，导致案件数量明显增多。

王朝勇：狭义的虚假诉讼是指刑法中的虚假诉讼罪，广义的虚假诉讼还包括民事上的虚假诉讼，不一定构成犯罪。虚假诉讼罪仅限于“无中生有型”行为，包括“单方欺诈型”和“恶意串通型”。

汤维建：社会诚信是诉讼诚信的基本背景，社会诚信体系不健全，虚假诉讼就会有滋生的土壤。社会诚信度越低，虚假诉讼率就越高。

极少数司法审判人员甚至还内外勾结，“指导”当事人进行虚假诉讼，有些司法人员为谋取私利，不惜以身试法，通过炮制虚假诉讼进行枉法裁判。

李红：近年来，诉讼案件本身在逐年上涨，虚假诉讼数量也会水涨船高。在解决执行难过程中，加大了财产处置的力度，当事人对财产的争夺更激烈，虚假诉讼有时就被当成一种手段。还有，立案登记制要求有案必立，但立案阶段缺乏对虚假诉讼的有效拦截机制。

汤维建：立案登记制度本来是为了更好地保护当事人的诉权，但被有些当事人当成诉讼程序漏洞利用，作为虚假诉讼的“制度保护伞”。

另外，由于实体法律制度不完备，很多虚假诉讼都是为了规避实体法上的要求，比如房屋限购、车辆限买等指标性制度，为人们通过虚假诉讼规避它们提供了“诱惑”。

洪道德：有案必立和立案审理是两个概念。有案必立并没有降低法院对案件事实和证据的审查判断，也没有降低判决的标准，而虚假诉讼是通过司法机关的审理把虚假内容认定成合法事实。不能把有案必立理解成立而必审、审而必判、判完必赢。

民间借贷何以成“假官司”高发区

能够产生借贷关系的基础法律关系多种多样，最直接的证据“借条”“借据”易于伪造。

最高法数据显示，2015 年至 2020 年上半年发现的虚假诉讼中，发案量最高的是民间借贷纠纷案件，占比达46.36%。

王朝勇：虚假诉讼在民商诉讼很多领域都存在，其中民间借贷是重灾区。往往经济越发达的地方，民间借贷越活跃，相对来说，目前广东、浙江、江苏案件数量较多。

近年来，民间借贷中出现的“套路贷”，不少都涉及虚假诉讼。我接触的虚假诉讼受害者，大多是2014年陷入“套路贷”的房地产企业，当年银行压缩银根，地产企业缺钱，有人就故意放贷下套，有的企业上百亿资产都被套没了，案中有案非常复杂，光案卷就要几麻袋。

李红：我们对近几年虚假诉讼案件做过分析，涉及民间借贷、劳动争议、破产企业债权确定、拆迁补偿、遗产纠纷等，主要跟执行和破产程序有关。其中，执行程序占比较多，又集中在民间借贷领域，当事人最常见的目的是阻却法院执行，其次是稀释执行债权，以及设立本不存在的优先受偿权。

李道演：今年出台的《意见》，列举了九种虚假诉讼犯罪易发的民事案件类型，“民间借贷纠纷案件”排在首位，显然是根据司法实践总结出来的。这类案件基数大，虚假诉讼自然高发。

不少虚假诉讼的原告从事高利贷行业，为了追求非法利益，捏造事实打官司。还有一些原告以“受害者”自居，抱着侥幸心理希望通过诉讼，挽回自身损失。

程小国：借贷关系是常见的民事法律关系，能够产生借贷关系的基础法律关系多种多样，容易虚构，最直接的证据“借条”“借据”易于伪造。

有的出借人为了逐利而不择手段，惯用虚假陈述等手段。还有一些从事高利放贷、实施“套路贷”的人员，为了牟取暴利与黑恶势力相勾结，借款人出于无奈或被胁迫出具虚假凭证、作虚假陈述的屡见不鲜。

许光勇：相较于其他复杂的民事法律关系，民间借贷案件有其特殊性——举证责任相对容易实现，借条、银行转账记录等证据较易获取；诉讼上一般是简易程序，而且很多案件是缺席判决，容易实现虚假诉讼的目的。

从司法机关案件管理角度来说，信息不对称也是虚假诉讼高发的客观原因。比如有的当事人在同一法院提起几十件甚至几百件民间借贷纠纷诉讼，这种现象本身就不正常。由于不同案件承办人之间沟通较少，加上他们手头案件又多，有些线索容易被忽略。

如何才能识破“假官司”

如果有专业人士在背后指导，证据链会很完整，虚假诉讼的识别难度更大。

程小国：虚假诉讼具有很强的隐蔽性，特别是“双方串通型”。当事人之间往往关系密切，会恶意串通、虚构事实、炮制证据，以应对司法审查。

一方面，民事债权债务关系无须公示，第三人无从知晓，受害人因不知情而无法提出抗辩。另一方面，民事诉讼中很多当事人为了自身利益，往往不配合法院就案件事实的调查。即便法官通过自由心证认为存在虚假诉讼的可能性，但在没有确切证据情况下，法律事实和客观事实之间可能存在偏差。

李道演：2015 年虚假诉讼入罪时，由于罪名规定太过模糊，司法惩戒与刑事打击界限不清，实践中罪与非罪存在很多争议。

后来的司法解释，明确了只有“无中生有型”虚假诉讼才构成本罪，统一了司法裁判标准。今年出台的《意见》，列举了七种可能属于虚假诉讼的线索。认定标准详细，立法层面做了最大可能的覆盖工作，关键还要靠实践落实。

汤维建：目前，司法考核指标中缺乏对虚假诉讼的量化扣分项目，也缺乏有效的司法责任追究机制，有些司法审判人员盲目追求结案率，对涉嫌虚假诉讼的案件睁一只眼闭一只眼，通过调解、速裁、司法确认等简易管道，三下五除二迅速做出结案处理，使虚假诉讼得以蒙混过关。

李红：往往有财产打“假官司”才有价值。在执行案件中，一旦查到关联案件且涉及民间借贷，或查到被执行人有财产时，法官一般都会很谨慎。

然而，民事诉讼中有缺席审判、调解结案等审判机制，法官遇到这些情况，没有深入调查的契机，不可能对每一起民间借贷案件，都用警惕的眼光审视。

有的案件办完要花几年时间，对次数繁多的小额资金流向，大数据查控能力也有限，法官需要投入很大精力。目前缺乏相应的激励机制，不会单独计算虚假诉讼审查的工作量。

王朝勇：“套路贷”领域的诈骗型虚假诉讼中，贷款人为了洗清嫌疑，往往会在合同订立、银行流水单上“绞尽脑汁”，披上合法民间借贷的外衣。仅通过书面证据，很难看出贷款人隐藏的非法占有目的。

李红：如果有专业人士在背后指导，虚假诉讼的识别难度更大，证据链会很完整，虚构的事实也符合标准的诉讼要求，无疑会增加法官调查取证、破解虚假诉讼的难度。

许光勇：我们检察院对证据的调查核实措施比较有限，当事人之间借贷资金是否实际交付、归还，我们可以通过银行交易流水查明资金流向。但如果是现金交付，要调查出借人是否有出借能力、借款人是否有借款必要等综合认定，难度就会大很多。

李红：一般当事人自己做资金流向，可能也就倒腾两手。如果由专业人员来做，可能五手才能查出来。我们有时候查一个账号，发现资金都不在银行体系了，甚至有一些专业的洗钱手段，资金流向最后就断了。

法官穷尽证据收集手段都追查不出来，即使公安机关介入侦破难度也很大。司法资源不可能全部投入某一件案子中，法院也要考虑查到什么程度应该放弃。

许光勇：办案时容易找到出借人并调查取证，而很多借款人属于社会失信人员，流动性大，联系方式不明，寻找到他们也是一大难题。

当然，司法机关更要主动作为。法院处在民事诉讼第一线，要运用好发现虚假诉讼的最有利优势；公安机关作为侦查部门，要刚性有力地查办虚假诉讼案件；检察机关要通过法律监督贯通刑事、民事诉讼，畅通查办虚假诉讼的程序问题……

“成本小获利大”惩治难题怎么破

较低罚款或短暂拘留的违法成本明显偏低，助推了虚假诉讼的泛滥和升级。

程小国：虚假诉讼一般成本小、获利大，存在惩治手段不足的困境。从民事惩戒来看，对于虚假诉讼不构成犯罪的，给予行为人罚款、拘留等处罚，对个人和单位罚款金额，最高分别不超过10万元和100万元。随着经济发展和虚假诉讼行为方式的变化，这一标准很难适应打击需要。

李红：我们法院审理的这类案件中，财产数额绝大多数都是几十万元起步。制裁力度不足，违法成本太低，罚款数额远低于违法收益，当事人有以小博大的心态。

汤维建：民事诉讼法中，关于虚假诉讼妨碍民事诉讼行为的强制措施与制裁制度不够完善，对妨碍民事诉讼行为的构成要件设置的门槛过高，使很多虚假诉讼得以逃脱制裁。

另外，司法公开制度、陪审制度、第三人诉讼告知制度、检察监督重点跟踪制度等落实得不够理想，对虚假诉讼的监督和惩治效果不佳。

李红：法律适用上还有难点，民事诉讼中是否认定虚假诉讼，刑事上是否构成虚假诉讼犯罪，是此罪还是彼罪，在犯罪形态、量刑情节等方面存在较大争议。

目前司法资源比较匮乏，是否应投入打击虚假诉讼领域，不同地区和时期，各级司法机关也会有不同考量。

程小国：就刑事打击而言，虚假诉讼罪限于“无中生有型”虚假诉讼行为，而对“部分篡改型”虚假诉讼，既不能以虚假诉讼罪定罪处罚，一般也不宜以诈骗罪、职务侵占罪等侵财类犯罪定性处理，往往以罚款、拘留等措施进行处罚，刑事打击力度有限。

汤维建：虚假诉讼必须造成严重后果，才能被纳入刑事犯罪进行制裁，未能让以身试法者心生畏惧。而较低罚款或短暂拘留的违法成本明显偏低，“低投入、高产出”这一扭曲性机制，助推了虚假诉讼的泛滥和升级。

李红：刑事责任的量刑相对较低，有文章对2015—2018年全国法院的138篇虚假诉讼裁判文书进行分析，所处的刑罚都是用虚假诉讼罪中的第一档，就是三年以下有期徒刑、拘役或者管制，而且适用缓刑率很高。

有的虚假诉讼被发现后，当事人最多把应该偿还的债务还上，与受害人达成和解、取得谅解，从而获得从轻处罚。

程小国：不同法院之间缺乏审判信息沟通平台，法院与检察院、公安机关等部门，也缺乏有效的信息交流共享渠道，法官办案时难以全面掌握当事人的财产状况、信用记录等信息，各部门需加强协同治理，建立线索移送、结果反馈机制。

李红：2012—2019 年，我们法院审理的涉及虚假诉讼犯罪案件有九件，每年对以虚假诉讼扰乱民事诉讼秩序的处罚有二三十件。

我们法院做过工作指引和协调机制，但要更细化并能指导实际工作，目前案件积累还不够，在诉讼中占比没那么高。

汤维建：还需要以虚假诉讼惩治为切入点，完善司法考核和司法伦理制度，进行常规性司法反腐。一些法律服务者的职业操守尚需提升，法律服务业唯利是图、缺乏有效监督的倾向有待遏制。

许光勇：非法获取利益是虚假诉讼的根源，要有效打击就要切断利益链，消除通过虚假诉讼获得的非法利益。在承担民事责任的基础上，通过对虚假诉讼产业链等施以刑事责任，尽可能压缩虚假诉讼赖以生存的利益空间。另外，还要加强普法宣传，动员社会力量共同参与"诉讼打假"。

汤维建：实践中许多假离婚的形成，与拆迁、征用补偿、规避税费等问题联系密切。当前，有针对性地、系统地梳理实体法中的制度性缺陷，堵住通向虚假诉讼的实体法之路，是难以绕开的立法完善和制度建设课题。

王朝勇：现实中还有虚假仲裁和虚假公证行为。由于仲裁裁决书不公开，有的当事人不申请执行，直接当作另案的证据，或在企业破产中直接抵债。虚假仲裁只有申请执行才构成犯罪，这就留出了逃避空间。建议增设虚假仲裁罪和虚假公证罪，或列入虚假诉讼罪处理。

如何通畅受害人救济途径

目前最大障碍在于救济途径不通畅，导致一些受害人告状无门。

程小国：虚假诉讼受害人一般包括诉讼参加人和案外人。诉讼参加人的救济重心是取证和证明，要在诉讼过程中积极抗辩，提供反证来证明原告的主张或证据为虚假，戳破虚假诉讼的面纱。当无法取得有利证据时，可申请法院依职权调查取证，或判决后向检察机关申诉、向公安机关报案。

案外人的救济难点不仅是取证和证明，还要采取合适的路径让案件进入司法程序，主要救济途径有向法院申请再审、向检察院申诉、提起案外人执行异议之诉、另行起诉和提起第三人撤销之诉等。

近年来，我们台州法院集中打击虚假诉讼，发布典型案例，民众法律意识日益增强，受害者更积极地通过法律途径维权或向司法机关举报控告。

李道演：在虚假诉讼犯罪案件中，我曾为被告人作过成功辩护，也替受害人进行刑事控告，后者的难度相对更大。对受害人而言，输了官司，失去的不只是金钱，还有对法律的信心。

洪道德：目前最大障碍在于救济途径不通畅，一些地方的法院和公安机关来回踢皮球，导致受害人告状无门。个别地方公安机关的态度是，这种案件一般不接受个人的举报控告，只接受法院的移送。

有的民事诉讼受标的大小影响，二审就到了高级法院。有的基层公安机关错误地理解为，自己无权否定高级法院的事实认定。其实，公安机关对刑事案件要不告而理、主动出击，负有证明责任，个人只要举报控告就行了。

王朝勇：在我接触的案子中，有的老太太一辈子的积蓄都被骗走了，有理也打不赢官司。有的受害人在法律救济中遇到移送难、立案难等问题。

如果虚假诉讼案件涉嫌犯罪，律师要求法官移交公安，而法官不移交，仍按照一般民事诉讼程序审理，有可能涉嫌民事枉法裁判罪。当然，公安局也有义务立案，因为这是公诉案件，并不以法院、检察院移交为前提。

李红：我们法院移送案件，一定要去调查取证，提供基础证据，公安机关才会顺着线索去侦查，不能有合理怀疑就移送。

但民刑衔接上不太顺畅，什么案子应该移送，什么情况应该立案，标准还不太明确。虚假诉讼还存在民刑交叉的难点，刑事法官未必清楚民事诉讼中的取证和证据流转，民事法官也可能对刑事标准认识比较模糊。

洪道德：为了避免地方保护主义，可以考虑第三方指定管辖，把个案指定管辖延伸至类案，比如一个省指定几个审理虚假诉讼案件比较成熟的法院，并指定由哪些公安机关负责。至少在这一地区，这类案件的证明标准、办案程序能统一起来。

李红：有的受害人没有很强的救济动力，一方面，举证难度大，维权成本较高，而获得的损害赔偿金额并不多；另一方面，被执行人本身财产就不多，有的判决后也很难执行，受害人拿不到财产。

如果属于稀释债权的案件，涉及较多债权人，单个债权人也不愿揽下维权责任，自己要投入100%的成本，收益反而会被稀释。

王朝勇：虚假诉讼案件被查清后，财产能恢复到原来的状态。如果受害人被拘留或判刑，恢复自由后可以依法申请国家赔偿。

来源：新华社

检察院在打击虚假诉讼、虚假仲裁工作中可以大有作为！

虚假诉讼俗称“打假官司”（虚假仲裁申请执行就构成了虚假诉讼）。当前，司法实践中虚假诉讼时有发生，表现为：当事人或虚构案件事实，或捏造法律关系，或伪造证据，炮制出假案子、假纷争，只为获取非法利益。这种行为恶意利用国家司法制度实现个人目的，还侵害了他人的合法权益，严重破坏了社会诚信，有违诚实信用原则，损害了司法的公平、公正和公信。

虚假诉讼扰乱了司法秩序、损害司法权威和司法公信力，也是诚信社会建设的破坏力量，引起了全社会的关注。2014 年 10 月，党的十八届四中全会通过了《关于全面推进依法治国若干重大问题的决定》，明确提出要加大对虚假诉讼的惩治力度；2015 年 8 月，《中华人民共和国刑法修正案（九）》增加了虚假诉讼犯罪；最高人民法院于 2016 年 6 月专门制定了《关于防范和制裁虚假诉讼的指导意见》。2018 年 9 月 26 日，最高人民法院、最高人民检察院通过了《关于办理虚假诉讼刑事案件适用法律若干问题的解释》，自 2018 年 10 月 1 日起施行。各级检察机关民事检察部门根据最高人民检察院部署，在全国各级检察机关的共同努力下，虚假诉讼监督工作取得了明显成效。

近年来，虚假诉讼在民商事审判多领域频发，主要集中在民间借贷纠纷、房地产权属纠纷、离婚涉财纠纷、追索劳动报酬等领域。其中，民间借贷纠纷是虚假诉讼的“重灾区”。

随着虚假诉讼案件监督工作的深入开展，检察机关涉足的案件类型不断增多，监督领域也在不断扩展，在以下方面有新变化、新花样：①积极发现、查处涉及黑恶势力的虚假民事诉讼案件；②加大对农村土地承包经营权、道路交通事故案等虚假诉讼案件监督力度；③着力查办制约当地经济社会发展的拆迁安置、房地产权属、建设工程合同案等领域虚假诉讼案件；④对于机动车保险、医疗保险、企业财险等保险理赔类虚假诉讼案件，涉及虚假仲裁、虚假债权转让、虚假公示催告、虚假司法确认案等领域的虚假诉讼案件，加大发现与查处力度。

2019 年 5 月 22 日，最高人民检察院召开“打击虚假诉讼共筑司法诚信”新闻发布会，通报近年来检察机关加强虚假诉讼监督工作情况，发布最高检第十四批指导性案例，其中共包括5个虚假诉讼民事监督案例，即广州乙置业公司等骗取支付令执行虚假诉讼监督案、武汉乙投资公司等骗取调解书虚假诉讼监督案、陕西甲实业公司等公证执行虚假诉讼监督案、福建王某兴等人劳动仲裁执行虚假诉讼监督案、江西熊某等交通事故保险理赔虚假诉讼监督案，干货众多。主要意义在于：一是以案释法，缓解法律供给不足的困扰。二是彰显与强化诚实信用理念，共筑社会诚信体系。三是立足基础性工作，强化法律监督职能。

目前来看，虚假诉讼有七难，即发现难、查证难、移送难、立案难、协调难、监督难、追责难。最高人民检察院新一届党组从新时代检察工作谋篇布局的高度，强调刑事、民事、行政及公益诉讼检察职能要全面、协调、充分发展。民事检察部门加大对虚假诉讼的监督力度，随着监督效果日渐凸显，社会认识度显著提升，虚假诉讼监督已逐渐成为“做强”民事检察工作的着力点。

检察院在打击虚假诉讼、虚假仲裁工作过程中可以大有作为，主要从以下四个方面来分析：

一、基本办案情况及成效：2017年至2019年3月，全国检察机关共监督虚假诉讼民事案件5455件，其中，2017年办理1920件，2018年办理2883件，2019年第一季度办理652件。所办理的生效判决、裁定、调解书监督案件主要集中在民间借贷纠纷、房地产权属纠纷、追索劳动报酬案等领域。在提出抗诉和再审建议的3927件案件中，借款纠纷2199件，占全部监督案件的56%；劳动合同纠纷474件，占全部监督案件的12%；房屋买卖合同纠纷169件，占全部监督案件的4.3%。检察机关在防范打击虚假诉讼中的作用日益彰显，取得了一定成效。

二、检察机关坚持以办案为中心，为人民群众提供更好更优更实的检察产品。“一个案例胜过一沓文件”。全国各级检察机关坚持以人民为中心的发展思想，在办案中监督，在监督中办案，以为人民群众、为社会和时代提供更好更优更实法治产品、检察产品为目标，依法办理了一批虚假诉讼案件。特别是聚焦民间借贷纠纷、劳动争议纠纷、交通事故赔偿纠纷以及保险理赔纠纷等领域开展精准监督，办理了一批典型案件，通过法院再审，撤销、改变了基于虚假诉讼形成的生效判决书、调解书，维护了司法公正和司法权威，为经济社会发展提供了法治保障。各地及时总结提炼典型案件的经验做法，加强案例指导，并通过新闻发布会向社会公开，真正起到办理一案、公示一片、教育一面的办案效果，赢得人民群众普遍认同。

三、检察机关用足用好调查核实权，夯实监督查证基础。检察机关积极研究探索调查核实权的运用规律，综合运用查询、调取证据材料，询问当事人或案外人以及委托鉴定等调查措施，并借助公安技侦手段等，形成了各具特色的经验做法，增强案件突破能力。吉林省检察机关将调查核实权作为查办虚假诉讼的必要程序，固定基础证据。山西省检察机关把握阅卷求深、询问求全、鉴定求真三项基本原则，充分运用法律赋予的调查核实权，查明事实、固定证据，为监督工作的开展奠定坚实基础。

四、检察机关强化外部协作，形成打击防范合力。为加强对虚假诉讼行为的防范和查处，各地检察机关注重加强与法院、公安、司法行政等部门的沟通协调，通过个案协商、联席会议、研讨交流、联合调研等方式，争取各方支持和配合，整合打击防范虚假诉讼监督合力。部分地方的省级检察机关与省法院、省公安厅、省司法厅联合发文，明确分工负责、协作配合，共同防范和查办虚假诉讼，如广东、浙江、江苏、重庆、福建等地均发布了相关文件，为加强各相关单位的协调配合奠定了基础，提供了具体指引。河南省人民检察院与省律师协会及学者代表召开打击虚假诉讼座谈会，就虚假诉讼案件的认定标准、线索来源、监督方式等进行研讨，并就定期交流、线索移送等达成共识。江西省人民检察院于 2019 年 4 月下发《全省检察机关深化民事虚假诉讼监督工作实施方案》通知，明确要求全面加强和完善民事检察部门与检察机关各职能部门以及与监察委、人民法院、公安机关、司法行政机关之间的协调配合，形成防范和查处虚假诉讼的合力。

最高检开展虚假诉讼专项监督活动打击虚假诉讼

最高检部署在全国检察机关开展虚假诉讼专项监督活动，发布《最高人民检察院关于充分发挥检察职能为打好“三大攻坚战”提供司法保障的意见》，强调要加强对涉“三大攻坚战”虚假诉讼的监督和惩治；“两高”联合发布《关于办理虚假诉讼刑事案件适用法律若干问题的解释》。最高检还开展了一项为期一年半的民事和行政非诉执行监督专项活动，以此来加强打击虚假诉讼的力度。“我们通过全面梳理人民法院在非诉执行中存在的问题及各仲裁机构、公证机关在出具非诉执行法律文书中存在的问题，加强对虚假仲裁和违法公证的监督，加大调查和追责力度；加强与同级法院的沟通交流，召开联席会议，通报专项活动开展情况，积极争取人民法院的支持和配合，充分发挥人民法院依法对仲裁、公证案件进行司法审查等功能作用，共同防范虚假诉讼行为向仲裁、公证环节蔓延，进一步增强惩治虚假诉讼的合力。在具体的行动上，全国检察机关充分发挥检察一体化工作机制的优势和作用，检察长牵头带领刑事、民事检察部门资深检察官组成专案组办理虚假诉讼监督案件，逐步在省、市两级检察院建立虚假诉讼监督指挥协调中心。”在强化办案的同时，检察机关也加强普法宣传，共建崇尚诚实信用、遵守公序良俗的法治文化，动员全社会力量共同参与“诉讼打假”。

作者：王朝勇

民法典视角下民间借贷虚假诉讼的甄别与防范

2021年1月1日，《中华人民共和国民法典》（以下简称《民法典》）正式施行。作为社会生活的百科全书，《民法典》的施行必然会对民间借贷活动产生巨大影响。而民间借贷也是虚假诉讼案件高发、频发的重要领域，近年来虚假诉讼案件数量还在不断增长，不仅对相关主体的合法权益造成严重损害，也损害了我国司法审判权威，损耗大量司法资源。基于虚假诉讼行为之隐蔽性特点，对虚假诉讼的识别发现本身就非常困难。《民法典》实行以后，如何应对民间借贷纠纷中涉及的虚假诉讼，有效遏制民间借贷虚假诉讼成了一个新的重要课题。

一、《民法典》重要修订内容

作为我国民法理论与法治实践积累足够丰富与成熟的体现，《民法典》既反映了时代的进步，回应了社会发展的新需求，又从权利保护、私法自治、以人为本等方面凸显了人文关怀的价值，表征着我国社会主义法制体系更为完善。[①] 就借贷合同部分，《民法典》也做了重大调整，更加适应当下经济社会发展之需求。

（一）民法典条文变化

借款合同相关条文主要集中在《民法典》第二分编第十四章借款合同章，具体条文为第六百六十七条至第六百八十条，共计十四条，主要调整金融机构以及自然人之间的借贷合同关系，对借款合同的定义、形式、借贷双方的权利、义务、违约责任等内容进行详细规定。

与《合同法》第十二章借款合同章相比，《民法典》删除了《合同法》第一百九十八条和第二百零四条两个条文。《合同法》第一百九十八条对借贷活动中的担保行为适用《中华人民共和国担保法》的规定。《民法典》将民法物权单独成编纳入后，相关条文已经完全涵盖《合同法》第一百九十八条之内容，该条文之存在也就没有意义

---

① 彭诚信．中国民法典的时代价值［EB/OL］．https：//www. sls. org. cn/levelThreePage. Html？ id = 11794，2021-02-16.

了。而《合同法》第二百零四条规定金融机构贷款利率按照中国人民银行规定的贷款利率的上下限确定。自2019年8月20日起，中国人民银行授权全国银行间同业拆借中心于每月20日（遇节假日顺延）9时30分公布贷款市场报价利率（LPR），并在全国银行间同业拆借中心和中国人民银行网站公布，用贷款市场报价利率代替银行同期贷款利率作为参考基准利率。该条文之规定已经失去实用价值，因此做相应调整予以删除。

（二）民间借贷主体范围划定

本次《民法典》修订后对民间借贷的使用主体的规定，是在民事审判领域对司法实践的不断深入探究和反复斟酌的成果，契合当前社会发展实践的客观需求。

根据《民法典》第六百六十七条，借款合同是借款人向贷款人借款，到期返还借款并支付利息的合同，与之前《合同法》的条文规范表述完全一致。此外，根据最高人民法院2020年12月29日最新发布的《关于审理民间借贷案件适用法律若干问题的规定》（以下简称《民间借贷若干问题规定》）第一条，民间借贷，是指自然人、法人和非法人组织之间进行资金融通的行为。经金融监管部门批准设立的从事贷款业务的金融机构及其分支机构，因发放贷款等相关金融业务引发的纠纷，不适用本规定。较之2015年8月6日发布的《最高人民法院关于审理民间借贷案件适用法律若干问题的规定》，为了与《民法典》的表述保证一致，仅将“其他组织”变更为“非法人组织”。此外，最高人民法院于2020年12月29日发布的《最高人民法院关于新民间借贷司法解释适用范围问题的批复》明确指出，由地方金融监管部门监管的小额贷款公司、融资担保公司、区域性股权市场、典当行、融资租赁公司、商业保理公司、地方资产管理公司等七类地方金融组织，属于经金融监管部门批准设立的金融机构，其因从事相关金融业务引发的纠纷，不适用新民间借贷司法解释。这就相当于在宏观层面认可了非金融机构法人之间正常借贷行为的合法性，为非金融机构法人之间的正常借贷行为提供了明确指引。

据此，《民法典》主要调整的民间借贷关系适用范围主要包括两大类：第一类是金融机构与自然人、法人和非法人组织之间的借贷关系；第二类是自然人、法人、非法人组织相互之间借贷关系。实际上，在2015年9月1日《民间借贷若干问题规定》施行之前，人民法院在审理非金融机构法人之间发生的相关借贷案件时，通常以法人、非法人组织这类主体不具有贷款资质为由而认定借贷合同无效。[①] 但是民间借贷作为正规金融贷款的有效补充，为民间中小企业提供大量生产发展资金，对于当今中国市场

① 郑学林，王灯．民法典对民间借贷案件审理的影响［N］．人民法院报，2020-08-13（007）．

发展的意义深远。也正因如此，民间借贷一直拥有强大的生命力，贯穿了整个社会主义市场发展之始末。若是对其加以规范引导，将资金导向优质企业，开展合法经营活动，不但不会对社会公共利益有所损害，反而能够进一步挥发其重要价值，对整个社会的经济飞速发展起到积极推动作用。

（三）借款交付行为法律效果变化

根据《民法典》第六百七十九条规定，自然人之间的借款合同，自贷款人提供借款时成立。而《合同法》第二百一十条则规定，自然人之间的借款合同，自贷款人提供借款时生效。通过条文的变化可以发现，同样的金钱交付行为所导致的合同效力由“生效”变成了“成立”。

若贷款人未按照约定交付借款，则借款合同既没有成立，也没有生效。自然人之间仅口头或书面约定借款，正式交付约定借款之前的空窗期间，仍然处于双方缔约期间。按照这种逻辑，若贷款人订立借贷合同之后没有及时履行借款交付义务，则借款人仅能主张缔约过失责任而不能主张违约责任或要求继续履行合同。如此一来，自然人之间借款合同属于实践合同而非诺成合同的概念问题在立法层面就能够妥善解决，避免实践中对自然人之间借贷行为的性质产生争议。需要特别注意的是，《民法典》第六百七十九条仅适用借贷双方都属于自然人的情况，否则即便属于民间借贷，也不能适用该条规定。

之所以将民间借贷定性为实践性合同，和自然人之间的借贷行为特点密切相关。首先，自然人之间发生的民间借贷一般都在有一定基础关系的熟人之间，如亲戚、朋友、同学、同事等，交易标的数额有限，双方权利义务也一目了然，并不需要像金融机构借贷资金那样履行一系列复杂的手续，将其定性为实践性合同有利于实现借贷的效率价值；其次，《民法典》这样的条款设置实际上相当于给贷款人第二次充分考虑的时间，在借款实际交付前，贷款人随时可以反悔，照顾到贷款人动态的真实意思表示，有利于减少借贷纠纷的发生。

（四）借款合同利息规则的变化

根据《合同法》第二百零四条及第二百一十一条规定，办理贷款业务的金融机构贷款的利率，应当按照中国人民银行规定的贷款利率的上下限确定。自然人之间的借款合同对支付利息没有约定或者约定不明确的，视为不支付利息。自然人之间的借款合同约定支付利息的，借款的利率不得违反国家有关限制借款利率的规定。《民法典》第六百八十条做了一定调整修订，表述为禁止高利放贷，借款的利率不得违反国家有关规定。借款合同对支付利息没有约定的，视为没有利息。借款合同对支付利息约定不明确，当事人不能达成补充协议的，按照当地或者当事人的交易方式、交易习惯、市场利率等因素确定利息；自然人之间借款的，视为没有利息。原先没有约定利息则视为没有利息的规定仅适用于自然人之间的借贷。但是《民法典》修订后，将这个规定的适用领域扩展到了所有借贷领域。

（五）对高利放贷行为的明确禁止

《民法典》新增第六百八十条第一款明确规定，禁止高利放贷，借款的利率不得违反国家有关规定。当前，我国高利放贷行为猖獗，尤其是在浙江的沿海地区，一直延伸到内蒙古等地区，都有高利贷的踪影，危害地域广泛，放贷领域包括制造业、服务业乃至金融业，导致一些中小微企业融资成本居高不下，对整个社会经济实体产业发展制造了巨大障碍。此外，高利放贷活动还波及了一些家庭乃至在校学生，甚至出现了校园贷、裸贷等性质恶劣的高利贷现象。高利放贷行为对整个社会经济发展之危害是有目共睹的。遏制高利贷行为，可以有效促进社会经济发展，降低市场风险，增强中小企业的发展活力。要引导民间借贷活动规范化发展，使其能够充分发挥正向积极效应。

二、民间借贷虚假诉讼的甄别困境

根据《刑法》第三百零七条之一及《最高人民法院、最高人民检察院关于办理虚假诉讼刑事案件适用法律若干问题的解释》之相关规定，虚假诉讼罪是指以捏造的事实提起民事诉讼，妨害司法秩序或者严重侵害他人合法权益的行为，包括：与夫妻一方恶意串通，捏造夫妻共同债务的；与他人恶意串通，捏造债权债务关系和以物抵债协议的；与公司、企业的法定代表人、董事、监事、经理或者其他管理人员恶意串通，捏造公司、企业债务或者担保义务的；捏造知识产权侵权关系或者不正当竞争关系的；在破产案件审理过程中申报捏造的债权的；与被执行人恶意串通，捏造债权或者对查封、扣押、冻结财产的优先权、担保物权的；单方或者与他人恶意串通，捏造身份、合同、侵权、继承等民事法律关系等其他行为。

民间借贷本质是一种民间融资方式，得益于当前经济的快速发展，中小企业对资金需求量大，因民间借贷相对于正规金融机构的融资活动门槛低、放贷快，已经成为一种重要的融资手段。民间借贷的飞速发展，也引发了大量纠纷，成为虚假诉讼犯罪的温床。

民间借贷领域的虚假诉讼主要包括两大类，第一类为诉讼双方相互串通型，第二类为恶意诈骗型。相互串通型虚假诉讼是指民间借贷关系的借贷当事人为了自身利益相互串通，通过伪造证据、虚假陈述等非法手段向法院提起诉讼，以期骗取法院生效裁判文书，损害他人合法权益的行为。此类虚假诉讼之行为动机多是转移财产、逃避其他债务。恶意诈骗型虚假诉讼则主要发生在“套路贷”犯罪案件中。贷款人通过暴力、威胁、诈骗等各种非法手段诱骗借款人签署借款金额明显不符的虚高借款合同，再通过循环打款、收取巨额“砍头息”等手段制造虚假银行流水，制造虚高借款合同项下所有借款已经全部交付给借款人的假象。随后恶意制造违约，采取各种手段让借款人无法按期返还借款，不断垒高债务，隐匿还款证据，获取非法利益。随后，便通过虚假诉讼手段强迫借款人支付高额的违约费用，获取高额收益，非法侵占借款人的财物。

基于虚假诉讼本身具有极强隐蔽性的特点，对虚假诉讼的甄别防范非常困难。相互串通型虚假诉讼一般发生在熟人之间，便于相互串通，伪造证据。且当前民事案件激增，法院追求诉讼效率，民间借贷的案件一般都不会非常复杂，再加上双方当事人的积极“配合”，很容易在法官的眼皮底下蒙混过关，骗取法院裁决文书。而“套路贷”领域的诈骗型虚假诉讼中，贷款人为了洗清虚假诉讼的嫌疑，往往会在合同制作、银行流水制作上“绞尽脑汁”，以制造合法民间借贷的外衣。仅仅通过书面证据，很难看出贷款人背后隐藏的非法占有目的。

三、《民法典》对民间借贷虚假诉讼的遏制

《民法典》及相应《民间借贷若干问题规定》等司法解释的颁布，强化了民间借贷活动的规范性，将民间借贷活动引向合法化发展路径。相应地，民间借贷虚假诉讼也会得到一定程度的遏制。

近年来，民法的立法理念经历了从形式平等到实质平等的转变，我国《民法典》也体现了实质正义和实质平等的要求，尤其体现为对弱势群体的倾斜性保护规则。[①] 在串通型民间借贷虚假诉讼甄别方面，《民间借贷若干问题规定》第十八条作出规定，人民法院审理民间借贷纠纷案件时发现有下列情形之一的，应当严格审查借贷发生的原因、时间、地点、款项来源、交付方式、款项流向以及借贷双方的关系、经济状况等事实，综合判断是否属于虚假民事诉讼：①出借人明显不具备出借能力；②出借人起诉所依据的事实和理由明显不符合常理；③出借人不能提交债权凭证或者提交的债权凭证存在伪造的可能；④当事人双方在一定期限内多次参加民间借贷诉讼；⑤当事人无正当理由拒不到庭参加诉讼，委托代理人对借贷事实陈述不清或者陈述前后矛盾；

① 王利明．彰显时代性：中国民法典的鲜明特色［J］．东方法学，2020（4）：10.

⑥当事人双方对借贷事实的发生没有任何争议或者诉辩明显不符合常理；⑦借款人的配偶或者合伙人、案外人的其他债权人提出有事实依据的异议；⑧当事人在其他纠纷中存在低价转让财产的情形；⑨当事人不正当放弃权利；⑩其他可能存在虚假民间借贷诉讼的情形。

"套路贷"领域的民间借贷虚假诉讼多伴随着高利放贷情况。但"套路贷"比高利贷行为性质更加恶劣，高利贷以获取本金及高于法定利息为目的，而"套路贷"除了巨额非法高额利息外，还以非法占有借款人财物为目的。贷款人在虚假诉讼活动中，会通过伪造证据、虚构手续费等名目、收取巨额"砍头息"等各种非法手段掩盖高利贷。《民法典》新增第六百八十条第一款明确规定，禁止高利放贷。《民间借贷若干问题规定》第二十五条规定，借贷双方约定的利率超过合同成立时一年期贷款市场报价利率四倍的，人民法院不予支持。前款所称"一年期贷款市场报价利率"，是指中国人民银行授权全国银行间同业拆借中心自 2019 年 8 月 20 日起每月发布的一年期贷款市场报价利率。此外，《民间借贷若干问题规定》第二十七条规定，借贷双方对前期借款本息结算后将利息计入后期借款本金并重新出具债权凭证，如果前期利率没有超过合同成立时一年期贷款市场报价利率四倍，重新出具的债权凭证载明的金额可认定为后期借款本金。超过部分的利息，不应认定为后期借款本金。按前款计算，借款人在借款期间届满后应当支付的本息之和，超过以最初借款本金与以最初借款本金为基数、以合同成立时一年期贷款市场报价利率四倍计算的整个借款期间的利息之和的，人民法院不予支持。

《民法典》及《民间借贷若干问题规定》对利率上限做了严格的限制性规定，以一年期贷款市场报价利率取代了原先以 24% 和 36% 为基准的"两线三区"，作为民间借贷利率司法保护的上限，将资金借贷成本降低，在立法层面确定"高利贷"中非法高利的界限，同时否认贷款人恶意"砍头息"之有效性，正是对打击民间借贷虚假诉讼行为的积极回应。前述规定也可以有效遏制"套路贷"中贷款人恶意制造违约、无上限垒高债务之情形。

四、检察机关在打击民间借贷虚假诉讼中可以大有作为

开展虚假诉讼监督防范，打击与防范虚假诉讼是宪法法律授予检察机关的一项重要职能。相较于存在虚假诉讼案件自我纠正困难的法院和缺乏侦查主动性、便利性的公安机关，检察机关对民间借贷虚假诉讼的监督是其职责所在，在这方面存在内在驱动力。

检察机关应当用足用好调查核实权，夯实监督查证基础，积极研究探索调查核实

权的运用规律，综合运用查询、调取证据材料，询问当事人或案外人以及委托鉴定等调查措施，并借助公安技侦手段等，形成各具特色的经验做法，增强案件突破能力。吉林省检察机关将调查核实权作为查办虚假诉讼的必要程序，固定基础证据。

此外，在甄别和办理民间借贷虚假诉讼案件时，检察机关应当与法院、公安机关等相关部门积极配合，形成整体合力，加大法律监督力度。法院、检察机关各业务部门在履行职责过程中发现民事虚假诉讼线索的，均应及时向民事检察部门移送，积极探索建立各业务部门之间的线索双向移送、反馈机制，线索共享、信息互联机制，将整个公检法机关打造成一个民间借贷虚假诉讼发现与治理的联动体，提高民间借贷虚假诉讼案件的侦破效率。

当前全国各级检察机关坚持以人民为中心的发展思想，在办案中监督，在监督中办案，以为人民群众、为社会和时代提供更好更优更实法治产品、检察产品为目标，已经依法办理了一批虚假诉讼案件，特别是聚焦民间借贷纠纷领域开展精准监督，办理了一批典型案件，通过法院再审，撤销、改变了基于虚假诉讼形成的生效判决书、调解书，维护了司法公正和司法权威，为经济社会发展提供法治保障。各地及时总结提炼典型案件的经验做法，加强案例指导，并通过新闻发布会向社会公开，真正起到办理一案、公示一片、教育一面的办案效果，赢得人民群众普遍认同。

五、结语

《民法典》的修订对民间借贷虚假诉讼犯罪活动的甄别、遏制与打击具有重大意义。民法和刑法是前置法和后置法的关系，民法主要是赋权法，它规定了公民的一些民事权利，当一个民事违法行为严重到构成犯罪时就应当受到刑罚制裁，刑法是民法的保障法，或者说后盾法。[①] 因此，《民法典》借贷合同章的修订，确认了民间借贷合同无效规则，明确了民间借贷保护利率之上限，净化了金融市场环境，有效保护了人民的金融权益，实现真正维护金融市场秩序、服务实体经济发展，体现出《民法典》的权威。《民法典》的修订与施行，将民间借贷活动引入正轨，遏制民间借贷虚假诉讼案件的增长，在立法层面对民间借贷活动进行行为规范，为民间借贷虚假诉讼的甄别提供标准。

作者：王朝勇　陆一凡

---

① 陈兴良，等．民法典实施与刑事司法高质量发展［N］．检察日报，2020-12-17（3）．

企业合规视角下的虚假诉讼

2020年初，最高人民检察院提出“依法能不捕的不捕、能不诉的不诉、能不判实刑的就提出适用缓刑建议”的检察政策。2020年3月，最高人民检察院在上海浦东、金山，江苏张家港，山东郯城，广东深圳南山、宝安等6家基层检察院，涉案违法犯罪依法不捕、不诉、不判处实刑的企业合规试点改革正式拉开帷幕。最高人民检察院党组书记、检察长张军在第三届民营经济法治建设峰会上作主旨演讲时指出，企业合规，旨在检察机关在落实“少捕慎诉慎押”刑事司法政策的同时，督促涉案企业作出合规承诺并积极整改，既促进涉案企业合规守法经营，也警示潜在缺乏规制约束的企业遵纪守法发展，营造法治化营商环境。

但近年来，一些市场活动参与者为了追求非法利益或逃避应负的法律责任，不惜以捏造的事实向法院起诉。其中不乏一些公司企业，风险防范的管理意识缺失，亦没有守法合规的经营意识，在企业治理过程中奉行经济利益至上的价值导向，不惜违背诚实信用原则，参与虚假诉讼，借此获得非法债权，或者逃避债务。此举不仅侵害了第三方民商事主体的合法权益，也扰乱了司法秩序，更是损害社会诚信，阻碍民营经济发展和营商环境建设。可以说，对虚假诉讼行为的打击，亦是促进企业合规、优化法治营商环境的重要手段。

近几年，虚假诉讼出现率逐年递增。“中国裁判文书网”司法案例数据库的大数据显示：2015年11月至2020年12月全国虚假诉讼罪案件共计1081件，其中包含一审案件1017件、二审案件63件、再审案件1件，案件类别包括公诉案件与自诉案件，案件审级包括一审、二审和再审。各年份虚假诉讼案件数量分别为2015年1件、2016年39件、2017年105件、2018年206件、2019年341件、2020年389件。2015—2020年全国虚假诉讼罪案件中，民间借贷、建设工程及劳动劳务是本罪发生的主要领域，其余领域为房屋买卖、婚姻、租赁、征地拆迁、股权纠纷、担保纠纷、继承等。虚假诉讼罪案件地域分布情况中，前十个省占案件总数70%以上，其中，浙江省219件、江苏省112件、山东省77件、上海市65件、辽宁省61件、河南省58件、福建省51件、广东省48件、安徽省43件、黑龙江省39件。2015—2020年虚假诉讼罪案件中，涉案金额在1万元以下的4件、1万（含）～5万元的50件、5万（含）～10万元的

125件、10万（含）～100万元的373件、100万（含）～1000万元的290件、1000万（含）～5000万元的78件、5000万元及以上的5件，涉案金额不详的206件。

一、司法改革进程对虚假诉讼的规制

基于虚构证据而提起虚假诉讼的现象一直存在，只是近年来频率增加，就目前看，我国对虚假诉讼的规制主要表现在：虚假诉讼符合侵权责任的构成，民法中可适用侵权归责。

“诚实信用原则”（Bona Fides）在民法领域被称为“帝王条款”，《中华人民共和国民法典》第七条规定：“民事主体从事民事活动，应当遵循诚信原则，秉持诚实，恪守承诺。”《中华人民共和国民法典》第六条规定：“民事主体从事民事活动，应当遵循公平原则，合理确定各方的权利和义务。”《民事诉讼法》第十三条第一款也规定了诚信原则。对此，王利明教授认为，诚实信用要求处于法律上特殊联系的民事主体应忠诚、守信，做到谨慎维护对方的利益、满足对方的正当期待、给对方提供必要的信息等。这虽属法律原则而不能直接适用，但这种法治精神是贯穿在整个诉讼过程中的。虚假诉讼是对诚实信用原则的践踏，在民法领域其完全可归为侵权责任领域，适用“过错归责”。

二、新《民事诉讼法》对虚假诉讼的最新修订

2021年新《民事诉讼法》出台后，其第十三条第一款规定“民事诉讼应当遵循诚信原则”，以法条的形式确定了诚信原则在诉讼法中的地位。宋朝武教授认为，诚信原则在民事诉讼法中主要体现为：当事人真实陈述义务，促进诉讼进行的义务，禁止以欺骗方法形成不正当的诉讼状态，诉讼上权能的滥用等。尽管法律以条文的形式规定了当事人的诚信义务，但囿于经济利益的诱惑，许多人倾向于利用虚假诉讼的外衣掩盖其非法获取利益的行为。对此，2022年1月正式施行的修改后的《民事诉讼法》，在法律层面上对其作出了明确规定。该法第一百一十五条规定：“当事人之间恶意串通，企图通过诉讼、调解等方式侵害他人合法权益的，人民法院应当驳回其请求，并根据情节轻重予以罚款、拘留；构成犯罪的，依法追究刑事责任。”第一百一十六条规定：“被执行人与他人恶意串通，通过诉讼、仲裁、调解等方式逃避履行法律文书确定的义务的，人民法院应当根据情节轻重予以罚款、拘留；构成犯罪的，依法追究刑事责任。”

三、新《民诉法解释》关于虚假诉讼的规定

第一百一十条　人民法院认为有必要的，可以要求当事人本人到庭，就案件有关

事实接受询问。在询问当事人之前，可以要求其签署保证书。

保证书应当载明据实陈述、如有虚假陈述愿意接受处罚等内容。当事人应当在保证书上签名或者捺印。

负有举证证明责任的当事人拒绝到庭、拒绝接受询问或者拒绝签署保证书，待证事实又欠缺其他证据证明的，人民法院对其主张的事实不予认定。

第一百九十条 民事诉讼法第一百一十五条规定的他人合法权益，包括案外人的合法权益、国家利益、社会公共利益。

第三人根据民事诉讼法第五十九条第三款规定提起撤销之诉，经审查，原案当事人之间恶意串通进行虚假诉讼的，适用民事诉讼法第一百一十五条规定处理。

第一百九十一条 单位有民事诉讼法第一百一十五条或者第一百一十六条规定行为的，人民法院应当对该单位进行罚款，并可以对其主要负责人或者直接责任人员予以罚款、拘留；构成犯罪的，依法追究刑事责任。

第二百九十九条 第三人撤销之诉案件审理期间，人民法院对生效判决、裁定、调解书裁定再审的，受理第三人撤销之诉的人民法院应当裁定将第三人的诉讼请求并入再审程序。但有证据证明原审当事人之间恶意串通损害第三人合法权益的，人民法院应当先行审理第三人撤销之诉案件，裁定中止再审诉讼。

四、《最高人民法院关于审理民间借贷案件适用法律若干问题的规定》关于虚假诉讼的规定

第十八条 人民法院审理民间借贷纠纷案件时发现有下列情形之一的，应当严格审查借贷发生的原因、时间、地点、款项来源、交付方式、款项流向以及借贷双方的关系、经济状况等事实，综合判断是否属于虚假民事诉讼：

（一）出借人明显不具备出借能力；

（二）出借人起诉所依据的事实和理由明显不符合常理；

（三）出借人不能提交债权凭证或者提交的债权凭证存在伪造的可能；

（四）当事人双方在一定期限内多次参加民间借贷诉讼；

（五）当事人无正当理由拒不到庭参加诉讼，委托代理人对借贷事实陈述不清或者陈述前后矛盾；

（六）当事人双方对借贷事实的发生没有任何争议或者诉辩明显不符合常理；

（七）借款人的配偶或者合伙人、案外人的其他债权人提出有事实依据的异议；

（八）当事人在其他纠纷中存在低价转让财产的情形；

（九）当事人不正当放弃权利；

（十）其他可能存在虚假民间借贷诉讼的情形。

第十九条　经查明属于虚假民间借贷诉讼，原告申请撤诉的，人民法院不予准许，并应当依据民事诉讼法第一百一十五条之规定，判决驳回其请求。

诉讼参与人或者其他人恶意制造、参与虚假诉讼，人民法院应当依据民事诉讼法第一百一十四条、第一百一十五条和第一百一十六条之规定，依法予以罚款、拘留；构成犯罪的，应当移送有管辖权的司法机关追究刑事责任。

单位恶意制造、参与虚假诉讼的，人民法院应当对该单位进行罚款，并可以对其主要负责人或者直接责任人员予以罚款、拘留；构成犯罪的，应当移送有管辖权的司法机关追究刑事责任。

五、《最高人民法院关于防范和制裁虚假诉讼的指导意见》

2016 年 6 月 20 日，最高人民法院针对当前虚假诉讼常发的现状出台《关于防范和制裁虚假诉讼的指导意见》（以下简称《意见》）。其中明确了虚假诉讼的构成要件，即双方当事人恶意串通，虚构事实，以规避法律、法规或国家政策谋取非法利益为目的，借用合法的民事程序侵害国家利益、社会公共利益或者案外人的合法权益。

《意见》列举了几种虚假诉讼的表现形式，如当事人之间关系密切、当事人诉求不合常理、双方积极申请调解并迅速达成调解协议等，以此提醒各级法院在审理此类民事诉讼中应加大对各种证据的审查力度，并尝试使用作证前宣誓制度来提升证人证言的可采性。

本次《意见》的亮点在于对虚假诉讼的惩治配套措施，《意见》第十一条、第十二条、第十三条规制了制造虚假诉讼的当事人应承担的比例后果，如将其列入“失信人名单制度”、驳回撤诉请求、承担刑事责任等；《意见》第十四条、第十五条、第十六条是对除当事人以外其他参与诉讼的主体应承担的惩罚性后果列举。由此可以看出，在惩治虚假诉讼相关责任人方面，最高法正在构建一个综合性立体式的责任承担框架，其集民事责任、刑事责任、行政责任于一体，有效地威慑了试图虚构诉讼损害国家、集体、第三人利益的行为人。此外，《意见》对执法部门提出了更高的要求，督促执法人员加强学习，提高对虚假诉讼的识别能力；各部门之间应积极探索建立多部门协调配合的综合治理机制。《意见》的出台不仅是最高法对当下虚假诉讼现象的大力出击，更是司法部门从司法领域维护市场经济有序运行的表现。

日前，最高人民法院发布了《关于防范和制裁虚假诉讼的指导意见》（以下简称《指导意见》），对虚假诉讼再出组合拳。《指导意见》根据民事诉讼法等法律，结合司法领域虚假诉讼实际情况，对虚假诉讼的界定、虚假诉讼的表现特征、认定虚假诉讼的途径和方法、对参与虚假诉讼不同主体的制裁以及对虚假诉讼的防范等问题作出详细规定。

《指导意见》共十八条，比较全面地构建起包括虚假诉讼的释明机制、发现机制、识别机制和制裁机制在内的一整套制度体系。主要有以下内容：一是明确虚假诉讼的构成要素，使制裁更有针对性，有的放矢。明确虚假诉讼包括以规避法律法规或国家政策谋取非法利益为目的、恶意串通、虚构事实、借用合法的民事程序以及侵害国家利益、社会公共利益或者案外人的合法权益等五个核心要素。二是对审判实践中经常发生的虚假诉讼特征进行归纳总结，要求对具有一个或多个特征的案件高度警惕、严格审查。三是要求在查证事实过程中，严格准确适用民事诉讼法及其司法解释的相关规定。比如，适当加大依职权调查取证力度，探索建立当事人和证人宣誓制度，严格适用自认规则等。四是建立多维度立体的虚假诉讼惩罚制度，从妨碍民事诉讼的强制措施、民事赔偿责任到追究刑事责任，层层递进，逐步加重。五是多管齐下，力争让虚假诉讼无所遁形。要求各级法院做好逐步与现有相关信息平台和国家征信体系接轨工作，加大与其他部门协调力度。六是区分人民法院工作人员、诉讼代理人、鉴定机构等不同主体，在现有法律框架内，分别规定具有针对性的惩罚措施。此外，《指导意见》还对设立立案警示制度、加强司法能力建设等方面作出了规定。以上规定对于防范和制裁虚假诉讼，维护司法权威，推进社会诚信建设将起到重要作用。

据介绍，2013 年以来，最高人民法院先后下发了《关于房地产调控政策下人民法院严格审查各类虚假诉讼的紧急通知》和《最高人民法院关于清查“以房抵债”等虚假诉讼案件的意见》，严厉打击房地产领域虚假诉讼行为。此次《指导意见》的发布，旨在对所有虚假诉讼行为进行全面防范和制裁，表明“零容忍”的态度和立场，引导当事人诚信诉讼。《指导意见》是在充分调研、总结相关工作经验的基础上制定的。

六、《最高人民法院、最高人民检察院关于办理虚假诉讼刑事案件适用法律若干问题的解释》

最高人民法院、最高人民检察院公布《关于办理虚假诉讼刑事案件适用法律若干问题的解释》（以下简称《解释》）。《解释》分别于 2018 年 1 月 25 日由最高人民法院审判委员会第 1732 次会议、2018 年 6 月 13 日由最高人民检察院第十三届检察委员会第二次会议通过，于 2018 年 10 月 1 日起施行。

近年来，民商事审判领域中的虚假诉讼现象呈现多发态势。虚假诉讼违法犯罪行为严重侵害他人合法权益，损害司法权威和司法公信力，人民群众反映强烈。为依法惩治此类行为，最高人民法院、最高人民检察院相继出台了一系列规定。

《解释》结合刑事司法工作实际，对刑法规定的虚假诉讼罪在具体适用方面的若干问题作出了明确规定，对于实践中综合运用民事、刑事等多种手段，依法惩治发生在民商事案件审判、执行程序中的虚假诉讼违法犯罪行为，维护正常司法秩序，保护公民、法人和其他组织的合法权益，具有重要意义。

《解释》共十二条，从虚假诉讼犯罪行为的界定、定罪量刑标准、数罪竞合的处罚原则、刑事政策的把握、地域管辖的确定等方面作出了规定。

针对理论和实践中广泛关注和存在争议的虚假诉讼犯罪行为的界定和定罪量刑标准问题，《解释》规定：

单方或者与他人恶意串通，采取伪造证据、虚假陈述等手段，捏造民事法律关系，虚构民事纠纷，向人民法院提起民事诉讼的，应当认定为刑法规定的虚假诉讼犯罪行为；

向人民法院申请执行以捏造的事实作出的仲裁裁决、公证债权文书，或者以捏造的事实对执行标的提出异议、申请参与执行财产分配的，属于刑法规定的虚假诉讼犯罪行为；

以捏造的事实提起民事诉讼，致使人民法院基于捏造的事实作出裁判文书的，应当认定为虚假诉讼罪，在未作出裁判文书的情况下，行为人具有虚假诉讼违法犯罪前科，或者多次以捏造的事实提起民事诉讼，或者具有致使人民法院采取保全措施、致使人民法院开庭审理、干扰正常司法活动等情形的，也应当以虚假诉讼罪定罪处罚；

虚假诉讼刑事案件由虚假民事诉讼案件的受理法院所在地或者执行法院所在地人民法院管辖，以有利于侦办机关及时调取和固定证据，同时避免部分民事诉讼当事人故意利用刑事手段恶意干扰民商事案件的正常审理；

在司法工作人员利用职权与他人共同实施虚假诉讼犯罪行为的情况下，可以实行异地管辖，确保此类案件公正审理。

七、《刑法修正案（九）》新增了“虚假诉讼罪”对虚假诉讼的行为进行罪行化规制

从新《民事诉讼法》规定不难看出，这些规定还对虚假诉讼的行为进行了附属刑法的规定。虽然这两条规定并未直接指明构成犯罪后所应当适用的条款，但是附属刑法作为连接刑法和其他部门法的纽带，指明了刑法之中必然应当存有与之对应的刑罚规范。为了倡导社会诚信，树立民众正确的民事诉讼观，加大对虚假民事诉讼行为的打击力度，以及有效衔接民事诉讼法和刑法的规定，《刑法修正案（九）》第三十五条在《刑法》第三百零七条之后增加一条，对虚假民事诉讼行为进行犯罪化。

新《刑法》第三百零七条之一规定，以捏造的事实提起民事诉讼，妨害司法秩序或者严重侵害他人合法权益的，处三年以下有期徒刑、拘役或者管制，并处或者单处罚金；情节严重的，处三年以上七年以下有期徒刑，并处罚金。

单位犯前款罪的，对单位判处罚金，并对其直接负责的主管人员和其他直接责任人员，依照前款的规定处罚。

有第一款行为，非法占有他人财产或者逃避合法债务，又构成其他犯罪的，依照处罚较重的规定从重处罚。

司法工作人员利用职权，与他人共同实施前三款行为的，从重处罚；同时构成其他犯罪的，依照处罚较重的规定定罪从重处罚。

八、最高人民法院、最高人民检察院、公安部、司法部印发《关于进一步加强虚假诉讼犯罪惩治工作的意见》

第一章　总则

第一条　为了进一步加强虚假诉讼犯罪惩治工作，维护司法公正和司法权威，保护自然人、法人和非法人组织的合法权益，促进社会诚信建设，根据《中华人民共和国刑法》《中华人民共和国刑事诉讼法》《中华人民共和国民事诉讼法》和《最高人民法院、最高人民检察院关于办理虚假诉讼刑事案件适用法律若干问题的解释》等规定，结合工作实际，制定本意见。

第二条　本意见所称虚假诉讼犯罪，是指行为人单独或者与他人恶意串通，采取伪造证据、虚假陈述等手段，捏造民事案件基本事实，虚构民事纠纷，向人民法院提起民事诉讼，妨害司法秩序或者严重侵害他人合法权益，依照法律应当受刑罚处罚的行为。

第三条　人民法院、人民检察院、公安机关、司法行政机关应当按照法定职责分工负责、配合协作，加强沟通协调，在履行职责过程中发现可能存在虚假诉讼犯罪的，应当及时相互通报情况，共同防范和惩治虚假诉讼犯罪。

第二章　虚假诉讼犯罪的甄别和发现

第四条　实施《最高人民法院、最高人民检察院关于办理虚假诉讼刑事案件适用法律若干问题的解释》第一条第一款、第二款规定的捏造事实行为，并有下列情形之一的，应当认定为刑法第三百零七条之一第一款规定的“以捏造的事实提起民事诉讼”：

（一）提出民事起诉的；

（二）向人民法院申请宣告失踪、宣告死亡，申请认定公民无民事行为能力、限制民事行为能力，申请认定财产无主，申请确认调解协议，申请实现担保物权，申请支付令，申请公示催告的；

（三）在民事诉讼过程中增加独立的诉讼请求、提出反诉，有独立请求权的第三人提出与本案有关的诉讼请求的；

（四）在破产案件审理过程中申报债权的；

（五）案外人申请民事再审的；

（六）向人民法院申请执行仲裁裁决、公证债权文书的；

（七）案外人在民事执行过程中对执行标的提出异议，债权人在民事执行过程中申请参与执行财产分配的；

（八）以其他手段捏造民事案件基本事实，虚构民事纠纷，提起民事诉讼的。

第五条 对于下列虚假诉讼犯罪易发的民事案件类型，人民法院、人民检察院在履行职责过程中应当予以重点关注：

（一）民间借贷纠纷案件；

（二）涉及房屋限购、机动车配置指标调控的以物抵债案件；

（三）以离婚诉讼一方当事人为被告的财产纠纷案件；

（四）以已经资不抵债或者已经被作为被执行人的自然人、法人和非法人组织为被告的财产纠纷案件；

（五）以拆迁区划范围内的自然人为当事人的离婚、分家析产、继承、房屋买卖合同纠纷案件；

（六）公司分立、合并和企业破产纠纷案件；

（七）劳动争议案件；

（八）涉及驰名商标认定的案件；

（九）其他需要重点关注的民事案件。

第六条 民事诉讼当事人有下列情形之一的，人民法院、人民检察院在履行职责过程中应当依法严格审查，及时甄别和发现虚假诉讼犯罪：

（一）原告起诉依据的事实、理由不符合常理，存在伪造证据、虚假陈述可能的；

（二）原告诉请司法保护的诉讼标的额与其自身经济状况严重不符的；

（三）在可能影响案外人利益的案件中，当事人之间存在近亲属关系或者关联企业等共同利益关系的；

（四）当事人之间不存在实质性民事权益争议和实质性诉辩对抗的；

（五）一方当事人对于另一方当事人提出的对其不利的事实明确表示承认，且不符合常理的；

（六）认定案件事实的证据不足，但双方当事人主动迅速达成调解协议，请求人民法院制作调解书的；

（七）当事人自愿以价格明显不对等的财产抵付债务的；

（八）民事诉讼过程中存在其他异常情况的。

第七条　民事诉讼代理人、证人、鉴定人等诉讼参与人有下列情形之一的，人民法院、人民检察院在履行职责过程中应当依法严格审查，及时甄别和发现虚假诉讼犯罪：

（一）诉讼代理人违规接受对方当事人或者案外人给付的财物或者其他利益，与对方当事人或者案外人恶意串通，侵害委托人合法权益的；

（二）故意提供虚假证据，指使、引诱他人伪造、变造证据、提供虚假证据或者隐匿、毁灭证据的；

（三）采取其他不正当手段干扰民事诉讼活动正常进行的。

第三章　线索移送和案件查处

第八条　人民法院、人民检察院、公安机关发现虚假诉讼犯罪的线索来源包括：

（一）民事诉讼当事人、诉讼代理人和其他诉讼参与人、利害关系人、其他自然人、法人和非法人组织的报案、控告、举报和法律监督申请；

（二）被害人有证据证明对被告人通过实施虚假诉讼行为侵犯自己合法权益的行为应当依法追究刑事责任，且有证据证明曾经提出控告，而公安机关或者人民检察院不予追究被告人刑事责任，向人民法院提出的刑事自诉；

（三）人民法院、人民检察院、公安机关、司法行政机关履行职责过程中主动发现；

（四）有关国家机关移送的案件线索；

（五）其他线索来源。

第九条　虚假诉讼刑事案件由相关虚假民事诉讼案件的受理法院所在地或者执行法院所在地人民法院管辖。有刑法第三百零七条之一第四款情形的，上级人民法院可以指定下级人民法院将案件移送其他人民法院审判。

前款所称相关虚假民事诉讼案件的受理法院，包括该民事案件的一审、二审和再审法院。

虚假诉讼刑事案件的级别管辖，根据刑事诉讼法的规定确定。

第十条 人民法院、人民检察院向公安机关移送涉嫌虚假诉讼犯罪案件，应当附下列材料：

（一）案件移送函，载明移送案件的人民法院或者人民检察院名称、民事案件当事人名称和案由、所处民事诉讼阶段、民事案件办理人及联系电话等。案件移送函应当附移送材料清单和回执，经人民法院或者人民检察院负责人批准后，加盖人民法院或者人民检察院公章。

（二）移送线索的情况说明，载明案件来源、当事人信息、涉嫌虚假诉讼犯罪的事实、法律依据等，并附相关证据材料。

（三）与民事案件有关的诉讼材料，包括起诉书、答辩状、庭审笔录、调查笔录、谈话笔录等。

人民法院、人民检察院应当指定专门职能部门负责涉嫌虚假诉讼犯罪案件的移送。

人民法院将涉嫌虚假诉讼犯罪案件移送公安机关的，同时将有关情况通报同级人民检察院。

第十一条 人民法院、人民检察院认定民事诉讼当事人和其他诉讼参与人的行为涉嫌虚假诉讼犯罪，除民事诉讼当事人、其他诉讼参与人或者案外人的陈述、证言外，一般还应有物证、书证或者其他证人证言等证据相印证。

第十二条 人民法院、人民检察院将涉嫌虚假诉讼犯罪案件有关材料移送公安机关的，接受案件的公安机关应当出具接受案件的回执或者在案件移送函所附回执上签收。

公安机关收到有关材料后，分别作出以下处理：

（一）认为移送的案件材料不全的，应当在收到有关材料之日起三日内通知移送的人民法院或者人民检察院在三日内补正。不得以材料不全为由不接受移送案件。

（二）认为有犯罪事实，需要追究刑事责任的，应当在收到有关材料之日起三十日内决定是否立案，并通知移送的人民法院或者人民检察院。

（三）认为有犯罪事实，但是不属于自己管辖的，应当立即报经县级以上公安机关负责人批准，在二十四小时内移送有管辖权的机关处理，并告知移送的人民法院或者人民检察院。对于必须采取紧急措施的，应当先采取紧急措施，然后办理手续，移送主管机关。

（四）认为没有犯罪事实，或者犯罪情节显著轻微不需要追究刑事责任的，或者具有其他依法不追究刑事责任情形的，经县级以上公安机关负责人批准，不予立案，并应当说明理由，制作不予立案通知书在三日内送达移送的人民法院或者人民检察院，退回有关材料。

第十三条　人民检察院依法对公安机关的刑事立案实行监督。

人民法院对公安机关的不予立案决定有异议的，可以建议人民检察院进行立案监督。

第四章　程序衔接

第十四条　人民法院向公安机关移送涉嫌虚假诉讼犯罪案件，民事案件必须以相关刑事案件的审理结果为依据的，应当依照民事诉讼法第一百五十三条第一款第五项的规定裁定中止诉讼。刑事案件的审理结果不影响民事诉讼程序正常进行的，民事案件应当继续审理。

第十五条　刑事案件裁判认定民事诉讼当事人的行为构成虚假诉讼犯罪，相关民事案件尚在审理或者执行过程中的，作出刑事裁判的人民法院应当及时函告审理或者执行该民事案件的人民法院。人民法院对于与虚假诉讼刑事案件的裁判存在冲突的已经发生法律效力的民事判决、裁定、调解书，应当及时依法启动审判监督程序予以纠正。

第十六条　公安机关依法自行立案侦办虚假诉讼刑事案件的，应当在立案后三日内将立案决定书等法律文书和相关材料复印件抄送对相关民事案件正在审理、执行或者作出生效裁判文书的人民法院并说明立案理由，同时通报办理民事案件人民法院的同级人民检察院。对相关民事案件正在审理、执行或者作出生效裁判文书的人民法院应当依法审查，依照相关规定作出处理，并在收到材料之日起三十日内将处理意见书面通报公安机关。

公安机关在办理刑事案件过程中，发现犯罪嫌疑人还涉嫌实施虚假诉讼犯罪的，可以一并处理。需要逮捕犯罪嫌疑人的，由侦查该案件的公安机关提请同级人民检察院审查批准；需要提起公诉的，由侦查该案件的公安机关移送同级人民检察院审查决定。

第十七条　有管辖权的公安机关接受民事诉讼当事人、诉讼代理人和其他诉讼参与人、利害关系人、其他自然人、法人和非法人组织的报案、控告、举报或者在履行职责过程中发现存在虚假诉讼犯罪嫌疑的，可以开展调查核实工作。经县级以上公安机关负责人批准，公安机关可以依照有关规定拷贝电子卷或者查阅、复制、摘录人民法院的民事诉讼卷宗，人民法院予以配合。

公安机关在办理刑事案件过程中，发现犯罪嫌疑人还涉嫌实施虚假诉讼犯罪的，适用前款规定。

第十八条 人民检察院发现已经发生法律效力的判决、裁定、调解书系民事诉讼当事人通过虚假诉讼获得的，应当依照民事诉讼法第二百一十五条第一款、第二款等法律和相关司法解释的规定，向人民法院提出再审检察建议或者抗诉。

第十九条 人民法院对人民检察院依照本意见第十八条的规定提出再审检察建议或者抗诉的民事案件，应当依照民事诉讼法等法律和相关司法解释的规定处理。按照审判监督程序决定再审、需要中止执行的，裁定中止原判决、裁定、调解书的执行。

第二十条 人民检察院办理民事诉讼监督案件过程中，发现存在虚假诉讼犯罪嫌疑的，可以向民事诉讼当事人或者案外人调查核实有关情况。有关单位和个人无正当理由拒不配合调查核实、妨害民事诉讼的，人民检察院可以建议有关人民法院依照民事诉讼法第一百一十四条第一款第五项等规定处理。

人民检察院针对存在虚假诉讼犯罪嫌疑的民事诉讼监督案件依照有关规定调阅人民法院的民事诉讼卷宗的，人民法院予以配合。通过拷贝电子卷、查阅、复制、摘录等方式能够满足办案需要的，可以不调阅诉讼卷宗。

人民检察院发现民事诉讼监督案件存在虚假诉讼犯罪嫌疑的，可以听取人民法院原承办人的意见。

第二十一条 对于存在虚假诉讼犯罪嫌疑的民事案件，人民法院可以依职权调查收集证据。当事人自认的事实与人民法院、人民检察院依职权调查并经审理查明的事实不符的，人民法院不予确认。

第五章　责任追究

第二十二条 对于故意制造、参与虚假诉讼犯罪活动的民事诉讼当事人和其他诉讼参与人，人民法院应当加大罚款、拘留等对妨害民事诉讼的强制措施的适用力度。

民事诉讼当事人、其他诉讼参与人实施虚假诉讼，人民法院向公安机关移送案件有关材料前，可以依照民事诉讼法的规定先行予以罚款、拘留。

对虚假诉讼刑事案件被告人判处罚金、有期徒刑或者拘役的，人民法院已经依照民事诉讼法的规定给予的罚款、拘留，应当依法折抵相应罚金或者刑期。

第二十三条 人民检察院可以建议人民法院依照民事诉讼法的规定，对故意制造、参与虚假诉讼的民事诉讼当事人和其他诉讼参与人采取罚款、拘留等强制措施。

第二十四条 司法工作人员利用职权参与虚假诉讼的，应当依照法律法规从严处理；构成犯罪的，依法从严追究刑事责任。

第二十五条 司法行政机关、相关行业协会应当加强对律师、基层法律服务工作者、司法鉴定人、公证员、仲裁员的教育和管理，发现上述人员利用职务之便参与虚假诉讼的，应当依照规定进行行政处罚或者行业惩戒；构成犯罪的，依法移送司法机关处理。律师、基层法律服务工作者、司法鉴定人、公证员、仲裁员利用职务之便参与虚假诉讼的，依照有关规定从严追究法律责任。

人民法院、人民检察院、公安机关在办理案件过程中，发现律师、基层法律服务工作者、司法鉴定人、公证员、仲裁员利用职务之便参与虚假诉讼，尚未构成犯罪的，可以向司法行政机关、相关行业协会或者上述人员所在单位发出书面建议。司法行政机关、相关行业协会或者上述人员所在单位应当在收到书面建议之日起三个月内作出处理决定，并书面回复作出书面建议的人民法院、人民检察院或者公安机关。

第六章　协作机制

第二十六条　人民法院、人民检察院、公安机关、司法行政机关探索建立民事判决、裁定、调解书等裁判文书信息共享机制和信息互通数据平台，综合运用信息化手段发掘虚假诉讼违法犯罪线索，逐步实现虚假诉讼违法犯罪案件信息、数据共享。

第二十七条　人民法院、人民检察院、公安机关、司法行政机关落实“谁执法谁普法”的普法责任制要求，通过定期开展法治宣传、向社会公开发布虚假诉讼典型案例、开展警示教育等形式，增强全社会对虚假诉讼违法犯罪的防范意识，震慑虚假诉讼违法犯罪。

第七章　附则

第二十八条　各省、自治区、直辖市高级人民法院、人民检察院、公安机关、司法行政机关可以根据本地区实际情况，制定实施细则。

第二十九条　本意见自2021年3月10日起施行。

九、《人民检察院民事诉讼监督规则》

第三十七条　人民检察院在履行职责中发现民事案件有下列情形之一的，应当依职权启动监督程序：

（一）损害国家利益或者社会公共利益的；

（二）审判、执行人员有贪污受贿，徇私舞弊，枉法裁判等违法行为的；

（三）当事人存在虚假诉讼等妨害司法秩序行为的；

第七十五条　人民检察院发现民事调解书损害国家利益、社会公共利益的，依法向人民法院提出再审检察建议或者抗诉。

人民检察院对当事人通过虚假诉讼获得的民事调解书应当依照前款规定监督。

第一百零四条 人民检察院对人民法院执行生效民事判决、裁定、调解书、支付令、仲裁裁决以及公证债权文书等法律文书的活动实行法律监督。

十、犯罪构成特征

根据上述条文，虚假诉讼罪是指以捏造的事实提起民事诉讼，妨害司法秩序或者严重侵害他人合法权益的行为。本罪的构成特征有以下几个方面：

1. 犯罪客体

本罪所侵犯的客体是复杂客体，既包括司法机关的正常活动秩序，具体而言，是司法机关正常的民事诉讼活动秩序，也包括他人的财产权、婚姻权、收养权、监护权、继承权等合法权益。

2. 客观方面

本罪的客观方面表现为，行为人以捏造的事实提起民事诉讼，妨害司法秩序或者严重侵害他人合法权益的行为。

首先，行为人必须捏造事实。所谓“捏造事实”，是指行为人虚构、臆造根本不存在，与真实情况相悖的事实情况，既可以是完全捏造，毫无真实成分，也可以是存有部分真实成分，部分捏造。

其次，行为人提起的必须是民事诉讼。即作为平等主体的公民之间、法人之间、其他组织之间以及他们相互之间因财产关系和人身关系所提起的诉讼。

最后，行为人捏造事实提起民事诉讼的行为，应妨害司法秩序或者严重侵害他人合法权益。“妨害司法秩序”，是指扰乱了司法机关正常的民事诉讼活动秩序，浪费司法资源。“严重侵害他人合法权益”是指严重侵害到他人的财产权、婚姻权、收养权、监护权、继承权等合法权益，如导致他人丧失财产、婚姻关系破裂及丧失收养他人或被他人收养的权利、监护他人或者被他人监护的权利、继承财产或被继承财产的权利等。

3. 犯罪主体

本罪的主体为一般主体，年满16周岁，具备刑事责任能力，还应当是具备民事诉讼行为能力、能够提起民事诉讼的自然人。单位也可以成为本罪的主体。

4. 主观方面

本罪的主观方面为故意，一般来说是直接故意，即明知自己是用捏造的事实提起诉讼。本罪并未规定行为人需具备特定的主观目的，所以行为人进行虚假诉讼的主观目的是否是谋取利益，谋取利益的性质是否正当均不影响本罪的成立。

根据上述犯罪构成特征，所有捏造事实提起民事诉讼的行为都会妨害司法秩序，所以本罪是行为犯，只要实施了捏造事实提起民事诉讼的行为即成立虚假诉讼罪。

十一、实践中对律师参与虚假诉讼的处理方式

民事诉讼中的律师可以作为虚假诉讼罪的正犯而不是帮助犯。虚假诉讼罪的犯罪主体一般是虚假诉讼的提起者，也即民事诉讼中的原告或者反诉中的被告。虚假诉讼罪看似与律师的执业行为无太大关系，但民事诉讼中的原告或者反诉中的被告在提起民事诉讼时，往往会选择委托律师，有的当事人甚至全权委托律师，在整个诉讼过程中都不露面。但虚假诉讼罪的犯罪主体并不必须为诉讼当事人。律师完全有可能作为虚假诉讼的提起者而构成虚假诉讼罪，而不是作为诉讼当事人的帮助犯。这等于将律师的帮助行为实行化，将原来的共同犯罪规定为单独犯罪，不再使用共同犯罪中的一些规定，包括从轻或者减轻处罚规定。

律师在立案阶段就可能构成虚假诉讼罪。在全权委托律师提起或者律师与诉讼当事人同谋提起虚假民事诉讼的情形下，律师都可能构成虚假诉讼罪。虚假诉讼罪是一种行为犯，“严重妨害司法秩序”只是强调了该罪所侵犯的法益是司法秩序。因此只要提起虚假诉讼，即构成此罪。虚假诉讼罪的既遂标准着眼于“起”。在当下民事诉讼立案登记取代立案审查的制度背景下，提起诉讼就等于立案。由此可以看出，立法机关将打击虚假诉讼的时间点提前到诉讼提起时，律师在立案阶段就有可能构成虚假诉讼罪。

通过对已有虚假诉讼案例的分析可以发现，虚假诉讼的制造者除了一般的自然人或者法人外，一些具有特殊身份的自然人，如律师、法官，也可能成为虚假诉讼的制造者。那么，对于这些具有特殊身份的人群，除了能按照上述法律对其违法行为乃至犯罪行为进行规制外，还可以结合我国《律师法》《法官法》等与他们的特殊身份有关的法律、法规或者其他规范性文件对其进行双重制裁，从而起到严厉打击知法犯法、权力滥用行为的作用，亦能起到很好的警示和震慑作用。

律师作为法律职业者，与其他司法工作人员一样，应当遵守基本的法律道德和法律职业操守，《律师法》对此有明文规定。律师拥有专业的法律知识，他们运用专业技术为当事人进行诉讼代理。一旦律师参与策划或者亲自办理虚假诉讼，对于虚假诉讼的识别与防范治理的难度必然剧增，危害无穷。

实务中，有的律师被当事人提供的伪造证据材料、恶意串通所蒙蔽，在不知情的情况下参与当事人会谈、搜集证据，已经发现该案系虚假诉讼，但受利益驱动仍然违规进行诉讼代理；也有个别律师是在巨额利益的引诱致惑下，或在当事人的怂恿蛊惑下，直接导演操纵、出谋划策、参与制造虚假诉讼，甚至不惜铤而走险亲自上阵进行

虚假诉讼代理活动。尽管这属于极个别现象，但仍然严重影响了人民群众对律师行业的客观评价，损害了整个律师行业的外部形象。因此，对于操控、制造、教唆、帮助或者参与虚假诉讼的律师，应当从以下几个方面进行处理：

首先，人民法院应当向律师行业协会发出司法建议，对参与虚假诉讼的律师进行重点关注，加强对其行为的监管，防止出现其他虚假诉讼的风险；其次，人民法院还应当向司法行政部门发出司法建议，依照《律师法》有关规定予以惩戒，从严处理；再次，人民法院还要按照《民事诉讼法》第一百一十五条的规定，予以从重罚款、拘留；最后，构成刑事犯罪的，依法移交公安、检察机关追究刑事责任。

律师是保障当事人合法权益的忠诚卫士，是法治事业的重要参与者，是法律共同体的一员。正因为如此，才更需要将律师的执业行为纳入法治轨道，一旦律师做出严重危害社会的行为，违反了刑法，后果不堪设想。因此，任何律师应当恪守职业约束与执业纪律，坚决制止自己的当事人进行虚假诉讼的企图和尝试，同时不断提高虚假诉讼识别能力和应对能力，指导帮助当事人采取必要措施，理性诉讼，阻止并终结虚假诉讼，维护好当事人的合法权益。

来源：京师刑委会

作者：王朝勇

新民事诉讼检察监督规则虚假诉讼条文解读

2021年7月26日，最高人民检察院召开以“完善民事检察制度，提升诉讼监督质效”为主题的新闻发布会，公布修订后的《人民检察院民事诉讼监督规则》（以下简称《监督规则》）。在2013年11月《监督规则（试行）》发布后，历经八个年头，经过各地方检察院的实践总结、问题反映，最高人民检察院的科学调研、细致修订，新修订的《监督规则》于2021年8月1日正式实施。《监督规则》修订中主要有四点考虑：一是坚持以人民为中心；二是坚持适应形势发展；三是坚持问题导向；四是坚持积极稳妥。修订后的《监督规则》共10章135条，与原民事诉讼监督规则相比，减少了1章，增加11条，理顺了结构体系，更有利于检察机关依法实施监督权，有效指引当事人依法行使申请监督的权利。

本次修订后，与“虚假诉讼”有关的条文如下：

第三十七条 人民检察院在履行职责中发现民事案件有下列情形之一的，应当依职权启动监督程序：

（一）损害国家利益或者社会公共利益的；

（二）审判、执行人员有贪污受贿，徇私舞弊，枉法裁判等违法行为的；

（三）当事人存在虚假诉讼等妨害司法秩序行为的；

（四）人民法院作出的已经发生法律效力的民事公益诉讼判决、裁定、调解书确有错误，审判程序中审判人员存在违法行为，或者执行活动存在违法情形的；

（五）依照有关规定需要人民检察院跟进监督的；

（六）具有重大社会影响等确有必要进行监督的情形。

人民检察院对民事案件依职权启动监督程序，不受当事人是否申请再审的限制。

此条全面强化了依职权监督，适度扩大了依职权启动监督程序的案件范围，而原《监督规则（试行）》仅仅规定了三项依职权启动监督程序。随着经济发展、虚假诉讼逐渐增多，以及相关法律的更新，原规定范围过窄的弊端就显现了出来：未规定必要的兜底条款，导致部分确有监督必要的民事案件未能进入检察监督范围，影响检察机关全面履行法律监督职责。本条将虚假诉讼案件纳入检察机关依职权启动监督程序案件范围，只要检察机关在履行职责中发现民事案件涉嫌虚假诉讼，不论当事人是否向法院申请过再审，均可以依职权启动监督程序，这一举措提高了查处虚假诉讼的效率。另外，增加了兜底性条款——“具有重大社会影响等确有必要进行监督的情形”，对当事人意义重大。

第六十四条 有下列情形之一的，人民检察院可以向银行业金融机构查询、调取、复制相关证据材料：

（一）可能损害国家利益、社会公共利益的；

（二）审判、执行人员可能存在违法行为的；

（三）涉及《中华人民共和国民事诉讼法》第五十五条规定诉讼的；

（四）当事人有伪造证据、恶意串通损害他人合法权益可能的。

人民检察院可以依照有关规定指派具备相应资格的检察技术人员对民事诉讼监督案件中的鉴定意见等技术性证据进行专门审查，并出具审查意见。

此条明确了检察机关向银行业金融机构查询、调取、复制相关证据材料的情形，完善了案件审查、调查核实工作机制，延展了调查核实的范围，确保了可以全面客观审查监督案件。过去的司法实践中，检察机关在办理虚假诉讼监督案件时，为了查清当事人是否存在虚假诉讼的行为，一般都需要查询相关人员的银行账户流水、金融机构财产等情况。比如，在最高检发布的第十四批虚假诉讼监督指导性案例的检例第52号、第53号中，检察机关均采取了查询当事人及相关案外人员银行存款的措施。此条特意规定了向银行业金融机构查询、调取、复制相关证据材料的四种法定情形，并将虚假诉讼纳入其中，是最高检从实践出发解决问题的体现，可有效解决大部分需要调取银行业金融机构凭证的问题。

第七十五条 人民检察院发现民事调解书损害国家利益、社会公共利益的，依法向人民法院提出再审检察建议或者抗诉。

人民检察院对当事人通过虚假诉讼获得的民事调解书应当依照前款规定监督。

“虚假诉讼”案件中，“虚假调解”占很大一部分。虚假诉讼的民事调解有其特殊性，此类案件的结果以调解书形式呈现，从外表看是当事人在处分自己的民事权利义务，与他人无关。但其实质是当事人利用调解书形式达到了某种非法目的，获得了某种非法利益，或者损害了他人的合法权益。当事人这种以调解形式达到非法目的或获取非法利益的行为，利用了人民法院的审判权，从实质上突破了调解各方私益的范畴，所处分和损害的利益已不仅是当事人的私益，还妨碍司法秩序，损害司法权威，侵害国家和社会公共利益，应当依法监督。但根据《监督规则（试行）》，只能通过检察建议予以监督，无启动再审的强制力。2021年3月，最高人民法院、最高人民检察院、公安部、司法部联合发布的《关于进一步加强虚假诉讼犯罪惩治工作的意见》第十八条规定："人民检察院发现已经发生法律效力的判决、裁定、调解书系民事诉讼当事人通过虚假诉讼获得的，应当依照《民事诉讼法》第二百零八条第一款、第二款等法律和相关司法解释的规定，向人民法院提出再审检察建议或者抗诉。"此次《监督规则》吸收了该条规定，一是与最新的司法解释性文件相符合，避免产生法律冲突；二是从解决问题的实际出发，明确了检察院对虚假民事调解书可以抗诉，从根本上解决了虚假调解监督强制力的问题。

第八十一条　地方各级人民检察院发现同级人民法院已经发生法律效力的民事判决、裁定有下列情形之一的，可以向同级人民法院提出再审检察建议：

（一）有新的证据，足以推翻原判决、裁定的；

（二）原判决、裁定认定的基本事实缺乏证据证明的；

（三）原判决、裁定认定事实的主要证据是伪造的；

（四）原判决、裁定认定事实的主要证据未经质证的；

（五）对审理案件需要的主要证据，当事人因客观原因不能自行收集，书面申请人民法院调查收集，人民法院未调查收集的；

（六）审判组织的组成不合法或者依法应当回避的审判人员没有回避的；

（七）无诉讼行为能力人未经法定代理人代为诉讼或者应当参加诉讼的当事人，因不能归责于本人或者其诉讼代理人的事由，未参加诉讼的；

（八）违反法律规定，剥夺当事人辩论权利的；

（九）未经传票传唤，缺席判决的；

（十）原判决、裁定遗漏或者超出诉讼请求的；

（十一）据以作出原判决、裁定的法律文书被撤销或者变更的。

此条与《监督规则（试行）》第八十三条一致，没有变化。主要是明确了检察机关可以向同级人民法院提出再审检察建议的十一种情形，其中就包括"原判决、裁定认定事实的主要证据是伪造的"这一涉及虚假诉讼的情形。

第一百二十六条　当事人认为人民检察院对同级人民法院已经发生法律效力的民事判决、裁定、调解书作出的不支持监督申请决定存在明显错误的，可以在不支持监督申请决定作出之日起一年内向上一级人民检察院申请复查一次。负责控告申诉检察的部门经初核，发现可能有以下情形之一的，可以移送本院负责民事检察的部门审查处理：

（一）有新的证据，足以推翻原判决、裁定的；

（二）有证据证明原判决、裁定认定事实的主要证据是伪造的；

（三）据以作出原判决、裁定的法律文书被撤销或者变更的；

（四）有证据证明审判人员审理该案件时有贪污受贿，徇私舞弊，枉法裁判等行为的；

（五）有证据证明检察人员办理该案件时有贪污受贿，徇私舞弊，滥用职权等行为的；

（六）其他确有必要进行复查的。

负责民事检察的部门审查后，认为下一级人民检察院不支持监督申请决定错误，应当以人民检察院的名义予以撤销并依法提出抗诉；认为不存在错误，应当决定复查维持，并制作《复查决定书》，发送申请人。

上级人民检察院可以依职权复查下级人民检察院对同级人民法院已经发生法律效力的民事判决、裁定、调解书作出不支持监督申请决定的案件。

对复查案件的审查期限，参照本规则第五十二条第一款规定执行。

为方便当事人申请监督，充分发挥再审检察建议同级监督的优势，此条明确了当事人有申请复查的权利，提高了监督效率和效果，有利于维护司法公正与权威。此条规定当事人申请复查的情形中有“有证据证明原判决、裁定认定事实的主要证据是伪造的”，大大方便了虚假诉讼的受害方申请检察监督、维护自身合法权益。《监督规则（试行）》规定的“同级受理”虽然符合工作实际，在具体的案件中，当事人能否继续申请上级检察院抗诉，各地一直存在不同做法。但一律不允许当事人向上级检察院申请复查确实存在不合理之处，不利于当事人维护自己的合法权益。2014 年，最高人民检察院发布的《民事行政检察厅与控告检察厅办理民事行政检察案件第二次座谈会议纪要》第七条对当事人申请复查作出规定：“关于申请复查。当事人不服人民法院作出的生效判决、裁定、调解书，申请检察机关监督，同级人民检察院受理审查后作出不支持监督申请决定，当事人认为该不支持监督申请决定存在错误的，可以向上一级人民检察院申请复查一次。提出复查申请时，应当提交申请书和证明存在错误的证据材料，并说明理由和依据。上一级人民检察院控告检察部门负责受理复查申请，并将复查申请材料移送民事检察部门审查处理。民事检察部门审查后，对于确实存在错误的，应当依法纠正；对于不存在错误的，制作维持下一级人民检察院《不支持监督申请决定书》的决定，发送申请人；申请人在提出申请时未提出证明存在错误的证据材料，也未说明理由和依据或者提交的证据材料和说明的理由、依据明显不成立的，民事检察部门可以径行作出维持决定。”本次新的《监督规则》吸收了上述规定，并结合实际加以完善，将复查申请的标准与流程等规范化。

除上述具体涉及虚假诉讼的法条外，此次《监督规则》还有许多亮眼的修订。比如，明确当事人申请监督的期限为两年、规范了送达程序、强化了听证程序等。《监督规则》是将民事诉讼的全过程都纳入检察监督范围，从立案、审理、裁判直到执行，包括对仲裁裁决和公证债权文书等民事非诉执行依据的执行，无论哪个环节存在违法情形，检察机关都有权依法进行监督。此次《监督规则》的修订与颁布，进一步提升了民事诉讼监督工作的规范性和可操作性，切实解决了检察办案难题，维护了司法公正权威，维护了当事人的合法权利，更是检察机关坚持以人民为中心、贯彻精准监督理念的体现。

来源：京师刑委会

作者：王朝勇　李哲睿

虚假诉讼案件刑事控告涉及法条司法解释规定汇编（节选）

刑事控告是指被害人或者被害人的法定代理人、近亲属对侵犯人身、财产权利的犯罪事实或者犯罪嫌疑人，向司法机关控诉、告发，并要求追究行为刑事责任的诉讼行为。刑事控告不仅是被害人的一种救济行为，也是一项律师代理的业务，律师可以帮助被害人通过分析案情、梳理证据、撰写专业文书、陪同被害人到公安机关提交材料与公安机关沟通，进行刑事控告，从而推进刑事立案以挽回被害人损失。在司法机关决定立案后，控告人成为诉讼参与人，以公诉案件被害人或者自诉案件自诉人的身份参加诉讼。

律师在接受被害人委托或被指定担任诉讼代理人之后，主要的诉讼目标在于促使案件进入刑事诉讼程序，推动侦查机关立案、检察机关批准逮捕、侦查机关移送审查起诉、检察机关提起公诉，使得案件获得成功的刑事追诉。虚假诉讼罪，是 2015 年 11 月 1 日生效的《中华人民共和国刑法修正案（九）》新增罪名。从被害人的权益角度出发，律师作为诉讼代理人，需要成功地说服侦查机关作出立案的决定，说服检察机关作出批准逮捕的决定，说服侦查机关将案件移送审查起诉，或者说服检察机关作出提起公诉的决定，那么，虚假诉讼案件就可以在刑事追诉的轨道上向前迈进，被害人的合法权益也就有希望得到有效的维护。

一、《中华人民共和国刑事诉讼法》

第三条、第八条、第十九条、第一百零九条、第一百一十条、第一百一十一条、第一百一十二条、第一百一十三条、第一百六十九条、第一百七十二条、第一百七十五条、第一百七十九条、第二百零九条、第二百一十条、第二百一十一条、第二百二十七条、第二百二十八条、第二百二十九条、第二百三十条、第二百三十一条、第二百三十二条、第二百三十五条、第二百五十二条、第二百五十三条。

二、最高人民法院关于适用《中华人民共和国刑事诉讼法》的解释

第三百七十八条、第三百七十九条、第三百八十条、第三百八十一条、第三百八十二条、第三百八十四条、第四百零二条、第四百零三条、第四百五十一条、第四百五十二条、第四百五十三条、第四百五十八条、第四百五十九条、第四百六十二条、

第四百七十条。

三、人民检察院刑事诉讼规则

第二条、第五十条、第五十二条、第五十三条、第一百六十条、第一百六十二条、第一百六十四条、第一百六十六条、第一百六十七条、第一百七十一条、第一百七十二条、第一百七十三条、第一百七十四条、第一百七十五条、第三百三十九条、第三百七十七条、第三百八十一条、第三百八十二条、第三百八十三条、第三百八十四条、第三百八十五条、第三百八十六条、第三百八十七条、第三百八十九条、第四百四十八条、第四百四十九条、第四百五十五条、第五百五十五条、第五百五十六条、第五百五十七条、第五百五十八条、第五百五十九条、第五百六十条、第五百六十一条、第五百六十二条、第五百六十三条、第五百六十四条、第五百六十五条、第五百六十六条、第五百七十二条、第五百八十三条、第五百八十八条、第五百九十三条、第五百九十四条、第五百九十六条、第五百九十七条。

四、公安机关办理刑事案件程序规定

第二条、第三条、第六条、第一百六十九条、第一百七十条、第一百七十一条、第一百七十二条、第一百七十四条、第一百七十五条、第一百七十八条、第一百七十九条、第一百八十二条、第一百八十三条、第一百八十四条。

五、最高人民法院、最高人民检察院、公安部等《关于实施刑事诉讼法若干问题的规定》

第十八条、第二十七条。

六、《最高人民法院关于审理人民检察院按照审判监督程序提出的刑事抗诉案件若干问题的规定》

七、人民检察院办理刑事申诉案件规定

八、人民检察院受理控告申诉依法导入法律程序实施办法

九、《中华人民共和国民事诉讼法》

第十四条、第一百一十二条、第一百一十三条。

十、最高人民法院关于适用《中华人民共和国民事诉讼法》的解释

第一百九十条、第一百九十一条。

十一、《最高人民法院关于人民法院登记立案若干问题的规定》

第十六条。

十二、《最高人民法院关于防范和制裁虚假诉讼的指导意见》

第十二条。

十三、人民检察院检察建议工作规定

第三条、第八条。

十四、最高人民法院　最高人民检察院　公安部　司法部《关于进一步加强虚假诉讼犯罪惩治工作的意见》

第八条、第十条、第十二条、第十三条。

来源：京师刑委会

作者：王朝勇　李哲睿

虚假诉讼检察监督（节选）

一、虚假诉讼的概念

虚假诉讼依字面上的理解，即诉讼中存在虚假成分，通俗来讲，就是打“假官司”。虚假诉讼不是严格意义上的法学概念，而是司法实务部门在民事诉讼实践中发现并加以总结提出的。近几年，随着国内市场经济的发展，民事领域的虚假诉讼也呈现出高发、蔓延之势，已从最初的民间借贷领域、劳动合同纠纷、房地产权属纠纷等领域逐渐扩展到农村“三资”等领域，侵犯的是集体财产，相关线索更加难以察觉。目前学术界关于虚假诉讼的概念界定主要有三种观点。

第一种观点认为，虚假诉讼必须以“恶意串通”为构成要件，即虚假诉讼是民事双方当事人恶意串通，向法院提起诉讼，通过虚构或欺骗等手段，利用法院的审判权和执行权，侵害案外人的合法权益或者损害国家、集体利益的诉讼行为。

第二种观点认为，虚假诉讼是指为获取非法利益，当事人之间恶意串通或者一方当事人采取捏造事实、伪造证据等手段提起民事诉讼，妨害司法秩序，使法院作出错误的判决、裁定或者调解书，损害国家利益、集体利益和他人合法权益的行为。

第三种观点一方面包含了第二种观点，另一方面是指一方当事人为不执行裁判结果而滥用诉讼权利如管辖异议、执行异议，实现拖延诉讼的目的。

司法实务中，关于虚假诉讼的界定亦有所不同，根据《民事诉讼法》第一百一十二条、第一百一十三条的规定，虚假诉讼需要以当事人之间“恶意串通”为构成要件。根据《刑法》第三百零七条之一关于虚假诉讼罪的规定，虚假诉讼即“以捏造的事实提起民事诉讼”，并未要求当事人之间“恶意串通”。最高人民法院于2016年发布的《关于防范和制裁虚假诉讼的指导意见》中，第一条指出，“虚假诉讼一般包含以下要素：（1）以规避法律、法规或国家政策谋取非法利益为目的；（2）双方当事人存在恶意串通；（3）虚构事实；（4）借用合法的民事程序；（5）侵害国家利益、社会公共利益或者案外人的合法权益”。最高人民法院、最高人民检察院2018年公布的《关于办理虚假诉讼刑事案件适用法律若干问题的解释》中提到了“采取伪造证据、虚假陈述等手段”“以捏造的事实提起民事诉讼”，没有提及必须“恶意串通”。根据2021年3

月最高人民法院、最高人民检察院、公安部、司法部联合发布的《关于进一步加强虚假诉讼犯罪惩治工作的意见》，虚假诉讼犯罪，是指行为人单独或者与他人恶意串通，采取伪造证据、虚假陈述等手段，捏造民事案件基本事实，虚构民事纠纷，向人民法院提起民事诉讼，妨害司法秩序或者严重侵害他人合法权益，依照法律应当受刑罚处罚的行为。虽然此条规定是刑法语境下的规定，但在司法实务中具有一定的参考意义，即虚假诉讼并不以当事人之间的恶意串通为必要构成要件，一方当事人采取伪造证据、捏造事实等手段提起民事诉讼也构成虚假诉讼。根据最新的地方高院发布的有关虚假诉讼的司法解释性文件也说明上述一点。例如湖南省高院发布的《关于防范虚假民间借贷诉讼的实施细则（试行）》规定："虚假民间借贷诉讼，是指在民事主体之间因资金融通行为引发的纠纷中，当事人或其他诉讼参与人，单独或者与他人恶意串通，采取捏造事实、伪造证据、虚假陈述等方式，虚构法律关系提起诉讼，损害国家、社会公共利益，妨害司法秩序，侵害他人合法权益的行为。"将恶意串通、伪造证据、虚假陈述等方式均纳入虚假诉讼的要件。

根据以上法律司法解释规定与司法实务中的处理，虚假诉讼即为获取非法利益，当事人之间恶意串通或者一方当事人采取捏造事实、伪造证据等手段提起民事诉讼，妨害司法秩序，使法院作出错误的判决、裁定或者调解书，损害国家利益、集体利益和他人合法权益的行为。而虚假诉讼犯罪，是指行为人单独或者与他人恶意串通，采取伪造证据、虚假陈述等手段，捏造民事案件基本事实，虚构民事纠纷，向人民法院提起民事诉讼，妨害司法秩序或者严重侵害他人合法权益，依照法律应当受刑罚处罚的行为。

二、虚假诉讼检察监督的必要性

按照我国宪法规定，检察机关是我国的法律监督机关，依法履行法律监督职能，民事诉讼监督则是其法律监督的重要组成部分。根据《民事诉讼法》第十四条"人民检察院有权对民事诉讼实行法律监督"，以及 2021 年 8 月实施的最新《人民检察院民事诉讼监督规则》（以下简称《监督规则》）规定，民事诉讼的全过程都已纳入检察监督范围。民事案件从立案、审理、裁判直到执行，包括对仲裁裁决和公证债权文书等民事非诉执行依据的执行，无论哪个环节存在违法情形，检察机关都有权依法进行监督。

虚假诉讼的隐蔽性，特别是恶意串通型虚假诉讼，觊觎的是案外人的合法权益。虚假诉讼表象的合法性，与正常的诉讼在诉讼过程和裁判结果上很难区分。从虚假诉讼的案卷上来看，虚假诉讼具备正常诉讼的所有形式要件，既贴近真实，又符合法律规定，隐蔽性很强。如果未被发现，则会导致私权利被侵害，也会造成司法资源的浪费，司法判决的公正权威性受损，损害司法公信力。

如上所述，虚假诉讼案件线索具有隐蔽性，难以发现，仅仅依靠法院自身力量纠正虚假诉讼具有局限性。在立案阶段，法院受理案件门槛低，对虚假诉讼没有筛选机制，即使在立案时向当事人出具虚假诉讼警示书、权利义务告知书，所起到的作用也十分有限。司法被动性原则和对调解率的过分追求是虚假诉讼产生的重要原因之一，尤其是恶意串通型虚假诉讼。最后，法院对虚假诉讼的发现不足，仅仅依靠受害人维权救济无法彻底解决虚假诉讼的问题，这是因为受害人在受到切实侵害的时候往往是不知道或者是后知后觉的，在案件进行过程中主动维权的比例并不高。虚假诉讼是一方或者双方当事人精心制作的虚假案件，具有预谋性、证据完备性、证据证明力高、证据表面合法等特点，而被害方往往处于不知情、毫无准备的状态，无法对相关证据及时取得与保存，造成在诉讼中无证据可以对抗，或者证据不完整、无法形成完整有效的证据链、证据证明力弱，且不排除在个别情况下从事司法工作的人员与虚假诉讼的受益方相勾结，造成受害人取证、胜诉更加困难。

如果虚假诉讼单纯损害的是国家利益、社会公共利益，无实际受损害的案外人，实践中由于责任主体的缺乏，很难发现此类虚假诉讼案件，只有在查办相关职务犯罪活动中才有可能发现虚假诉讼案件线索，这就导致国家利益、社会公共利益遭受损害并处于持续状态。而目前公检法机关尚未完全建立信息共享机制，大量能够通过大数据平台共享的案件线索无法被及时有效发现，影响和制约了对虚假诉讼的打击与查处。

三、检察机关对虚假诉讼的规制

2021 年 3 月 8 日，最高人民检察院发布 2020 年民事检察监督情况，2020 年，检察机关持续深化专项监督，纠正虚假诉讼 10090 件，对涉嫌犯罪的起诉 1352 人，同比分别上升 27.9%和 6.5%。检察机关发现一犯罪团伙虚构带牌车辆买卖合同纠纷起诉，再冒名被告应诉骗取车牌，制造虚假诉讼 283 件，涉案金额 3700 万元。其在追诉犯罪的同时，向 9 家相关法院提出再审检察建议，就防止虚假诉讼、维护司法权威，向最高人民法院发出第五号检察建议。

2021 年 10 月 18 日，最高人民检察院发布 2021 年 1—9 月全国检察机关主要办案数据。全国检察机关对民事生效裁判、调解书提出抗诉案件中涉及虚假诉讼 1188 件，同比下降 11%，提出再审检察建议中涉及虚假诉讼 3970 件，同比下降 10.7%；对民事审判活动提出检察建议中涉及虚假诉讼 1020 件，同比上升 16.7%；对民事执行活动监督提出检察建议中涉及虚假诉讼 608 件，同比下降 10.1%。

（一）最高人民检察院发布相关司法解释文件与指导意见

2018年1月16日，最高人民检察院联合最高人民法院、公安部、司法部发布《关于办理黑恶势力犯罪案件若干问题的指导意见》，其中，第二十条对虚假民间借贷诉讼的惩治加以规定。2018年10月1日，最高人民法院、最高人民检察院联合发布《关于办理虚假诉讼刑事案件适用法律若干问题的解释》，结合工作实际，对刑法规定的虚假诉讼罪在具体适用方面的若干问题作出了明确规定，对于实践中综合运用民事、刑事等多种手段，依法惩治发生在民商事案件审判、执行程序中的虚假诉讼犯罪行为，维护正常司法秩序，保护公民、法人和其他组织的合法权益，具有重要意义。并明确向人民法院申请执行以捏造的事实作出的仲裁裁决、公证债权文书，或者以捏造的事实对执行标的提出异议、申请参与执行财产分配的，属于刑法规定的虚假诉讼犯罪行为。

2019年2月28日，最高人民法院、最高人民检察院、公安部、司法部联合发布《关于办理"套路贷"刑事案件若干问题的意见》，对与"套路贷"相关的虚假民间借贷诉讼刑事案件有了更加明确详细的规定，检察机关在依法监督相关民事借贷案件时，要警惕"套路贷"虚假诉讼，触犯刑法规定的要依法追究相关当事人的刑事责任。2021年3月4日，最高人民法院、最高人民检察院、公安部、司法部再次联合发布《关于进一步加强虚假诉讼犯罪惩治工作的意见》，对建立健全虚假诉讼犯罪惩治配合协作和程序衔接机制、进一步加强虚假诉讼犯罪惩治工作作了具体规定，尤其对虚假诉讼犯罪相关民事诉讼和刑事诉讼程序的衔接作了有针对性的规定。针对极少数司法工作人员、律师等参与虚假诉讼问题，该意见规定了对上述人员进行责任追究的总体原则。

2021年7月26日，最高人民检察院召开以"完善民事检察制度，提升诉讼监督质效"为主题的新闻发布会，公布修订后的《监督规则》。新版的《监督规则》中增加了许多与虚假诉讼有关的条款。第三十七条全面强化了依职权监督，适度扩大了依职权启动监督程序的案件范围，将虚假诉讼案件纳入检察机关依职权启动监督程序案件范围，只要检察机关在履行职责中发现民事案件涉嫌虚假诉讼，不论当事人是否向法院申请过再审，均可以依职权启动监督程序，这一举措提高了查处虚假诉讼的效率，对当事人意义重大。第六十四条明确了在当事人有伪造证据、恶意串通损害他人合法权益可能的情形下，检察机关可向银行业金融机构查询、调取、复制相关证据材料，完善了案件审查、调查核实工作机制，延展了调查核实的范围，确保了可以全面客观审查监督案件。第七十五条规定了人民检察院对当事人通过虚假诉讼获得的民事调解书应当依法向人民法院提出再审检察建议或者抗诉。第一百二十六条规定了当事人申请复查的权利，包括“有证据证明原判决、裁定认定事实的主要证据是伪造的”，大大方便了虚假诉讼的受害方申请检察监督、维护自身合法权益。此次《监督规则》的公布，进一步完善了虚假诉讼监督工作机制，明确了检察机关对虚假调解书有权依法向法院提出再审检察建议或者抗诉；将虚假诉讼案件纳入了检察机关依职权启动监督程序案件范围；通过履行民事非诉执行监督职责，间接实现了对虚假仲裁、公证债权文书的监督。

（二）最高人民检察院发布虚假诉讼指导性案例与典型案例

2019 年 5 月 21 日，最高人民检察院发布第十四批指导性案例，分别是：广州乙置业公司等骗取支付令执行虚假诉讼监督案（检例第 52 号）、武汉乙投资公司等骗取调解书虚假诉讼监督案（检例第 53 号）、陕西甲实业公司等公证执行虚假诉讼监督案（检例第 54 号）、福建王某兴等人劳动仲裁执行虚假诉讼监督案（检例第 55 号）与江西熊某等交通事故保险理赔虚假诉讼监督案（检例第 56 号）。这五个案例都与虚假诉讼相关，其中检例第 52 号涉及虚假支付令执行，检例第 53 号涉及虚假调解书，检例第 54 号涉及虚假公证执行，检例 55 号涉及虚假劳动仲裁裁决的执行。

2020 年 12 月 14 日，最高人民检察院发布第二十三批指导性案例，其中包括李卫俊等“套路贷”虚假诉讼案（检例第 87 号）。特意指出办理“套路贷”案件时要注重审查是否存在虚假诉讼行为。对涉黑涉恶案件中存在“套路贷”行为的，检察机关应当注重审查是否存在通过虚假诉讼手段实现“套路贷”非法利益的情形。对此，可围绕案件中是否存在疑似职业放贷人、借贷合同是否为统一格式、原告提供的证据形式是否不合常理、被告是否缺席判决等方面进行审查。发现虚假诉讼严重损害当事人利益、妨害司法秩序的，应当依职权启动监督，及时纠正错误判决、裁定和调解协议书。

2021 年 9 月 27 日，最高人民检察院向各级人民检察院发布《关于印发民事检察类案监督典型案例的通知》，发布了包括涉农村“三资”领域虚假诉讼类案监督案在内的四类民事检察类案监督典型案例，由此可见，民事虚假诉讼已经蔓延到农村“三资”问题上。而开展农村“三资”领域民事虚假诉讼类案监督活动，是检察机关贯彻落实中央有关大力促进社会主义新农村建设精神的重要体现。农村“三资”领域虚假诉讼案件多为诉讼双方恶意串通损害国家、集体利益，极少侵犯个体利益，举报线索模糊，发现和查处难度大。检察机关在此次专项打击活动中充分发挥检察职能，树立服务大局意识，针对当地存在的农村“三资”问题，以民事检察监督部门为主导，防范和制裁农村“三资”领域违法行为，为推进农村基层治理贡献了检察智慧、检察力量。

2021 年 10 月 29 日，最高人民检察院印发了 4 件民事检察跟进监督典型案例，其中某建筑公司与某置业公司建设工程施工合同纠纷跟进监督案明确了人民检察院可对虚假调解书实行跟进监督。跟进监督是实现民事检察精准监督的重要手段，《监督规则》第一百二十四条规定“有下列情形之一的，人民检察院可以按照有关规定再次监督或者提请上级人民检察院监督：（一）人民法院审理民事抗诉案件作出的判决、裁定、调解书仍有明显错误的；（二）人民法院对检察建议未在规定的期限内作出处理并书面回复的；（三）人民法院对检察建议的处理结果错误的”，明确了检察机关可以对法院作出的文书跟进监督。在新版《监督规则》实施之前，检法机关对于检察院的跟进监督问题没有明确统一的范围和规定，《监督规则》第一百二十四条与典型案例的发布弥补了这一漏洞，能有效地保护当事人的权益，最大限度地实现个案公平正义。

（三）地方各级检察机关对虚假诉讼的监督

地方检察机关采取多种形式，积极主动发现监督线索。在最高人民检察院于2021年9月27日发布的四类民事检察类案监督典型案例中，黑龙江省齐齐哈尔市检察机关主动开展农村“三资”领域虚假诉讼专项监督活动，就农村“三资”虚假诉讼案件发出再审检察建议36件、审判程序违法检察建议10件、执行违法检察建议4件。通过检察履职，促进了社会主义新农村建设，维护了国家粮食安全，为推进农村基层治理贡献检察智慧、检察力量。山东省检察机关早于2015年便部署开展虚假诉讼专项监督活动，2020年11月13日，山东省人民检察院发布全省检察机关办理的民事虚假诉讼监督和执行监督部分典型案例，包括：甲供应链公司等调解协议司法确认虚假诉讼监督案，山东甲双孢菇股份有限公司等关联公司之间恶意串通伪造证据虚假诉讼监督案，宫某燕、张某江与乔某科、张某玲、某市A养殖有限公司民间借贷虚假诉讼监督案，张某岭与常州市A园林工程有限公司买卖合同纠纷虚假诉讼监督案，山东甲融资担保公司等与仲裁员、执行法官串通骗取虚假仲裁裁决执行监督案，袁某与菅某甜等民间借贷虚假诉讼系列监督案，对省内检察机关监督虚假诉讼案件有正确的指导意义，也为其他地区处理类似案件提供了一定参考。

浙江省台州市中级人民法院二审宣判的一起虚假诉讼案件，章某方等4名被告人均因虚假诉讼罪获刑，其中有一人是从业多年的法律工作者。2017年，为审批“零土地技改”项目，章某方需将名下针织厂的土地使用权过户至章某名下的塑料厂，于是伙同王某青伪造了制衣厂与塑料厂的《土地买卖协议》及一张制衣厂已收到塑料厂支付的土地款的收条。案件进入执行阶段后，法官从土地产权过户中发现蹊跷之处：《土地买卖协议》和收条的落款时间均为1998年，但参与协议签订的塑料厂于2013年才成立；协议和收条的纸张是“高桥街道文书稿纸”，而该街道于2001年才撤乡建街道。

据此，可以认定两份证据均为伪造。为加强虚假诉讼的防范与甄别，浙江法院要求，在立案环节，让当事人、诉讼代理人签署《诚信诉讼承诺书》。对于涉嫌虚假诉讼的案件，法官应尽到合理审查义务，该调查的调查，该传唤的传唤。法官未尽到合理审查义务的，应当按照司法责任制要求进行追责。积极探索建立虚假诉讼人名单制度和公职人员、律师参与虚假诉讼行为通报制度，在立案、审判、执行各环节将虚假诉讼拒之门外。对律师事务所、司法鉴定机构及相关从业人员等在制度上、工作上存在的问题及时发出司法建议，努力将防范虚假诉讼的关口前移。

2021 年 10 月，各省检察机关发布省内 1—9 月全省检察机关主要办案数据，皆对民事诉讼监督情况作出特别说明。湖南省检察机关发布 2021 年 1—9 月主要办案数据中指出：2021 年 1—9 月，全省检察机关对民事生效裁判、调解书提出抗诉案件中涉及虚假诉讼 32 件，同比上升 88. 2%，提出再审检察建议中涉及虚假诉讼 157 件，同比上升 46. 73%；对民事审判活动监督提出检察建议中涉及虚假诉讼 69 件，同比上升 228. 6%；对民事执行活动监督提出检察建议中涉及虚假诉讼 17 件，同比上升 112. 5%。江苏省检察机关发布的数据中心显示：全省检察机关对民事生效裁判、调解书提出抗诉案件中，涉及虚假诉讼 30 件，同比下降 38. 8%；对民事审判活动检察建议中涉及虚假诉讼 27 件，同比下降 3. 6%；对民事执行活动监督检察建议中涉及虚假诉讼 53 件，同比下降 47%。扬州市人民检察院于 2018 年成立专门的虚假诉讼办案团队，实践中探索出一条“检察主导、民刑协作、源头防范”的虚假诉讼监督新模式。徐州市检察机关于 2019 年监督虚假诉讼 337 件，对黑恶势力犯罪分子操纵“套路贷”虚假诉讼提出抗诉和再审建议 111 件，发出审判违法和执行违法建议 86 件。

2019 年 12 月 16 日，浙江省高级人民法院发布《关于进一步防范和打击虚假诉讼有关问题的解答》，对虚假诉讼的认定、防范、甄别以及与公检机关的材料移送、信息共享等都作出了较为详细的规定。2021 年 8 月 31 日，江苏省高级人民法院发布《关于健全完善防范与打击“套路贷”及虚假诉讼长效机制的指导意见》，特意提出健全完善“套路贷”、非法高利放贷及虚假诉讼联动处置机制与推动建立“套路贷”、非法高利放贷及虚假诉讼综合治理机制，强调加强与公安机关、检察机关的沟通对接，健全问题线索双向移送反馈机制，就“套路贷”、非法高利放贷及虚假诉讼认定问题及时推动沟通协调，加强研判会商。2021 年 9 月 12 日，湖南省高级人民法院根据《中华人民共和国民法典》《中华人民共和国民事诉讼法》《最高人民法院、最高人民检察院、公安部、司法部关于进一步加强虚假诉讼犯罪惩治工作的意见》等法规，结合审判实践，制定并发布了《关于防范虚假民间借贷诉讼的实施细则（试行）》，对民间虚假借贷诉讼的界定、审查方法与处理方式都作出了详细的规定。

四、2021年11月9日，最高人民法院发布《关于深入开展虚假诉讼整治工作的意见》、人民法院整治虚假诉讼典型案例

内容略。

来源：京师刑委会

作者：王朝勇　李哲睿